POLÍBIO: HISTÓRIA PRAGMÁTICA

LIVROS I A V

Coleção Textos

Dirigida por:

João Alexandre Barbosa
Roberto Romano
J. Guinsburg
(*in memoriam*)

Trajano Vieira
João Roberto Faria

Equipe de realização – Preparação de texto: Iracema A. Oliveira; Revisão: Geisa Oliveira; Ilustrações: Sergio Kon; Projeto de capa: Adriana Garcia; Produção: Ricardo W. Neves, Sergio Kon, Lia N. Marques, Luiz Henrique Soares e Elen Durando.

POLÍBIO
HISTÓRIA PRAGMÁTICA

LIVROS I A V

BRENO BATTISTIN SEBASTIANI
TRADUÇÃO, INTRODUÇÃO E NOTAS

Esta publicação contou com o apoio da Fapesp (processo n. 2015/10001-0), por meio do programa "Auxílio à Pesquisa – Publicações".

As opiniões, hipóteses e conclusões ou recomendações expressas neste material são de responsabilidade exclusiva do autor e não necessariamente refletem a visão das pessoas ou agências mencionadas nesta página.

CIP-Brasil. Catalogação na Publicação
Sindicato Nacional dos Editores de Livros, RJ

S449p

Sebastiani, Breno Battistin
Políbio : história pragmática, livros I a V / Breno Battistin Sebastiani. – 1. ed. – São Paulo: Perspectiva : Fapesp, 2016.
482 p. : il. ; 21 cm. (Textos ; 35)

Apêndice
Inclui bibliografia e índice
ISBN 978-85-273-1071-0

1. Políbio. 2. História antiga. 3. Roma - Historiografia. 4.Grécia – Historiografia. I. Título. II. Série.

16-367131

CDD: 907.2
CDU: 94(100)

18/10/2016   19/10/2016

Direitos reservados a

EDITORA PERSPECTIVA LTDA.

Alameda Santos, 1909, cj. 22
01419-100 São Paulo SP Brasil
Tel: (11) 3885-8388
www.editoraperspectiva.com.br
2024

*Com (e)terna gratidão a três Mulheres –
paradigmas de Beleza e Verdade:*

*Marlene, mãe
"choro quando a vejo, comiserado n'alma"
(Od.11.87)*

*Maria Claudia
força da paz, remanso benfazejo
"aquela mandante amizade"*

*e Mallouz – Cris Mallouk
poesia das respostas
corajosa travessia
Auroramor*

Para meu pai e minha irmã

Agradeço em especial a três amigos caríssimos o permanente encorajamento a esta realização (Maria Luiza Corassin, Adriano Scatolin) e a cuidadosa leitura crítica dos originais (Daniel Rossi Nunes Lopes).

Minha gratidão também a Jacó e Gita Guinsburg pela generosidade com que me acolheram na Editora Perspectiva.

Com esta tradução concluo o projeto de pesquisa "A História Pragmática de Políbio", desenvolvido no âmbito do Programa de Pós-Graduação em Letras Clássicas da USP entre 2007 e 2013. Este livro integrou originalmente a segunda parte de minha tese de Livre-Docência defendida na Universidade de São Paulo em junho de 2016. A banca examinadora foi composta pelos professores Adriane da Silva Duarte, Maria Beatriz Borba Florenzano, Tereza Virgínia Ribeiro Barbosa, Christian Werner e Jacyntho Lins Brandão. A cada um quero registrar meu afetuoso agradecimento pela generosidade e acuidade de suas leituras. A pesquisa que resultou nesta tradução contou com o apoio do CNPq. Outras atividades que contribuíram para sua realização tiveram apoio financeiro também da Capes e da Fapesp.
Às três agências, meu agradecimento.

SUMÁRIO

Cronologia 13
Introdução 19

Livro I 47
Livro II 133
Livro III 197
Livro IV 301
Livro V 375

Bibliografia 465
Índice de Nomes 469

Mapas 475

CRONOLOGIA

280 a.C.   Reestabelecimento da Liga Aqueia, a confederação de cidades-estado da Acaia.
264-241 a.C.   I Guerra Púnica.
248 a.C.   Nasce, em Cartago, Aníbal, filho de Amílcar Barca.
235 a.C.   Cleômenes III depõe o pai, Leônidas II, e ascende ao trono de Esparta. Ele visa restaurar o poder político dos reis, enfraquecido após uma década de conflito entre as duas famílias reais, contra a influência dos éforos.
229 a.C.   Guerra entre a Liga Aqueia e a Liga do Peloponeso, liderada por Esparta, conhecida como Guerra Cleomênica. Os espartanos tomam importantes cidades na Arcádia, então aliada à Liga Etólia. Os acaios, liderados por Arato de Sicião, após duas derrotas, pedem ajuda à Macedônia. Ptolomeu III, que fora aliado da Liga Aqueia contra a Macedônia, desta feita alia-se aos espartanos.
227 a.C.   Cleômenes dá início à sua revolução: elimina os éforos (apenas um escapa, refugiando-se num templo), realiza uma reforma agrária e amplia a concessão

de cidadania, além de restaurar a antiga disciplina social e militar espartana. O exército espartano é reforçado com a introdução da sarissa, um tipo de lança longa. Antígono III Doson, regente da Macedônia (Filipe V era ainda criança) vem em socorro dos acaios.

222 a.C. Cleômenes III é derrotado na batalha de Selásia e busca refúgio no Egito, onde se suicida. A Liga Aqueia submete-se à Macedônia como pagamento ao auxílio desta contra a Liga do Peloponeso. Fim da Guerra Cleomênica. Antíoco III assume o trono do Império Selêucida (Síria).

221 a.C. Morre Antígono III Doson e Filipe V assume o trono da Macedônia.

219-201 a.C. II Guerra Púnica (ou Guerra Anibálica).

219-217 a.C. O Império Selêucida expande seu território por meio da guerra contra o Império Ptolomaico, tomando inclusive o Vale do Líbano e a Palestina, mas Antíoco III é derrotado por Ptolomeu IV na batalha de Ráfia.

219-216 a.C. Transposição dos Alpes por Aníbal e vitórias sobre os romanos, a principal das quais foi a batalha de Canas, na qual o exército cartaginês comandado por Aníbal trucidou o exército romano, comandado por Varrão.

209 a.C. Campanhas de Antíoco III em Bactro (hoje Afeganistão) e na Índia.

208-206 a.C. Cipião derrota Asdrúbal e expulsa os cartagineses da Espanha.

205 a.C. Primeiro consulado de Cipião.

204-201 a.C. Campanha de Cipião na África.

202 a.C. Encontro de Aníbal e Cipião; derrota de Aníbal na batalha de Zama.

c.200 a.C. Nascimento de Políbio, filho de um estadista aqueu, Licortas.

CRONOLOGIA 15

198 a.C. Antíoco III derrota o líder etólio das tropas ptolomaicas, Escopa, na batalha de Paneas, pondo fim definitivo ao domínio egípcio na Judeia.
196 a.C. Vitória de Flaminino sobre Filipe V da Macedônia. Estabelecimento dos selêucidas na Trácia faz crescer a tensão com Roma. Aníbal refugiado na corte selêucida.
195 a.C. Segundo consulado de Cipião, agora chamado "Africano".
193 a.C Roma envia uma embaixada à África, da qual faz parte Cipião Africano, para solucionar a disputa entre Cartago e a Numídia de Massinissa.
192 a.C. Antíoco III invade a Grécia e é eleito comandante-em-chefe da Liga Etólia.
191 a.C. As tropas romanas de Glábio forçam os selêucidas a se retirarem para a Ásia Menor; os romanos invadem a Anatólia e Aníbal, a serviço de Antíoco, é derrotado.
188 a.C. Batalha de Ráfia e Tratado de Apameia, entre selêucidas e romanos.
187 a.C. Em campanha para conter as províncias rebeldes, Antíoco III morre no Luristão.
183 a.C. Perseguido pelos romanos, Aníbal comete suicídio.
181-180 a.C. Políbio integra uma embaixada ao Egito.
179 a.C. Morre Filipe V da Macedônia; é sucedido por seu filho mais velho, Perseu, que fizera o pai mandar matar o irmão mais novo, Demétrio, a quem os romanos consideravam um aliado.
170-169 a.C. Eleição de Políbio para a hiparquia.
168 a.C. Fim da III Guerra Macedônica com a derrota de Perseu da Macedônia para os romanos na batalha de Pidna e completa submissão da Macedônia a Roma.
167 a.C. Exílio de Políbio em Roma como um dos mil membros da elite aqueia feitos prisioneiros de guerra. Durante sua permanência em Roma, Políbio obtém a

proteção dos Cipiões, inclusive viajando com Cipião Emiliano, filho adotivo de Públio Cornélio Cipião, pela Itália, Gália e Espanha. É também nesse período que começa a escrever sua História, marcada por uma conceituação historiográfica essencialmente didática.

155 a.C. Roma envia Catão, o Velho, para resolver nova disputa entre a Numídia de Massinissa e Cartago.

150 a.C. O Senado romano repatria os aqueus deportados.

149 a.C. Cartago declara guerra aos númidas, que invadiam seu território, dando início à III Guerra Púnica.

148 a.C. Morre Massinissa, rei da Numídia.

147 a.C. Cipião Emiliano é eleito cônsul.

146 a.C. Fim da III Guerra Púnica com a destruição de Cartago, presenciada por Políbio.

146 a.C. Destruição de Corinto por Lúcio Múmio e submissão da Grécia aos romanos. Políbio é encarregado de organizar uma nova forma de governo nas cidades gregas.

143 a.C. Cipião Emiliano é eleito novamente cônsul.

133 a.C. Cipião Emiliano arrasa Numância; Políbio provavelmente participou da campanha na qualidade de conselheiro.

129 a.C. Morre Cipião Emiliano.

c.117 a.C. Morre Políbio.

INTRODUÇÃO

Em 22 de junho de 168 a.C. as legiões do cônsul Emílio Paulo aniquilaram a falange do rei Perseu na planície de Pidna. A Macedônia foi dividida em quatro repartições. Nenhuma outra potência mediterrânea tinha mais condições de vencer os romanos. Suspeitos de colaboração com o rei vencido, no ano seguinte mil aristocratas gregos foram conduzidos à Itália para um julgamento que nunca ocorreu. Entre eles, Políbio de Megalópolis (c.200-117 a.C.), então membro do corpo dirigente da Confederação Aqueia e um dos homens mais poderosos da Grécia. Na Roma já centro do mundo, o jovem aqueu permanecerá dezessete anos sob custódia.

Com a brusca interrupção da carreira política, Políbio começou a escrever as *Histórias*, que acabariam preenchendo quarenta volumes. Concentrou-se em entender como e por quais meios institucionais quase todo o mundo conhecido foi subjugado por Roma, algo nunca antes realizado por outra potência (1.1.5). Pela primeira vez um historiador possuía um tema unificador para uma história universal (um século e meio antes Éforo compusera uma história universal, mas não unificada):

o fracasso, a começar do próprio. Sobre os escombros das derrotas gregas se espraiava o predomínio romano. Escrever era enfrentar um problema tão atual quanto delicado: como resguardar a própria dignidade no trato com os donos do poder, se possível empenhando-se para que os gregos não sofressem ainda mais?

Os cinco livros ora traduzidos são os únicos que subsistem completos. Estudos sobre a vida e a obra de Políbio estão arrolados ao fim deste texto, em "Bibliografia". Todos serviram de base também para a redação das notas. Nesta introdução atenho-me a duas questões indissociáveis: os principais problemas políticos do período aos olhos do historiador; e o modo como Políbio integrou narrativa histórica e reflexões historiográficas. De tais questões derivam, em estudos modernos, outras igualmente complexas a que eventualmente farei breve menção. Por exemplo, o que significava escrever história na Roma dos Emílio-Cipiões, ou por que ler Políbio ainda hoje.

Um Mundo Conturbado

A fim de entender o problema fundamental (como e por que meios etc.), Políbio planejou inicialmente uma narrativa em três partes. Primeira, o relato das guerras anteriores a 216 a.C., por meio das quais as potências mediterrâneas se enfraqueceram mutuamente (livros I a V). Segunda, a apresentação do aparelho constitucional-militar dos vencedores, conforme anunciado em I.64.2, III.2.6 e III.118.11-12, à época de sua maior provação, a batalha de Canas (216 a.C., livro VI). Terceira, a sequência de guerras e intervenções concluídas com vantagem para Roma, culminando no predomínio político-militar sobre o mundo conhecido (livros VII a XXIX). Explícito nos prólogos aos livros I e III, esse projeto inicial se encerrava com o relato de aproximadamente 53 anos (220-168 a.C.). Os fragmentos que atualmente restam do livro XXX narram fatos posteriores à batalha de Pidna (narrada no livro XXIX), cobrindo a 153ª Olimpíada, correspondente aos anos 168-4 a.C.

Dos quarenta livros que a obra totalizou, apenas os cinco primeiros restam completos. Dos demais, três permanecem perdidos: livros XVII, XIX e XL; sete apresentam um número relativamente grande de parágrafos e/ou fragmentos (mais de quarenta): livros VI, IX, X, XII, XVI, XVIII e XXI; e os demais compreendem números menores e variáveis (do livro XXXVII, por exemplo, sobrou um único fragmento de duas linhas). A narrativa e os três livros digressivos (VI, XII e XXXIV) integravam 39 livros, aos quais Políbio acrescentou um sumário geral suficientemente grande para constituir o quadragésimo.

O mundo que emerge da narrativa de Políbio é traiçoeiro e violento. Os romanos são mostrados cada vez mais agressivos após a Segunda Guerra Púnica (219-01 a.C.), e convertendo rapidamente a urbe em centro das decisões políticas no Mediterrâneo. Poucos romanos a quem Políbio atribuiu caráter moderado – em sua maioria ligados aos Emílio-Cipiões por parentesco ou aliança – confirmariam pela exceção a regra. Entre os gregos, a astúcia e a perfídia de reis e cortesãos controlavam as cortes da Macedônia, da Síria e do Egito. Aos poucos, se tornaram protocolo também da diplomacia e das intervenções romanas na Grécia após a proclamação da liberdade dos gregos nos Jogos Ístmicos de 196 a.C. As três maiores federações gregas (Confederações Aqueia, Etólia e Beócia) se desentendiam e guerreavam quase ininterruptamente. De modo semelhante ao que se via nas demais, no interior da Confederação Aqueia a inclinação ora por Roma, ora pela Macedônia era pretexto para que uma facção alijasse a outra do poder com auxílio externo, agravando o esgotamento generalizado que facilitou a penetração das legiões. Em 181 a.C. Calícrates foi mandado a Roma como embaixador dos aqueus. Em vez de tratar do que fora incumbido, agiu como traidor (na ótica do historiador), acusando no Senado seus adversários políticos, encabeçados por Licortas e seu filho Políbio. Cidadão de uma antiga pólis que se esforçava para resguardar pragmática e realisticamente um mínimo de autonomia, Políbio viveria uma década de tensão até o início da Terceira Guerra Macedônica (171 a.C.). Nas palavras de Tito Lívio em um passo proveniente de Políbio, à época prevalecia no Senado a facção que se orgulhava de uma "nova sabedoria astuciosa, que cuidava mais do útil que do honesto"[1].

As vitórias romanas também eram fonte de intensa acumulação material na urbe, e frequentemente se revestiam de caráter simbólico. As duas derrotas impostas a Cartago nas duas primeiras guerras púnicas (241 e 201 a.C.) liquidaram qualquer eventual aspiração da ex-colônia fenícia à hegemonia sobre o Mediterrâneo. A derrota da Síria (188 a.C.) e a paulatina intervenção na Grécia, de 196 a.C. até a liquidação do reino macedônio com a deposição do rei Perseu em 168 a.C., abriram a via para que a Macedônia e o restante da Grécia fossem reduzidas à condição de província, aquela em 148 a.C., esta em 145-144 a.C., passando então a ser chamada de província da Acaia. Às vitórias militares, fruto de novas tecnologias de combate – sobretudo a formação compacta da legião combinada com a tática manipular, de grande mobilidade –, se seguiram imensos butins em dinheiro, obras de arte, escravos, tributações e indenizações de guerra. O mercantilismo romano penetrou em áreas antes controladas pelos vencidos, como o mar Egeu. Alianças com aristocracias locais interessadas na manutenção dos próprios interesses garantiam que qualquer tentativa de organização de um poder forte e centralizado fosse sistematicamente desmantelada.

Do outro lado, as potências já vencidas ou muito enfraquecidas em 168 a.C. – Confederações Aqueia, Etólia e Beócia; Esparta; Rodes; Cartago; reinos da Síria, da Macedônia, do Egito, de Pérgamo, da Bitínia – enfrentavam problemas similares. A paulatina fragmentação política do império de Alexandre contrastava com a intensificação das atividades comercial,

---

1. *História de Roma*, XLII.47.

industrial e bancária na bacia do Mediterrâneo, impulsionada pelas novas rotas de comércio com o Oriente, pela crescente presença romana e pela emergência econômica de povos bárbaros ou semibárbaros (iberos, gauleses etc.). Entretanto a riqueza fundiária, o emprego de mão de obra escrava e o usufruto de impostos permaneciam muito concentrados. Além disso, ptolomeus e selêucidas[2], como também os romanos, tinham na guerra e no acúmulo de butim sua maior fonte de rendas. Essa conjuntura reforçava estruturas sociais fortemente desiguais e de pouca mobilidade[3]. Nas cortes síria e egípcia, as estruturas políticas eram centralizadoras, burocratizadas e dependentes de exércitos mercenários. Somado ao fato de que desenvolvimentos tecnológicos eram apreciados apenas como passatempo, todos esses fatores engessavam a administração e, consequentemente, a reação às constantes ameaças internas e externas. A singularidade do cartaginês Aníbal, por contraste, despertou atenção cuidadosa de Políbio não apenas por sua audácia, mas pela exceção que encarnava: seu valor militar se agigantava porque herdara e reorganizara por si próprio e com extrema eficiência tática, na Ibéria, um exército capaz de invadir Roma com pouco ou, na maioria das vezes, nenhum suporte da metrópole. Despertariam igual ou maior interesse no historiador apenas o exército cidadão e a eficiência da administração romana.

Ex-comandante de cavalaria (hiparca – 170-169 a.C.) da Confederação Aqueia, cargo subordinado apenas ao de estratego, Políbio era filho de um ex-estratego (Licortas) e talvez aparentado ao ilustre Filopêmen (cuja biografia escrevera). Por influência deste, tomara gosto desde a adolescência por tática militar, sobre o que também havia escrito um tratado. Após o translado para Roma, foi beneficiado pela amizade com Cipião Emiliano

---

2. Ptolomeus e selêucidas são os nomes com que se designam as linhagens reais que assumiram o controle do antigo Egito e da antiga Síria após a morte de Alexandre Magno e a desintegração de seu império. Os ptolomeus reinaram no Egito de 305 a.C. (Ptolomeu I) até 30 a.C. (Cleópatra VII). Os selêucidas reinaram na Síria de 312 a.C. (Seleuco I) até 64 a.C. (Antíoco XIII).
3. Cf. P. Green, *Alexander to Actium*, p. 362-381.

(XXXI.23-30), filho adotivo do cônsul vitorioso, o que lhe garantiu regalias como a permissão para viver na própria urbe e fazer viagens curtas pela Itália.

Em Roma, além de tempo para dedicar-se à leitura (XXXI.23.4), Políbio encontrou condições materiais para fazer-se historiador, sobretudo o acesso a documentos e informantes não só da parte vencedora. Ao longo dos dezessete anos que viveu na urbe (167-150 a.C.), nunca retornou à Grécia. Em razão da permissão de viajar pela Itália e depois para a Ibéria, recolheu informações que se somariam aos assuntos que sempre o haviam interessado: tática militar, psicologia do poder e política. Pouco depois da libertação, integrou o círculo de oficiais do amigo durante a tomada de Cartago (146 a.C.), cuja eversão presenciou e rendeu ao texto uma de suas cenas mais patéticas (XXXVIII.20-22). É incerto se também o teria acompanhado a Numância, arrasada em 133 a.C.

Em função da convivência prolongada com os romanos e do tipo de atuação política cada vez mais direta que parece ter desempenhado já nos anos finais da detenção, Políbio aditou o projeto inicial da obra. Depois de retornar à Grécia, atuou politicamente como mediador junto aos romanos e redigiu mais dez livros, estendendo o relato em vinte anos (livros XXX a XXXIX, que abrangem o período 167-146 a.C.) para "deixar claro aos coetâneos se deveriam rejeitar ou aceitar o domínio romano" (III.4.7). No momento em que escrevia, a questão era no mínimo polêmica: como Macedônia e Grécia já estavam definitivamente reduzidas à condição de província, uma autêntica rejeição equivaleria a insubordinação. Na obra supérstite, nenhum passo endossa a visão de um Políbio revolucionário. Por aproximadamente sessenta anos a Grécia viveria em relativa pacificação, até a Primeira Guerra Mitridática (89-88 a.C.).

O posicionamento de Políbio no xadrez diplomático e geopolítico da década de 140 a.C. em diante deve ter sido bem mais complexo do que as parcas informações disponíveis permitem supor, e do que a mera alternativa entre anuir ou rebelar-se[4]. Não só possuía fortes vínculos com a aristocracia senatorial romana (a começar pelo amigo triunfador e todas as famílias a ele ligadas, qual a de Catão Censor) como era ele próprio um aristocrata terra-tenente do Peloponeso com muito a perder, em caso de luta armada, e tanto mais a ganhar, caso politicamente se compusesse com os novos senhores.

A partir de XXIV.6.3 (sobre o ano de 180 a.C.), Políbio figura ao mesmo tempo como narrador e personagem da própria narrativa[5]. Ainda que não se tome pelo valor de face as posturas que atribui a si mesmo nos quinze últimos livros, alinhamento ou atuação conjunta parecem distintos de colaboracionismo tácito ou passivo. Em diversas passagens sublinhou, por exemplo, a necessidade de negociação habilidosa por parte de pequenos Estados[6] – como a própria Confederação Aqueia – frente às pressões de superpotências – como Síria, Macedônia e depois Roma. No penúltimo livro, reconstruiu a própria atuação junto aos decênviros (comissão romana de dez integrantes que tomavam as decisões mais urgentes imediatamente ao fim de uma guerra) que desejavam carregar para a Itália as estátuas pilhadas da Grécia. Afirmou ter demonstrado com fria objetividade aos conquistadores a inutilidade do ato e o ódio desnecessário que lhes acarretaria, com o que teria conseguido manter os monumentos em seu local de origem. Os tentos diplomáticos parecem ter-se sucedido: a mesma comissão o encarregará de administrar e redigir leis para a Grécia pacificada em 146 a.C. O final das *Histórias* expõe um misto de autojustificação, de um homem que soube fazer-se útil, e da demonstração paradigmática de atuação prudente em tempos conturbados. Por outro lado, a

---

4. Cf. J. Thornton, Tra politica e storia, *Mediterraneo Antico*, v. 1, n. 2; Terrore, terrorismo e imperialismo..., em G. Urso (ed.), *Terror et pauor: Violenza, intididazione, clandestinità nel mondo antico*.
5. Cf. N. Miltsios, *The Shaping of Narrative in Polybius*, p. 132.
6. Sempre que for empregado na tradução, como aqui, "Estado(s)" designa apenas circunscrição territorial, sem qualquer relação com as conotações de "Estado nacional" ou "Estado moderno".

atuação conjunta com Roma após 150 a.C. implicava também a renúncia aos ideais de autonomia defendidos por Filopêmen e Licortas nos anos de sua juventude, o que dificilmente eximiria Políbio de comparações com Calícrates[7]. A condenação sumária da sublevação de Dieu e Critolau[8], cujo fim sangrento foi a submissão da península, era também uma tomada de posição em favor dos romanos, reconhecendo-os invencíveis e únicos capazes de garantir alguma estabilidade político-econômica ao subcontinente devastado e empobrecido. O auxílio prestado a Cipião Emiliano e o apreço pela ruína de Cartago trairiam, ainda, a efetividade desse alinhamento. Os atuais últimos cinco livros das *Histórias* testemunhariam revisões de ponto de vista ante a nova conjuntura dos anos de maturidade. Figuram também, contudo, entre os livros de que menos fragmentos restam. Alguns deles, por exemplo, contrastam visões conflitantes sobre as iniciativas romanas sem trazer um posicionamento conclusivo do historiador, e por isso dividem a crítica moderna, como o passo XXXVI.9[9].

Esgarçada entre sentimentos conflitantes e revista várias vezes ao longo de cinquenta anos, a visão de Políbio em relação aos romanos permanece esquiva a interpretações éticas e políticas conclusivas. Ocasionalmente o historiador se mostra admirado com os vencedores, mas nem sempre é evidente o significado dessa admiração. As duas partes reconheciam a relevância do mútuo estranhamento na definição dos próprios valores. A apreciação de A. Momigliano sobre a tensa relação entre Políbio e Roma coloca o problema em perspectiva ainda válida: "ele estava preso ao sistema que tentou descrever. Não era livre – no sentido o menos metafísico da palavra. Desaprovar

---

7. Em 181 a.C., Calícrates foi mandado em embaixada a Roma (Políbio XXIV.8-9); em vez de tratar do que fora incumbido, agiu como traidor (aos olhos de Políbio: cf. XVIII.15.1-3; XXX.13; XXX.29.7), acusando no senado seus adversários políticos, encabeçados por Licortas e seu filho, o próprio Políbio.

8. Líderes da revolta grega contra Roma em 146 a.C. ora conhecida como Guerra Acaica (Plb.XXXVIII.10-18). Com o massacre de Corinto, a Grécia é transformada em província da Acaia.

9. Cf. D.W. Baronowski, *Polibyus and Roma Imperialism*, p. 101-105.

Roma era perecer. Mas pelo simples esforço de estudar as causas e consequências da vitória de seus senhores, Políbio criou um espaço para si. Ele nunca aceitou os romanos integralmente. E descria de sua helenização"[10].

Estrutura das Histórias

Políbio parece ter se dedicado à redação das *Histórias* até o fim da vida. O passo III.39.8 se refere à abertura da Via Domitia em 118 a.C.[11]. Se a adição ao manuscrito tiver realmente saído da mão de Políbio, essa talvez tenha sido uma de suas últimas intervenções no texto. Porém os procedimentos antigos de edição manuscrita; a determinação do historiador de escrever sobre experiências recentíssimas; e a dimensão enciclopédica que a obra assumiu talvez respondam pelas suturas do texto nem sempre inaparentes, tanto materiais como temáticas.

Em decorrência dessas vivências e desse longo processo de elaboração, Políbio buscou articular três preocupações maiores a fim de responder à questão inicial: mostrar a imbricação entre escrita e atuação política direta e indireta; coordenar os dois projetos da obra – inicial e aditado; e atribuir juízos éticos válidos e paradigmáticos, positivos e negativos. Tais preocupações foram sintetizadas na definição de história pragmática e no estabelecimento de dois planos de reflexões paralelas a organizar a matéria da obra: narrativo e ético-político.

Por história pragmática Políbio entendia a narração de fatos contemporâneos e seus antecedentes imediatos, acessíveis por meio de experiência política direta, pelo testemunho pessoal ou por declarações de testemunhas oculares. O foco da narrativa são os anos e os eventos próximos ou concomitantes – o passado recente e o presente – acessíveis por tais meios. Elementos do passado mais recuado (livros I e II) só foram incorporados

---

10. The Historian's Skin, *Sesto contributo alla storia degli studi classici*, p. 85.
11. F.W. Walbank, *Polybius*, p. 13.

quando úteis para o entendimento do presente, na qualidade de causas, pretextos ou inícios (III.6-7). Explicitamente, Políbio almejava apresentar paradigmas éticos e políticos a serem meditados por estudiosos em exercício do poder que, por meio de inferências analógicas, poderiam utilizar o texto como padrão de comparação ao avaliar as próprias atitudes. Políbio atribuiu finalidade prática à obra precisamente porque pressupunha uma primeira e mais importante finalidade intelectual: a compreensão de problemas vitais, conforme sublinhou nos prólogos aos livros I e III.

A definição de história pragmática como história contemporânea, fruto de testemunhos diretos e útil a leitores no exercício do poder derivava da contraposição com outros dois gêneros de historiografia. No prólogo ao livro IX, Políbio contrastou o gênero da história pragmática com os gêneros "genealógico" e "relativo a colônias, mitos, fundações de cidades e vínculos de parentesco". Esses gêneros tratariam de épocas recuadas, arredias ao testemunho autóptico; obrigariam o historiador que a eles se dedicasse a repetir informações tradicionais, escritas ou orais; e visariam como público leitor apenas o diletante curioso. Políbio apresentou duas razões para justificar a opção pelo gênero "político contemporâneo", ou "pragmático": seu permanente ineditismo, decorrente da passagem do tempo, e sua utilidade como material para estudo metódico (IX.1-2).

Coerente com as exigências do gênero escolhido, Políbio reiterou em diversos passos da obra, sobretudo em passos-chave do livro XII, os três requisitos indispensáveis ao historiador dedicado a esse gênero: a. experiência político-militar própria, porque garantia máxima de veracidade e realismo do relato, no caso de um observador-narrador, e o guia mais eficiente do questionamento e seleção de informantes ("é o interrogante quem desempenha a função mais importante, não quem responde" – XII.28a.9-10); b. visita e observação minuciosa dos cenários e ambientes em que transcorreram fatos e batalhas; c. leitura de outros historiadores, atividade que menos prestigiava (as duras censuras a Timeu[12] se deviam a ter ele se dedicado apenas a esta atividade). Políbio ainda insistiu longamente na maior importância dos dois primeiros em detrimento do último (XII.25d-e).

O plano narrativo delimita e coordena a sequência de fatos que encadeiam a resposta à questão original. O historiador denominou de introdutórios (II.71.7) os dois primeiros livros. Neles, relatou de modo esquemático, resumindo outros historiadores, os conflitos que considerou causas da marcha dos romanos rumo à conquista do mundo habitado a partir do início da Segunda Guerra Púnica (219-201 a.C.). Para tratar dessas causas, porém, retroagiu o relato a 264 a.c., início da Primeira Guerra Púnica (264-241 a.C.), e a seus antecedentes ainda mais recuados, como a invasão gaulesa de Roma em 387-386 a.C. (I.6). Também narrou nos dois primeiros livros a primeira invasão romana da Ilíria (229-8 a.C.) e a guerra Cleomênica (227-221 a.C.), travada entre os peloponenses. Os intervalos dos parágrafos dedicados a cada conflito estão detalhados nas notas a I.13.

As ações relatadas nos livros III, IV e V transcorreram durante os mesmos quatro anos (220-216 a.C.) da centésima quadragésima olimpíada (III.2). É com o livro III que começa efetivamente o relato da formação do poderio romano ao longo dos referidos 53 anos. O livro narra o início da Segunda Guerra Púnica (219-01 a.C.) e tem por focos os atos de Aníbal na Ibéria, sua famosa marcha de lá rumo à Itália transpondo os Alpes, e suas sucessivas vitórias contra os romanos nos primeiros três anos do conflito. O relato se encerra com a batalha de Canas (216 a.C.), a maior derrota sofrida pelos romanos em solo italiano. O livro é notável por várias razões, entre elas: o tom elogioso com que o historiador narrou seguidas ocasiões que patenteavam a sagacidade estratégica do comandante cartaginês; a acuidade das análises éticas e/ou psicológicas, como

12. Timeu de Tauromênio (350-260 a.C.). Escreveu uma história da Sicília desde as origens até 289 a.C. em 38 livros, narrou as guerras entre Pirro e Roma até 264 a.C. e redigiu uma cronologia dos vencedores olímpicos.

a dos célebres parágrafos III.80-81 sobre a importância de se conhecer as inclinações do adversário; e o esforço, físico e intelectual, despendido por Políbio, para refazer o itinerário de Aníbal (III.48.12) e apresentar seus atos como fruto de meticuloso planejamento, removendo de seu retrato o que considerava maquiagem mítica e fantasiosa emplastada por historiadores tachados de interesseiros e ineptos.

Atualmente o mais extenso das *Histórias* (118 parágrafos), o livro III talvez já o fosse dentre todos os quarenta. Nenhum outro se concentra nos atos de uma única personagem. O livro suscita problemas hermenêuticos por seu objeto e pela situação de Políbio em Roma enquanto o escrevia. Seria a construção retórica de um inimigo formidável com vistas a incensar a vitória de Zama[13]? Ou o relato que se pretendeu decisivo de uma campanha ainda muito vivaz no imaginário dos vencedores, e que dispunha de abundantes fontes escritas e orais por parte de sobreviventes e participantes? Ou a expressão de genuína admiração pessoal pelo comandante notável cuja trajetória foi frustrada pelo acaso de uma única derrota?

Além dessas, porém, o livro III responde a uma questão de fundo nem sempre devidamente considerada. Em III.30 Políbio aventou a possibilidade de culpa romana pelo início da guerra, o que justificaria o ataque de Aníbal a Sagunto caso admitido que as causas da Segunda Guerra Púnica decorreriam da Primeira, como afirmara em diversos outros passos. Ao longo de todo o livro Aníbal é a encarnação do estrategista sagaz. Seu retrato tem como fundamento o imperativo ético e metodológico reivindicado por Políbio como inerente à escrita da história: a verdade factual (1.14). O "êthos historías" (1.14.5 – "profissão de história")[14] pressupunha harmonia cuidadosa entre avalia-

---

13. A vitória (202 a.C.) de Cipião Africano sobre Aníbal em Zama, na África, foi a vitória romana que decidiu a Segunda Guerra Púnica (XV.5s). A guerra acabou após as negociações e o retorno dos romanos para a Itália, no ano seguinte.
14. A expressão τὸ τῆς ἱστορίας ἦθος é inusitada, evocativa e talvez única, prestando-se a equívocos tradutórios: "assumir-se historiador" ou "ofício de historiador" tangenciam, mas não abrangem todo o potencial da fórmula polibiana. A opção por

ção franca de atos (não de agentes) e informações disponíveis. O retrato de Aníbal é uma amostra da serenidade e coragem com que Políbio exerceu em Roma o direito à parrésia, a liberdade de fala em qualquer situação, diante de qualquer pessoa e indissociável do padrão de democracia que conhecia e endossava (VI.9.4), qual o da Confederação Aqueia (II.38.6). Certamente não desafio aberto, talvez elogio indireto ao vencedor; seguramente, porém, aquele retrato punha em discussão valores civilizatórios de modo paradoxal e incisivo: o Aníbal de Políbio não é bárbaro nem vil, mas paradigma de racionalidade (cf. especialmente IX.22-26 e a defesa de Aníbal contra acusações de crueldade em IX.24.8). Quatro comandantes romanos, por outro lado, foram batidos em sequência porque tomados por paixões e vícios desagregadores. E pouquíssimos teriam sido os romanos que compreenderam os planos de Aníbal, como Fábio Máximo e Lúcio Emílio (pai do triunfador de Pidna): o primeiro pouco teria podido fazer; o segundo pereceu em Canas.

Os livros IV e V são dedicados aos conflitos entre os soberanos gregos da Macedônia, do Egito e da Síria e a seus respectivos problemas internos. Os dois pontos notáveis desses livros são o paulatino enfraquecimento mútuo de todos eles, que depois abriu caminho para as legiões, durante o primeiro quarto do século II a.C.; e o refinamento dos conceitos psicológicos que Políbio empregou para retratar reis e conselheiros palacianos como paradigmas de perversidade. As intrigas e maquinações de conselheiros como Sosíbio, no Egito; de Apeles, na Macedônia; e sobretudo as de Hérmias, na Síria, mostram o quanto esse tipo de vilania era ao mesmo tempo alvo de curiosidade e profundo desprezo para um filho de ambiente citadino

---

"profissão de história" tem uma razão histórica, que se soma à de preservar a fecundidade do original. Ao criticar o juízo de Ranke segundo o qual "em filosofia, bastavam Platão e Aristóteles", B. Croce conclui: "juízo que não pode não suscitar estupor sobretudo quando colhido dos lábios de quem faz *professione di storia*" (1954, p. 92; grifos meus). Croce, como Políbio, demarca a funda divergência entre si e um historiador que respeitava com uma fórmula ambivalente, se não irônica, como a que também desponta no passo do historiador aqueu. Equívoco seria pressupor que Políbio apenas preceituasse sem criticar, pressuposição implícita nas sugestões descartadas.

e democrático. Para Políbio, a corte helenística era a sede típica da corrupção e da degradação moral.

Toda a sequência da narrativa a partir de então (livros VI a XXXIX) se encontra fragmentária e constitui um mosaico que retrata os esforços de sucessivos editores na busca pela reconstrução o mais completa e orgânica possível. Fragmentos esparsos derivam de Diodoro Sículo (c.90-30 a.C.), Estrabão (64-63 a.C. – 24 d.C.), Plutarco (c. 46-120), Apiano (c. 95-165) e Ateneu (c.II-III), mas a maioria restante foi preservada ao preço de mutilações do texto original feitas para uso escolar na corte de Bizâncio[15]. Pontuam a narrativa três livros digressivos, cujos temas reverberam por todos os demais: os livros VI, XII e XXXIV.

No livro VI, Políbio apresentou e comparou as instituições romanas com as cartaginesas, estudando ambas as potências no auge de seu poderio. Discutiu, ainda, diferenças e semelhanças que teriam ou não determinado a supremacia romana. A balança pende para a constituição mista romana, caracterizada como em plena maturidade. Nesse livro Políbio fez uso um tanto livre de Platão e Aristóteles, mencionados de passagem, e apresentou a própria versão do ciclo de constituições, ou anaciclose[16] das formas constitucionais positivas e negativas (breve monarquia "natural" ao fim de um cataclismo; realeza, tirania; aristocracia, oligarquia; democracia, oclocracia – VI.4-6). A teoria da anaciclose e a definição de constituição mista pertencem a estratos distintos do livro e são conceitos que, dado o estado atual dos fragmentos, não se ajustam com precisão.

Políbio apontou três razões para a superioridade romana: a. a centralização das decisões (a despeito da tripartição da "constituição mista" em cônsules, Senado e povo, o conjunto das decisões tomadas pelo Senado e povo romanos convergiria para uma meta consensual: vencer guerras e adquirir terras e bens);

---

15. Cf. J.M. Moore, *The Manuscript Tradition of Polybius*.
16. Anaciclose reproduz o conceito original de *anakýklosis*, com o qual Políbio designa o "ciclo de constituições". A palavra tem curso corrente na historiografia atual, embora apareça uma única vez no texto supérstite de Políbio (VI.9.10).

b. as virtudes romanas (os romanos teriam conseguido temperar força e inteligência, tornando-se eticamente moderados – virtude cardinal para o historiador); c. a superioridade militar das legiões em relação a todos os demais exércitos contemporâneos (disciplina estrita, mobilidade e agilidade dos manípulos, e armamentos mais eficientes, como o escudo longo e o gládio ibérico – VI.19-42 e XVIII.28-32).

A segunda digressão é o livro XII segundo seu estado atual. O livro é digressivo conforme o estado em que ora se encontra, mas talvez não o tenha sido originalmente. Os fragmentos hoje disponíveis concentram reflexões sobre metodologia da história e críticas a historiadores anteriores, especialmente de Calístenes[17] e Timeu. Entretanto, pela posição que ocupa na narrativa e por discutir informações sobre a África, a Sardenha, a Sicília e a Córsega fornecidas por Timeu, é possível que o livro fosse originalmente uma introdução à campanha de Cipião na África durante os anos 204-202 a.c. complementada por observações diretas de Políbio, fruto de suas viagens a partir de 151 a.C. Ao lado de passos-chave de Tucídides, o livro XII de Políbio é o mais importante documento grego a apresentar uma teoria razoavelmente completa sobre a *autopsía*[18] e seu papel central na investigação histórica. Os três elementos que compõem a teoria de Políbio são os já mencionados requisitos necessários ao historiador que se dedicasse à história pragmática (experiência político-militar, observação de cenários de acontecimentos, leituras).

---

17. De Olinto (370-327 a.C.), um dos continuadores de Tucídides e integrante da primeira geração de historiadores a escrever sobre Alexandre, que acompanhou Ásia adentro. Escreveu uma obra intitulada *Helênica* narrando a história grega de 386 a 356 a.C., em dez livros, além do relato sobre Alexandre.
18. Conceito fundamental para a compreensão da historiografia grega antiga. Em sentido especificamente historiográfico, *autopsía* designa a apreensão do real por testemunho ocular, isto é, pela visão dos, e/ou participação nos, acontecimentos relatados. Segundo o critério de Políbio – que afere a competência dos historiadores pela quantidade de experiência e/ou testemunhos próprios que evidenciam –, quanto mais um historiador dependesse de informes alheios, pelo interrogar testemunhas oculares ou basear-se em relatos escritos, tanto menos crível seu texto seria.

As críticas a outros historiadores decorriam de dois elementos cardinais das *Histórias*. O primeiro era a visão de realidade do autor e o modo como julgava se devesse apresentá-la. Em nenhum momento Políbio põe em xeque a simetria entre pensamento-texto, de um lado, e experiência-realidade históricas, de outro, simetria que parece admitir sem restrições. Filho de uma confederação de cidades em que a participação política direta, o debate e a atividade militar eram o centro da vida do cidadão, Políbio enxergava a erudição como passatempo potencialmente falsificador da realidade política, ao acusar o descolamento paulatino e progressivo entre o conteúdo de obras de história e experiência pessoal. Tomando conscientemente a via oposta, Políbio se recusava a aceitar informações de terceiros quando supunha possível obtê-las com seus próprios recursos e esforços, numa tentativa quase heroica de arrancar à realidade o máximo de evidência e verdade qual nenhum livro poderia fornecer. A censura à porção pragmática da obra de Timeu, que muitas vezes parece se estender sub-reptícia à obra toda, culmina em um juízo de cunho pessoal e duríssimo: "em certas questões nenhum historiador parece ter sido menos confiável nem mais preguiçoso" (XII.27a.4). Muito dessa crítica se deve ainda ao fato de que, no entendimento de Políbio, Timeu teria escrito apenas para entreter, abusando do que chamaríamos de sensacionalismo. Pior, teria imputado discursos a grandes capitães, como Hermócrates, sem pesquisa nem exame, retratando-os de modo a privá-los da dignidade que lhes caberia.

Análogas censuras violentas ao mesmo procedimento, mas por razões políticas e potencialmente pessoais, Políbio já havia dirigido contra outro historiador, Filarco[19] (II.56-63). Contra Quéreas e Sósilo[20], que escreveram sobre Aníbal, não conteve o desagrado: "conversa fiada de barbearia" (III.20.5). A Zenão

---

19. Historiador ateniense (meados/final do século III a.C.), cuja obra em 28 livros narrava a história da Grécia dos anos 272-220 a.C.
20. De Quéreas nada se sabe. Sósilo era espartano e ensinou grego a Aníbal, cujos feitos relatou em sete livros (Diod. XXVI.4).

de Rodes[21], censurou a preocupação exclusiva com o estilo e endereçou uma carta apontando-lhe os erros sobre a geografia da Lacônia (XVI.17-20). Contra Postúmio Albino[22], cônsul em 151 a.C., poeta e historiador, a ridicularização começa pelo caráter, passa pela obra e se consuma na comparação corrosiva, atribuída a Catão, entre o historiador incompetente e um atleta fraco e covarde (XXXIX.1).

Por que Políbio teria dedicado tanto espaço a criticar tão minuciosa e violentamente historiadores que o precederam em, pelo menos, um século (Timeu viveu entre meados do século IV a.C. e meados do seguinte), ou contemporâneos, como Postúmio Albino, é assunto que ainda se presta a distintas hipóteses. O espectro vai da fúria pessoal à alegada ética "profissional"[23]. Mas talvez as razões de Políbio radicassem em reflexões mais profundas.

O segundo elemento cardinal era apontado como razão do primeiro: a função primordial que atribuía à inferência analógica[24] na investigação da realidade (*autopsía* e *anákrisis*[25]), na escrita de um texto de história e em sua compreensão pelo leitor. Políbio partia da premissa de que somente a experiência pessoal forneceria os dados e o treinamento necessários para a elaboração de uma história pragmática e para sua compreensão por parte do leitor. A fim de orientar a leitura, diferenciou causas, pretextos alegados, inícios e desdobramentos (ou efeitos) como fatos afins e cronologicamente sucessivos. Restringiu tais fatos,

21. O pouco que os parcos fragmentos permitem afirmar sobre o historiador é que viveu como cavaleiro dos séculos III-II a.C. E escreveu uma obra intitulada *Crônica*, que tratava da história antiga de Rodes e de eventos de sua própria época.
22. De sua obra só restam dois fragmentos de uma versão latina, e é mais conhecido por ter feito parte dos decênviros enviados à Grécia após 146 a.C. a fim de auxiliar sua reorganização política.
23. Cf. R. Vattuone, Timeo, Polibio e la storiografia greca d'occidente, em Guido Schepens; Jan Bollansée, *The Shadow of Polibius*, p. 89-122; Polibio, 2001-2006, *ad loc*.
24. Aqui entendida em sentido estritamente historiográfico, isto é, como procedimento para extração de juízos sobre personagens e/ou suas condutas a partir de comparações entre eles. A questão é retomada abaixo a partir dos passos em que Políbio a mencionou.
25. Em sentido historiográfico, procedimento auxiliar, em relação à *autopsía*, para a apreensão do real: "interrogação de testemunhas", oculares ou não.

por sua vez, a pensamentos e/ou ações humanas claramente identificáveis (III.6.6-7; XXII.18). O acerto na inferência desses fatos e das relações entre eles decorreria do juízo do investigador experimentado (I.5.3-5; III.6.7) e atento à verdade factual (I.14), fosse ele historiador e/ou leitor (XII.25i.8)[26]. Tal inferência se manifestaria como entendimento da história (énnoia) e sucesso planejado (XII.25i.8).

Após a identificação das causas (XII.25b.1), a investigação do historiador e o entendimento do leitor prolongariam a cadeia de inferências analógicas ao definir paradigmas (éticos ou circunstanciais) compreensíveis e úteis: "transpostas as circunstâncias semelhantes para as ocasiões apropriadas" (XII.25b.3). Para ambos o passado seria a base a partir da qual projetariam antecipações de futuro – para a escrita ou outra ação: "surgem meios e antecipações que permitem antever o que é iminente e, ora tomando precauções, ora imitando o passado, é possível enfrentar com mais confiança o que quer que sobrevenha" (XII.25b.3). As antecipações indutivas promovidas pela história pragmática se diferenciariam de outros tipos de previsão porque racionalmente prováveis e politicamente eficazes.

Políbio contrapôs o determinismo das analogias previsíveis à espontaneidade, aparente ou real, do agir humano por meio de polarizações éticas: ações racionais seriam previsíveis, eficazes e moralmente elogiáveis; as irracionais, o oposto. Somente uma história de talhe polibiano poderia fornecer critérios e meios para o exame de condutas éticas, fosse a da personagem examinada, fosse a do próprio leitor: a história, e consequentemente todas as analogias que dela se pudesse inferir, seria tanto mais verdadeira e útil quanto mais contivesse da melhor experiência efetiva do historiador (émphasis, *autopátheia*, *autourgía* – XII.25h.4 e 28a.6). Um historiador que seguisse o procedimento de Timeu não forneceria as bases para inferências analógicas verdadeiras nem precisas (Timeu não teria tratado

---

26. Literalmente: "ora operando distinções, ora transpondo semelhanças entre si".

das causas – XII.25b.4) ou estaria condenado a produzi-las aleatórias, falsas e inúteis. Tais inferências se restringiriam a passatempo na melhor das hipóteses, o que seria incompatível com uma narrativa histórica (II.56-63). Ao refletir sobre a função da inferência analógica no entendimento da história, Políbio explicitou os conceitos basilares de uma concepção de história que se tornaria conhecida como *historia magistra uitae* [história mestra da vida], conforme a formulação de Cícero[27] – a história que fornece exemplos a serem imitados ou evitados – e a tradução livre de Tito Lívio[28].

O teor da crítica a Timeu diz muito também da dívida teórica que Políbio tinha com o antecessor. Timeu foi o primeiro historiador grego a tratar de Roma, que começou a despertar a atenção do mundo helênico após a vitória sobre Pirro[29] (275 a.C.). No prólogo, Políbio atrelou a própria narrativa às de dois antecessores, assim inserindo-se na ininterrupta tradição historiográfica grega que reconhecia Homero como ponto de partida: à de Arato[30] (1.3.2), com relação aos gregos, e à de Timeu (1.5.1), com relação aos romanos. Políbio também se serviu do sistema de contagem de anos por olimpíadas, elaborado por Timeu, conjugando-o quando possível à contagem romana pelo nome dos cônsules.

A terceira digressão é o livro XXXIV, ou os poucos fragmentos preservados por Estrabão (64-63 a.C. – 24 d.C.) que se considera remontassem ao original. Nesse livro, Políbio teria reunido resultados de observações geográficas e etnográficas feitas ao longo de suas muitas viagens pelo Mediterrâneo provavelmente entre 151 e 146 a.C. A importância que Políbio atribuía à observação topográfica meticulosa já foi destacada, e em toda a obra supérstite é perceptível sua atenção a esse ponto. Do livro II,

---

27. *Sobre o Orador*, II.36.
28. *História de Roma*, Prefácio, 10.
29. Rei do Epiro e da Macedônia entre 306-272 a.C., foi um dos mais notáveis oponentes de Roma. Entre 280-275 a.C., após conquistar cidades na Sicília e no sul da Itália, enfrentou e venceu os romanos, mas acabou vencido.
30. Arato de Sicião (271-213 a.C.), estratego da Liga Aqueia que, ante a ameaça de Esparta, aliou-se a Antígono Dosão da Macedônia. Redigiu memórias de seus feitos, usadas por Políbio nas *Histórias*.

por exemplo, é famosa a descrição étnico-geográfica da Itália (II.14-35). No livro III, o historiador escreveu sobre a transposição dos Alpes por Aníbal a partir de conhecimento empírico da rota, que percorreu provavelmente ao retornar de uma viagem à Ibéria (III.48.12). No livro IV, descreveu a boa situação do sítio de Bizâncio e territórios adjacentes ao mar Negro, cujo assoreamento tentou explicar (IV.38-44) aliando conhecimento empírico a conclusões derivadas das "ciências naturais" (IV.39.11-40.1).

O plano ético-político exprime a visão de Políbio sobre o agir humano filtrado por dois prismas causais: a *týkhe* e sua função na história, e o código de ética que reconhecia como exemplar.

A *týkhe* de Políbio não constituía um conceito unívoco. Traduzi todas as ocorrências por "acaso", palavra que melhor parece conciliar suas distintas nuanças. *Týkhe* é inserida na obra como uma das variáveis a compor a resposta à questão fundadora "entender como Roma etc." É apresentada como algo exterior à história, mas que interage com as ações humanas. Talvez representasse a última forma de o historiador responder ao "por quê?", eventualmente implícito nas questões fundadoras.

No prólogo, Políbio atribuiu à *týkhe* o poder de se imiscuir (1.1.2; 1.4.4-5) na vida humana e condicioná-la. A conclusão do raciocínio é o seguinte juízo: "[a *týkhe*] fez convergir quase todos os acontecimentos do mundo habitado para um único centro, e fez com que tudo se voltasse para um único e mesmo objetivo" (1.4.1). Ao pensar a narrativa, Políbio afirmou ter assumido o ponto de vista da *týkhe*: "do mesmo modo é preciso levar aos leitores, pela história e sob uma única visada sinóptica, a manobra de que o acaso se serviu para realizar a interação dos fatos" (1.4.1). Essa seria a *týkhe* talvez extramundana, um agente imaginário, usualmente traduzida por sorte e por vezes confundida com a deusa romana Fortuna.

Num sentido mais especializado, *týkhe* se manifesta como potência vingativa e caprichosa: em XV.20.5-6 Políbio se compraz ao apreciar como a *týkhe*, semelhante a uma fúria vingadora, puniu Filipe V e Antíoco III por suas maquinações contra

Ptolomeu v Epifanes, de apenas 5 anos. Enviados de Aníbal relembram a Cipião o caráter caprichoso da *týkhe* antes de Zama (xv.1), como Emílio Paulo fará a Perseu depois de Pidna (xxix.20).

Outras vezes, *týkhe* não representa algo, mas indicia a ausência ou a impossibilidade da existência de causas discerníveis. É posta em paralelo a *theós* [divindade] e preserva a noção de imprevisível potencialmente absoluto. Nessas ocasiões, é associada a ocorrências cujas causas não mostrariam determinação precisa, escapariam à compreensão humana ou poderiam ser ditas inexistentes, como fenômenos da natureza e calamidades (xxxvi.17). É a única acepção de *týkhe* que realmente põe em xeque a racionalidade e a validade de qualquer tentativa de estabelecimento de sistemas de causalidade histórica.

Em diversos passos, ainda, *týkhe* equivale a uma expressão coloquial significando "algo ocorreu", "assim se deu" etc.[31]

Todas essas acepções de *týkhe* parecem por vezes, também, se combinar num único agente-ausência paradoxal: "[*týkhe*] não se compõe com a vida humana, tudo renova a despeito de nossos cálculos e demonstra a própria potência por meio do inesperado" (xxix.21.5). A definição é de Demétrio Falereu, estadista e filósofo peripatético que teria previsto a ruína da Macedônia em decorrência da *týkhe* com 150 anos de antecedência. Políbio reportou a citação com admiração.

As distintas acepções de *týkhe* dividem espaço na obra com causas históricas restritas a determinações humanas, conforme Políbio enunciou também no prólogo (em linha com o que propôs em iii.6-7): "os romanos subjugaram não uma só parte, mas todo o mundo habitado" (1.2.7). Por vezes *týkhe* parece inclusive opor-se a tais iniciativas humanas: "os romanos não por acaso (ou *týkhe*), como pensam alguns gregos, nem acidentalmente (*oud' automátos*), mas por uma forte razão [...] não só aspiraram à hegemonia total e ao império com bravura, como também realizaram o plano" (1.63.9). Porém precisamente na

---

31. Cf. A. Mauersberger, *Polybios-Lexixon*, 2000-2004, *s.v.*

conclusão do passo em que esboçou uma definição de causalidade histórica (III.6-7), Políbio entrelaçou-a a circunstâncias decorrentes de *týkhe* sem acusar problemas na relação. Após afirmar a importância, para um homem pragmático, de saber "calcular como, por que e desde quando cada acontecimento foi desencadeado" (III.7.5), concluiu: "por isso nada deve ser tão vigiado e buscado quanto as causas (*tàs aitías*) de cada acontecimento, pois frequentemente os fatos mais importantes nascem de acasos (*ek tôn tykhónton*)" (III.7.7).

A justaposição de fatores humanos e postulados abstratos como tentativa de inferência dos fundamentos da realidade perpassa o texto supérstite das *Histórias*, embora não pareça ter despertado em Políbio os problemas que atualmente suscita. Os mais evidentes: qual seria a relação entre a responsabilidade humana, cuja correta imputação é dita dever do historiador (I.14.5-9) e do homem pragmático (I.35.9-10), e a constatação, ou suposta agência (I.4.1; XXIX.21), de *týkhe*, entendida como externa, esquiva ou sobreposta ao agir humano? Ou entre a *týkhe* absolutamente imprevisível, o estudo metódico da história (IX.2.5) e a determinação por analogia de exemplos previsíveis (XII.25b.3)? Seria *týkhe* um fator prévio e condicionante do agir humano, ou a somatória de toda espontaneidade contida nesse agir e condensada pelo historiador num conceito único?

Porque Políbio apenas tangenciou tais questões, talvez seja mais proveitoso insistir em outro viés interpretativo: haveria inconsistência ou complementaridade nas justaposições entre *týkhe* e o agir humano? Se vistas como inconsistentes, um modo de aliviar parte das pressões decorrentes seria ver em *týkhe* um sinônimo de "destino", "fatalidade" ou "circunstância" sem conotação precisa, como um expediente retórico utilizado apenas para "dignificar a história e identificar questões que não podemos responder"[32]. Tal percepção eximiria o historiador de complicações éticas decorrentes do problema – e.g., todo criminoso

---

32. B. McGing, *Polybius' Histories*, p. 201.

disporia de álibi *a priori* – e, ao mesmo tempo, restringiria a imputação de responsabilidades exclusivamente à agência humana identificável em cada caso. Outro modo, igualmente insatisfatório, porém mais afim do pensamento sincrético e assistemático de Políbio, seria perceber como interdependentes e paralelas a admissão de *týkhe* na história e a atenção ao agir humano – como sinalizado na conclusão de III.6-7 e eventualmente presumido em demais passos citados[33].

Políbio atribuiu juízos éticos conforme analisava o comportamento das personagens históricas umas em relação às outras e à *týkhe*, e o grau de inteligência e valor pessoal demonstrado por cada uma. O código de ética polibiano pouco difere da ética política e militar grega que pode ser rastreada já nos poemas homéricos[34]. Os pontos em comum entre o cidadão ideal, o soldado ideal e o historiador ideal são semelhantes, quando não idênticos. Os três deveriam ter na experiência própria o elemento mais importante para o desempenho das respectivas funções. Essa experiência evidenciaria (ou não) virtudes cujo referencial tradicional era heroico: coragem, moderação, prudência e sagacidade (IX.12-20; XXXI.23-30). Quanto mais ética e racionalmente virtuosa a personagem – capaz de agir *nounekhôs kaì pragmatikôs* (1.62.4-6) [com inteligência e habilidade] – tanto mais hábil se mostra em "antever o futuro", supremo exercício de inteligência e previsão sintetizado no conceito de *prónoia* (IX.14-17).

O contraponto a essa postura ideal, em seus diversos graus viciosos, é sempre condenado: toda ação e decisão fundada em ímpetos irracionais, principalmente se espicaçados pelo álcool (II.4.6-7); quaisquer atitudes violentas e inconstantes de povos ditos bárbaros, como gauleses e celtas; e em geral o comportamento de mercenários, multidões, jovens e mulheres (com a notável exceção de Quiomara – XXI.38).

Os que mais se afinam com o cidadão-comandante ideal integravam a galeria de heróis do historiador: o amigo Cipião

33. Cf. P. Green, op. cit, p. 273.
34. Cf. A.E. Eckstein, *Moral Vision in the Histories of Polybius*.

Emiliano; seu pai, Emílio Paulo; e Cipião Africano, entre os romanos. Entre os gregos, Filopêmen, o herói de sua juventude; Hierão II de Siracusa e Arato. Entre os cartagineses, Hamílcar e Aníbal. Todas as demais personagens formam a vasta galeria polibiana com distintas gradações de virtudes e, sobretudo, de vícios de todo tipo, independentemente de suas posições sociais e políticas. A perícia tática de um simples mercenário (Xantipo – 1.32-36) despertou especial atenção do historiador e inspirou um dos parágrafos mais conhecidos da obra.

Visões e Juízos

Etimológica e tradicionalmente, (h)ístor define o indivíduo cuja prudência e autoridade o distinguem no ajuizar e fazer ver a verdade em meio a versões conflitantes, mesmo sem ter necessariamente presenciado a(s) situação(ões) desencadeadora(s) do conflito[35]. Ao exercício dessas faculdades os gregos denominaram *historía*. Profundamente imbuído da seriedade do trabalho a que se entregara e da necessidade de fazer ver que ele implicava, Políbio concretizou o projeto anunciado em 1.3-4 e reforçado em IV.28: delineou um panorama (*théama* – 1.1.6; III.1.4; IX.44.2), ou visão sinóptica (*sýnopsin, synópsesthai*), da unificação política do mundo à época (*somatoeidê, symploké*), "a mais bela e proveitosa empresa do acaso", e das condutas de seus principais agentes coletivos e individuais. Como qualquer teoria ou busca da verdade, também essa almejava fundamentar previsões racionais (X.47.12-13; XXX.6.3-4), fazendo-o, porém, de modo provisório, sujeito a remodelações frequentes, porque semente e fruto de extensa experiência sempre a renovar-se (III.4.13). Se o panorama alcançou forma de texto imutável,

---

35. A definição de (*h*)*ístor* ora apenas esboçada é brilhantemente desenvolvida por Pires, 2003, em especial às p. 133-135. A acepção etimológica de (*h*)*ístor* pode ser traçada a partir dos seguintes textos: *Ilíada*, 18.501 e 23.486; Hesíodo, *Trabalhos e Dias*, 792; Heráclito, Fragm. 35 (Diels-Kranz); Hipócrates, *Juramento*, 2.

o princípio que o anima é pura energia e vida: o pensamento integrador de Políbio aspirava instigar no leitor o olhar crítico (*synidónti, kritás* – 1.35.6-10), encorajando-o à inferência realista precisa. Ao mesmo tempo, escrever foi um modo de o autor refinar o próprio juízo, mapeando as possibilidades da própria condição: foi um modo de conhecer-se e orientar-se.

Assim como Odisseu, a quem intencionalmente se comparou (XII.27-28), Políbio foi odiado, fracassou, viajou, viu muitos povos, conheceu a natureza dos homens, padeceu no íntimo, resistiu sem se abater e retornou. As *Histórias* são a meditação prolongada de um homem em busca de entendimento político do contexto e das situações delicadas a que teve de responder de imediato. Num primeiro momento, foram a alternativa mais digna ao exercício da política para quem dela foi bruscamente apartado: visualizar e indicar com precisão era também criar relações de poder, nele se imiscuindo tanto quanto as barreiras oficiais concediam. Aos poucos, as *Histórias* revestiram aspecto análogo ao de incumbência diplomática, somado ao exame justificador da própria conduta. Acima de tudo, tiveram por objeto o devir humano paradoxal e multifacetado (IV.8.7-12), que envolve cada indivíduo sem deixar de ser comum a todos; e que raro se alça à beleza da amizade (XXXI.23-25) ou se vê escapo à múltipla sordidez (XXX.18). Num passo duplamente paradigmático (em níveis intra e extradiegético), Políbio atribuiu a Aníbal a máxima exemplar e emblemática, talvez também num terceiro nível, a do trilema de sua própria condição de historiador: "é preciso vencer, morrer ou submeter-se vivo aos inimigos" (III.63.4). Ao fim da narrativa da Segunda Guerra Púnica, o olhar de Políbio se demora no vencido, em seu valor, no papel do acaso em sua única derrota, e não no vencedor (XV.16.5-6). A despeito, ou em razão, do próprio fracasso político em 168 a.C., Políbio cria que meditar a história ensinasse algo, e que encontraria leitores dispostos a aprender (1.1; 1.35.6-10). Com tal pertinácia entregou-se ao exercício que apenas em razão de sua morte o texto encontrou forma e conteúdo definitivos.

Leitores ilustres meditaram longamente a obra de Políbio. As *Histórias* foram redescobertas no Ocidente pelo aretino Leonardo Bruni, que as empregou como fonte ao redigir uma monografia sobre a Primeira Guerra Púnica (1422), assim preenchendo a famosa lacuna no texto de Tito Lívio. Maquiavel aludiu à anaciclose no início (I.2) dos *Discorsi sopra la prima deca di Tito Livio* (1513-8) (Discursos Sobre os Dez Primeiros Livros de Tito Lívio). Justus Lipsius empregou os fragmentos do livro VI (que preferia denominar *De rebuspublicis* (Sobre Questões Públicas) e considerar como a verdadeira introdução às *Histórias*) como argumento dos diálogos ilustrados do tratado antiquário *De militia romana* (1595) (Sobre o Exército Romano). Montesquieu recorreu a Políbio para escrever sobre a importância da música (IV.8) e tinha o livro VI sob os olhos ao discutir a tripartição da constituição inglesa, no livro XI do *De l'Esprit des lois* (1748) (Sobre o Espírito das Leis). Os federalistas americanos (Hamilton, Madison, Jay) fizeram de Políbio referência constante a embasar a preferência pela constituição mista (1788).

Mais recentemente, Antonio Negri e Michael Hardt demonstraram no instigante *Empire* (Império) a vitalidade e a capacidade de as *Histórias* estimularem reflexões originais no campo da ciência política. Como argumento para a crítica incisiva aos distintos procedimentos e fases da globalização contemporânea, os autores resgataram os componentes políticos da teoria polibiana da constituição mista (livro VI) e os repropuseram em termos de funções econômicas que definiriam a "pirâmide da constituição global", na qual o elemento monárquico estaria atualmente representado pelos poderios financeiro, cultural e militar do pequeno grupo de nações mais ricas do planeta capitaneadas pelos Estados Unidos; o elemento aristocrático corresponderia às multinacionais e às nações delas dependentes; e o elemento democrático seria representado por diversas organizações, principalmente ONGs[36].

---

36. Cf. M. Hardt; A. Hardt, *Empire*, p. 314-316.

Um dos mais refinados leitores de Políbio, que chegou inclusive a elogiar-lhe o estilo, provavelmente foi Isaac Casaubon, cujas observações ainda valem reflexão. No prefácio de sua tradução comentada (1609), Casaubon entendeu que Políbio "conjugou distintos ofícios em um único: procurou ser útil ao gênero humano narrando e aconselhando ao mesmo tempo. A narração instrui o leitor pelo conhecimento de fatos diversos; o conselho, pela prudência" (p. xxiv). Por prudência, definida como "olho da mente e alma da política", Casaubon entendia "quase o mesmo que história" (p. i e iii), dita "testemunha fiel da condição humana, isto é, da fragilidade mais que vítrea, e imagem verdadeira da vida dos homens, sujeita a tantos erros e acasos" (p. ii). Casaubon retomou de Políbio a premissa de que entender a história é cotejar a experiência própria com eventos alheios, passados e coetâneos, aperfeiçoando intelectual e moralmente essa por meio destes.

Caso se inverta o sentido da operação, entender a história seria "estender a experiência ordinária a eventos não alcançáveis com o processo natural da memória individual", ou seja, estudar "documentos para estabelecer fatos do passado em vista de certas questões ou problemas"[37]. Se a história é, em um sentido, mestra da vida, também é verdadeiro que a vida seja mestra da história. A dialética pendular entre esses dois sentidos é estímulo permanente a encorajar a leitura de historiadores naqueles que buscam visões sinópticas do mundo e de si mesmos.

A Tradução

Dionísio de Halicarnasso (c.60-7 a.C.) escreveu que desistira de concluir a leitura das *Histórias*, como também a de vários outros historiadores, em razão de sua falta de estilo[38]. Cícero e Tito Lívio não tocaram na questão: apenas elogiaram a seriedade

---

37. A. Momigliano, Il linguaggio e la tècnica dello storico, *Secondo contributo ala storia degli studi classici*, p. 368.
38. *Sobre a Composição Literária*, IV.105-14.

e a fidedignidade do historiador aqueu[39]. Em diversos passos (e.g., II.56-63; IX.1-2; livro XII *passim*; XVI.17-20; XXIX.12.10), Políbio reiterou a preferência pela verdade factual sem adornos, explicada de modo preciso e útil, em detrimento de um estilo bem cuidado, em que via apenas uma forma de impressionar leitores vulgares (XVI.18.2). Ao optar por uma via semelhante à de Tucídides, Políbio distanciou-se dos historiadores que tão duramente criticou e se concentrou na construção do théama [panorama] para proveito e ajuizamento severo do leitor estudioso (VII.7; IX.1-2; XVI.20.8-9).

A língua em que Políbio escreveu foi uma espécie da *koiné* (língua franca) helenística outrora designada como "jargão de chancelaria", de fraseado semelhante ao de documentos oficiais e equidistante da reação aticista e do asianismo pomposo[40]. Sua sintaxe e estilo são claros, embora por vezes empolados: repete construções com frequência, de modo quase formular; não hesita em encadear frases excessivamente longas; e tem especial apreço por expressões vagas, triviais e pleonásticas. Preservei tais ocorrências na tradução apenas quando estritamente imprescindíveis, e redividi muitos períodos do original quando sua manutenção comprometeria o entendimento ou a fluência do português. Outra peculiaridade do estilo de Políbio são as intervenções autorais frequentes, chamando explicitamente a atenção do leitor. Quando possível, tentei recriar o tom algo monocórdico e por vezes amaneirado do original. O principal foco de interesse da obra ainda é seu valor de fonte e método históricos e documento de formas de pensamento e língua helenísticos.

Serviu de base à tradução o texto grego estabelecido por Büttner-Wobst (Polybius, 1967-1995). As notas visam tão somente esclarecer articulações internas do texto e/ou problemas históricos, biográficos, topográficos e cronológicos.

---

39. Cícero, *Sobre a República*, I.34, II.27 e *Sobre os Deveres*, III.113; Tito Lívio, *História de Roma*, XXX.45 e XXXIII.10.
40. E. Norden, *Die antike Kunstprosa*, v. I, p. 153.

HISTÓRIA PRAGMÁTICA

LIVRO I

[1.1] Se os que relataram feitos antes de nós houvessem deixado de elogiar a própria história, talvez fosse preciso encorajar todos a aceitar e a apreciar tais obras, pois os homens não dispõem de corretivo mais à mão do que a ciência dos fatos passados. [2] Mas como não só alguns, nem de modo restrito, mas todos, por assim dizer, fizeram disso princípio e fim, afirmando que o conhecimento da história é a educação e o treinamento mais verdadeiros para a prática política; e que a recordação das peripécias alheias é mestra única e a mais eficaz para se poder suportar nobremente as oscilações do acaso, [3] é óbvio que a ninguém conviria repetir o que foi dito belamente por muitos, e menos ainda a nós. [4] O caráter surpreendente das ações que escolhemos relatar basta para atrair e incitar todos, jovens ou velhos, à leitura da obra. [5] Quem é tão simplório ou leviano que não desejaria conhecer como, e devido a que gênero de Estado, quase todo o mundo habitado foi submetido, em menos de 53 anos[1], por um único

---

1. De 219 a.C., início da Segunda Guerra Púnica, a 168 a.C., conclusão da Terceira Guerra Macedônica.

poderio, o dos romanos, algo nunca dantes ocorrido? [6] E quem é tão apaixonado por outro espetáculo ou ciência que os tomaria por mais úteis que esse conhecimento?

[2.1] Se apuséssemos e comparássemos as mais ilustres das antigas potências, sobre as quais outros historiadores compuseram muitos relatos, com a proeminência dos romanos, resultaria absolutamente evidente que o panorama de nossa investigação é surpreendente e grandioso. [2] São estas as dignas de aposição e comparação: por algum tempo os persas adquiriram grande império e poderio, mas todas as vezes que ousaram transpor os limites da Ásia, arriscaram não só o império, como também a si mesmos. [3] Os lacedemônios disputaram por muito tempo a hegemonia sobre os gregos, mas quando de fato os dominaram, por difíceis doze anos a mantiveram incontestada [405 a.C.-394 a.C.]. [4] Os macedônios dominaram a Europa do Adriático até o rio Danúbio, o que viria a se mostrar uma ínfima parte do continente. [5] Depois assumiram o império da Ásia, após destruir o poderio persa. Mas embora se julgassem senhores de muitas regiões e negócios, em seu auge ainda a maior parte do mundo habitado a outros pertencia: [6] Jamais competiram pela Sicília, nem pela Sardenha, nem pela África[2], e não conheciam, em suma, as mais combativas raças dos povos do Oeste da Europa. [7] Os romanos, porém, subjugaram não uma só parte, mas todo o mundo habitado, algo a que nenhum vivente pôde opor resistência, e legaram à posteridade a proeminência insuperável de seu poderio. [8] A respeito de ***[3] no texto será possível compreender mais claramente, bem como a respeito de quanto o método da história pragmática favorece quem deseja instruir-se.

[3.1] É o começo de nossa obra, quanto à época, a centésima quadragésima olimpíada [220-217 a.C.]; quanto às ações,

---

2. No original Líbia, que para os gregos designava a face mediterrânea do atual continente africano. Doravante sempre "África" por Líbia, "africano" por líbio etc.
3. Doravante assim serão assinaladas as lacunas no texto original.

entre os gregos a guerra dita social, a primeira que junto dos aqueus Filipe[4], filho de Demétrio e pai de Perseu, comandou contra os etólios; entre os asiáticos, a guerra pela Cele-Síria, que travaram Antíoco e Ptolomeu Filopátor[5]; [2] Na Itália e na África, a guerra entre romanos e cartagineses, que a maioria chama de Guerra de Aníbal[6]. Tais fatos se encadeiam ao final da obra de Arato de Sicião. [3] Antes dessa época, os eventos do mundo estavam, por assim dizer, desconexos, pois cada fato era distinto por seu início, conclusão e localização. [4] A partir de então, porém, a História se tornou como que um corpo único: os fatos da Itália e da África se coligaram aos da Ásia e da Grécia, e todos convergiram para um único fim. [5] Por isso iniciamos nossa obra por esses tempos. [6] Na guerra mencionada, os romanos, tendo vencido os cartagineses e considerado que cumpriram o mais difícil e importante rumo ao domínio universal, então pela primeira vez se sentiram confiantes para lançar mão ao resto do mundo e cruzar com exércitos para a Grécia e territórios da Ásia. [7] Se nos fossem habituais e conhecidos os Estados que disputaram o império universal, talvez não precisássemos escrever sobre o período anterior, ou seja, com que intenção ou forças empreenderam tais e quantas façanhas. [8] Mas como nem a potência pretérita dos romanos nem a dos cartagineses é conhecida pela maioria dos gregos, nem seus feitos, supusemos necessário redigir este livro e o seguinte antes da história, [9] para que ninguém, depois de se deter sobre a explicação desses fatos, fique em dúvida e procure os desígnios, as forças ou os recursos com que os romanos se lançaram a esses empreendimentos por meio dos quais

---

4. Filipe V da Macedônia, filho de Demétrio II (239-229 a.C.); Perseu foi derrotado pelos romanos em Pidna em 168 a.C. A guerra social (ou dos aliados) foi travada entre 220-217 a.C. e concluída com a paz de Naupacto entre aqueus e etólios. Cf. final do livro v.
5. A guerra pela Cele-Síria foi travada entre 219-17 a.C. entre Antíoco III da Síria e Ptolomeu IV Filopátor do Egito, e concluída com a batalha de Ráfia. Cf. v.34-87.
6. Ou Segunda Guerra Púnica (219-01 a.C.).

se tornaram senhores de toda a terra e todo o mar em nossa época. [10] Por esses livros e pela introdução que contêm deve ficar claro aos leitores que, assentados em pretextos muito razoáveis, os romanos lançaram-se ao plano e à realização do império e do domínio universais.

[4.1] O que é peculiar à nossa obra e espantoso em nossa época é isto: assim como o acaso fez convergir quase todos os acontecimentos do mundo habitado para um único centro e fez com que tudo se voltasse para um único e mesmo objetivo, do mesmo modo é preciso levar aos leitores, pela história e sob uma única visão sinóptica, a manobra de que o acaso se serviu para realizar a interação dos fatos. [2] Foi sobretudo isso o que nos desafiou e incitou para o projeto da história, bem como o fato de que ninguém, em nossa época, empreendeu tratar desses fatos por completo; se o tivesse, muito menor seria minha ambição nesse sentido. [3] Ora, vendo que muitos se dedicam a guerras específicas e a alguns fatos concomitantes, mas que ninguém se pôs a examinar, ao que sabemos, a ordenação geral dos eventos – quando e onde começaram, e como terminaram –, [4] considerei absolutamente necessário não negligenciar nem deixar que passasse sem estudo a mais bela e proveitosa empresa do acaso. [5] Pois ele, frequentemente inovador e continuamente jogando com a vida humana, jamais realizou, em uma palavra, tal façanha, nem disputou um jogo como em nossa época. [6] Assim, dos escritores de histórias parciais não é possível obter uma visão de conjunto, senão qualquer pessoa suporia compreender imediatamente a configuração de todo o mundo habitado, bem como seu ordenamento e disposição gerais, depois de percorrer uma a uma as cidades mais ilustres ou, por Zeus, depois de vê-las destacadas em um mapa, algo de modo algum verossímil. [7] Parece-me que padece de algo semelhante quem acredita que por meio de uma história parcial terá adequada visão de conjunto, como se, ao ver desmembradas as partes de um corpo antes vivo e belo, pensasse ter se tornado efetivamente testemunha da vitalidade e da beleza de um ser vivo. [8] Se alguém recompusesse e reconstruísse o mesmo ser dando-lhe a forma e a aparência de um que vive, e em seguida novamente o mostrasse àquele indivíduo, penso concordaria rapidamente que antes se afastava muito da verdade e se portava como quem sonhava. [9] Pelas partes é possível ter noção do todo, mas não ciência e juízos sólidos. [10] Por isso deve-se considerar a história parcial totalmente superficial se comparada ao conhecimento e à credibilidade derivados da História Universal. [11] Apenas pela coesão e justaposição de todos os elementos em relação uns aos outros, e ainda por sua semelhança e diferença, é possível apreender a utilidade e o prazer da história após uma visão geral.

[5.1] Estabeleceremos por começo deste livro a primeira incursão dos romanos para fora da Itália, continuando do ponto em que Timeu parou, à época da centésima vigésima nona olimpíada [264-261 a.C.]. [2] Assim, é preciso dizer como e quando, tendo organizado a Itália e, depois, com base em quais pretextos, decidiram atravessar para a Sicília, a primeira terra que pisaram fora da Itália. [3] Também é preciso dizer sumariamente a causa da travessia, a fim de que a origem e a investigação do tema não fiquem sem fundamento, buscando-se uma causa após outra. [4] Deve-se determinar um início temporal reconhecido universalmente e passível de ser examinado por si mesmo dentre vários fatos, mesmo se for preciso recapitular fatos intermediários recuando um pouco no tempo. [5] Sendo a origem desconhecida ou, por Zeus, discutível, também a sequência não merecerá aceitação nem crédito. Mas quando sobre ela se estabelece uma opinião assente, então já todo o relato subsequente é acolhido pelos ouvintes.

[6.1] Começa, então, no décimo nono ano após a batalha naval de Egos Potamos, no décimo sexto antes da batalha de Lêuctras[7], [2] quando os lacedemônios ratificaram a paz dita de

---

7. Egos Potamos: 405 a.C.; Lêuctras: 371 a.C., portanto, entre 387 e 386 a.C.

Antálcidas [386 a.C.] com o rei dos persas, e Dionísio Antigo, vencedor na batalha do rio Eléporo, cercava os gregos da Itália em Régio[8]; e quando os gauleses, depois de tomarem a própria Roma à força, dominaram-na, à exceção do Capitólio. [3] Tendo os romanos com eles acertado trégua e armistício favoráveis aos gauleses; tendo novamente se tornado senhores da pátria de modo inesperado; e tendo como que dado início à expansão, nos anos seguintes guerrearam contra os vizinhos. [4] Assenhorearam-se de todos os latinos pela coragem e sucesso nas armas; então combateram os etruscos, depois os celtas, e em seguida os samnitas, que confinam a leste e a oeste com o território dos latinos. [5] Após algum tempo, os tarentinos, pela insolência que demonstraram contra embaixadores romanos e o pavor que isso gerou, requisitaram o auxílio de Pirro[9] no ano anterior ao da chegada dos gauleses que devastaram Delfos e atravessaram para a Ásia; [6] após os romanos submeterem etruscos e samnitas, sendo já vencedores dos celtas italianos em muitas batalhas, então pela primeira vez se lançaram sobre as outras partes da Itália não como se fossem guerrear pelo alheio, mas em boa medida pelos próprios pertences, tornando-se verdadeiros campeões em façanhas bélicas por conta dos combates contra samnitas e celtas. [7] Porque sustentaram nobremente essa guerra, e porque ao fim expulsaram Pirro e seus exércitos da Itália, novamente combateram, aniquilando os simpatizantes de Pirro. [8] Tornando-se inesperadamente senhores de tudo e tendo submetido os habitantes da Itália à exceção dos celtas, depois empreenderam sitiar alguns romanos que controlavam Régio.

[7.1] O mesmo ocorreu às duas cidades construídas no estreito, Messana e Régio. [2] Quanto a Messana, em tempos não muito anteriores aos mencionados[10], mercenários campânios,

---

8. Dionísio I de Siracusa; 388-6 a.C.
9. Em 280 a.C., foi expulso da Itália seis anos depois.
10. Primeira década do século III a.C.

recrutados havia muito por Agátocles, aproveitaram a primeira oportunidade para tomá-la à traição, cobiçosos da beleza e da prosperidade da cidade: [3] se apresentaram como amigos, capturaram-na, expulsaram alguns dos cidadãos e degolaram outros. [4] Em seguida, agiram do mesmo modo com relação às mulheres e filhos dos desafortunados, conforme o acaso indicava a cada um o momento do crime. Então dividiram os viventes que restaram e o território, dominando-os. [5] Tornando-se rápida e facilmente senhores da bela região e da cidade, de imediato encontraram imitadores de seus atos. [6] Pois na época em que Pirro navegou para a Itália, os reginos, assustados com sua aproximação e temendo também aos cartagineses que dominavam os mares, solicitaram uma guarnição e ajuda dos romanos. [7] Estes, ao chegarem, mantiveram por algum tempo a cidade e a própria lealdade. Eram quatro mil, comandados por Décio Campano. [8] Mas ao fim, rivalizando com os mamertinos, que acolheram como colaboradores, traíram os reginos, embevecidos com a riqueza da cidade e com a prosperidade dos reginos. Depois de expulsarem alguns cidadãos e degolarem outros, assim como os campânios, dominaram a cidade. [9] Os romanos suportavam com dificuldade a ocorrência: não tinham o que fazer, porque engajados nas guerras mencionadas. [10] Quando, porém, se viram livres delas, encurralaram-nos com um cerco a Régio, conforme eu disse acima. [11] Já vencedores, mataram muitos, que se batiam com ardor, porque anteviam o futuro, durante o próprio assalto, e capturaram vivos mais de trezentos. [12] Levados a Roma [271 a.C.], os cônsules os conduziram ao fórum e, depois de chicoteá-los, conforme é costume entre eles, decapitaram-nos, desejosos de, com tal punição, restabelecer entre os aliados sua credibilidade. [13] E imediatamente devolveram o território e a cidade aos reginos.

[8.1] Os mamertinos – assim se autodenominaram os campânios que dominaram Messana – enquanto estiveram em aliança com os romanos que dominavam Régio, não apenas controlaram em segurança sua própria cidade e o território, mas também, em seus confins, de ordinário não incomodaram aos cartagineses nem aos siracusanos, e impuseram tributo a boa parte da Sicília. [2] Mas quando se viram privados da dita proteção, encurralados e sitiados os controladores de Régio, de imediato foram perseguidos até a cidade pelos siracusanos, pelas seguintes razões. [3] Não muito tempo antes as tropas de Siracusa, indispostas contra seus concidadãos e ociosas ao redor de Mergane, haviam elegido como seus comandantes Artemidoro e Hierão[11], o mesmo que depois reinou sobre os siracusanos, que era ainda muito jovem, porém já mostrava sua natureza real e pragmática para administrar. [4] Este, tendo aceitado o cargo e chegado à cidade com a ajuda de alguns conhecidos, se impôs aos adversários políticos e conduziu as negociações tão suave e generosamente que os siracusanos, mesmo que de modo algum satisfeitos com a escolha dos soldados, aprovaram por unanimidade que Hierão fosse seu comandante. [5] Desde seus primeiros planejamentos ele já mostrava, a quem corretamente observasse, que ambicionava algo mais do que comandar.

[9.1] Observando que os siracusanos, sempre que despachavam tropas e comandantes, querelavam sobre as mesmas coisas e sempre suscitavam precedentes; [2] e sabendo que Leptines era muito diferente dos outros cidadãos por autoridade e credibilidade, tendo especial influência junto à massa, Hierão tornou-se parente dele, pois desejava encarregar tal homem da supervisão da cidade quando tivesse de partir com tropas. [3] Casou-se com sua filha e, observando os antigos mercenários destreinados e agitados, conduziu uma expedição supostamente contra os bárbaros que dominavam Messana. [4] Tendo acampado ao redor de Centoripa e alinhado junto ao

---

11. 275-274 a.C. O então comandante será o futuro rei Hierão II de Siracusa.

rio Ciamosoro os cavaleiros e infantes cidadãos, manteve-se distante, a fim de enfrentar os inimigos em outro lugar; e por alinhar estrangeiros na vanguarda, deixou que fossem todos massacrados pelos bárbaros. [5] No momento em que eram derrotados, retornou com os cidadãos em segurança para Siracusa. [6] Tendo resolvido a questão pragmaticamente e removido o elemento agitador e querelante da tropa, alistou pessoalmente uma quantidade suficiente de mercenários, e exerceu o poder em segurança. [7] Vendo que os bárbaros, por conta daquela vitória, se realinhavam confiante e prematuramente, equipou e exercitou vigorosamente as tropas cidadãs, que liderou contra os inimigos na planície Milea, próximo ao rio dito Longano. [8] Tendo posto o inimigo em fuga desabalada e capturado vivos seus líderes, pôs fim à sua audácia, e ao chegar a Siracusa foi aclamado rei por todos os aliados [268 a.C.].

[10.1] Os mamertinos, anteriormente privados da proteção de Régio, como eu disse anteriormente, ora haviam arruinado completamente a si próprios, devido às razões mencionadas. Uns se bandearam para os cartagineses, colocando-se a si mesmos e a fortaleza sob sua discrição; [2] outros despacharam[12] aos romanos, entregando a cidade e pedindo que lhes socorressem, por serem de mesma raça. [3] Os romanos hesitaram por muito tempo, pois saltava aos olhos a insensatez de tal auxílio. [4] Incorreriam em erro difícil de desculpar se, depois de haver punido os próprios cidadãos com todo rigor por terem traído Régio, buscassem agora socorrer aos mamertinos que haviam feito algo semelhante não apenas aos messânios, mas também aos reginos. [5] Sem ignorar nada disso, mas vendo que os cartagineses vinham sujeitando não só a África, mas também muitas partes da Ibéria[13], e se

---

12. O verbo grego que corresponde a "despachar" é usado por historiadores gregos com sentido técnico e sempre sem complemento, significando "despachar uma embaixada". Optamos por manter a forma nesta tradução em tais casos.
13. Território correspondente à atual Península Ibérica.

assenhoreando de todas as ilhas dos mares Sardônio e Tirreno, os romanos receavam que viessem ainda a dominar a Sicília [6] e se tornassem vizinhos difíceis e temíveis, fechando-os em um círculo a pressionar todas as partes da Itália. [7] Era evidente que rapidamente conquistariam a Sicília se os mamertinos ficassem sem ajuda: [8] uma vez vencedores, estando Messana em suas mãos, em pouco tempo destruiriam Siracusa, senhora de quase todo o resto da Sicília. [9] Antevendo isso e julgando necessário não abandonar Messana nem permitir que os cartagineses como que construíssem uma ponte para a Itália, os romanos deliberaram por muito tempo,

[11.1] mas nem por isso o senado ratificou a sentença, pelas razões há pouco mencionadas. Pareceu-lhe que a insensatez da proteção aos mamertinos teria o mesmo peso que as vantagens do socorro. [2] Porém, o povo, exaurido pelas guerras anteriores e necessitado de qualquer tipo de melhorias, uma vez que os cônsules acenavam a cada um em particular com as grandiosas e manifestas vantagens da guerra, além de sua utilidade geral, conforme foi dito há pouco, decidiu-se pelo socorro. [3] Sancionado o decreto pelo povo, despacharam um dos cônsules, Ápio Cláudio, com ordens para levar socorro a Messana [264 a.C.]. [4] Os mamertinos, por pânico ou fraude, expulsaram o comandante cartaginês que ocupava a cidadela ora aterrorizando, ora sabotando-o, e então acolheram Ápio e lhe entregaram a cidade. [5] Os cartagineses crucificaram o comandante, julgando que abandonara a acrópole irrefletida e covardemente. [6] Com a marinha atracada ao redor do cabo Peloro e a infantaria nas ditas Sines, pressionaram Messana energicamente. [7] Nessa ocasião, Hierão, considerando o momento apropriado para expulsar completamente da Sicília os bárbaros que ocupavam Messana, concluiu um acordo com os cartagineses. [8] Em seguida, tendo partido de Siracusa, chegou àquela cidade. Depois de acampar do outro lado, próximo ao monte dito Calcídico, barrou essa saída aos ocupantes. [9] O cônsul romano Ápio, depois de cruzar o estreito à noite com ousadia, chegou a Messana. [10] Vendo por toda parte inimigos solidamente instalados, cogitou que sofrer um cerco seria vergonhoso e perigoso; uma vez que os inimigos dominavam terra e mar, [11] primeiro despachou a ambos, desejando excluir da guerra os mamertinos. [12] Como ninguém lhe desse atenção, por fim, constrangido, decidiu arriscar e atacar primeiro os siracusanos. [13] Saiu com o exército e alinhou-o para batalha, enquanto o rei de Siracusa se lhe fazia frente, pronto para a luta: [14] depois de combater por muito tempo, venceu os inimigos e perseguiu todos os adversários até a paliçada. [15] Após despojar os mortos, Ápio retornou a Messana. Hierão, por pressentir algo sobre a situação em geral, retirou-se apressado à noite para Siracusa.

[12.1] No dia seguinte Ápio veio a saber da partida dos siracusanos e, confiante, decidiu não procrastinar, mas atacar os cartagineses. [2] Tendo então ordenado aos soldados que estivessem prontos no momento exato, iniciou a saída bem cedo. [3] Ao deparar-se com os adversários, matou muitos deles e forçou os restantes a fazer meia-volta em fuga para as cidades próximas. [4] Aproveitando-se desses sucessos, levantou o cerco, marchou com toda segurança e pilhou os campos dos siracusanos e de seus aliados sem que ninguém lhe resistisse. Por fim, montou acampamento próximo a Siracusa e se pôs a sitiá-la. [5] Essa, pois, foi a primeira excursão romana com tropas para fora da Itália, ocorrida por essas razões e a essa época, [6] que julgamos ser o início mais apropriado para a obra toda; por esse momento começamos o exame, recuando no tempo, de modo a não deixar dúvidas a respeito da demonstração das causas. [7] Pela identificação de como e quando, vencidos na própria pátria, os romanos começaram a avançar rumo a melhores tempos; e novamente pela identificação de quando e como, dominada a Itália, lançaram-se a empreendimentos externos, julgamos necessário que os vindouros acompanhassem e contemplassem os principais elementos de sua atual supremacia. [8] Por isso não deve causar espanto, nem mesmo na sequência, se recuarmos no tempo ao tratarmos dos Estados mais célebres, [9] pois o faremos a fim de apreender os princípios pelos quais será possível entender claramente como, quando e partindo de que situação cada um alcançou a disposição em que ora se encontra. O mesmo que acabamos de fazer a respeito dos romanos.

[13.1] Deixando esse assunto, é hora de tratar do que foi proposto, expondo esmiuçada e sumariamente os fatos dos livros introdutórios. [2] Pela ordem, primeiro vêm os relativos a romanos e cartagineses na guerra pela Sicília[14]. [3] A esses se segue a guerra na África [240 a 237 a.C. cf. 1.66-88], à qual se coligam os feitos de Amílcar na Ibéria, e depois dele os de Asdrúbal e dos cartagineses[15]. [4] À mesma época desses ocorreu a primeira incursão romana à Ilíria [229-228 a.C.][16] e partes adjacentes da Europa, sucedida pelos combates contra os celtas na Itália [225 a 221 a.C.][17]. [5] No mesmo período, entre os gregos, era travada a guerra dita cleomênica [227 a 221 a.C.][18], com a qual finalizamos a introdução e o segundo livro. [6] Enumerar em detalhe cada um dos ditos fatos não nos é necessário nem útil aos leitores, [7] pois não nos propusemos a historiá-los; antes, preferimos recordá-los sumariamente como introdução a fatos posteriores que historiaremos. [8] Por isso, ao recapitulá-los conforme sua sequência, tentaremos conjugar o final da introdução ao início proposto para nossa história. [9] Ao surgir, desse modo, uma narrativa contínua, mostraremos que integramos razoavelmente fatos já relatados por outros historiados, e que prepararemos para os estudiosos, por meio desse

---

14. Ou Primeira Guerra Púnica, 264 a 241 a.C. Cf. 1.14-64.
15. Os cartagineses permaneceram na Ibéria entre 241 e 218 a.C.
16. Cf. II.1-12.
17. Cf. II.14-35.
18. Cf. II.46-70.

arranjo, uma abordagem simples e fácil dos fatos tratados a seguir. [10] Um pouco mais detidamente tentaremos tratar da primeira guerra em que se engajaram romanos e cartagineses pela Sicília, [11] pois não é fácil encontrar uma guerra que tenha durado mais do que essa, nem preparativos mais completos, nem ações mais contínuas, nem maior número de combates, nem maiores reviravoltas do que as que ocorreram a ambos nessa guerra. [12] Ambos os Estados, àquela época, tinham seus costumes intactos, eram comedidos em seus sucessos e semelhantes em forças. [13] Por isso quem deseja observar corretamente a peculiaridade e a potência de cada Estado, deve compará-los a partir dessa guerra, e não das que sobrevieram.

[14.1] Não menos do que tais razões, levou-me também a refletir sobre essa guerra o fato de dois historiadores, Filino e Fábio[19], aparentemente os de maior perícia, terem escrito sobre ela sem reportar-nos a verdade como deviam. [2] Quando analiso suas biografias e preferências, não acredito que tenham mentido voluntariamente; antes, parece que padecem de algo que também acomete amantes. [3] Por questão de preferência e total parcialidade, os cartagineses parecem a Filino ter agido sempre de modo sensato, virtuoso e viril, ao contrário dos romanos, enquanto para Fábio a situação é inversa. [4] Em outras circunstâncias da vida talvez ninguém abrisse mão de tal conivência, pois cabe ao homem probo votar amizade aos amigos e à pátria, condividindo com amigos o ódio por inimigos e o amor por amigos. [5] Quando, porém, alguém assume a profissão de história, é preciso esquecer tudo isso, muitas vezes aprovando e adornando com os maiores elogios os inimigos, quando seus atos o demandarem, e outras tantas reprovando e censurando acintosamente os seus, quando

---

19. Filino de Agrigento (meados/final do séc. III a.C.), historiador da Primeira Guerra Púnica e simpatizante dos cartagineses. Quinto Fábio Píctor (meados/final do séc. III a.C.), primeiro historiador romano, escreveu em grego sobre a Segunda Guerra Púnica, da qual participou. Provavelmente as duas únicas fontes de Políbio relativas à Primeira Guerra Púnica.

os erros em seus empreendimentos demandarem. [6] Assim como um vivente que, privado da vista, é completamente inútil, também a história privada da verdade é narrativa completamente imprestável. [7] Por isso não se deve hesitar em acusar os amigos ou em elogiar os inimigos, nem é preciso precaver-se contra censurar e elogiar a mesma pessoa, pois não é possível que os agentes sejam sempre bem-sucedidos, nem plausível que errem continuamente. [8] Nos relatos históricos, as declarações e opiniões cabíveis devem ser adequadas aos atos, a despeito dos agentes. [9] E esta é a ocasião para observar que o que acabamos de dizer é verdade.

[15.1] Filino, pois, ao iniciar seu relato no segundo livro, afirma que "cartagineses e siracusanos assediavam Messana militarmente, [2] e que os romanos, chegando pelo mar à cidade, imediatamente saíram a atacar os siracusanos. Porque foram violentamente atingidos, retornaram a Messana. Então marcharam contra os cartagineses, e não só foram atingidos, mas também perderam alguns soldados capturados vivos". [3] Tendo dito isso, afirma que "Hierão, depois da refrega, estava tão fora de si que não só incendiou tendas e paliçada, fugindo à noite para Siracusa, mas também abandonou todas as guarnições da região de Messana. [4] De modo semelhante os cartagineses, depois da batalha, teriam abandonado a paliçada e se dispersado por algumas cidades, não mais ousando enfrentar os assediantes. Por isso, quando seus líderes perceberam a covardia dos batalhões, ponderaram não decidir a situação em batalha. [5] Os romanos em seu encalço não apenas devastavam o território dos cartagineses e siracusanos, mas também se punham a cercar a própria Siracusa". [6] Parece-me que tais afirmações estão cheias de todo tipo de absurdos, e não requerem absolutamente mais detalhamento. [7] Aqueles, pois, que cercaram Messana e venceram as refregas, considerou-os fugitivos que se retiravam ante os assediantes, declarando-os por fim cercados e acovardados. [8] Mas os vencidos e cercados supôs fossem perseguidores e subitamente vencedores, e por fim apresentou-os cercando Siracusa. [9] Isso não faz sentido; como faria? Antes, é necessário sejam falsas ou as primeiras hipóteses, ou as explicações factuais. [10] Estas são as verdadeiras: os cartagineses e os siracusanos retiraram-se diante dos assediantes, e os romanos combateram Siracusa com a infantaria, como ele afirma, e também Equetla, a meio caminho entre os territórios controlados por siracusanos e cartagineses. [11] Enfim, é forçoso concordar que as hipóteses e o início são falsos, e que os romanos, vencedores de imediato nas refregas por Messana, declarou-nos o historiador terem sido vencidos. [12] Em toda a obra de Filino é possível encontrar passos que tais, assim como na de Fábio, como será demonstrado em ocasião própria. [13] Feita essa digressão de modo apropriado, ao retornar aos fatos tentaremos, na sequência do relato, levar aos leitores, em poucas palavras, uma noção verdadeira a respeito da referida guerra.

[16.1] Chegada a Roma a notícia dos sucessos de Ápio e dos acampamentos na Sicília, para lá os romanos enviaram ambos os cônsules, Mânio Otacílio e Mânio Valério [263 a.C.], com todos os exércitos. [2] Entre os romanos há quatro legiões exclusivamente romanas, fora as dos aliados, arregimentadas anualmente, cada uma com quatro mil infantes e trezentos cavaleiros. [3] Ao chegarem, muitas cidades debandaram dos cartagineses e siracusanos para os romanos. [4] Hierão, observando a agitação e a consternação dos siceliotas, além da quantidade e da força dos acampamentos romanos, calculou que seriam mais promissoras as perspectivas romanas do que as cartaginesas. [5] Em vista de tais cálculos, despachou aos cônsules para tratar de paz e aliança. [6] Os romanos aceitaram, principalmente por conta das provisões: [7] uma vez que os cartagineses dominavam o mar, receavam ser privados do necessário em toda parte, pois as legiões que haviam navegado primeiro tinham enfrentado grande carestia de víveres. [8] Por isso, imaginando que Hierão lhes seria de grande auxílio para isso, prontamente aceitaram sua aliança. [9] Fizeram tratados concertando que o rei devolveria aos romanos os cativos sem resgate, mais cem talentos de prata[20], e os romanos tratariam os siracusanos como amigos e aliados. [10] O rei Hierão, tendo se colocado sob a proteção dos romanos, sempre os ajudando nas situações mais prementes, reinou depois disso sobre os siracusanos em total segurança, cobiçoso de louros e honrarias entre os gregos. [11] Parece ter sido o mais ilustre de todos, e beneficiou-se por muito tempo de sua prudência tanto em questões particulares quanto nas mais amplas.

[17.1] Remetido o tratado a Roma, foi acatado pelo povo, que determinou a cessação de hostilidades contra Hierão. Os romanos, então, decidiram mandar não mais todos os exércitos, mas apenas duas legiões, [2] pois consideravam que a guerra seria mais branda, dado o acordo com o rei, e supondo, sobretudo, que assim os exércitos teriam abundância do necessário. [3] Os cartagineses, constatando que Hierão se lhes tornara inimigo, e que os romanos estavam completamente envolvidos com os acontecimentos na Sicília, consideraram necessária uma preparação mais consistente, com a qual fossem capazes de encarar os inimigos e manter a Sicília. [4] Por isso, depois de alistar muitos lígures e celtas, e ainda maior número de iberos, enviaram todos para a Sicília. [5] Notando que a cidade dos agrigentinos era a mais naturalmente bem situada para os preparativos, e a mais sólida de seus domínios, ali reuniram suprimentos e exércitos, tencionando utilizar a cidade como quartel-general para a guerra. [6] No lado dos romanos, os cônsules que haviam concluído o tratado com Hierão retornaram, e seus sucessores, Lúcio Postúmio e Quinto Mamílio [262 a.C.], chegaram à Sicília com legiões. [7] Observando a atitude dos cartagineses e os preparativos em Agrigento, decidiram enfrentar

---

20. O talento equivalia a aproximadamente 39 Kg.

a situação com mais veemência. [8] Por isso, deixaram de lado os outros cenários de guerra e se instalaram com todo o exército diante da própria Agrigento. Tendo acampado a oito estádios[21] da cidade, confinaram os cartagineses dentro das muralhas. [9] Sendo época de colheita do trigo e durando o cerco muito tempo, os soldados se lançaram mais corajosamente do que o devido a forragear. [10] Os cartagineses, vendo os inimigos dispersos pelo campo, saíram e caíram sobre os forrageadores. Depois de pô-los facilmente em fuga, uns se lançaram para tomar a paliçada, outros, as tropas em reserva. [11] Mas a diferença de hábitos, na ocasião e em muitas outras vezes, salvou os romanos, pois punem com a morte quem abandona seu posto ou sai das tropas de reserva por qualquer motivo. [12] Por isso, sendo então muitos os adversários, enfrentaram-nos nobremente, a muitos rechaçando e matando vários dos inimigos. [13] Por fim, tendo envolvido os inimigos que estavam a ponto de destruir a paliçada, mataram alguns e perseguiram os restantes, atacando e matando-os até a cidade.

[18.1] Depois disso, os cartagineses passaram a atacar com mais precaução, e os romanos, a forragear mais atentos. [2] Como os cartagineses não se apresentavam senão para escaramuças, os cônsules romanos dividiram o exército em duas partes e permaneceram com uma perto do templo de Asclépio, diante da cidade; com a outra, acamparam na parte da cidade voltada para Heracleia. [3] Fortificaram o intervalo entre os acampamentos em todos os lados da cidade, construindo um fosso interno para se assegurar contra os que dela saíssem, e um externo, para vigiar ataques de fora e invasores acostumados a entrar sorrateiramente em cidades cercadas. [4] Protegeram com sentinelas os intervalos entre os fossos e os acampamentos, reforçando os pontos-chave a intervalos. [5] Todos os outros aliados reuniram para eles

---

21. Um estádio equivalia a aproximadamente 177 m.

suprimentos e outros preparativos, que transportavam para Herbeso, enquanto eles próprios, levando e trazendo continuamente provisões desta cidade, que não ficava distante, garantiam para si abundância do necessário. [6] Permaneceram cinco meses nessa situação, sem que nenhum lado obtivesse uma vantagem decisiva, a não ser por meio de escaramuças. [7] Premidos os cartagineses pela fome, devido ao grande número de homens encurralados na cidade – não havia menos de cinco mil –, o comandante Aníbal, designado para as tropas cercadas, dada a dificuldade da situação, despachou continuamente a Cartago para explicar a circunstância e solicitar socorro. [8] Os cartagineses encheram naus com soldados e elefantes, e enviaram-nas ao outro comandante, Hanão, na Sicília. [9] Este, tendo reunido preparativos e exércitos em Heracleia, primeiro se apoderou de surpresa da cidade dos herbeseus, cortando o abastecimento de suprimentos necessários aos acampamentos adversários. [10] Por conta disso, os romanos cercavam e ao mesmo tempo eram cercados. A tal ponto ficaram premidos pela carência de trigo e escassez do necessário que muitas vezes deliberaram suspender o cerco, [11] o que teriam feito ao final, se Hierão não lhes tivesse preparado, com toda rapidez e engenhosidade, uma quantidade suficiente de suprimentos necessários.

[19.1] Depois disso, tendo aquele homem percebido que os romanos estavam enfraquecidos por doenças e pela carestia, pois a peste grassava entre eles, e considerando que seus próprios acampamentos estavam aptos para a batalha, [2] reuniu aproximadamente cinquenta elefantes e todo o restante do exército e partiu de Heracleia às pressas, depois de ordenar aos cavaleiros númidas que partissem antes e, ao se aproximar da paliçada adversária, irritassem e tentassem provocar os cavaleiros, para depois debandar até se reunir consigo novamente. [3] Os númidas agiram como combinado e, depois que atacaram um dos acampamentos, imediatamente os cavaleiros romanos irromperam e se atiraram confiantes sobre eles. [4] Os africanos recuaram conforme ordenado, até se reunirem aos homens de Hanão. Depois inverteram o curso e, tendo feito manobra de envolvimento, caíram sobre os inimigos, matando muitos e perseguindo os restantes até a paliçada. [5] Então os homens de Hanão acamparam diante dos romanos, depois de capturarem o monte chamado Toro, mantendo-se a dez estádios dos adversários. [6] Permaneceram dois meses em tal situação, sem fazer nada decisivo, apenas escaramuças diárias. [7] Como Aníbal sinalizasse por fumaça e despachasse continuamente a Hanão da cidade, mostrando que a multidão não aguentaria a fome e que muitos desertavam para os inimigos devido à carestia, o comandante cartaginês pensou em arriscar batalha, estando os romanos não menos propensos, pelas razões sobreditas. [8] Por isso, tendo ambos levado os exércitos para o intervalo entre os acampamentos, atracaram-se. [9] A batalha durou muito tempo, e ao fim os romanos debelaram os mercenários da linha de frente dos cartagineses. [10] Quando caíram sobre os elefantes e seus restantes destacamentos auxiliares, então a confusão se instalou em todo o exército púnico. [11] Em fuga generalizada, muitos foram mortos, e alguns se retiraram para Heracleia. Os romanos se apropriaram de muitos elefantes e de todos os equipamentos. [12] De noite, os romanos relaxaram a vigilância, fosse devido à alegria do sucesso, fosse pela fadiga, e Aníbal, em situação desesperada, julgando apropriada a ocasião para salvar-se, pelas ditas razões, partiu da cidade à meia-noite com os mercenários. [13] Depois de cobrir os fossos com corbelhas cheias de palha, passou despercebido aos inimigos, conduzindo o exército em segurança. [14] Pela manhã os romanos se deram conta do ocorrido e acossaram de leve a retaguarda de Aníbal, mas depois todos se lançaram contra as portas da cidade. [15] Sem nenhum impedimento, chegaram e saquearam-na, assenhoreando-se de muitos cativos e de toda sorte de butim.

[20.1] Chegada ao senado romano a notícia sobre Agrigento, em meio ao júbilo e à excitação não observaram os cálculos originais: não se contentaram com salvar os mamertinos nem com as vantagens derivadas dessa guerra, [2] mas esperavam fosse possível expulsar da ilha os cartagineses completamente, situação em que seus próprios interesses receberiam grande impulso; eram esses os cálculos e as reflexões. [3] Viam que, com relação à infantaria, tudo ia razoavelmente bem; [4] assumindo o cargo dos que haviam posto cerco a Agrigento, os cônsules Lúcio Valério e Tito Otacílio [261 a.C.] pareciam conduzir com competência a situação na Sicília. [5] Os cartagineses dominavam o mar sem esforço, mas a guerra equilibrou para os romanos a balança, pois nos anos seguintes, [6] já senhores de Agrigento, muitas cidades do continente debandaram em seu favor, pressionadas pelas tropas de infantaria, assim como muitas das litorâneas, apavoradas com a frota cartaginesa. [7] Vendo, então, que a guerra sempre pendia ora para um, ora para outro lado, pelas ditas razões; que a Itália era frequentemente saqueada pela frota, e que a África até então permanecia incólume, lançaram-se ao mar no encalço dos cartagineses. [8] Foi essa questão que não menos me impeliu a aprofundar ainda mais a rememoração da dita guerra, a fim de que não permaneça ignorada a sua origem – como, quando e por que razões os romanos se lançaram ao mar pela primeira vez. [9] Constatando que a guerra se prolongaria, então pela primeira vez começaram a construir embarcações, cem quinquerremes e vinte trirremes. [10] Sendo os construtores totalmente imperitos quanto à construção de quinquerremes, pois nenhum deles jamais havia lidado com tais embarcações na Itália, o problema suscitou muita dificuldade. [11] Principalmente por conta disso é possível entender a ambição e a ousadia do caráter romano: [12] não como se tivessem recursos suficientes, mas sem tê-los tido um momento sequer, e sem jamais terem prestado atenção ao mar, então dele fizeram caso pela primeira vez e tão audaciosamente o enfrentaram que, antes de testarem a situação, imediatamente entraram em batalha naval contra os cartagineses, que havia gerações detinham incontestável supremacia marítima. [13] Eis o testemunho da veracidade do que digo e da surpreendente audácia deles: quando pela primeira vez empreenderam levar exércitos para Messana, não dispunham de uma única nau couraçada, nem de um grande barco, nem de um bote sequer, [14] mas emprestando dos tarentinos, lócrios, eleatas e napolitanos embarcações de cinquenta remos e trirremes, desse modo ousadamente transportaram os homens. [15] Nessa ocasião, os cartagineses partiram do estreito para atacá-los, e uma nau couraçada, na ânsia por combater, se adiantou a ponto de, no choque, ser capturada pelos romanos. Empregando-a como modelo na ocasião, puseram-se a armar toda uma frota, [16] de modo que, se tal não tivesse ocorrido, é evidente que por imperícia a empresa teria sido definitivamente sustada.

[21.1] Então aqueles que se ocupavam da armação também equipavam as embarcações, enquanto outros, após reunir a tripulação, ensinavam-na a remar em terra, do seguinte modo: [2] depois de assentar os homens em bancos de remadores no chão, na mesma ordem que observariam nos assentos das embarcações; e de instalar no meio deles o remador-chefe, habituavam-nos todos a tombar sobre si próprios ao mesmo tempo, puxando as mãos, e a novamente se inclinarem empurrando-as, ou seja, a iniciarem e terminarem os movimentos conforme os comandos do remador-chefe. [3] Executados tais preparativos, depois de trazerem as naus à água para concluí-las, e de se exercitarem realmente no mar por algum tempo, navegaram ao longo da Itália por ordem do cônsul. [4] Com efeito, poucos dias antes Cneu Cornélio [260 a.C.], designado pelos romanos, responsável pela marinha, após prescrever aos navarcos que, quando aprontassem a frota, navegassem rumo ao estreito, tendo se lançado ele próprio ao mar com dezessete naus, dirigiu-se a Messana, ansioso para dar provimento às necessidades urgentes da frota. [5] Ali deparou-se com a oportunidade de agir contra a cidade dos liparenses; criando expectativas mais rápido do que deveria, navegou com as sobreditas naus e ancorou diante da cidade. [6] Aníbal, o comandante cartaginês, ao saber do fato em Panormo, despachou Boode, membro do conselho, com 22 naus. [7] Depois de navegar à noite, este encurralou no porto as forças de Cneu. Pela manhã as tripulações se lançaram à fuga por terra, mas Cneu, surpreendido e sem ter o que fazer, terminou por entregar-se aos inimigos. [8] Senhores das naus e do comandante adversário, os cartagineses imediatamente retornaram para junto de Aníbal. [9] Alguns dias depois, porém, embora fosse tão manifesto e recente o infortúnio de Cneu, por pouco o próprio Aníbal não caiu abertamente em erro semelhante: [10] ao ouvir que estava próxima a frota romana que costeava a Itália; e desejoso de observar a quantidade e a composição geral dos adversários, abriu velas com cinquenta naus. [11] Ao dobrar o ponto extremo da Itália, caiu sobre os inimigos que navegavam em ordem e formação: perdeu muitas naus, mas ele próprio, com as restantes, escapou inesperada e surpreendentemente.

[22.1] Na sequência os romanos, ao se aproximar da Sicília e saber do ocorrido com Cneu, imediatamente despacharam a Caio Duílio, comandante da infantaria, e o aguardaram; [2] no mesmo instante, vindo a saber que a frota inimiga não estava longe, prepararam-se para combater no mar. [3] Sendo as embarcações de construção ordinária, além de pouco manobráveis, alguém lhes sugeriu um auxílio militar, os posteriormente denominados corvos, cuja construção é a seguinte: [4] fincava-se na proa uma trave cilíndrica, com quatro braças de comprimento e três palmos de largura no diâmetro. [5] No topo havia uma polia, e na trave se encaixava uma escada feita de pranchas transversais pregadas, com quatro pés de largura e seis braças de comprimento.

[6] A abertura do pranchado era oblonga e percorria toda a trave a duas braças da escada. Esta possuía também uma balaustrada em cada lado, no sentido da largura, à altura do joelho. [7] Na extremidade desta se encaixava como que um pestilo pontiagudo, de ferro, com um anel no topo, em tudo semelhante aos engenhos de fazer pão. [8] Ao anel se prendia um cabo com o qual, durante os choques das embarcações, levantavam os corvos pela polia da trave, descarregando sobre o convés da outra nau ora na proa, ora pelos flancos. [9] No momento em que os corvos, fixados no madeirame dos conveses, coligavam as naus, se se alinhavam de flanco, a invasão era feita por todos os lados, e se de proa, o assalto se dava por duas filas. [10] Seus comandantes protegiam a dianteira com um abrigo de escudos, enquanto os de trás salvaguardavam as laterais apoiando sobre a balaustrada as bordas dos escudos. [11] Utilizando-se de tal preparativo, observaram o momento oportuno para a batalha naval.

[23.1] Tão logo soube do revés do comandante da marinha, Caio Duílio entregou a infantaria aos quiliarcas e partiu na direção da frota. [2] Informado de que os inimigos devastavam a região de Milas, avançou com toda a frota. [3] Quando perceberam o fato, os cartagineses partiram otimistas a toda velocidade com 130 naus, desdenhando da imperícia dos romanos; todos navegavam com a proa apontada para os inimigos, sem considerar que o perigo merecesse a ordem de combate, antes como se partissem rumo a um butim certeiro. [4] Aníbal os comandava – o mesmo que havia subtraído da cidade de Agrigento os exércitos à noite – de uma nau de sete bancadas que pertencera ao rei Pirro. [5] Quando se aproximaram, percebendo os corvos montados em cada proa, os cartagineses ficaram muito embaraçados, pois desconheciam tais instrumentos. Por fim, com desprezo pelos adversários, a linha de frente atacou com ousadia. [6] As embarcações que colidiam eram todas as vezes agarradas pelos instrumentos; os homens cruzavam imediatamente pelo respectivo corvo e atracavam-se nos conveses. Alguns cartagineses foram mortos, outros se entregaram, espantados com o fato, pois o combate havia se tornado semelhante a uma batalha terrestre. [7] Perderam as trinta naus que atacaram primeiro, com suas tripulações, e com elas foi feito cativo também o barco do comandante. Aníbal escapou em um bote inesperada e extraordinariamente. [8] Os cartagineses restantes navegavam como se fossem atacar, mas quando percebiam, ao se aproximar, o que havia ocorrido com as naus mais adiantadas, davam meia-volta e se esquivavam aos ataques dos instrumentos. [9] Esperavam atacar em segurança, fiados em sua velocidade, navegando em círculos, ora de flanco, ora de popa. [10] Mas como os instrumentos os envolvessem completamente, inclinados por todos os lados, de modo a agarrar forçosamente quem se aproximasse, por fim os cartagineses fugiram fazendo meia-volta, espantados com a novidade do acontecimento, após perderem cinquenta naus.

[24.1] Ao fazer valer surpreendentemente suas expectativas no mar, os romanos fortaleceram duplamente seu ímpeto bélico. [2] Ao se aproximar, então, da Sicília, libertaram de um cerco os segesteus, que já estavam em situação extrema, e durante a evacuação de Segesta tomaram a cidade de Macela. [3] Depois da batalha naval, Amílcar, o comandante cartaginês designado para as tropas de infantaria, estacionado em Panormo, sabendo que, nos acampamentos romanos, os aliados querelavam pela primazia nas batalhas; [4] e informado de que tais aliados acampavam sozinhos entre Paropo e as Termas de Himera, caiu repentinamente com toda a força sobre eles, quando levantavam acampamento, e matou quase quatro mil. [5] Após essa ação, Aníbal navegou para Cartago com as naus remanescentes e não muito depois cruzou dali para a Sardenha, tendo recrutado outras naus e alguns reputados trierarcas. [6] Não muito tempo depois, foi encurralado pelos romanos em um porto qualquer da Sardenha e privado de muitas naus. Os cartagineses sobreviventes o prenderam e imediatamente crucificaram. [7] Assim os romanos, no mesmo instante em que tocaram o mar, também se imiscuíram diretamente nos assuntos da Sardenha. [8] No ano seguinte [259 a.C.], os exércitos romanos da Sicília nada fizeram digno de menção, [9] então quando receberam os cônsules instituídos, Aulo Atílio e Caio Sulpício [258 a.C.], lançaram-se contra Panormo, porque ali invernavam as forças cartaginesas. [10] Tendo se aproximado da cidade com todas as forças, os cônsules se alinharam em formação de batalha. Como os inimigos não se apresentassem, retornaram e atacaram a cidade de Hipana, [11] capturando-a ao primeiro choque. Também tomaram Mitistrato, que por muito tempo sustentara um cerco, dada a solidez do local. [12] Então tomaram a cidade de Camarina, que pouco antes havia debandado, por meio de obras de assédio, após derrubarem as muralhas; de modo semelhante também Ena e outros vilarejos cartagineses. [13] Na sequência, puseram-se a cercar os liparenses.

[25.1] No ano seguinte, o cônsul romano Caio Atílio [257 a.C.], atracado em Tíndaris, tendo observado que a frota cartaginesa costeava fora de formação, ordenou às respectivas tripulações seguirem os comandantes, e abriu velas à frente de todos com dez naus que navegavam em bloco. [2] Os cartagineses, ao perceberem que dos adversários uns acabavam de embarcar e outros partiam, e que os da dianteira estavam muito distantes dos demais, deram meia-volta e lhes fizeram frente. [3] Com uma manobra de envolvimento, destruíram algumas naus, e por pouco não capturaram a do cônsul com toda a tripulação. Veloz e equipada com remadores, ela escapou surpreendentemente ao perigo, [4] e as restantes naus romanas aos poucos se recompuseram. Quando formaram em linha, atacaram os inimigos, capturaram dez naus com a tripulação, e afundaram oito. As demais naus cartaginesas retiraram-se para as ilhas Lípari. [5] Considerando ambos os lados, a partir dessa batalha naval, que combatiam de igual para igual, dedicaram-se totalmente a constituir potências navais e a assegurar seus interesses. [6] Nessa época, as infantarias nada fizeram digno de memória, passando o tempo em ações pequenas e fortuitas. [7] Daí que, conforme eu disse, ao se preparar para o verão subsequente [256 a.C.], os romanos partiram com 330 grandes naus cobertas e atracaram em Messana. [8] Tendo partido dali, navegaram mantendo a Sicília à direita; depois de dobrarem o Paquino, subiram para Ecnomo, porque ali estava a infantaria. [9] Depois de navegar com 350 naus cobertas os cartagineses atracaram em Lilibeu, e então ancoraram em Heracleia Minoa.

[26.1] O plano dos romanos era navegar para a África e para lá levar a guerra, a fim de dar combate aos cartagineses não na Sicília, mas contra eles próprios e em sua própria terra. [2] Os cartagineses pensavam exatamente o contrário, pois sabiam que a África era facilmente acessível, e que o primeiro a chegar facilmente dominaria todos os povos da região. Como não podiam permiti-lo, estavam ansiosos por arriscar uma batalha naval. [3] Uns desejando impedir, outros, forçar, era evidente que o combate seria fruto da ambição de ambos. [4] Os romanos se preparavam convenientemente para ambas as situações, fosse para uma ação por mar, fosse para um desembarque em território inimigo. [5] Por isso, depois de selecionar os melhores homens dentre as tropas de infantaria, dividiram todo o exército que empregariam em quatro partes. [6] Cada parte tinha dupla denominação, pois chamava-se primeira legião ou primeira frota, assim como as outras, respectivamente. A quarta, porém, recebia ainda um terceiro epíteto: o de triários, pois assim seus integrantes costumavam ser designados nas tropas de infantaria. [7] No total, essa força naval contava com 140 mil homens, tendo cada nau aproximadamente 300 remadores e 120 soldados. [8] Já os cartagineses se preparavam exclusivamente para a ameaça marítima, com uma tropa superior a 150 mil homens, conforme o número de suas naus. [9] Tal era a situação que, não apenas se alguém a presenciasse ou tivesse sob os olhos, mas mesmo ouvindo ou lendo a respeito, se espantaria com a enormidade do combate, e com o gigantismo e a potência de ambos os Estados, ao tentar imaginar a quantidade de homens e naus. [10] Considerando que a navegação ocorreria em mar aberto, e que os inimigos navegavam com rapidez, os romanos tentavam de todos os modos manter uma formação segura e quase inabordável. [11] Tendo duas embarcações de seis bancadas de remos, nas quais navegavam os cônsules Marco Atílio e Lúcio Mânlio, postaram-nas paralelas na dianteira. [12] Ordenando atrás de cada uma delas uma nau contígua à outra, alinharam a primeira frota atrás da primeira nau, e a segunda atrás da segunda, sempre deixando um intervalo maior a cada nau de cada frota. Tendo as proas voltadas para fora, as embarcações mantinham-se em fila. [13] Uma vez dispostas a primeira e segunda frotas em cunha simples, deixaram na retaguarda a terceira em fila única: assim ordenadas formavam um triângulo. [14] Atrás delas instalaram as naus de transporte de cavalos, rebocadas pelas da terceira frota. [15] Por trás dessas colocaram a quarta frota, os chamados triários, alinhando-a nau a nau, de modo a ultrapassar ambos os lados das frotas à frente. [16] Ajustadas conforme explicado, o conjunto formava o desenho de uma cunha, cuja ponta era côncava, a base, sólida e, no geral, eficiente e operacional, além de quase indestrutível.

[27.1] Ao mesmo tempo os comandantes cartagineses fizeram uma breve exortação a seus pelotões, demonstrando-lhes que, se vencessem a batalha naval, a guerra se daria pela Sicília; se perdessem, porém, sua própria pátria e parentes estariam em perigo, e com isso ordenaram o embarque. [2] Prontamente cumpriram a ordem, antevendo o futuro, e partiram com espantosa coragem. [3] Observando a disposição dos inimigos e ajustando-se a ela, os comandantes dispuseram três quartos de suas forças em uma fila única de naus, alongando para mar aberto a ala direita, a fim de envolver os adversários, com todas as naus a apontar as proas contra os inimigos. [4] Fizeram da quarta parte a ala esquerda de toda a formação, curvada em arco para a terra. [5] Comandava os cartagineses da ala direita, com naus de ataque e quinquerremes, as mais rápidas para envolvimento lateral, Hanão, o vencido no combate por Agrigento; [6] e da esquerda, Amílcar, que lutara no mar em Tíndaris. Este, afrontando o perigo ao postar-se no meio da formação, empregou então o seguinte estratagema. [7] Ao observar os cartagineses em formação de linha tênue, os romanos lançaram o assalto pelo meio. Assim começou o combate. [8] A um comando, porém, rapidamente os cartagineses do meio se puseram em fuga, a fim de romper a formação romana, recuando a toda pressa, com os romanos bravamente em seu encalço. [9] A primeira e a segunda frotas acossavam os fugitivos, enquanto a terceira e a quarta se apartavam, aquela rebocando as naus dos cavalos, a dos triários a escoltá-la em reserva. [10] Quando a primeira e a segunda frotas se mostravam suficientemente apartadas das outras, a um sinal combinado provindo da nau de Amílcar todos cartagineses inverteram o curso e atacaram seus perseguidores. [11] O combate endureceu: com rápidas manobras de envolvimento os cartagineses passaram a levar grande vantagem, porque se aproximavam com facilidade e se afastavam com ligeireza, [12] mas no combate a curta distância, pelo fato de atrelarem com os corvos quem quer que se aproximasse, além de afrontarem o perigo às vistas de ambos os cônsules comilitões, as expectativas dos romanos não eram menos brilhantes do que as dos cartagineses. [13] Essa era a configuração da batalha para cada lado.

[28.1] Na ocasião a ala direita de Hanão, tendo permanecido à distância durante o primeiro choque, após ganhar o mar aberto atacou as naus dos triários infligindo-lhes muito embaraço e dificuldade. [2] Os cartagineses que bordejavam o litoral, postados na retaguarda na formação anterior, atacaram, com as proas para diante, as naus que rebocavam as dos cavalos. Estas soltavam os cabos, perfilavam-se e combatiam os inimigos. [3] No total, havia três partes em luta, e ocorriam três batalhas navais bastante apartadas uma da outra. [4] Porque todas as partes eram semelhantes, conforme sua organização inicial, o perigo também era mútuo. [5] Entretanto, cada batalha se concluiu logicamente, como é razoável quando os combatentes são tão semelhantes: [6] os que se arriscaram primeiro também por primeiro se distinguiram, pois ao fim os homens de Amílcar se puseram, forçados, em fuga. [7] Então Lúcio pôs a reboque as naus cativas; Marco, vendo o combate entre os triários e as naus dos cavalos, foi às pressas socorrê-los com as naus intactas da ala direita. [8] Quando se atracou e confundiu com as naus de Hanão, rapidamente os triários recobraram a coragem, apesar de sua situação já muito difícil, e novamente afrontaram o perigo. [9] Os cartagineses, combatidos pela frente e atacados pelas costas, atrapalhados e surpreendentemente envolvidos por reforços, batiam em retirada para o alto-mar. [10] No mesmo momento, Lúcio, que já retornava e via a terceira frota encurralada contra o litoral pela ala esquerda dos cartagineses, e Marco – após deixar em segurança as naus dos cavalos e os triários – puseram-se ambos a socorrer a frota em perigo. [11] O que ocorreu era semelhante a um cerco: todos teriam certamente perecido se os cartagineses, receosos dos corvos, não tivessem bloqueado e retido os romanos próximos à terra guardando prudente distância e sem avançar para atacar, devido ao acoplamento. [12] Tendo os cônsules chegado e envolvido rapidamente os cartagineses, capturaram cinquenta naus inimigas com suas tripulações, mas algumas poucas fugiram após contornar o litoral. [13] Tal foi a situação do combate em cada setor, mas o fim de toda a batalha naval foi favorável aos romanos. [14]. Destes, 24 embarcações foram destruídas, e dos cartagineses, mais de trinta. Nenhuma nau romana tripulada caiu prisioneira dos inimigos, mas sim 64 das cartaginesas.

[29.1] Na sequência os romanos, após recolher mais provisões de trigo, equipar as naus apreendidas, e prestar ainda às tripulações cuidados condizentes com os sucessos, partiam navegando rumo à África. [2] Quando as primeiras naus se aproximaram do promontório dito Hermeu, que está diante de todo o golfo cartaginês e avançaram mar adentro na direção da Sicília, ali aguardaram as naus restantes; depois que toda a frota se reuniu, costearam a região até chegar à cidade denominada Áspide. [3] Ali desembarcaram e atracaram as naus, que protegeram com fosso e paliçada, e lançaram cerco à cidade, pois seus ocupantes não se dispunham a debandar voluntariamente. [4] Os cartagineses sobreviventes da batalha naval, após navegar e ser informados que os adversários, excitados pela vantagem obtida, navegariam imediatamente contra a própria Cartago, vigiavam as proximidades da cidade com forças de terra e mar. [5] Ao saber que os romanos estavam longe, a uma distância segura e cercando Áspide, desistiram de vigiar a expedição marítima, e puseram-se a reunir as forças para vigiar a cidade e a região. [6] Os romanos assenhorearam-se de Áspide, onde deixaram uma guarnição a vigiar a cidade e a região, e ainda despacharam embaixadores a Roma para anunciar os fatos e inquirir sobre o futuro – o que fazer e como lidar com a situação. Em seguida, depois de realinhar rapidamente todas as forças, puseram-se a pilhar a região. [7] Sem que nada os impedisse, destruíram muitas casas extraordinariamente construídas e arrebataram grande quantidade de gado como butim. Fizeram subir às naus mais de vinte mil escravos. [8] Nessa mesma ocasião chegaram de Roma embaixadores com instruções para que um dos cônsules lá permanecesse com forças suficientes, e o outro levasse a frota de volta a Roma. [9] Marco permaneceu [Inverno de 256-255 a.C.] com quarenta naus, quinze mil infantes e quinhentos cavaleiros. [10] Lúcio se encarregou das tripulações e da massa de cativos, e após navegar para a Sicília em segurança, chegou a Roma.

[30.1] Vendo que os preparativos dos inimigos já vinham de longa data, os cartagineses primeiro elegeram dois comandantes dentre os seus, Asdrúbal, filho de Hanão, e Bóstaro, e em seguida despacharam a Amílcar em Heracleia, chamando-o às pressas. [2] Este apresentou-se em Cartago com quinhentos cavaleiros e cinco mil infantes. Instalado como terceiro comandante, deliberou com Asdrúbal sobre como se deveria lidar com a situação. [3] Pareceu-lhes melhor socorrer a região e não deixar que fosse impunemente devastada. [4] Após alguns dias, Marco avançou, tomando de assalto as partes desguarnecidas das defesas e cercando as amuralhadas. [5] Tendo chegado à importante cidade de Adi, rodeou-a de acampamentos e iniciou com rapidez as obras de cerco. [6] Apressando-se em socorrer a cidade, e decididos a lutar em campo aberto, os cartagineses saíram com seu exército. [7] Apossaram-se de uma colina acima dos inimigos, porém desfavorável às suas próprias forças, e nela acamparam. [8] Embora depositassem maiores expectativas na cavalaria e nos elefantes, por haver abandonado as regiões planas e se encurralado a si próprios em locais fortificados de difícil acesso mostrariam aos inimigos como proceder contra eles; o que veio de fato a ocorrer. [9] Os comandantes romanos, compreendendo com perícia que o elemento mais ágil e temível do exército adversário estava inutilizado devido à sua posição, não esperaram até que descessem e perfilassem na planície, [10] mas, aproveitando a oportunidade, avançaram rumo à colina, à luz do dia, por todos os lados. [11] Os cavaleiros e os elefantes eram definitivamente inúteis aos cartagineses, porém os mercenários auxiliaram com muita nobreza e vigor, constrangendo a primeira legião a ceder e recuar. [12] Mas quando, precipitados para diante e envolvidos pelos atacantes por todos os lados, foram derrotados, logo a seguir todo o acampamento caiu. [13] Os elefantes, junto dos cavaleiros, uma vez que chegaram rapidamente à planície, retiraram-se em segurança. [14] Mas os romanos, tendo perseguido rapidamente a infantaria e desmantelado a paliçada, invadiram toda a região e devastaram livremente suas cidades. [15] Tornando-se senhores da cidade denominada Túnis, situada em local propício para expedições semelhantes, bem como para um quartel contra Cartago e suas vizinhanças, nela acamparam.

[31.1] Se pouco antes os cartagineses haviam fracassado no mar, agora também fracassaram em terra, devido não à covardia dos soldados, mas à irresolução dos comandantes. Viram-se em situação desconfortável em todos os sentidos, [2] pois, além do referido, também o povo númida se compôs contra eles, prejudicando a região mais do que os romanos. [3] Daí que, como fugiam apavorados dos campos para a cidade, o desespero e a fome eram gerais, devido ao grande número de pessoas e à demora do cerco. [4] Vendo os cartagineses batidos em terra e mar, e considerando que em muito pouco tempo dominaria a cidade, Marco, ansioso para que o cônsul a suceder-lhe de Roma não arrebatasse a honra de seus feitos, conclamou os cartagineses a um armistício [Primavera de 255 a.C.]. [5] Estes, tão logo o souberam, prontamente despacharam seus chefes, os quais, ao se juntarem àquele, não só não puderam assentir às propostas, como sequer conseguiram permanecer ouvindo as pesadas prescrições. [6] Como Marco já fosse senhor de tudo, pensava que o que porventura concedesse deveria ser tomado por favor e liberalidade. [7] Percebendo que, se submetidos, nada mais duro do que as atuais prescrições sobreviria, os cartagineses retornaram não apenas desgostosos com as propostas, mas também ofendidos com a dureza de Marco. [8] Ao ouvir as propostas da parte do cônsul romano, o sinédrio cartaginês, embora houvesse quase desistido das esperanças de salvação, manteve-se, contudo, tão viril e nobre que preferiu suportar tudo e extrair uma lição de cada fato e ocasião, para que nada viesse a suportar de vil ou indigno de seu passado.

[32.1] Por essa época navegou para Cartago um certo arregimentador de mercenários, daqueles que antes eram enviados à

Grécia, trazendo muitos soldados; entre eles havia um lacedemônio de nome Xantipo, educado à lacônica e experimentado na guerra. [2] Ao ouvir sobre a derrota, sobre como e de que modo ocorrera; e ao observar os demais preparativos dos cartagineses, além da quantidade de cavaleiros e elefantes, ele imediatamente calculou e manifestou aos amigos que os cartagineses não haviam sido vencidos pelos romanos, mas por si próprios, dada a imperícia de seus líderes. [3] Devido à circunstância, as palavras de Xantipo rapidamente se espalharam por entre soldados e comandantes, e as autoridades decidiram convocá-lo e experimentá-lo. [4] Ao se apresentar, ele explicou aos governantes por que então haviam falhado, afirmando que caso lhe obedecessem e utilizassem os locais planos nas marchas, nos acampamentos e nas linhas de batalha, facilmente poderiam se resguardar e vencer os adversários. [5] Após acolherem suas palavras, os comandantes persuadiram-se e lhe confiaram imediatamente os exércitos. [6] Entre os soldados corriam murmúrios e falatórios esperançosos conforme circulavam as palavras de Xantipo. [7] Quando, ao trazer o exército para diante da cidade, alinhou-o em ordem e começou a mover cada uma das partes em formação, comandando-as conforme a regra, denotou tamanha diferença ante a imperícia dos comandantes anteriores que os soldados aplaudiram aos berros, e se apressaram para enfrentar os inimigos o mais rapidamente, convencidos de que nada sofreriam sob o comando de Xantipo. [8] Ao ver a massa surpreendentemente confiante, e ordenar-lhe os preparativos para a ocasião, alguns dias depois os comandantes partiram, após reassumir o exército, [9] composto de doze mil infantes, quatro mil cavaleiros e aproximadamente cem elefantes.

[33.1] Vendo que os cartagineses marchavam por locais planos e armavam acampamento em terrenos baixos, os romanos estranharam o fato, perplexos, mas no geral ansiavam por atracar-se com os inimigos. [2] Tão logo os encontraram,

no primeiro dia acamparam a aproximadamente dez estádios dos adversários. [3] No dia seguinte os oficiais cartagineses deliberaram sobre como e o que deveria ser feito na ocasião. [4] Ansiosos por combater, os soldados compactavam-se em batalhões e, reclamando Xantipo nominalmente, pensavam que deveriam atacar o mais rápido. [5] Vendo a disposição e a vontade da massa, além de Xantipo a protestar que não perdessem a oportunidade, os comandantes ordenaram que a multidão se preparasse, e permitiram que Xantipo conduzisse a situação como então bem lhe conviesse. [6] Assim que assumiu o comando, postou os elefantes um a um diante de todo o exército, e instalou por trás, a um intervalo conveniente, a falange cartaginesa. [7] Alinhou alguns dos mercenários na ala direita, e deixou os mais ágeis junto dos cavaleiros, em ambas as alas. [8] Ao verem os inimigos perfilados, os romanos marcharam prontamente. [9] Apavorados e prevendo o ataque dos elefantes, postaram os vélites na dianteira, muitos manípulos por trás, e dividiram os cavaleiros entre ambas as alas. [10] Após organizarem uma formação toda ela mais estreita do que antes, porém mais profunda, tomaram precauções adequadas para o combate contra os elefantes, mas se equivocaram completamente com relação à cavalaria, muito mais numerosa que a sua. [11] Tão logo ambos, conforme seus próprios planos, em geral ou no detalhe, se postaram em adequada formação, permaneceram em ordem de batalha, aguardando o momento do ataque alheio.
[34.1] Quando Xantipo ordenou que os elefantes avançassem e rompessem as formações adversárias, e que os cavaleiros de ambas as alas envolvessem e carregassem sobre os inimigos, [2] no mesmo instante o exército romano, conforme seu costume, percutiu as armas e, aos berros, se lançou contra os inimigos. [3] Os cavaleiros romanos de ambas as alas fugiram rapidamente, dada a superioridade numérica dos cartagineses. [4] Os infantes alinhados na ala esquerda, esquivando-se do assalto dos elefantes e desprezando os mercenários,

lançaram-se contra a ala direita dos cartagineses: após simularem fuga, caíam sobre eles e perseguiam-nos até a paliçada. [5] Dentre os alinhados contra os elefantes, os primeiros tombaram empurrados pela violência dos animais e, pisoteados aos montes, morriam na ação; o complexo de toda a formação, devido à profundidade das fileiras, permaneceu algum tempo sem ruptura. [6] Mas quando os postados nos extremos da formação, envolvidos de todos os lados pelos cavaleiros, eram forçados a voltar-se e bater-se contra eles; e os outros, forçando o avanço pelo meio dos elefantes, ficando com eles às costas, tombavam sob a falange cartaginesa, intacta e perfilada; [7] então a maioria dos romanos, pelejando por todos os lados, foi esmagada pela monstruosa violência dos animais, e os restantes foram crivados de lanças pela massa de cavaleiros no próprio local da refrega. Por fim, alguns poucos puseram-se em fuga. [8] Como a retirada era feita em terreno plano, alguns foram mortos pelos elefantes e pela cavalaria, e talvez quinhentos fugitivos, junto com o cônsul Marco, foram todos rapidamente capturados vivos. [9] Tombaram aproximadamente oitocentos mercenários cartagineses, alinhados contra a ala esquerda dos romanos, e por volta de dois mil romanos se salvaram, os que, durante a perseguição aos mencionados, haviam ficado fora da batalha. [10] A massa restante pereceu, exceto o cônsul Marco e os que com ele se retiraram. [11] Os manípulos romanos sobreviventes escaparam surpreendentemente para Áspide. [12] Após despojar os mortos, os cartagineses retornaram para a cidade, jubilosos com a situação, conduzindo o cônsul com alguns cativos.

[35.1] Quem quer que preste a devida atenção a essa situação encontra muitas contribuições para aprimoramento da vida humana. [2] A mais manifesta evidenciou-se então a todos por meio dos fracassos de Marco, ou seja, a desconsideração do acaso, sobretudo na bonança. [3] Aquele que pouco antes não tinha piedade nem desculpava os que caíam a seus pés, foi levado a suplicar-lhes pela própria salvação. [4] Aquilo que parece muito bem dito por Eurípides outrora, que "uma única decisão sábia vence muitos braços"[22], foi então confirmado pelos próprios fatos. [5] Pois um único homem, uma única mente liquidou uma multidão aparentemente invencível e eficaz, e restaurou um Estado manifesta e totalmente prostrado, e o moral abatido de seus exércitos. [6] Disso recordei-me visando ao aperfeiçoamento de meus leitores, [7] pois a todos os homens são facultados dois modos de aprimorar-se: um, por meio dos próprios fracassos, outro, pelos alheios. O que deriva dos próprios revezes é mais vivaz, e menos danoso o que deriva dos alheios. [8] Por isso jamais o primeiro deve ser voluntariamente escolhido, pois aperfeiçoa com muitas penas e perigos, mas deve-se almejar sempre o outro, pois nele é possível distinguir sem prejuízo a melhor opção. [9] Quem o fizer deve tomar por educação excelente para uma vida verdadeira o conhecimento fornecido pela história pragmática, [10] a única que forma sem danos juízes competentes para qualquer situação e circunstância. Basta-nos o que foi dito a respeito.

[36.1] Uma vez que tudo lhes saíra conforme planejado, os cartagineses não se furtaram ao excesso de alegria, por meio de agradecimentos à divindade e da camaradagem entre si. [2] Após proporcionar tamanho progresso e exercer tamanha influência sobre os interesses de Cartago, Xantipo se fez novamente ao mar não muito tempo depois, plano prudente e sagaz, [3] pois as ações notáveis e surpreendentes suscitam invejas profundas e calúnias agudas: os nativos podem suportá-las por muito tempo, seja por conta dos vínculos de parentesco, seja porque têm muitos amigos; os estrangeiros, porém, são rapidamente vencidos por umas e outras, e passam a correr perigo. [4] Há outra versão para o afastamento de Xantipo, que tentaremos esclarecer em ocasião

---

22. Eurípides, *Antíope*, *Tragicorum Graecorum fragmenta*. A. Nauck (Hrsg.), Leipzig: Teubner, 1889, Reimp. 1964. (Fr. 223)

mais apropriada que a presente[23]. [5] Tendo os eventos da África saído contrários à sua expectativa, os romanos imediatamente se puseram a reorganizar a frota e a resgatar os sobreviventes na África. [6] Os cartagineses em seguida acamparam e cercaram Áspide, apressando-se para pôr as mãos nos fugitivos da batalha. [7] Sem conseguir capturá-los devido à bravura e ousadia dos homens, por fim abandonaram o cerco. [8] Quando vieram a saber que os romanos aprontavam uma frota e que navegariam novamente contra a África, recuperaram algumas embarcações e iniciaram a construção de outras. [9] Após tripular com rapidez duzentas naus, fizeram-se ao mar, vigiando a navegação dos adversários. [10] No início do verão os romanos lançaram 350 embarcações ao mar, que despacharam sob o comando dos cônsules Marco Emílio e Sérvio Fúlvio [255 a.C.], que costearam a Sicília navegando rumo à África. [11] Quando encontraram, perto do promontório Hermeu, a frota cartaginesa, puseram-na em fuga facilmente com um ataque e capturaram 114 naus tripuladas. [12] Após recuperar os jovens que permaneceram na África, navegaram de volta de Áspide para a Sicília.

[37.1] Atravessaram o estreito em segurança e chegaram ao território de Camarina, onde se depararam com uma tempestade tão rigorosa e tamanho desastre que é difícil descrevê-los adequadamente, dada a magnitude do ocorrido. [2] Das 364 naus apenas oitenta embarcações restaram. Das restantes, algumas afundaram e outras, despedaçadas contra rochedos e promontórios devido às correntes, encheram o litoral de corpos e destroços. [3] Jamais se historiou, em uma única ocasião, revés marítimo maior do que esse, cuja causa deve ser atribuída não tanto ao acaso quanto aos comandantes. [4] Muitas vezes os pilotos protestaram que não deveriam contornar a Sicília em sua parte exterior, voltada para

---

23. O passo não nos chegou, ou Políbio não o redigiu.

o mar da África, por ser acidentada e de difícil abordagem, porque além disso a constelação-guia ainda não havia declinado, nem fora sucedida pela seguinte, pois navegavam no período entre as ascensões de Órion e Sírius[24]. [5] Sem dar atenção a nada do que era dito, navegavam em mar aberto, empenhados em conquistar algumas das cidades ao longo da costeagem, que impressionavam com a ostentação do feito. [6] Quando foram assaltados por grandes infortúnios na busca de pequenas esperanças, então reconheceram sua própria irreflexão. [7] De um modo geral os romanos, empregando violência para tudo, e pensando que devem forçosamente levar a termo um projeto de modo que nada, uma vez concebido, lhes seja impossível, triunfam em muitas situações devido a tal ímpeto, mas fracassam manifestamente em outras, sobretudo nas relativas ao mar. [8] Quando empreendem algo na terra, contra homens e suas obras, frequentemente triunfam, porque enfrentam forças semelhantes, e raramente fracassam. [9] Mas quando se confrontam e combatem o mar e as forças da natureza, levam enorme desvantagem. [10] Foi o que então ocorreu, como já havia ocorrido muitas outras vezes, e continuará a ocorrer, até que emendem tal ousadia e violência, fiados nas quais pensam que qualquer momento é propício para navegar e marchar.

[38.1] Os cartagineses, ao saber da catástrofe da frota romana e considerar que se bastariam tanto em terra, devido ao sucesso anterior, como no mar, devido ao mencionado revés romano, lançaram-se mais prontamente aos preparativos da marinha e da infantaria. [2] De imediato despacharam Asdrúbal para a Sicília, a quem confiaram soldados já alistados mais os recrutados em Heracleia, além de 140 elefantes. [3] Após enviá-lo, equiparam duzentas naus e aprontaram tudo o mais para navegar. [4] Tendo chegado a Lilibeu em segurança, Asdrúbal começou a treinar os animais e os

---

24. À latitude de Roma, Órion ascende em 11 de julho e Sírius em 28 de julho. Empiricamente, a primeira era sinal de "tempo incerto", e a segunda, de "vento sul".

exércitos, deixando claro que disputaria a posse do território. [5] Os romanos, ao saber desses detalhes pelos sobreviventes do naufrágio, suportaram o fato com dificuldade. Não desejando ceder de modo algum, decidiram construir 220 embarcações desde a quilha. [6] Fizeram-no em três meses, o que não é fácil de acreditar, e imediatamente os cônsules designados, Aulo Atílio e Cneu Cornélio [254 a.C.], partiram após organizar a frota. [7] Cruzaram o estreito e recolheram em Messana as embarcações que resistiram ao naufrágio; e subiram para Panormo, na Sicília, com trezentas naus: esta era a cidade mais fortificada dentre os domínios cartagineses, e empreenderam cercá-la. [8] Instalados em dois locais diferentes, trouxeram as máquinas após preparar as obras de sapa. [9] A torre próxima ao mar caiu facilmente, e pela fenda os soldados forçaram passagem. A dita Cidade Nova foi tomada à força; a denominada Antiga, dado o risco, foi rapidamente entregue pelos habitantes. [10] Assegurada a conquista, navegaram para Roma, tendo deixado na cidade uma guarnição.

[39.1] Na sequência, com a chegada do verão, os cônsules designados, Cneu Servílio e Caio Semprônio [253 a.C.], navegaram com toda a frota e, após cruzar para a Sicília, dali se lançaram à África. [2] Ao longo do trajeto fizeram muitos desembarques na região, durante os quais, sem nada fazer de relevante, chegaram à ilha dos lotófagos, denominada Meninge, não muito distante da Sirte Menor. [3] Ali toparam, por imperícia, com baixios: quando a maré refluiu e as embarcações encalharam, o apuro foi total. [4] Em redobrado desespero, depois de algum tempo, com o retorno do mar, atiraram fora todas as cargas das embarcações e a duras penas aliviaram as naus. [5] Ao fazê-lo, navegaram de volta como se fugissem. Tendo alcançado a Sicília e dobrado Lilibeu, ancoraram em Panormo. [6] Dali navegaram temerariamente pelo estreito em direção a Roma, e novamente toparam com tão violenta tempestade que perderam a maioria das 150 embarcações. [7] Diante desses acontecimentos, os habitantes de Roma, ainda que fossem peculiarmente ambiciosos em tudo, na ocasião, devido ao tamanho e à quantidade dos insucessos, desistiram de reunir outra frota [252 a.C.], constrangidos pelos fatos. [8] Depositando as esperanças restantes nas tropas de infantaria, enviaram os cônsules Lúcio Cecílio e Caio Fúrio [251 a.C.] com legiões para a Sicília, e tripularam somente sessenta naus para levar-lhes suprimentos. [9] Em função de tais revezes, novamente tornou-se promissora a situação dos cartagineses, [10] pois detinham pleno domínio do mar com o afastamento dos romanos, e depositavam grandes esperanças na infantaria, o que não era sem fundamento, [11] pois os romanos, com a repercussão da notícia sobre a batalha da África, segundo a qual os elefantes haviam rompido sua formação e matado a maioria dos homens, [12] estavam tão apavorados com os elefantes que pelos dois anos seguintes ao período mencionado, frequentemente na região de Lilibeu e na de Selinunte, quando se perfilavam diante dos inimigos a cinco ou seis estádios, jamais tiveram coragem de iniciar batalha nem de descer de modo algum ao terreno plano, receosos do ataque dos elefantes. [13] Nessas ocasiões cercaram apenas Terma e Lípara, mantendo à vista colinas e locais de difícil acesso. [14] Daí que, percebendo os romanos o espanto e o desespero na infantaria, decidiram, mudando de resolução, refazer-se ao mar. [15] Após designar cônsules Caio Atílio e Lúcio Mânlio [250 a.C.], construíram cinquenta embarcações, fizeram alistamento e se empenharam em reunir uma frota.

[40.1] Asdrúbal, o líder dos cartagineses, vendo que os romanos se tinham acovardado nas batalhas anteriores; informado de que um dos cônsules se havia retirado para a Itália, com metade do exército, e que Cecílio estava ocupado em Panormo com a outra metade; desejando proteger os frutos dos aliados no ápice da colheita, [2] assumiu o exército de Lilibeu, marchou e acampou nos limites do território de Panormo. [3] Cecílio, percebendo-o excessivamente confiante, e ansioso para provocá-lo a atacar, conteve os soldados dentro dos portões. [4] Diante disso, Asdrúbal, convencendo-se de que Cecílio não ousaria enfrentá-lo, partiu confiante com todos os exércitos e desceu por estreitos rumo a Panormo. [5] Se aquele destruía, ele próprio, os frutos até a cidade, Cecílio permanecia firme em sua resolução, até provocá-lo a atravessar o rio diante da cidade. [6] Depois que os cartagineses haviam feito atravessar os elefantes e o exército, a tal ponto Cecílio os irritava enviando tropas ligeiras que os forçou a alinhar todo o exército. [7] Ao ver que o que projetara ocorria, instalou alguns homens ágeis diante da muralha e do fosso, e prescreveu-lhes que, caso algum elefante se aproximasse, não economizassem dardos; [8] caso fossem rechaçados, que fugissem para o fosso e, reiniciando dali, dardejassem os animais porventura próximos. [9] Ordenou que os armeiros trouxessem dardos das provisões e que os deixassem do lado de fora, aos pés da muralha. [10] Ele próprio se manteve à porta com os manípulos, diante da ala esquerda dos adversários, sempre enviando mais e mais homens contra os lanceiros. [11] Somado ao fato de que o combate se generalizava, os condutores de elefantes emulavam-se diante de Asdrúbal, e desejando garantir a situação por si próprios, lançaram-se todos contra os que lutavam na primeira fila. Ao fazê-los recuar, perseguiram-nos com facilidade rumo ao fosso. [12] Os elefantes se aproximaram e, alvejados pelos arqueiros postados na muralha, atingidos por lanças e dardos certeiros e agudos atirados pelos homens incólumes do fosso, [13] crivados de flechas e feridos por todos os lados, rapidamente desembestaram e carregaram contra suas próprias tropas, pisoteando e matando seus homens, confundindo e rompendo a própria formação. [14] Quando se apercebeu do fato, Cecílio saiu prontamente com as tropas. Após atacar uma ala pelos flancos, estando os inimigos em desordem, e incólumes e ordenados os seus, obrigou os adversários a voltar-se, matando muitos deles e forçando os restantes a recuar. [15] Capturou dez elefantes com seus condutores indianos; os restantes, alijados de seus indianos, tocou-os depois da batalha e assenhoreou-se de todos. [16] Por haver realizado tal feito, foi reconhecido unanimemente pelos romanos como o restaurador da confiança da infantaria e do domínio dos campos abertos.

[41.1] Chegada a Roma a notícia da vitória, rejubilaram não tanto pelo fato de os inimigos terem sido derrotados e privados de seus elefantes, quanto pelo fato de os soldados recobrarem a confiança após se apoderarem dos elefantes. [2] Em razão disso, novamente tiveram coragem de, conforme o plano original, despachar os cônsules com frota e tropas empenhando-se como podiam para pôr fim à guerra. [3] Preparado o necessário para a expedição, os cônsules navegaram para a Sicília com duzentas naus. [4] Era o décimo quarto ano da guerra [250 a.C.]. Ancorados em Lilibeu, fizeram junção com as legiões que lá estavam e empreenderam o cerco porque, se conquistassem o local, facilmente transfeririam a guerra para a África. [5] Sobre este ponto os líderes cartagineses eram da mesma opinião e faziam os mesmos cálculos que os romanos. [6] Puseram, então, tudo de lado e se dedicaram a socorrer, enfrentar e suportar qualquer coisa por essa cidade, porque não lhes restava nenhuma base de operações, tendo os romanos dominado toda a Sicília com exceção de Drépano. [7] A fim de que, para quem não conhece a região, não fique obscuro o que dissemos, tentaremos explicar brevemente aos leitores as vantagens de sua localização.

[42.1] Por sua localização, toda a Sicília se estende diante dos confins da Itália de modo semelhante ao Peloponeso nos confins da Grécia, [2] diferenciando-se por ser este uma península, e aquela, uma ilha: na primeira chega-se à pé, na outra, por mar. [3] A Sicília tem a forma de um triângulo, e os vértices de cada um dos ângulos compreendem formações de promontórios, [4] dos quais um, fletido para o sul e estendendo-se para o mar da Sicília, chama-se Paquino; [5] outro, inclinado para o norte, delimita a parte ocidental do estreito, dista da Itália aproximadamente doze estádios e tem por nome Pelóride; [6] o terceiro volta-se para a própria África, convenientemente situado diante dos promontórios de Cartago, de que dista aproximadamente dois mil estádios. Flete-se para o poente de inverno, separa o mar da África do da Sardenha, e tem por nome Lilibeu. [7] Neste local está a cidade homônima, ao redor da qual os romanos então lançaram cerco; era distintamente amuralhada, com um fundo fosso no perímetro e baixios costeiros cuja travessia rumo aos portos exigia muita perícia e habilidade. [8] Após acampar em ambos os lados e demarcar os intervalos dos acampamentos com um fosso, uma paliçada e uma muralha, os romanos começaram a trazer máquinas de assédio contra o bastião mais próximo do mar, na direção do mar da África. [9] Sempre acrescentando equipamentos aos existentes, alinhavam-nos de tal modo que, ao fim, demoliram seis torres contíguas à mencionada e, ao mesmo tempo, empreenderam abater todas as restantes com aríetes. [10] Tornando-se o cerco operoso e espantoso, a cada dia alguns bastiões se esfalfavam, outros eram arruinados, e as máquinas avançavam sempre mais para dentro da cidade: [11] era grande a agitação e o espanto dos sitiados, mesmo contando a cidade com dez mil mercenários, além dos cidadãos. [12] Contudo, seu comandante, Imilcão, não descuidou de nenhuma possibilidade, mas ora reconstruindo, ora contraminando, suscitou nos adversários perplexidade não casual. [13] Marchando a cada dia e lançando mãos às máquinas, caso pudesse atear-lhes fogo de algum modo, empreendeu muitos combates temerários dia e noite, de modo que às vezes ocorriam mais mortes em tais choques do que usualmente nas batalhas regulares.

[43.1] Nessa época alguns dos comandantes mercenários que controlavam os territórios mais importantes conversaram entre si sobre entregar a cidade aos romanos e, convencidos de que seus subordinados obedeceriam, saíram à noite da cidade para o acampamento e trataram a respeito com o cônsul romano. [2] Mas o aqueu Alexão, que tempos antes salvara os agrigentinos, na época em que os mercenários de Siracusa tencionaram traí-los, ao compreender de antemão os fatos, denunciou-os ao comandante cartaginês. [3] Este, tão logo ouviu o relato, imediatamente reuniu os comandantes restantes e suplicou-lhes, prometendo grandes dádivas e benefícios, caso permanecessem fiéis e não se compusessem com os que haviam abandonado a empreitada. [4] Aceitas prontamente suas palavras, com eles despachou imediatamente, rumo aos celtas com Aníbal, filho daquele Aníbal morto na Sardenha, devido à sua prévia familiaridade adquirida ao marchar junto deles, e, rumo aos outros mercenários, com Alexão, devido à sua aceitação e credibilidade entre eles. [5] Estes reuniram a massa e exortaram-na, garantindo as dádivas oferecidas a cada um pelo comandante, e facilmente os persuadiram a manter as decisões prévias. [6] Daí que depois disso, quando os conjurados voltaram para a muralha à luz do dia, desejosos de convencê-los com o anúncio da oferta dos romanos, não apenas não lhes prestaram atenção, como sequer se dignavam a ouvir, antes repelindo-os da muralha com pedras e projéteis. [7] Pelas razões mencionadas, então, por pouco os cartagineses não sofreram um desastre completo, traídos pelos mercenários. [8] Alexão, cuja credibilidade antes salvara não só a cidade e os campos dos agrigentinos, mas também suas leis e sua liberdade, foi então o responsável por evitar o colapso cartaginês.

[44.1] Sem saber de nada disso, mas calculando as necessidades geradas por um cerco, os habitantes de Cartago tripularam cinquenta naus e exortaram com palavras apropriadas à situação seu comandante, o trierarca Aníbal, filho de Asdrúbal e o primeiro dentre os amigos de Aderbal, a quem despacharam a toda pressa, ordenando-lhe que não contemporizasse, e sim

agisse com vigor no momento oportuno, a fim de socorrer os sitiados. [2] Este abriu velas com dez mil soldados e ancorou nas ilhas ditas Egusas, a meio caminho entre Lilibeu e Cartago, aguardando o momento de avançar. [3] Tendo apanhado um vento forte e favorável, e desfraldado todas as velas, navegava rumo à embocadura mesma do porto, trazendo nos conveses homens armados e prontos para a batalha. [4] Fosse pelo inesperado da aparição, fosse por temer o choque com os inimigos em porto adversário em razão da violência do vento, os romanos desistiram de barrar o comboio de socorro, e permaneceram no mar espantados com a ousadia dos inimigos. [5] Toda a população da cidade, apinhada nas muralhas, ansiava pelo que adviria, e jubilosa com a surpreendente expectativa, encorajava os navegantes com estardalhaço e gritaria. [6] Audacioso e confiante, Aníbal avançou, ancorou no porto e desembarcou os soldados em segurança. [7] Todos os habitantes da cidade estavam jubilosos não tanto com a presença do socorro, ainda que recobrassem as expectativas e recebessem mais soldados, como com o fato de os romanos não haverem ousado impedir a chegada dos cartagineses.
[45.1] Imilcão, o comandante à testa da cidade, percebendo o ímpeto e a resolução dos cidadãos por conta da presença do socorro, e dos recém-chegados, por conta de seu desconhecimento das agruras da circunstância; [2] e desejando aproveitar o ímpeto inabalado de ambas as facções para atear fogo às máquinas de assédio, reuniu todos em assembleia. [3] Após uma exortação bastante apropriada ao momento, com que despertou um ímpeto exagerado, devido à grandiosidade das promessas para quem individualmente se destacasse, e aos futuros benefícios e dádivas da parte dos cartagineses para todos, [4] eles aprovaram em uníssono e gritaram que não hesitasse, mas que os conduzisse; então os dispensou, após elogiá-los e acolher-lhes a resolução, recomendando que descansassem por algum tempo e obedecessem aos comandantes. [5] Não muito depois convocou os oficiais e

assinalou-lhes os locais apropriados a cada um para o ataque, e revelou a senha e o momento de atacar, ordenando aos comandantes que estivessem em seus postos, com todos os seus comandados, à vigília matutina. [6] Como todos o obedecessem, ele conduziu o exército à primeira luz e apoderou-se de muitos pontos por meio de máquinas de assédio. [7] Antevendo o futuro, os romanos não permaneram inertes e despreparados, mas vieram em socorro conforme necessário e enfrentaram os inimigos com bravura. [8] Em pouco tempo todos se engalfinhavam, e a nenhum dos dois lados o combate nos arredores da muralha dava descanso, pois as tropas da cidade não eram inferiores a vinte mil homens, e os de fora eram ainda mais numerosos. [9] Quanto mais os homens se apartavam da formação, lutando em desordem, conforme suas próprias preferências, tanto mais acirrada era a batalha, como se em uma massa tão grande de combatentes despontasse, homem contra homem e fileira contra fileira, a ambição de glória peculiar a duelos. [10] Os gritos e as aglomerações eram, porém, mais intensas perto das máquinas. [11] Pois aqueles, de ambos os lados, ali postados desde o início, uns para repelir os defensores, outros para evitar que isso ocorresse, demonstravam tamanho senso de honra e zelo – os primeiros urgindo afastar os demais, os últimos sem ousar recuar-lhes de modo algum – que por fim, dada sua resolução, morreram nos mesmos locais em que permaneceram desde o início. [12] Então outros, achegando-se a eles com tochas, estopa e fogo, com tanta ousadia se atiravam contra as máquinas por todos os lados, que os romanos se viram em extremo perigo, incapazes de conter a investida adversária. [13] Percebendo o comandante cartaginês que muitos morriam no combate, incapazes de se apoderar das máquinas – a meta que perseguiam –, ordenou aos trombeteiros que chamassem os seus. [14] Os romanos, a um passo de perderem todos os seus preparativos, ao final conservaram as máquinas e as mantiveram em segurança.

[46.1] Depois dessas operações, Aníbal partiu com as naus, noite ainda, oculto aos inimigos, em direção a Drépano, para junto de Aderbal, o comandante cartaginês. [2] Devido à localização propícia e à beleza do porto de Drépano, os cartagineses mostravam grande empenho em vigiá-lo. [3] Ele distava aproximados 120 estádios de Lilibeu. [4] Em Cartago eram aguardadas notícias de Lilibeu, algo que não se conseguia porque parte dos soldados estava cercada, parte sob estrita vigilância. Um dos notáveis, Aníbal cognominado Ródio, prontificou-se a navegar até Lilibeu, testemunhar pessoalmente e relatar tudo. [5] A incumbência foi ouvida com prazer, mas nela ninguém cria, porque os romanos bloqueavam com a frota a embocadura de acesso. [6] Após equipar sua nau particular, ele abriu velas e, feita a travessia para uma das ilhas diante de Lilibeu, no dia seguinte, com um vento favorável, navegou por volta da quarta hora, à vista de todos os inimigos, espantados com sua ousadia. [7] E já no dia seguinte planejava retornar. [8] Como desejasse guardar com todo cuidado o local de acesso, o cônsul romano, que à noite equipara dez das melhores naus, estacionou ele próprio no porto, de onde observava os acontecimentos, bem como todo o acampamento. [9] As naus de ambos os lados da embocadura, tanto quanto podiam se aproximar dos baixios, mantinham os remos suspensos, prontas a atacar e capturar a nau que tencionava partir. [10] O Ródio, porém, executou a retirada às vistas de todos, e encarou de tal modo os inimigos, com ousadia e velocidade, que não apenas navegou sem dano para nau e homens, como se houvesse passado por embarcações adversárias estacionadas, [11] mas ainda avançou um pouco e parou, com remos suspensos, como a desafiar os inimigos. [12] Sem que ninguém ousasse opor-se-lhe, devido à velocidade dos remadores, partiu após encarar, com uma única nau, toda a frota adversária. [13] Daí em diante, fazendo muitas vezes a mesma coisa, foi de grande valia aos cartagineses, a quem sempre relatava as urgências e infundia confiança nas tropas cercadas, apavorando os romanos com sua audácia.

[47.1] O que mais contribuía para sua ousadia era o fato de que, com experiência e com precisão, havia demarcado a rota por entre os escolhos: [2] quando fazia a travessia e aparecia como se viesse da Itália, mirava a torre da beira-mar com a proa, de modo a alinhar-se com todas as torres da cidade voltadas para a África. Somente deste modo é possível atingir a embocadura de acesso com vento favorável. [3] Fiados na ousadia do Ródio, muitos dos que conheciam o local tomaram coragem para fazer algo semelhante. Por conta deles os romanos, embaraçados com o que ocorria, começaram a entulhar a embocadura do porto. [4] Mas nada concretizavam na maior parte da empreitada, devido à profundidade do mar, e porque nenhum material, quando atirado, parava em pé nem se conjuntava de modo algum: por causa da maré e da força da correnteza, já na descida iam se depositando deslocados e espalhados. [5] Em um local de baixios o entulho se acumulou à custa de grande fadiga: ali encalhou uma quadrirreme que navegara à noite, diferenciada pelo trabalho de sua armação, e foi capturada pelos inimigos. [6] Após se assenhorearem dela, e equiparem-na com uma tripulação selecionada, os romanos vigiavam todos os que entravam, sobretudo o Ródio. [7] Por acaso ele, que navegara na noite seguinte a esses acontecimentos, novamente partiu sob as vistas de todos. Percebendo que desde o início a quadrirreme o acompanhava, titubeou ao reconhecer a nau. [8] Num primeiro momento, acelerou para ultrapassá-la; alcançado, porém, em função da preparação da tripulação, fez por fim meia-volta, forçado a enfrentar os inimigos. [9] Batido pela quantidade dos tripulantes, que eram a elite dos soldados, caiu nas mãos dos inimigos. [10] Os romanos, após assenhorearem-se dessa nau e equiparem-na conforme necessário, com ela bloqueavam quem ousava navegar para Lilibeu.

[48.1] Enquanto os sitiados se empenhavam em fortificar o lado oposto, tendo já renunciado a danificar e destruir os preparativos adversários, [2] ocorreu um vendaval de tamanha violência e ímpeto contra as armações que permitiam o acesso das máquinas que abalou as galerias e levou as torres adjacentes com sua violência. [3] Na ocasião, alguns dos mercenários gregos compreenderam que a circunstância era apropriada para destruir aqueles equipamentos, e apresentaram suas conjecturas ao comandante. [4] Após acolhê-las e rapidamente aprontar tudo que se prestasse à ação, os mais jovens se ajuntaram em três locais diferentes e atearam fogo aos equipamentos. [5] Como tais preparativos estivessem, havia muito, bem preparados para inflamar-se com facilidade, e a violência do vento soprasse contra as torres e máquinas, o fogo se espalhou rapidamente, enquanto para os romanos era, ao fim e ao cabo, impraticável e difícil prestar socorro. [6] Tamanha consternação o incidente provocou nos socorristas que não conseguiam enxergar nem compreender a situação, mas obnubilados pela fuligem e pelas fagulhas que esvoaçavam em sua direção, além da grande quantidade de fumaça, não poucos tombavam e morriam, incapazes de se aproximar para combater o fogo. [7] Quanto maior era a dificuldade dos adversários, pelas razões mencionadas, tanto mais era o fogo favorável aos infiltrados, [8] pois soprava e impelia contra os adversários tudo que era capaz de anuviá-los e feri-los. O que era lançado ou atirado contra os socorristas, e também para destruição dos instrumentos, atingia o objetivo, porque os atacantes tinham plena visão do local adiante; e era eficaz, dada a veemência do golpe, que contava com a ajuda da força do vento. [9] Por fim, mostrou-se tamanha a destruição consumada que as bases das torres e os troncos dos aríetes foram inutilizados pelo fogo. [10] Face aos acontecimentos, os romanos desistiram do cerco com engenhos bélicos. Após rodear a cidade com um fosso e instalar uma paliçada em volta, bem como amuralhar seus próprios acampamentos, entregaram a ação ao tempo. [11] Os habitantes de Lilibeu reconstruíram a muralha abatida e suportaram corajosamente o cerco.

[49.1] Quando a notícia chegou a Roma, seguida por muitos que anunciavam a destruição da maior parte das tripulações da frota em ação e durante o cerco em geral, [2] rapidamente começaram a alistar marinheiros e, após reunirem dez mil, despacharam-nos para a Sicília. [3] Tão logo cruzaram o estreito e chegaram a pé ao acampamento, Públio Cláudio, o cônsul romano [249 a.C.], reuniu os tribunos e disse que era o momento de navegar contra Drépano com toda a frota: [4] Aderbal, o comandante cartaginês do local, não estava preparado para tal eventualidade, uma vez que ignorava a presença das tripulações e estava convencido de que a frota romana não poderia navegar, dada a perda de homens durante o cerco. [5] Como eles prontamente assentissem, imediatamente embarcou as tripulações preexistentes e as recém-chegadas, e escolheu como marinheiros os melhores soldados da tropa, que se apresentaram voluntariamente, dado que era iminente a partida e os ganhos se mostravam à mão. [6] Após tais preparativos, abriu velas por volta da meia-noite oculto aos inimigos. No início navegavam unidos, mantendo a terra à direita. [7] Ao romper da manhã, as primeiras naus contra Drépano se fizeram visíveis e, ao percebê-las, Aderbal primeiro se surpreendeu com o inesperado; [8] voltando, porém, rapidamente a si ao compreender que os oponentes atacavam, decidiu testar todas as manobras e tudo suportar, a fim de não se ver encurralado em um cerco manifesto. [9] Por isso imediatamente levou as tripulações para a praia e reuniu os mercenários da cidade com uma convocação. [10] Uma vez reunidos, tentou chamar-lhes rapidamente a atenção sobre as expectativas da vitória, caso ousassem uma batalha naval, e sobre as dificuldades de um cerco, se contemporizassem enquanto previam o perigo. [11] Como todos se mostrassem ansiosos para a batalha e gritassem por ação sem demora, ele os elogiou e, aproveitando tal ímpeto, ordenou que embarcassem rapidamente e seguissem com as proas apontadas para sua própria nau. [12] Após dar claramente as instruções mencionadas, partiu primeiro a toda pressa, contornando as rochas do lado do porto oposto àquele pelo qual os inimigos entravam.

[50.1] Públio, o cônsul romano, vendo que, contrariamente à sua opinião, os inimigos não recuavam nem se surpreendiam com o avanço, mas estavam prontos para uma batalha naval, [2] enquanto algumas de suas próprias naus estavam já dentro do porto, outras na embocadura, outras ainda prestes a entrar, ordenou a todas que se virassem e navegassem de volta pela parte de fora. [3] Daí que, devido à mudança de rumo, as que estavam no porto colidiam com as que vinham atacar: a imensa quantidade de homens não só provocou confusão como também as naus, no choque, destruíam as fileiras de remos umas das outras. [4] Entretanto os trierarcas, a todo momento formando em fila as retrocedentes, rapidamente dispuseram-nas paralelas ao litoral, com as proas apontadas contra os inimigos. [5] O próprio Públio no início navegava por trás de toda frota, mas agora, tendo acompanhado a meia-volta em direção ao mar aberto, assumiu a esquerda de toda a formação. [6] No mesmo momento, Aderbal, após ultrapassar o flanco esquerdo dos romanos com cinco naus de ataque, ancorou em mar aberto sua própria nau com a proa apontada contra os inimigos. [7] Conforme as outras naus chegavam e se juntavam em fila, ele deu ordens, por meio de auxiliares, para que se pusessem na mesma posição; [8] quando todos formaram uma única linha, fez o sinal combinado e inicialmente conduziu o ataque em formação, com os romanos próximos à terra, pois aguardavam as naus que retrocediam do porto. [9] Enorme desvantagem adveio aos romanos por decidir combater próximos à terra.

[51.1] Como ambas as frotas estavam próximas, içados os sinais em cada nau capitânia, atracaram-se. [2] Primeiro o combate foi equilibrado, pois ambas empregavam como marinheiros os melhores soldados de infantaria, [3] mas os cartagineses sempre prevaleciam, pois detinham as maiores vantagens ao longo de todo o combate. [4] Eram muito superiores por navegar com rapidez, devido à diferença de armação das naus e à habilidade das tripulações; e o espaço livre lhes era muito conveniente, dado que formavam em mar aberto. [5] Se alguns eram acossados pelos inimigos, retrocediam em segurança, porque navegavam com rapidez para local aberto: [6] em seguida, mudando de rumo, ora envolviam os perseguidores mais avançados, ora perfilavam com os que se afastassem e ficassem em dificuldades devido ao peso dos vasos e à imperícia das tripulações, e promoviam surtidas contínuas, afundando muitas embarcações. [7] Se algum dos aliados ficasse em perigo, prontamente socorriam-no em segurança, navegando em mar aberto ao longo das popas. [8] Com os romanos se passava o contrário: àqueles que se viam pressionados não era possível recuar, porque travavam combate próximo à terra, e sempre que alguma embarcação era comprimida pelas que atacavam de frente, ou vinha dar em escolhos e encalhava de popa, ou adernava, sendo levada para terra. [9] Atravessar por entre as naus inimigas e aparecer por trás das que já davam combate a outras, manobra a mais eficiente em uma batalha naval, não conseguiam, devido ao peso das embarcações e à imperícia das tripulações. [10] Também não conseguiam socorrer a quem precisava navegando ao longo das popas, porque estavam encurralados contra a terra e não restava o menor espaço aos que lhes desejavam valer. [11] Sobrevinda tamanha dificuldade em todo o combate, algumas embarcações encalhadas em escolhos, outras desgarradas, o cônsul romano, ao compreender o fato, lançou-se à fuga, tendo manobrado pela esquerda ao longo da costa, e com ele aproximadamente trinta naus que por acaso estavam próximas. [12] Das demais 93 naus e suas tripulações, os cartagineses se assenhorearam, ou seja, de quantos homens não atiraram suas naus contra terra e fugiram.

[52.1] Em razão dessa batalha naval, Aderbal granjeou o reconhecimento dos cartagineses, uma vez que fora bem-sucedido por conta própria e devido à sua particular previdência e ousadia; [2] já Públio perdeu sua reputação e foi muito vilipendiado, porque lidou com a situação com displicência e irracionalidade, e por sua conta e risco infligiu a Roma não poucos danos. [3] Julgado em seguida, sofreu grave punição e correu sério perigo. [4] Mesmo ante tal conjuntura, devido à sua ambição de domínio universal, os romanos não descuidaram do que lhes era possível, mas assumiram o controle do desenrolar dos fatos. [5] Daí que, chegado o tempo das eleições de magistrados, após designarem os cônsules, imediatamente mandaram um deles, Lúcio Júnio[25], para levar suprimentos aos que cercavam Lilibeu, bem como outras provisões e reforços para o acampamento. Como escolta a eles, tripularam sessenta naus. [6] Chegando a Messana, Júnio assumiu as embarcações do acampamento e do resto da Sicília que encontrou, e atravessou às pressas para Siracusa, tendo 120 aparelhos e provisões em quase oitocentas naus cargueiras. [7] Dali despachou metade das cargueiras e algumas das embarcações maiores, após confiá-las aos questores, apressando-se para levar ao acampamento aquilo de que necessitava. [8] Permaneceu ele próprio em Siracusa, acolhendo os retardatários que navegavam de Messana e coletando víveres dos aliados do continente.

[53.1] À mesma época, Aderbal enviou a Cartago os homens capturados na batalha naval e as naus cativas, [2] e despachou Cartalão, colega de comando, a quem confiou trinta naus, além daquelas setenta com as quais ele próprio navegara, [3] com a incumbência de, após cair subitamente sobre as naus inimigas ancoradas em Lilibeu, assenhorear-se das

---

25. Equívoco de Políbio, pois Lúcio Júnio era cônsul, colega de Públio Cláudio, em 249 a.C. Os cônsules então instituídos foram C. Aurélio Cota e P. Servílio Gêmino.

que conseguisse e atear fogo às restantes. [4] Cartalão obedeceu, abriu velas à aurora, incendiou algumas embarcações e rebocou outras, o que provocou enorme reboliço no acampamento romano. [5] Quando vieram em socorro das naus, desencadeou-se o estardalhaço do qual Imilcão, o guardião de Lilibeu, se deu conta: percebendo o que ocorria logo ao romper do dia, enviou os mercenários da cidade. [6] Os romanos, face ao perigo que os espreitava por toda parte, viram-se em não pequeno nem fortuito embaraço. [7] Tendo rebocado algumas poucas embarcações e destruído outras, pouco depois o navarco cartaginês partiu de Lilibeu em direção a Heracleia, mantendo-se em guarda e desejando interceptar quem navegasse em socorro do acampamento. [8] Quando as sentinelas avisaram que bastantes embarcações de toda sorte avançavam e se aproximavam, abriu velas ansiando colhê-las, pois desprezava os romanos em razão do sucesso anterior. [9] De modo semelhante, os botes habituados à dianteira anunciavam aos questores, previamente despachados de Siracusa, o avanço inimigo. [10] Por se julgarem despreparados para uma batalha naval, ancoraram em algum vilarejo sob sua jurisdição, sem portos, porém com reentrâncias e proeminências de terra naturalmente protegidas. [11] Ali desembarcaram e instalaram as catapultas e balistas da cidade, aguardando o avanço inimigo. [12] Tão logo se aproximaram, os cartagineses começaram a cercá-los, imaginando que, surpreendidos, fugiriam para o vilarejo, enquanto eles se assenhoreariam tranquilamente das embarcações. [13] Tal expectativa, porém, não só se frustrou como, ao contrário, aqueles se defenderam com valentia, apesar das muitas e diversas dificuldades do local. Após rebocar umas poucas embarcações de provisões, dirigiram-se a um rio no qual ancoraram, a vigiar a partida dos romanos.

[54.1] O cônsul que ficara em Siracusa, quando deu provimento ao que havia planejado, dobrou o Paquino e navegou para Lilibeu, nada sabendo do ocorrido com os que haviam navegado por primeiro. [2] O navarco cartaginês, assim que as sentinelas lhe anunciaram nova aparição de inimigos, abriu velas às pressas, desejando atracar-se com eles o mais longe de suas próprias naus. [3] Júnio, ao perceber de longe a frota cartaginesa e a quantidade de embarcações, sem ousar enfrentá-las e impossibilitado de fugir, dada a proximidade dos inimigos, mudou o curso e ancorou em local íngreme e absolutamente instável, [4] decidindo que era preferível suportar o que fosse necessário sofrer a entregar ao inimigo todos os homens de seu exército. [5] Apercebendo-se da situação, o navarco cartaginês recusou expor-se e se aproximar de tais locais; tendo escolhido um promontório e ancorado entre as frotas, vigiava atento a ambas. [6] Com a chegada de uma tempestade, mostrando-se o tempo absolutamente impróprio para marear, os pilotos cartagineses, prevendo o futuro e predizendo o que ocorreria em razão de sua perícia dos locais e da situação, persuadiram Cartalão a evitar a tempestade e dobrar o promontório Paquino. [7] Como ele acatara com sensatez, eles então fizeram enorme esforço e, tão logo ultrapassaram o promontório, ancoraram em segurança, [8] enquanto as frotas romanas, colhidas pela tempestade em locais de fato inabordáveis, foram de tal modo destruídas que nem dos restos dos naufrágios algo útil restou, mas foram ambas completa e estupidamente inutilizadas.

[55.1] Devido a tal acontecimento, a situação dos cartagineses começou a melhorar, e suas perspectivas pareciam mais positivas; [2] os romanos, por sua vez, outrora haviam sofrido pequenos reveses, mas o de então fora total, pelo que se retiraram do mar, embora controlassem os campos abertos. Os cartagineses eram senhores do mar, não sem ter perdido completamente as esperanças quanto à terra. [3] Na sequência, todos se queixavam de tudo, os que estavam em Roma e os que estavam acampados em Lilibeu, em razão dos mencionados desastres; [4] contudo, não se afastavam do plano do cerco [248 a.C.]: aqueles forneciam suprimentos por terra sem hesitação, estes persistiam tanto quanto possível.

[5] Quando, após o naufrágio, Júnio retornou para o acampamento, ficou abalado e concentrou-se em criar algo novo para agir conforme necessário, ansioso por revidar o revés sofrido. [6] Então, ao menor pretexto que se lhe apresentou, captura Érix de surpresa e se torna senhor da cidade e do templo de Afrodite. [7] Érix é um monte litorâneo da Sicília localizado na costa voltada para a Itália, entre Drépano e Panormo, limítrofe e conjugado sobretudo a Drépano, o mais alto dentre os montes da Sicília depois do Etna. [8] Em seu cume plano fica o templo de Afrodite Ericina, por unanimidade o mais ilustre em riquezas e dignidade dentre os templos da Sicília. [9] A cidade se estende sob a base do cume; a subida até ela é muito longa e em toda parte escarpada. [10] Tendo instalado uma guarnição no cume, assim como no acesso proveniente de Drépano, vigiava zelosamente ambos os locais, e mais ainda o de início da escalada, convencido de que assim a cidade ficaria em segurança e todo o monte sob seu comando.

[56.1] Depois disso, os cartagineses instituíram como seu comandante Amílcar, cognominado Barca, a quem entregaram a frota. [2] Tão logo recebeu as forças navais, ele partiu para saquear a Itália. Corria o décimo oitavo ano da guerra [247 a.C.]. [3] Tendo pilhado a Lócrida e a região do Brútio, dali navegando desembarcou com toda a frota no território de Panormo e capturou o local dito "próximo de Heircte", situado entre Érix e Panormo, do lado do mar, e que parecia muito distinto de outros locais, porque próprio para permanência segura dos acampamentos, [4] pois é um monte de aclive abrupto na direção da região circunvizinha, de altura suficiente. O perímetro do topo não é inferior a cem estádios, e a superfície por ele encampada, própria para pasto e cultivo, naturalmente exposta às brisas marinhas e isenta de animais mortíferos. [5] Contém fontes inacessíveis tanto da parte do mar como do continente, e as partes restantes requerem pouco e rápido reforço. [6] Nele há uma elevação naturalmente talhada para acrópole ou para a vigilância da região subjacente. [7] Também domina um porto bem situado na estrada que parte de Drépano e Lilibeu rumo à Itália, com água em abundância. [8] Todos os seus três acessos são difíceis, dois por terra e um por mar. [9] Tendo ali acampado audaciosamente, Amílcar, como não dispusesse nem de uma cidade aliada nem de nenhuma outra esperança, instalado bem no meio dos inimigos, não arquitetou para os romanos, contudo, combates e perigos pequenos nem fortuitos. [10] Dali partiu pela primeira vez por mar e saqueou o litoral da Itália até Cumas; [11] na segunda vez, por terra, quando os romanos acamparam a seu lado diante de Panormo, à distância talvez de cinco estádios, travou muitos e variados combates em terra durante quase três anos, sobre os quais não é possível escrever um relato detalhado.

[57.1] Como no caso de lutadores distintos pela nobreza e pelo vigor, quando se atracam pela mesma coroa e lutam durante certo tempo infligindo golpe após golpe ininterruptamente, não é possível que combatentes ou espectadores relatem ou prevejam cada ataque ou golpe, [2] mas pode-se, em geral, ter suficiente noção da energia dos homens, da ambição de cada um, de sua perícia e força, além de sua coragem, assim também acontece no caso dos mencionados comandantes. [3] As razões e as maneiras pelas quais dia após dia arquitetavam um contra o outro emboscadas, contraemboscadas, ataques e assaltos, o escritor não as conseguiria enumerar, e para os leitores a prática da leitura se tornaria interminável e inútil. [4] Uma explicação geral sobre eles e sobre o resultado de sua ambição pode conduzir à noção do que foi mencionado. [5] Nada faltou: nem estratagemas conhecidos, nem as concepções fruto do momento e circunstância, nem a ousadia astuciosa e violenta. [6] Nenhum sucesso definitivo era possível por várias razões: as forças de ambos eram equivalentes, igualmente inacessíveis suas paliçadas, dada sua solidez, e muito breve o intervalo entre os acampamentos, [7] o que era causa sobretudo de choques localizados, dia a dia, mas que nada definiam. [8] Nesses embates sempre morriam muitos, os que levassem a pior; os que logo se afastavam do perigo permaneciam na segurança dos seus, donde novamente se expunham ao risco.

[58.1] Assim como um bom juiz, o acaso, após deslocá-los inesperadamente do local mencionado e do preexistente certame, confinou-os em uma luta mais perigosa e em local mais exíguo. [2] Amílcar, pois, com os romanos a vigiar Érix do sopé ao cume, conforme dissemos, capturou a cidade dos ericinos, situada entre o cume e os acampamentos do sopé [244 a.C.]. [3] Daí ocorreu que os romanos, então senhores do cume, porém cercados, resistiam bravamente e arriscavam-se, enquanto os cartagineses incrivelmente resistiam, com inimigos por toda parte e sem que lhes chegassem suprimentos com facilidade, pois estavam ligados ao mar por um só local de acesso. [4] Contudo, uma vez que ambos novamente concebiam e empregavam todo tipo de assédio um contra o outro, tendo sofrido todo gênero de privações e experimentado todo tipo de ataque e batalha, [5] ao fim não, como diz Fábio, incapazes e estropiados, mas como homens impassíveis e invictos alçaram a sagrada coroa[26], [6] pois antes de um vencer o outro, embora ainda houvessem lutado por dois anos no mesmo local [243-242 a.C.], a guerra veio a ser decidida de outro modo. [7] Essa era a situação e a disposição das forças de infantaria em Érix. Ambos os Estados eram semelhantes a galos bravos que brigam pela vida. [8] Estes muitas vezes, exaurido o vigor das asas, permanecem vivos desferindo golpes, até que em algum momento se atracam sem querer, e então um deles vem a cair. [9] Romanos e cartagineses, já esgotados pela fadiga dos perigos contínuos, ao fim desesperavam, paralisavam seus exércitos e desistiam, exauridos pelos custos e contribuições militares de muitos anos.

---

26. Prêmio do vencedor, a coroa era consagrada aos deuses quando o resultado de uma disputa permanecia indeciso.

[59.1] De modo semelhante, os romanos lutavam por suas vidas, ainda que completamente afastados dos assuntos do mar por quase cinco anos, dados os revezes, e porque convictos de que decidiriam a guerra apenas com a infantaria. [2] Percebendo então que o resultado não lhes advinha conforme os cálculos, sobretudo devido à ousadia do comandante cartaginês, decidiram apostar pela terceira vez nas expectativas das forças navais, [3] supondo que somente por meio dessa decisão, caso desferissem o ataque oportunamente, chegariam a um termo conveniente da guerra, o que ao fim realizaram. [4] Na primeira vez se haviam retirado do mar cedendo aos infortúnios do acaso; na segunda, vencidos na batalha naval de Drépano. [5] Agora pela terceira vez tomavam a mesma iniciativa, com a qual venceram os exércitos cartagineses de Érix; interceptaram os suprimentos que chegavam por mar e puseram fim à guerra. [6] A empreitada foi, na maioria das vezes, uma luta pela sobrevivência. O erário não dispunha de recursos para esse propósito, mas em razão da munificência e nobreza dos mais destacados cidadãos para com o bem comum, foi encontrado o necessário para sua realização. [7] Conforme suas possibilidades, um a um, dois a dois ou três a três construíam quinquerremes equipadas, de cujas custas se ressarciriam caso os fatos corressem conforme seus planos. [8] Desse modo, armadas rapidamente duzentas quinquerremes, cujo modelo de construção seguia o da nau ródia, após instituírem Caio Lutácio como comandante, despacharam-no no início do verão [242 a.C.]. [9] Aparecendo de surpresa na Sicília, capturou o porto de Drépano e as docas de Lilibeu, ao que toda a frota cartaginesa debandou para casa. [10] Após organizar as máquinas de assédio ao redor da cidade de Drépano e preparar o que fosse necessário para um cerco, persistia fazendo todo o possível, [11] ao mesmo tempo que, antevendo a presença da frota cartaginesa e recordando-se do plano inicial, segundo o qual a guerra toda só se decidiria por um embate marítimo, não permitia que o tempo transcorresse inútil e ocioso, [12] mas exercitando e treinando dia a dia as tripulações conforme ao plano, e dedicando-se aos demais cuidados com o modo de vida dos marinheiros, em muito pouco tempo transformou-os em campeões para o que estava por vir. [60.1] Os cartagineses, quando lhes chegou a notícia, sem que suspeitassem de que os romanos haviam zarpado com uma frota e novamente disputavam consigo os mares, imediatamente repararam suas naus e, [2] após provê-las de trigo e outros mantimentos, despacharam a frota, pois queriam que nada de necessário faltasse aos acampamentos em Érix. [3] Fizeram de Hanão o comandante da força náutica. Este, tendo partido e desembarcado na ilha chamada de Sagrada, tinha pressa de, oculto aos inimigos, passar a Érix e desembarcar as provisões, aliviar as naus e, após recrutar os melhores soldados mercenários, com Barca entre eles, assim atracar-se com os adversários. [4] Lutácio, ao perceber a presença de Hanão e compreender-lhe os planos, após escolher os melhores homens da infantaria, navegou para a ilha Egusa, situada diante de Lilibeu. [5] Ali, tendo exortado as tropas conforme apropriado à ocasião, anunciou aos pilotos que uma batalha naval ocorreria no dia seguinte. [6] À aurora, com o dia já claro, observando que o vento soprava favorável e vigoroso em favor dos adversários, e que lhe seria difícil navegar com ele contrário, com o mar côncavo e encapelado, primeiro hesitou quanto ao que deveria fazer em tal situação. [7] Calculando que, se o enfrentasse, apesar do mau tempo, daria combate a Hanão somente a suas forças navais, e ainda a naus carregadas, [8] mas que, se aguardasse bom tempo e, contemporizando, permitisse que os inimigos atravessassem e fizessem junção com os acampamentos, combateria naus manobráveis, aliviadas, os melhores homens da infantaria e, acima de tudo, a audácia de Amílcar, de que nada era então mais temível; [9] ante tal cálculo decidiu não deixar passar a presente oportunidade [241 a.C.]. Ao ver as naus inimigas avançando a velas desfraldadas, partiu com velocidade. [10] Como as tripulações encaravam bravamente a correnteza devido a seu vigor físico, rapidamente formou uma linha nau a nau e permaneceu com as proas apontadas contra a frota inimiga.

[61.1] Quando os cartagineses perceberam que os romanos lhes interceptavam a passagem, baixaram mastros, exortaram-se nau a nau e foram ao encontro dos adversários. [2] Como os preparativos de cada lado tivessem configuração inversa à da batalha naval de Drépano, também o fim da batalha foi, para cada um e pela mesma razão, inverso. [3] Os romanos haviam adotado um novo modo de construção de naus, e deixado de fora todas as cargas exceto as necessárias a uma batalha naval. Bem treinadas, as tripulações lhes foram de singular valia, e possuíam marinheiros selecionados, homens de infantaria que não abandonavam o posto. [4] Com os cartagineses passava-se o inverso: carregadas, suas naus eram ineficientes para combater; suas tripulações estavam completamente destreinadas e haviam sido embarcadas de momento; e seus marinheiros, recentemente escolhidos, experimentavam pela primeira vez toda sorte de padecimentos e perigos. [5] Como jamais haviam imaginado que os romanos lhes disputariam o mar, descuidaram, desdenhosos, das forças navais. [6] Assim, à hora mesma do choque, inferiorizados em muitos setores da batalha, foram rapidamente batidos; cinquenta de suas naus afundaram e setenta foram capturadas tripuladas. [7] As restantes ergueram os mastros e partiram ao primeiro vento, afastando-se na direção da ilha Sagrada: afortunada e surpreendentemente, o vento mudou e ajudou-os no momento necessário. [8] O cônsul romano, após navegar para Lilibeu, distribuiu entre as legiões as naus cativas e os prisioneiros, tarefa complexa, pois os capturados vivos no combate somavam não muito menos do que dez mil.

[62.1] Quando chegou aos cartagineses inesperadamente a notícia da derrota, estavam ainda prontos a guerrear em termos de ímpeto e ambição, mas divididos quanto ao que pensavam, [2] pois não mais seriam capazes de abastecer as forças da Sicília enquanto os adversários dominassem o mar. Porém, se as abandonassem e se fizessem, em certo sentido, traidores, não teriam braços nem comandantes para guerrear. [3] Assim, despacharam com rapidez para Barca e deixaram a situação à sua inteira discrição. E ele realmente agiu como comandante excelente e sensato. [4] Enquanto houve alguma esperança razoável, nada negligenciou de quanto parecia audacioso ou arriscado, porém mais do que qualquer outro comandante, pôs à prova todas as esperanças de vencer a guerra. [5] Mas quando a situação se inverteu e nada de razoável restava para salvar os comandados, ele cedeu de maneira muito inteligente e pragmática, e despachou embaixadores para negociar trégua e armistício. [6] Deve-se ter como próprio de um mesmo comandante a capacidade de reconhecer quando venceu e, de modo semelhante, quando fracassou. [7] Lutácio acolheu prontamente o pedido, pois sabia que seus próprios recursos estavam já esgotados e prejudicados pela guerra, e pôs fim à divergência com o seguinte tratado: [8] "nestes termos haja amizade entre cartagineses e romanos, caso o povo romano aprove. Que os cartagineses evacuem toda a Sicília, não guerreiem contra Hierão, não vão às armas contra os siracusanos nem contra os aliados dos siracusanos. [9] Que os cartagineses devolvam aos romanos, sem resgate, todos os prisioneiros. Que os cartagineses paguem aos romanos dois mil e duzentos talentos euboicos de prata ao longo de vinte anos".

[63.1] Levado a Roma, o povo não aceitou o tratado, mas despachou dez homens encarregados de examinar a situação. [2] Quando chegaram, nada alteraram no geral, mas gravaram os cartagineses nos detalhes. [3] Reduziram pela metade o prazo de pagamento, tendo acrescentado mil talentos, e ainda ordenaram que os cartagineses evacuassem quantas ilhas houvesse entre a Itália e a Sicília. [4] Assim terminou a guerra entre cartagineses e romanos pela Sicília, travada durante 24 anos de combates contínuos, a guerra das que conhecemos por tradição mais longa, contínua e importante. [5] Nela, exceção feita aos demais combates e preparativos, conforme dissemos anteriormente, em uma única ocasião atracaram-se ambos em batalha naval com mais de quinhentos vasos e, outra vez, com pouco menos de setecentas quinquerremes. [6] Nessa guerra os romanos perderam por volta de setecentas quinquerremes, somando-se as destruídas durante a construção, e os cartagineses, por volta de quinhentas. [7] Diante disso, quem se admira das batalhas navais e das frotas de Antígono, Ptolomeu e Demétrio, com razão ficaria perplexo com a enormidade de tais operações ao lê-las. [8] Se alguém quisesse calcular a diferença entre quinquerremes e trirremes, estas com as quais persas e gregos e, depois, atenienses e lacedemônios travaram batalhas navais, de modo algum conseguiria encontrar tamanhas forças combatendo no mar. [9] Daí fica claro o que afirmamos inicialmente, que os romanos não por acaso, como pensam alguns gregos, nem acidentalmente, mas por uma forte razão, experimentados em tais e tamanhas situações, não só aspiraram à hegemonia total e ao império com bravura, como também realizaram o plano.

[64.1] Talvez se possa questionar qual a causa por que, senhores de tudo e detentores de supremacia muito maior hoje do que antes, não conseguiriam tripular tantas naus nem navegar com tamanhas frotas. [2] Será possível compreender claramente as causas em questão quando chegarmos ao exame das instituições deles. Delas não devemos tratar como secundárias, nem devem os leitores prestar-lhes atenção relaxada. [3] Formam um belo espetáculo, quase ignorado até hoje, por assim dizer, graças a quem sobre elas escreveu: [4] uns eram ignorantes, e as examinaram de modo obscuro e absolutamente inútil. [5] Além disso, na guerra mencionada, podia-se encontrar propósitos equivalentes em ambos os Estados não só em termos de empreendimentos, mas também de coragem, sobretudo porque ambicionavam a primazia, [6] embora fossem os romanos não menos, antes bem mais valorosos em tudo. Deve-se apontar como o melhor dos comandantes de então, pelo juízo e pela bravura, Amílcar, cognominado Barca, pai legítimo de Aníbal, que depois guerreou contra os romanos.

[65.1] Cessadas as hostilidades, ambos padeceram algo peculiar e semelhante. [2] Quanto aos romanos, sucedeu-lhes a guerra civil contra os ditos faliscos, a qual concluíram rápida e vantajosamente, pois em poucos dias se assenhorearam da cidade deles. [3] Quanto aos cartagineses, na mesma época, a guerra não pequena nem desprezível contra os mercenários, os númidas e os africanos junto deles rebelados, [4] durante a qual, após enfrentarem muitos e grandes temores, ao fim combateram não apenas pelo território, mas também por si próprios e pelo solo pátrio [241 a.C.]. [5] Essa guerra merece atenção por várias razões, e foi examinada de modo sumário e breve, conforme o projeto inicial. [6] De quanto então ocorreu, será possível entender que natureza e disposição apresenta essa guerra, dita por muitos, sem tréguas; [7] das circunstâncias de então, será possível aos que empregam tropas mercenárias observar claramente o que precisam prever e vigiar de antemão; e, além disso, em que e quanto diferem os costumes miscigenados e bárbaros dos cultivados pela educação, pelas leis e pela civilidade. [8] Mais importante, será possível compreender as razões dos atos praticados à época, devido aos quais eclodiu a guerra entre romanos e cartagineses ao tempo de Aníbal. [9] Sobre isso, pelo fato de, não apenas entre os historiadores, mas, ainda hoje, também entre os envolvidos, as razões serem objeto de debate, é útil apresentar aos estudiosos a explicação mais verdadeira.

[66.1] Tão logo a dita trégua foi concluída, Barca transferiu as tropas de Érix para Lilibeu e imediatamente deixou o comando. Gescão, o comandante da cidade, encarregou-se de transportar os soldados para a África. [2] Antevendo o que poderia ocorrer, prudentemente embarcou-os por grupos, separando-os e fazendo envios a intervalos, [3] pois desejava dar tempo aos cartagineses para que os navegantes chegassem, recebessem seu pagamento, e deixassem Cartago rumo a suas casas antes que os que vinham em seguida os alcançassem. [4] Gescão geriu os envios com esse pensamento. [5] Mas os cartagineses, fosse por não dispor de muito dinheiro, devido às despesas precedentes, fosse porque estavam convencidos de que os mercenários declinariam uma parte de seus pagamentos, caso os reunissem e acolhessem a todos em Cartago, lá os retinham com tal expectativa quando desembarcavam, e os conservavam na cidade. [6] Ante a ocorrência de muitas iniquidades de dia e de noite, primeiro suspeitaram da massa e de sua cotidiana indisciplina, e requisitaram a seus oficiais, enquanto amealhavam o pagamento deles e acolhiam os restantes, que levassem todos para outra cidade, denominada Sica, após receber cada um uma moeda de ouro para urgências. [7] Eles acolheram prontamente a proposta de saída e preferiram deixar na cidade as bagagens, como haviam feito num primeiro momento, a fim de que fosse mais ágil o retorno para receber os pagamentos; [8] os cartagineses, porém, receavam que, por sua presença prolongada, somada à ansiedade de alguns pelos filhos e pelas mulheres, uns não partiriam de modo algum, e outros, após partir, voltariam imediatamente por tais razões, pelo que não menos iniquidades ocorreriam à cidade. [9] Antevendo tal situação, forçaram-lhes a levar consigo as bagagens de modo radicalmente oposto à sua vontade, suscitando grande animosidade. [10] Os mercenários, aglomerados em Sica e passando muito tempo relaxados e ociosos – estado nada apropriado a tropas estrangeiras e quase, em uma palavra, início e causa única de dissensão –, viviam despreocupados. [11] Além de vagabundear, alguns deles calculavam para mais o que lhes era devido em pagamento e, multiplicando seus créditos, afirmavam o que tanto deveriam exigir dos cartagineses. [12] Lembrando-se todos das promessas que os comandantes haviam feito ao exortá-los em momentos de perigo, nutriam grandes expectativas e grande ansiedade por uma futura revisão em seu benefício.

[67.1] Por isso, além de estarem todos agrupados em Sica, e de Hanão, então comandante cartaginês na África, não apenas recusar-se a cumprir as expectativas e promessas mas, ao contrário, alegando o peso dos tributos e as restituições generalizadas da cidade, como requisitar o confisco de uma parte dos pagamentos acordados, [2] imediatamente eclodiram o desacordo e a dissensão, seguidos por tumultos contínuos ora de nações isoladas, ora generalizados. [3] Como não pertenciam ao mesmo povo nem falavam a mesma língua, o acampamento estava cheio de discórdias, tumulto e perturbação. [4] Porque sempre se servem de diferentes tropas mercenárias de distinta proveniência, os cartagineses visam corretamente a que conspiradores não se insurjam subitamente nem se insubordinem contra oficiais, quando montam a tropa com muitas nações; [5] falham, porém, completamente, quando se trata de ensinar, acalmar e corrigir os ignorantes em situações de cólera, querela ou dissensão, [6] pois tais tropas não empregam apenas a maldade humana quando cedem de vez à cólera ou calúnia contra alguém, mas agem como as piores feras e permanecem furibundas. [7] Foi o que então ocorreu de fato, pois uns eram iberos; outros, celtas; alguns, lígures e baleares; e não poucos, semigregos, muitos dos quais desertores e escravos; a maior parte deles era de africanos. [8] Em vista disso, ninguém era capaz de reunir todos em assembleia nem encontrar outro recurso para tanto. [9]. Como seria? É impossível que um comandante conhecesse os idiomas de todos. Organizar uma assembleia com vários intérpretes, e falar quatro ou cinco vezes sobre o mesmo assunto, era quase – como se fosse possível – mais impraticável ainda do que antes, por assim dizer. [10] Restava apenas transmitir requisições e exortações por meio dos oficiais, algo que Hanão tentava fazer continuamente.

[11] Mas então ocorria que, ou não entendiam o que era dito ou, mesmo tendo por vezes concordado com o comandante, transmitiam o contrário à soldadesca, uns por ignorância, outros por vileza. Daí que tudo estava cheio de obscuridade, desconfiança e discórdia. [12] Além disso, pensavam que os cartagineses de caso pensado não haviam enviado os comandantes que lhes conheciam os serviços prestados na Sicília e que lhes haviam feito as promessas, mas sim aquele que de nada disso estava a par. [13] Ao fim, sem reconhecer a autoridade de Hanão, descrentes de seus respectivos oficiais e irritados contra os cartagineses, partiram rumo à cidade. Acamparam à distância de aproximadamente 120 estádios de Cartago, no local chamado Túnis, mais de vinte mil homens.

[68.1] Nessa ocasião, os cartagineses tiveram sob os olhos a própria estupidez, quando de nada mais valia. [2] Haviam cometido um erro grave ao reunir em um só local tamanha quantidade de mercenários, sem que tivessem qualquer esperança nas forças cidadãs em caso de guerra. [3] Pior ainda, os enviaram com filhos, mulheres e bagagens: se pudessem servir-se deles como reféns, poderiam deliberar com mais segurança sobre as circunstâncias, e torná-los mais obedientes ao que fosse decidido. [4] Contudo, apavorados com tal acampamento, submetiam-se a tudo, urgindo por apaziguar sua cólera: [5] enviando-lhes provisões necessárias, vendiam no atacado, conforme eles decidiam e pelo preço que fixavam, e sempre enviavam alguns embaixadores do conselho de anciãos, que se comprometiam a realizar tudo o que porventura desejassem, na medida do possível. [6] A cada dia cresciam as exigências dos mercenários: encorajados, conforme observavam o pavor e a prostração dos cartagineses, [7] entregavam-se à presunção, convencidos de que, devido aos combates que haviam travado na Sicília contra as legiões romanas, não apenas os cartagineses não os encarariam armados, como também nenhum outro exército o faria com facilidade. [8] Por isso, no mesmo instante em que os cartagineses concordaram em pagar-lhes o devido, avançaram uma requisição de compensação pelos cavalos mortos. [9] Como também ela foi aceita, novamente alegaram que lhes deveria ser ressarcido o maior preço praticado durante a guerra, pela ração de trigo de havia muito tempo. [10] Em suma, sempre encontravam algo novo e inédito que inviabilizava a solução, porque entre eles havia muitos mal-intencionados e sediciosos. [11] Como os cartagineses prometiam tudo o que podiam, assentiram em submeter as divergências a um dos comandantes da Sicília. [12]Para com Amílcar Barca, com quem haviam combatido na Sicília, estavam maldispostos, crendo que eram desconsiderados não menos por culpa dele, pois não vinha como embaixador até eles e porque parecia ter deixado o comando voluntariamente. [13] Para com Gescão, porém, nutriam muita benevolência, ele que, quando comandante na Sicília, tivera todo o cuidado possível, sobretudo, entre outras coisas, para com o retorno deles. Por isso a ele submeteram as divergências.

[69.1] Depois de chegar por mar com o dinheiro e navegar para Túnis, encontrando-se primeiro com os oficiais e reunindo depois a multidão por raças, ora ele os repreendia pelo passado, [2] ora tentava explicar-lhes o presente. Mais do que tudo, exortava-os para o futuro, pedindo que se mantivessem bem-dispostos para com quem desde o início lhes assalariava. [3] Ao fim, empenhou-se por saldar as dívidas, realizando pagamentos por raças. [4] Havia um desertor campânio, escravo dos romanos, de força física e audácia guerreira descomunais, de nome Espêndio. [5] Precavendo-se contra a recaptura por seu senhor, que lhe acarretaria a morte sob tortura, segundo as leis romanas, tudo ousou por palavras e atos, esforçando-se por romper as negociações com os cartagineses. [6] Juntou-se a ele um africano, Mato, livre e comilitão, o que mais havia promovido agitações durante os distúrbios mencionados. Agoniado com a ideia de que poderia ser punido pelos demais, aderiu à opinião de Espêndio. [7] Reunindo os africanos, demonstrava que, quando todos os povos se dispersassem para suas pátrias com seus pagamentos, os cartagineses se encolerizariam contra eles por conta dos distúrbios, e desejariam aterrorizar os africanos por meio de sua punição. [8] Rapidamente a multidão, abalada por tais discursos e aproveitando o pequeno pretexto de que Gescão pagara o devido sem o valor do trigo e dos cavalos, imediatamente acorreu em assembleia. [9] Como Mato e Espêndio caluniassem e acusassem Gescão e os cartagineses, eles ouviam e prestavam cuidadosa atenção às falas. [10] Se algum outro se adiantasse para dar opinião, não aguardavam para saber se vinha contradizer ou advogar por Espêndio, mas no mesmo instante o matavam a pedradas. [11] Desse modo, muitos oficiais e particulares foram abatidos durante os tumultos. [12] A única palavra que compreendiam em comum era "atira!", ato que continuamente praticavam. Faziam-no principalmente quando se aglomeravam bêbados depois do almoço. [13] Por isso, quando alguém começava a dizer "atira!", de tal modo, tão rápido e por toda parte reagiam que ninguém, uma vez visado, conseguia escapar. [14] Como ninguém ousasse dar conselhos por essa razão, fizeram de Mato e Espêndio seus comandantes.

[70.1] Gescão notou a completa instabilidade e o tumulto, mas visando maximamente ao interesse pátrio, e entendendo que, caso eles se bestializassem, os cartagineses se exporiam claramente a um perigo total, [2] arriscou e persistiu, ora tomando os líderes pelas mãos, ora reunindo-os e dirigindo exortações a cada raça. [3] Entretanto, como os africanos não haviam ainda recebido as provisões de trigo e pensavam lhes fosse necessária sua entrega, apresentando-se com insolência, Gescão, desejando punir sua arrogância, mandava que procurassem o comandante Mato. [4] A tal ponto se irritaram que, sem perder um momento sequer, primeiro lançaram-se a saquear o dinheiro à mão, e em seguida, a capturar

Gescão e os cartagineses que o acompanhavam. [5] Mato e Espêndio, conjecturando que assim a guerra se inflamaria rapidamente, caso agissem ilegal e traiçoeiramente, insuflavam a demência das massas: saqueavam bagagens e dinheiro dos cartagineses e, após agrilhoar Gescão e os seus de modo ultrajante, atiraram-nos à prisão. [6] Doravante, então, guerreavam abertamente contra os cartagineses, após organizarem conjurações ímpias e contrárias a todos os costumes humanos. [7] A guerra contra os mercenários, também chamada de africana, teve tal início [240 a.C.] por essa razão. [8] Mato, tendo realizado o que foi mencionado, imediatamente despachou embaixadores às cidades africanas, incitando-as à liberdade, suplicando que o ajudassem e tomassem parte nas suas ações. [9] Em seguida, como quase todos os africanos acatassem a defecção contra os cartagineses e prontamente enviassem provisões e ajuda, se separaram e uns empreenderam cercar Útica, outros, Hipacrita, porque nenhuma das cidades quis secundá-los na defecção.

[71.1] Os cidadãos de Cartago, em sua vida particular, sempre viveram dos frutos da terra, mas sua vida pública dependia dos preparativos e suprimentos provenientes das receitas da África; estavam, também, acostumados a combater servindo-se de tropas estrangeiras. [2] Nesta ocasião, porém, não só foram privados de tudo isso, sem que o pudessem prever, como também, vendo cada elemento desses voltado contra si próprios, foram levados por fim a enorme desânimo e desespero, porque tudo saía contrário às suas expectativas. [3] Continuamente desgastados pela guerra na Sicília, esperavam que, com a conclusão de armistícios, recobrariam algum fôlego e uma situação aceitável. [4] Mas ocorreu-lhes o contrário, pois se iniciava uma guerra maior e mais temível. [5] Se antes haviam disputado a Sicília com os romanos, agora combateriam por si próprios e pela pátria, obrigados a enfrentar uma guerra civil. [6] Além disso, não dispunham de grande quantidade de armas, nem de força naval, nem de

embarcações de reserva, envolvidos que estiveram em tantas batalhas navais; não tinham suprimentos à disposição, nem esperança alguma em amigos e aliados que os auxiliassem do exterior. [7] Em vista disso, nessa ocasião compreenderam claramente a diferença entre uma guerra no estrangeiro e ultramarina, e uma dissensão e tumulto civis. [8] Foram eles próprios não menos responsáveis por seus tão grandes males.
[72.1] Com efeito, na guerra anterior, supondo tivessem pretextos razoáveis, impuseram-se duramente aos africanos, [2] sequestrando-lhes metade de toda a produção agrícola e dobrando, em relação ao quanto antes pagavam, os impostos das cidades, sem perdoar aos desvalidos nem demonstrar indulgência alguma, [3] sempre admirando e honrando não os comandantes que tratavam as populações com suavidade e humanidade, e sim os que lhes arranjavam a maior quantidade de suprimentos e equipamentos, ainda que ao preço de duríssimo tratamento do país; um deles era Hanão. [4] Daí que aqueles homens precisaram não tanto de uma exortação à defecção, mas só de um mensageiro. [5] As mulheres, que outrora tiveram de assistir a maridos e pais serem levados por falta de pagamento, então juraram, em todas as cidades, nada ocultar de seus bens e, privando-se de seus adornos, entregaram-nos sem hesitar para que servisse de soldo. [6] Forneceram tamanha quantidade de recursos a Mato e Espêndio que eles não apenas conseguiram pagar os soldos devidos aos mercenários, conforme as promessas que fizeram para que debandassem, mas também deixar uma reserva para o futuro. [7] Assim, sempre é necessário que aqueles que deliberam corretamente jamais mirem apenas o presente, mas principalmente, o futuro.
[73.1] Contudo, embora imersos em tais adversidades, os cartagineses – tendo instituído Hanão comandante, por considerarem que ele, também anteriormente, lhes havia conquistado a cidade de Hecatontápilo da África – reuniam mercenários e armavam os cidadãos em idade militar; [2] exercitavam e

formavam a cavalaria formada por cidadãos; e equipavam as embarcações remanescentes, trirremes, naus de cinco bancadas e os maiores bergantins. [3] Mato, com a chegada de setenta mil africanos, após dividi-los, cercava sem problemas os uticenses e hipacritenses, mantinha sólido o acampamento em Túnis, e barrava aos cartagineses toda África exterior. [4] Cartago está situada em um golfo, em forma de península alongada, envolvida pelo mar e, na maior parte, por uma baía. [5] O istmo que a liga à África tem aproximadamente 25 estádios de largura. Deste, na parte voltada para o mar, não fica longe a cidade dos uticences, e na outra parte, ao longo da baía, Túnis. [6] Tendo os mercenários, então, acampado em ambas as partes, e interditado aos cartagineses o acesso por via terrestre, [7] ao fim começaram a atacar a própria cidade; aparecendo ora de dia, ora de noite junto à muralha, suscitavam entre os habitantes pavor e tumulto generalizados.

[74.1] Hanão fazia preparativos conforme podia, procedimento com o qual estava familiarizado. [2] Mas ao partir com as tropas, era outro, pois aproveitava mal as ocasiões favoráveis, e conduzia todas as operações com imperícia e lentidão. [3] Por isso, primeiro correu em socorro dos encurralados em Útica e aterrorizou os adversários com o número de suas feras, pois dispunha de não menos de cem elefantes. Mas depois, quando começava a obter uma vantagem completa, aproveitou-a pessimamente, a ponto de arriscar a ruína também dos encurralados. [4] Pois tendo trazido da cidade catapultas, projéteis e, em suma, todas as máquinas de assédio, e acampado diante da cidade, empreendeu atacar a paliçada dos adversários. [5] Forçaram uma infiltração com os elefantes: sem conseguir resistir a seu peso e ao assalto, os inimigos fugiram do acampamento. [6] Muitos deles pereceram feridos pelos elefantes, e os que sobreviveram permaneceram em uma colina protegida e densamente arborizada, fiados na segurança do local. [7] Acostumado a guerrear contra númidas e africanos que, quando davam meia-volta, fugiam por dois ou três dias para locais bem remotos, Hanão supôs que então a guerra havia terminado e que vencera por completo, [8] descuidando dos soldados e do acampamento de modo geral, e foi para a cidade restabelecer-se. [9] Então os mercenários que haviam fugido para a colina, familiarizados com a ousadia do Barca e acostumados, desde quando combateram na Sicília, a muitas vezes, no mesmo dia, ora recuar, ora reverter e enfrentar os inimigos, [10] tendo então percebido que o comandante se havia retirado para a cidade e que muitos soldados, dada a vantagem, relaxavam e vagavam fora do acampamento, [11] atacaram em bloco a paliçada, mataram muitos deles e constrangeram os restantes a fugir vergonhosamente para a proteção das muralhas e dos portões. [12] Apropriaram-se de toda a bagagem e todas as máquinas dos encurralados, os quais Hanão, tendo trazido da cidade para juntar aos demais, transformou em presa para os inimigos. [13] Não só nessa ocasião comportou-se com tamanha negligência, como também poucos dias depois, tendo os inimigos acampado à sua frente no entorno da cidade denominada Gorza, entreviu duas oportunidades de vencê-los em batalha e duas por investida súbita, visto que os adversários acampavam próximos, mas parece que deixou passar todas elas por falta de planos e cálculos.

[75.1] Em razão disso os cartagineses, vendo-o gerenciar mal as operações, novamente investiram Amílcar, cognominado Barca, no comando [2] e o despacharam como comandante da guerra em questão, após lhe darem setenta elefantes, os mercenários que reuniram e os desertores inimigos, além de cavaleiros e infantes cidadãos, no total de dez mil. [3] Já durante a primeira expedição, depois de aterrorizar os adversários pelo inesperado da investida, abateu-lhes o moral, dissolveu o cerco de Útica, e mostrou-se à altura de seus serviços anteriores e da expectativa da massa. [4] O que fez na ocasião foi o seguinte. Os montes às margens do passo que delimita a fronteira entre Cartago e a África são quase inacessíveis e possuem atalhos artificiais para o continente. Mato instalara vigias em todos os locais propícios das ditas colinas e, [5] além disso, como o rio chamado Macara barrava, em alguns locais, a saída aos que vinham da cidade; era intransponível em sua maior parte devido ao volume da correnteza; e só possuía uma única ponte, ele vigiava atentamente sua passagem, tendo nela construído uma cidade. [6] Daí que os cartagineses não só não adentravam a região com exércitos, como sequer os particulares que desejassem escapar poderiam eludir facilmente os adversários. [7] Notando tudo isso e experimentando todos os meios e oportunidades por conta das dificuldades de sair, Amílcar pensou o seguinte. [8] Tendo observado que a foz do rio mencionado se enchia de areia conforme o regime dos ventos e que as proximidades da embocadura se transformavam em um baixio, aprontou o exército para a expedição e, guardando segredo sobre o plano, espreitava a dita ocorrência. [9] Chegada a ocasião, partiu de noite oculto a todos, tendo atravessado com a tropa para o dito local ao primeiro raio de luz. [10] O feito surpreendeu tanto os habitantes da cidade quanto os adversários, e Amílcar avançou pela planície marchando contra os vigias da ponte.

[76.1] Ciente do ocorrido, Espêndio veio até a planície, onde se socorriam mutuamente os homens da cidade ao redor da ponte, que eram não menos de dez mil, e os de Útica, em número superior a quinze mil. [2] Quando ambas as tropas se entreviram crendo que haviam aprisionado os cartagineses no intervalo, trocaram ordens às pressas e, exortando-se umas às outras, caíram sobre os inimigos. [3] Amílcar conduzia a marcha tendo na primeira fila os elefantes, atrás os cavaleiros e as tropas ligeiras e, por fim, os de armamento pesado. [4] Ao perceber que os inimigos atacavam cheios de precipitação, mandou que todos os seus recuassem. [5] E ordenou que os da linha de frente, ao volver, se retirassem às pressas; fazendo com que a retaguarda original desse meia-volta, alinhou-a ante a irrupção dos inimigos. [6] Os africanos e os mercenários, achando que haviam fugido por pânico, romperam a formação e lançaram-se a um corpo a corpo formidável. [7] Mas quando os cavaleiros manobraram e se postaram em auxílio aos combatentes, e quando o restante da tropa acorreu, os africanos imediatamente debandaram, surpreendidos, pois haviam atacado sem planejamento nem ordem. [8] Como se precipitavam contra aqueles que avançavam de trás, atropelavam e matavam a si próprios e a eles. A maioria morreu pisoteada pela carga de cavaleiros e elefantes. [9] Pereceram por volta de seis mil dentre africanos e mercenários, e dois mil foram capturados. Os restantes fugiram, alguns para a cidade próxima à ponte, outros para o acampamento de Útica. [10] Tendo alcançado o sucesso conforme narrado, Amílcar seguiu no encalço dos inimigos e tomou de assalto a cidade sobre a ponte, uma vez que os inimigos ali instalados se lançaram em fuga para Túnis e, cruzando o restante da região, submeteu algumas cidades e tomou outras de assalto. [11] Ele infundiu um pouco de confiança e ousadia aos cartagineses, desanuviando-lhes parte do desespero anterior.

[77.1] Mato, por sua vez, persistia no cerco aos hipacritenses, e aconselhava a Autárito, chefe dos gauleses, e a Espêndio, seguir de perto os adversários, [2] evitando as planícies, devido à quantidade de cavaleiros e de elefantes dos adversários, e bordejando os sopés de montanhas, para que atacassem em conjunto sempre que os vissem em dificuldades. [3] Com as mesmas intenções despachou aos númidas e africanos, pedindo que lhes ajudassem e não deixassem escapar as oportunidades de liberdade. [4] Após arregimentar todos os seis mil de Túnis, de todas as raças, Espêndio pôs-se em marcha, bordejando os sopés em paralelo aos cartagineses e tendo, além dos mencionados, dois mil gauleses de Autárito, [5] pois o restante de seu contingente original havia debandado para os romanos nos acampamentos próximos a Érix. [6] Amílcar estava acampado em alguma planície totalmente cercada por montanhas; nessa ocasião as tropas auxiliares de númidas e africanos fizeram junção com as de Espêndio. [7] Mas quando os africanos se aquartelaram de modo imprevisto diante dos cartagineses, tendo à sua retaguarda os númidas e em um flanco as tropas de Espêndio, viram-se rodeados por enorme embaraço, de que era difícil escapar.

[78.1] Nessa ocasião, Narava, um dos númidas mais considerados e cheio de furor bélico, que sempre estivera familiarizado com os cartagineses por conta de vínculos ancestrais, ficou então ainda mais predisposto, em razão da reputação de Amílcar. [2] Por isso, considerando propícia a ocasião para conversar e associar-se a ele, dirigiu-se ao acampamento com cem númidas. [3] Ao se aproximar da paliçada, fincou pé com audácia, acenando com a mão. [4] Quando Amílcar, admirado, enviou um cavaleiro, ele disse que desejava falar ao comandante. [5] Como o comandante cartaginês hesitasse um instante e desconfiasse, Narava entregou aos seus o cavalo e as lanças, apresentando-se corajosamente desarmado no acampamento. [6] Os cartagineses admiravam e, ao mesmo tempo, se espantavam com sua ousadia, mas o acolheram e saudaram-no. [7] Aproximando-se para conversar, ele disse que tinha simpatia por todos os cartagineses e que, sobretudo, desejava aliar-se ao Barca. Por isso apresentava-se, então, para se compor com ele e partilhar-lhe, sem dolo, quaisquer de seus serviços ou empreitadas. [8] Ao ouvir isso, Amílcar alegrou-se tanto com a coragem da apresentação e com a franqueza do jovem durante o encontro que não só consentiu aceitá-lo como partícipe de suas ações, mas também anunciou, sob juramento, que lhe daria a filha em casamento, caso ele se mantivesse fiel aos cartagineses. [9] Estabelecido o acordo, Narava trouxe seus subordinados númidas, em número de dois mil, [10] e Amílcar, com o acréscimo desses homens, alinhou-se contra os inimigos. Após a junção com os africanos, na mesma ocasião, Espêndio desceu para a planície e bateu-se com os cartagineses. [11] Após violento embate, os cartagineses venceram, fosse porque os elefantes lutaram bravamente, fosse devido ao notável serviço de Narava. [12] Autárito e Espêndio fugiram, dez mil dos restantes tombaram e quatro mil foram capturados. [13] Concluída a vitória, Amílcar permitiu que os cativos que desejassem combatessem consigo, armando-os com o espólio dos inimigos; [14] àqueles que não o desejavam, reuniu-os e encorajou-os dizendo que, até o momento, lhes havia perdoado os erros; por isso, permitiria que seguissem para onde quer que cada um preferisse conforme suas próprias vontades. [15] Em seguida, proibiu-os, sob ameaças, de tomar armas como inimigos: quem fosse capturado sofreria punição implacável.

[79.1] À mesma época, os mercenários aquartelados na ilha da Sardenha, emulando Mato e Espêndio, atacaram os cartagineses da ilha. [2] Após encurralarem Bóstar, então capitão das tropas auxiliares, na acrópole, mataram-no com seus concidadãos. [3] Em seguida, os cartagineses despacharam tropas sob o comando de Hanão, as quais o abandonaram e se passaram para o outro lado. [4] Após capturá-lo vivo, imediatamente o crucificaram, mas logo após, cogitando punições extraordinárias, mataram todos os cartagineses da ilha sob tortura. [5] Ao fim, tendo já se assenhoreado das cidades, dominavam a ilha à força até que, em dissensão com os sardos, foram por eles expulsos para a Itália. [6] Desse modo, os cartagineses foram privados da Sardenha, ilha distinta pelo tamanho, pela quantidade de homens e pelos produtos da terra. [7] Como já muitos trataram dela demoradamente, consideramos desnecessária a redundância a respeito do que é assente. [8] Mato, Espêndio e junto deles o gaulês Autárito [239 a.C.], suspeitando da benevolência de Amílcar para com os cativos e receosos de que, pela mesma razão, os africanos e a massa dos mercenários fossem seduzidos a optar pela segurança oferecida, deliberavam como, por via de impiedades inéditas, ao fim asselvajassem a massa contra os cartagineses. [9] Pareceu-lhes melhor reuni-los. Feito isso, fizeram entrar um estafeta como se enviado por seus partidários da Sardenha. [10] A carta revelava que deviam vigiar Gescão com cuidado e todos os seus, contra os quais haviam rompido acordos em Túnis, conforme mencionei anteriormente, como se alguém do acampamento estivesse a negociar com os cartagineses a salvação deles. [11] Servindo-se desse pretexto, primeiro Espêndio exortou a não confiarem na benevolência do comandante cartaginês para com os cativos, [12] "pois ele teria assim deliberado sobre os prisioneiros não por preferir poupá-los, mas porque desejava, com a liberação deles, apoderar-se de nós a fim de vingar-se não de alguns, mas de todos nós nele fiados". [13] Além disso, aconselhava que vigiassem para não se tornarem alvo de desprezo dos inimigos, deixando escapar os homens de Gescão, nem causassem enorme prejuízo à sua própria situação permitindo que um homem tal, excelente comandante, fugisse, ele que verossimilmente ser-lhes-ía o inimigo mais temível. [14] Enquanto ainda falava, chegou outro estafeta, como se enviado pelos homens de Túnis, com informações semelhantes às da Sardenha.

[80.1] Depois dele falou o gaulês Autárito. Disse que só havia uma salvação para a situação deles: renunciar a quaisquer esperanças nos cartagineses; [2] enquanto houvesse quem esperasse alguma benevolência da parte deles, não poderiam considerá-lo um verdadeiro aliado. [3] Por isso pedia que cressem, ouvissem e prestassem atenção àqueles que sempre anunciassem o que fosse mais odioso e ríspido contra os cartagineses, e aconselhava a tomar por traidores e inimigos quem dissesse o contrário. [4] Após dizer isso, aconselhou que torturassem e matassem Gescão, os que haviam sido capturados com ele e os cartagineses feitos cativos depois. [5] Ele era o mais eficaz nessas reuniões, porque muitos compreendiam sua língua, [6] visto que, devido a seu longo tempo de serviço militar, aprendera a falar púnico, língua com a qual, de certo modo, a maioria se sentia confortável, devido à longa duração da expedição passada. [7] Por isso a massa o aprovou por unanimidade e ele se retirou sob aplausos. [8] Como muitos se adiantassem juntos desejando suprimir a tortura, devido aos bons serviços prestados por Gescão para consigo, nada do que diziam era inteligível, porque eram muitos ao mesmo tempo e cada um aconselhava em sua própria língua. [9] Mas quando foi revelado que se opunham àquela punição, um dos presentes gritou "atira!", e todos os que se adiantaram foram lapidados. [10] Os amigos carregaram corpos como que massacrados por feras. [11] Os homens de Espêndio conduziram os setecentos de Gescão para fora da paliçada; após levá-los por breve distância diante do acampamento, primeiro deceparam-lhes as mãos, [12] começando por Gescão, a quem pouco antes haviam escolhido dentre todos os cartagineses e declarado seu benfeitor, e para o qual haviam se voltado para decidir suas próprias controvérsias. [13] Após decepar as mãos, passaram a retalhar os infelizes: tendo mutilado e quebrado suas pernas, atiraram-nos ainda vivos em um fosso.

[81.1] Quando lhes foi anunciada a calamidade, embora os cartagineses nada mais tivessem a fazer, ficaram indignados e, muito abalados com o ocorrido, despacharam legados a Amílcar e ao outro comandante, Hanão, pedindo que ajudassem e vingassem os desafortunados. [2] Enviaram arautos aos ímpios para tratar do resgate dos cadáveres. [3] Eles, porém, não os receberam, e avisaram aos recém-chegados para não lhes mandar nem arauto nem embaixador, pois a mesma punição que Gescão sofrera os aguardaria. [4] Por fim, ainda decretaram e exortaram-se mutuamente a matar sob tortura todo cartaginês que capturassem; se deles fossem aliados, remeteriam a Cartago após deceparem as mãos, o que cumpriram escrupulosamente. [5] Daí que, olhando para esses fatos, ninguém hesitaria em dizer que se asselvajavam, tornando-se terminantemente incuráveis, não só os corpos desses homens, ou alguma ferida ou tumor neles surgidos, mas sobretudo suas almas. [6] No caso das feridas, se forem tratadas, por conta exatamente disso às vezes elas se inflamam e alastram mais rapidamente; mas se, porém, forem negligenciadas, não cessarão de destruir os tecidos até que desapareça o que as sustém. [7] Semelhantemente, nas almas muitas vezes brotam tais negruras e putrefações, de modo que não existe nada mais impio nem mais cruel dentre os seres vivos do que o homem. [8] Caso se lhes ofereçam perdão e benevolência, julgam tratar-se de gesto traiçoeiro e enganador, tornando-se ainda mais desleais e hostis para com os benevolentes; [9] em caso de retaliação, enfrentam-na com animosidade, e nada há de proibido ou terrível a que não recorram, tomando por bela tamanha ousadia. Bestiais por fim, descaem da natureza humana. [10] Deve-se considerar como promotor dessa disposição e seu maior elemento constituinte os costumes perversos e a má educação desde a infância; mas há muitas causas coadjuvantes, sendo as maiores as permanentes transgressões e a arrogância de seus chefes, [11] o que então era corrente entre o corpo de mercenários, e mais ainda entre seus comandantes.

[82.1] Em dificuldades ante a rebelião inimiga, Amílcar chamou para junto de si Hanão, convencido de que, reunidos os exércitos, mais rapidamente poriam fim a tudo aquilo. [2] Dos inimigos que porventura se apoderava, alguns matava durante a batalha, e outros, que lhe eram levados vivos, atirava às feras, vendo essa como solução única, ou seja, suprimir os inimigos de uma vez por todas. [3] Quando os cartagineses pensavam já ter perspectivas mais promissoras para essa guerra, sucedeu-lhes um completo e surpreendente refluxo: [4] quando os comandantes se encontraram, divergiram entre si a ponto de não apenas negligenciarem as oportunidades contra os inimigos, como também de darem aos adversários várias chances contra si próprios, devido à sua mútua rivalidade. [5] Apercebendo-se disso, os cartagineses ordenaram que um dos comandantes se afastasse, ficando apenas o outro, que seria escolhido pelas tropas. [6] Não bastasse isso, os suprimentos que provinham da região de Empórios, assim denominados entre eles, na qual depositavam as maiores esperanças em termos de abastecimento e outras necessidades, foram completamente destruídos no mar por conta de uma tempestade. [7] Some-se o fato de que, conforme mencionei há pouco, a Sardenha não mais lhes pertencia, ilha que sempre lhes fora da maior importância em momentos críticos. [8] Pior ainda, as cidades de Hipacrita e Útica haviam desertado, as únicas da África que não apenas haviam suportado nobremente a presente guerra, mas que também haviam resistido bravamente aos tempos de Agátocles, à investida romana e, em uma palavra, jamais haviam deliberado nada que se opusesse aos cartagineses. [9] Agora, à parte a defecção irracional para os africanos, por conta de tal mudança subitamente exibiram para com estes a maior familiaridade e fidelidade, e cheios de ódio e ressentimento implacáveis contra os cartagineses. [10] Após matarem os quinhentos cartagineses que lhes tinham vindo em auxílio, bem como seu comandante, precipitaram todos muralha abaixo, e entregaram a cidade aos africanos, sem sequer permitir aos cartagineses sepultar os infelizes requeridos. [11] Excitados por esses acontecimentos, Mato e Espêndio empreenderam cercar a própria Cartago. [12] Barca convocou o comandante Aníbal que os cidadãos haviam enviado para as tropas, pois o exército havia decidido que Hanão deveria afastar-se, em obediência à determinação que lhes fora dada pelos cartagineses a respeito das dissensões mútuas entre os comandantes. [13] Assim, Amílcar, junto de Aníbal e de Narava, aproximou-se da região, interceptando os suprimentos de Mato e Espêndio; foi-lhe de grande valia, nessa e em outras ocasiões, o númida Narava. [14] Essa era a disposição das tropas em campo aberto.

[83.1] Bloqueados por todos os lados, os cartagineses eram forçados a refugiar suas esperanças nas cidades aliadas. [2] Durante a presente guerra, Hierão, que sempre demonstrava grande empenho em tudo que eles lhe solicitavam, [3] então mais zeloso se mostrava, persuadido de que seria benéfico tanto para seu poder na Sicília como para sua amizade com os romanos que os cartagineses se salvassem, para que o plano dos mais fortes não viesse a se realizar absolutamente sem embates. E calculava com muita sensatez e inteligência, [4] pois jamais se deve negligenciar tais situações nem contribuir para a organização de tamanho poderio, frente ao qual não será possível divergir sobre direitos acordados, [5] muito embora os romanos não tivessem deixado de se empenhar na vigilância da legitimidade dos tratados. [6] No princípio havia ocorrido uma divergência entre ambos pelas seguintes razões: [7] os romanos se agastaram quando os cartagineses, forçando a atracar em portos púnicos quem navegava da Itália para a África levando suprimentos aos inimigos, encarceraram um grande número de mercadores, por volta de quinhentos. [8] Após enviarem embaixadores e conseguirem o retorno de todos por meio de negociação, ficaram tão gratos que imediatamente devolveram aos cartagineses os cativos da guerra pela Sicília ainda em seu poder. [9] Desse momento em diante, passaram a acolher pronta e gentilmente todas as demandas deles. [10] Por isso permitiram sempre aos mercadores exportar para Cartago gêneros de primeira necessidade, mas proibiram que o fizessem para os inimigos. [11] Depois, quando os mercenários da Sardenha, na época em que se revoltaram contra os cartagineses, requisitaram-nos na ilha, não assentiram; e quando os uticenses se puseram em suas mãos, não aceitaram, porque observavam a legitimidade dos tratados. [12] Valendo-se do auxílio dos amigos mencionados, os cartagineses sustentavam o cerco [238 a.C.].

[84.1] Mato e Espêndio não estavam menos cercados do que cercavam, [2] pois Amílcar lhes havia provocado tamanhas privações que, por fim, foram forçados a suspender o cerco. [3] Reunidos depois de algum tempo os melhores dentre mercenários e africanos, num total de cinquenta mil, entre os quais estava o africano Zarzas e seus comandados, retomaram a marcha em campo aberto vigiando os passos de Amílcar. [4] Evitavam os locais planos, aterrorizados pelos elefantes e pela cavalaria de Narava, e tentavam antecipar-se à ocupação dos pontos montanhosos e estreitos. [5] Nessas ocasiões nada ficaram a dever aos adversários em iniciativa e ousadia, mas sofriam baixas frequentes por imperícia: [6] era então possível, de fato, compreender a verdadeira diferença entre a perícia metódica e a capacidade de um comandante, e a imperícia e a prática irracional e soldadesca. [7] Como um bom jogador de gamão, Amílcar matava muitos deles em ações localizadas, isolando-os e bloqueando-os, sem luta; [8] em pleno combate, destruía muitos outros dirigindo-os para armadilhas insuspeitas, e abatia aqueles aos quais aparecia inesperada e subitamente ora de dia, ora de noite. Todos aqueles que capturasse vivos, atirava às feras. [9] Por fim, após acampar inesperadamente diante deles em local impraticável para suas ações, mas praticável para sua própria tropa, levou-os a situação tão crítica que não ousavam combater nem conseguiam bater em retirada, porque um fosso e uma paliçada envolviam todos os lados; premidos pela fome, foram por fim forçados a devorar uns aos outros, [10] apropriada recompensa que o nume lhes impunha por sua impia transgressão contra os vizinhos. [11] Não ousavam sair para combater, tão à vista estavam a derrota e a vingança contra os que fossem capturados, nem conjeturavam falar em armistício, conscientes do que haviam praticado. [12] Sempre aguardando os reforços de Túnis prometidos pelos comandantes, tudo suportavam fazer contra si mesmos.

[85.1] Depois de matar sacrilegamente os prisioneiros, empregando-os como alimento, e de profanar os cadáveres dos escravos, sem que ninguém viesse de Túnis em auxílio, [2] então manifestou-se abertamente a imprecação contra os comandantes, fruto do desespero absoluto da massa, e Autárito, Zarzas e Espêndio decidiram entregar-se aos inimigos e negociar um armistício com Amílcar. [3] Tendo enviado um arauto e recebido permissão, partiram, em número de dez, em embaixada rumo aos cartagineses. [4] A eles, Amílcar ditou os seguintes termos de rendição: seria permitido aos cartagineses escolherem, dentre os inimigos, os dez que desejassem, e os restantes partiriam apenas de túnica. [5] Assim acordados, Amílcar imediatamente disse que, conforme os termos, escolhia os dez ali presentes. Desse modo, os cartagineses se assenhorearam de Autárito, Espêndio e de outros comandantes mais destacados. [6] Conforme percebiam a captura dos comandantes, os africanos, considerando-se traídos, uma vez que desconheciam o acordo, por essa razão lançaram-se às armas. [7] Após envolvê-los com os elefantes e o restante da tropa, Amílcar aniquilou todos, que totalizavam mais de quarenta mil, próximo ao local denominado Serra, cujo nome deriva da semelhança de sua conformação com a ferramenta ora assim designada.

[86.1] Agindo conforme mostrado, Amílcar despertou nos cartagineses, embora já descrentes de salvação, maiores e melhores esperanças, com o avanço pela região e pelas cidades junto de Narava e de Aníbal; [2] os africanos se aproximavam e a eles se submetiam por conta do sucesso obtido. Após conquistarem a maioria das cidades, foram a Túnis e empreenderam cercar os homens de Mato. [3] Aníbal acampou no flanco voltado para Cartago, e Amílcar no lado oposto. [4] Em seguida, fizeram vir para perto da muralha os cativos do bando de Espêndio e os crucificaram à vista de todos. [5] Tendo Mato percebido que Aníbal se deslocava descuidado e confiante, atacou a paliçada, matou muitos cartagineses, expulsou todos do acampamento, assenhoreou-se de toda a bagagem e capturou vivo o próprio Aníbal. [6] Levaram-no imediatamente para junto da cruz de Espêndio e, vingando-se cruelmente, desceram-no, alçaram aquele vivo e degolaram trinta dos mais ilustres cartagineses ao redor do cadáver de Espêndio: [7] como se de caso pensado, o acaso conferiu a ambos, alternativamente, os meios para um superar o outro na mútua vingança. [8] Dada a distância entre os acampamentos, Barca percebeu tarde o ataque dos citadinos. Mesmo quando percebeu, nem assim pôde apressar-se em socorro, devido às dificuldades do terreno. [9] Por isso, após partir de Túnis e costear o rio Macara, acampou próximo à foz e ao mar.

[87.1] Ante a surpresa do revés, os cartagineses recaíram em desânimo e desespero: se há pouco recobravam nas almas a coragem, imediatamente após se abateram suas expectativas, [2] mas não deixaram de fazer pela própria salvação. [3] Por isso, mobilizaram trinta gerusiastas e com eles Hanão, o comandante antes dispensado, então reconvocado; junto deles armaram os restantes em idade militar e, como numa última tentativa, despacharam-nos para Barca, [4] ordenando insistentemente aos gerusiastas que empregassem todos os meios para os comandantes desistirem de sua antiga divergência e os forçassem a entrar em acordo, focados na presente situação. [5] Após muitos discursos bem elaborados, quando reuniram os comandantes num mesmo local, fizeram com que Hanão e Barca entrassem em acordo e acatassem as recomendações. [6] Ao fim, já em acordo, tudo fizeram para os cartagineses de modo inteligente, seguindo um único juízo, [7] de modo que os homens de Mato, embaraçados por escaramuças (muitas eram travadas ao redor da cidade designada Léptis e de algumas outras), por fim se dispuseram a decidir a situação em batalha, como era desejo dos cartagineses. [8] Assim, com essa proposta em mente, ambos os lados convocaram os respectivos aliados ao combate e reuniam as guarnições das cidades, como se estivessem na iminência de apostar tudo de uma só vez. [9] Quando os dois lados estavam prontos para a ocorrência, perfilaram-se e lutaram de comum acordo. [10] Com a vitória dos cartagineses, a maioria dos africanos pereceu no próprio combate. Os restantes,

após fugirem para alguma cidade, não muito depois se entregaram. Mato foi capturado vivo pelos inimigos.
[88.1] Imediatamente após a batalha todo o resto da África submeteu-se aos cartagineses. [2] As cidades de Hipacrita e Útica resistiram, sem ter qualquer pretexto para um armistício, pois não lhes restava possibilidade de indulgência ou perdão, dadas suas iniciativas prévias. [3] Assim, também em situações de erro fazem muita diferença o comedimento e o fato de não se cometer de irremediável voluntariamente. [4] Acampados Hanão e Barca diante de uma e outra cidade, rapidamente forçaram-nas à rendição e à aceitação de termos favoráveis aos cartagineses. [5] A guerra africana, que levou os cartagineses a essa circunstância, teve tal fim de modo que não só os cartagineses retomaram o controle da África, como também puniram os causadores da defecção conforme mereceram. [6] Mais: os jovens, conduzindo o cortejo triunfal pela cidade, expuseram Mato a todos os ultrajes. [7] Por três anos e aproximadamente quatro meses, os mercenários guerrearam contra os cartagineses [240-238 a.C.], guerra essa cuja notícia nos chegou por via de tradição, e que foi muito mais cruel e ilegítima do que outras. [8] Nessa época, os romanos, por conta dos mercenários desertores da Sardenha que a si haviam apelado, empreendiam navegar para a ilha mencionada. [9] Como os cartagineses se irritassem, considerando assunto seu o domínio dos sardos, e se preparando para punir quem lhes sequestrava a ilha, [10] os romanos aproveitaram o pretexto e votaram guerra contra os cartagineses, alegando que estes faziam preparativos não contra os sardos, mas contra si. [11] Surpreendentemente livres da guerra mencionada, completamente incapazes de retomar, no momento, as hostilidades contra os romanos, [12] curvaram-se à circunstância e não só se afastaram da Sardenha, como também pagaram 1200 talentos adicionais aos romanos para não ter de aceitar a guerra no momento. Eis os fatos.

LIVRO II

[1.1] No livro anterior a este esclarecemos em que momento os romanos, após organizarem a Itália, começaram a ingerir em negócios externos; além disso, de que modo atravessaram para a Sicília e por quais razões empreenderam a guerra pela referida ilha contra os cartagineses; [2] em seguida, quando foi a primeira vez que começaram a organizar forças náuticas, bem como todos os acontecimentos da guerra para ambos os lados, até seu fim, guerra durante a qual os cartagineses evacuaram toda a Sicília e os romanos se assenhorearam de toda a ilha à exceção das partes sob domínio de Hierão. [3] Na sequência, narramos como os mercenários, após dissentirem dos cartagineses, acenderam a guerra dita africana; até que ponto se prolongaram os horrores nela ocorridos, e que curso tomaram os incidentes irracionais, até o fim, com a vitória dos cartagineses. [4] Agora tentaremos ilustrar a continuação desses eventos, mencionando cada um sumariamente, conforme o plano original. [5] Tão logo os cartagineses reorganizaram a África, imediatamente despacharam Amílcar, após arregimentarem tropas, para a Ibéria.

[6] Tendo assumido os exércitos, tomado consigo o filho Aníbal, então com nove anos, e feito a travessia pelas colunas de Heraclés, ele recuperou a Ibéria para os cartagineses. [7] Tendo ali passado quase nove anos [238-229 a.C.], e reduzido muitos iberos a súditos dos cartagineses ora pela guerra, ora pelo convencimento, terminou a vida à altura de seus feitos. [8] Lutando contra inimigos os mais valorosos e detentores de enormes exércitos, e portando-se com ousadia e desprezo por si próprio na hora do perigo, faleceu com honra. [9] Os cartagineses entregaram o comando a Asdrúbal, seu genro, então trierarca.

[2.1] Durante essa época, os romanos fizeram sua primeira travessia com tropas para a Ilíria e partes adjacentes da Europa, [2] algo que requer não um exame superficial, mas atento, daqueles verdadeiramente desejosos de compreender nosso plano bem como o crescimento e a construção do domínio romano. [3] Decidiram fazer a travessia pelas seguintes razões [233-232 a.C.]: [4] Agro, rei dos ilírios, era filho de Pleurato, e teve as maiores infantaria e marinha dos que reinaram entre os ilírios antes dele. [5] Subornado por Demétrio, pai de Filipe, prometeu socorrer os mediônios, cercados pelos etólios [6] que, sem conseguir por modo nenhum persuadi-los a participar de sua confederação, tentaram dominá-los pela força. [7] Após marcharem com toda a tropa e acamparem ao redor da cidade, em seguida sitiaram-nos, empregando toda sorte de máquinas e violências. [8] Chegado o tempo de eleições; sendo necessário escolher outro estratego; estando os sitiados já em péssima situação; e dando mostras de que a qualquer dia se entregariam, o então estratego dirigiu-se aos etólios dizendo que, [9] como suportara as agruras e combates do cerco, seria justo que também regulamentasse os despojos, quando vencessem, e que se lhe concedesse a dedicação das armas. [10] Como, entretanto, alguns, sobretudo os aspirantes à magistratura, questionavam o pedido e exortavam a massa a não prejulgar a questão, mas a deixar em suspenso a quem porventura o acaso desejaria atribuir a coroa, [11] pareceu melhor aos etólios que o estratego que conquistasse a cidade fizesse em conjunto com o antecessor tanto a regulamentação dos despojos como a dedicação das armas.

[3.1] Esse foi o decreto. Era necessário que, no dia seguinte, ocorresse a eleição e a transmissão do cargo, conforme é hábito entre os etólios. À noite, cem botes navegam para Mediônia, para os locais mais próximos da cidade, com cinco mil ilírios. [2] Após atracarem, desembarcarem pela manhã ágil e clandestinamente, e entrarem em sua costumeira formação, avançaram, por turmas, contra o acampamento etólio. [3] Estes, ao tomar conhecimento do fato, ficaram estarrecidos ante o inaudito e a audácia dos ilírios; presunçosos, porém, e fiados em suas próprias forças havia muito, mantinham-se cheios de coragem. [4] Alinharam a maior parte dos hoplitas e da cavalaria diante do acampamento, em local plano, e com o resto da cavalaria e da infantaria ligeira ocuparam posições mais elevadas e bem situadas diante da paliçada. [5] Os ilírios caíram de assalto sobre a infantaria leve, que repeliram com seu grande número e com o peso da composição, e forçaram a cavalaria que a acompanhava a retirar-se para junto dos hoplitas. [6] Por fim, atacando pela direita as tropas alinhadas na planície, bateram-nas rapidamente, com os mediônios vindos da cidade e juntando-se ao ataque contra os etólios. [7] Mataram muitos deles e fizeram vários cativos, assenhoreando-se de suas armas e de todas as bagagens. [8] Tendo agido conforme ordenado por seu rei e levado a bagagem e o resto do espólio para os botes, os ilírios retornaram imediatamente, navegando para casa.

[4.1] Tendo os mediônios encontrado uma salvação inesperada, deliberavam, reunidos em assembleia, entre outros assuntos também sobre a dedicação das armas. [2] Pareceu-lhes melhor juntar na dedicação o nome do magistrado etólio ao dos então candidatos, arremedando o decreto dos etólios; [3] como se o acaso ardilosamente demonstrasse a própria potência também a outros homens por meio daqueles acontecimentos: [4] aquilo que uns aguardavam, tendo já como certo que o sofreriam da parte dos inimigos, isso mesmo o acaso lhes concedeu que praticassem, em intervalo muito breve, contra os inimigos. [5] Em decorrência do surpreendente infortúnio, os etólios ensinaram a todos a jamais deliberar sobre o futuro como se já ocorrido, e a não conceber esperanças prematuras e fiadas em situações que ainda podem se resolver em outro sentido, mas a assinalar a tudo uma parcela para o imprevisto, sendo homens, sobretudo em assuntos bélicos. [6] Com o retorno dos botes, o rei Agro ouviu dos comandantes o relato do combate e ficou extremamente feliz por considerar que vencera, como detentores de maior inteligência, os etólios. Entregou-se, então, à bebedeira e outras diversões semelhantes, e sofreu uma pleurite, [7] por conta da qual faleceu em poucos dias [231 a.C.]. Sua mulher, Teuta, sucedeu-lhe como rainha e organizou os pormenores administrativos graças à fidelidade de amigos. [8] Raciocinando de modo tipicamente feminino e focando-se apenas no sucesso alcançado, sem considerar qualquer desdobramento externo, primeiro permitiu aos que navegavam por conta própria saquear quem quer que encontrassem; [9] segundo, tendo reunido uma frota e uma tropa não menor que a anterior, despachou-a, após dar a entender aos oficiais que todo o litoral era inimigo.

[5.1] Assim que foram despachados, infligiram um primeiro ataque contra a Élida e a Messênia [230 a.C.], territórios que os ilírios devastavam continuamente. [2] Devido à extensão do litoral e ao fato de as cidades mais poderosas situarem-se no interior, vinham de longe e muito lentamente os auxílios contra os desembarques dos ilírios, pelo que estes saqueavam despreocupados e sempre devastavam aqueles territórios. [3] Contudo, quando estavam em Fênice, no Epiro, pararam para forragear. [4] Ao tomarem contato com alguns gauleses que, como mercenários dos epirotas, encontravam-se em Fênice, num total de oitocentos, e com eles tramarem a traição da cidade, partiram assim concertados, e de assalto se apoderaram da cidade e do que nela havia, com a colaboração dos gauleses em seu interior. [5] Quando tomaram conhecimento do fato, os epirotas acudiram de todas as partes às pressas. Chegados a Fênice e resguardando-se com o rio que corre paralelo à cidade, acamparam depois de retirar o madeirame da ponte por segurança. [6] Quando lhes foi anunciado que Escerdilaida chegava por terra, pelos estreitos de Antigoneia, com cinco mil ilírios, destacaram alguns dos seus, que enviaram a vigiar Antigoneia. Os que ficaram relaxavam, desfrutando abusivamente das benesses da região, e negligenciavam a guarda e a vigilância. [7] Cientes da divisão e do relaxamento, os ilírios marcham à noite: tendo restaurado o madeirame da ponte, cruzaram o rio em segurança e, após alcançar um local seguro, ali permaneceram o restante da noite. [8] Sobrevindo o dia e alinhados ambos os exércitos diante da cidade, os epirotas foram batidos: muitos deles tombaram, outros tantos foram capturados e os demais refugiaram-se entre os atintanos.

[6.1] Caídos em tais infortúnios e frustrados em todas as suas expectativas, os epirotas despacharam embaixadas para os etólios e para a nação aqueia, instando com súplicas que lhes socorressem. [2] Compadecidos de seus insucessos, aquiesceram e, em seguida, chegaram auxiliares a Helicrano. [3] Aqueles que controlavam Fênice, chegados com Escerdilaida à região, primeiro acamparam diante dos auxiliares, desejosos de combater. [4] Em dificuldades por conta das irregularidades do terreno, com a chegada de uma carta da parte de Teuta, pela qual pensava-se ser necessário que retornassem o mais rapidamente para casa, devido à defecção de alguns ilírios para os dardânios, [5] após pilharem o Epiro, concluíram um armistício com os epirotas. [6] Por meio dele, entregaram os homens livres e a cidade mediante resgate, e levaram os escravos e as bagagens para os botes, partindo por mar, enquanto os homens de Escerdilaida retornaram a pé pelos estreitos de Antigoneia, [7] sem causar nenhum ínfimo nem eventual espanto ou pavor nos gregos habitantes do litoral. [8] Vendo a cidade mais sólida e poderosa do Epiro tão inusitadamente reduzida à escravidão, ninguém mais ficava apreensivo pelas riquezas da região, como em tempos idos, mas por si próprios e por suas cidades. [9] Salvos de modo inusitado, os epirotas abstiveram-se tanto de tentar retaliar seus algozes quanto de agradecer a seus auxiliadores, a ponto de, ao contrário, após enviar embaixadores a Teuta, firmaram aliança, junto dos acarnânios, com os ilírios, [10] segundo a qual com eles cooperariam no futuro e se oporiam aos aqueus e etólios. [11] Com isso ficou evidente que então tratavam sem distinção seus benfeitores, e que desde o princípio deliberavam insensatamente sobre seus próprios interesses.

[7.1] O fato de os homens se depararem, de modo imponderável, com algo terrível, é imputação que se faz não a quem sofre, mas ao acaso e a quem o comete; [2] quando, porém, os mesmos se envolvem, irrefletida e manifestamente, com os maiores desastres, trata-se por consenso de erro de quem os sofre. [3] Por isso àqueles que fracassam por obra do acaso segue-se compaixão mais perdão e auxílio; àqueles, porém, que o padecem devido à própria insensatez, seguem-se censura e crítica da parte dos bem pensantes. [4] Exatamente o que então ocorreu, com razão, da parte dos gregos para com os epirotas. [5] Primeiro, quem não teria evitado, conhecendo a fama corrente sobre os gauleses, entregar-lhes uma cidade próspera e com muitas possibilidades de ser traída? [6] Em segundo lugar, quem não teria tomado cuidado com as inclinações desse corpo de tropas? Originalmente haviam sido banidos de suas terras: os conterrâneos se combinavam contra eles porque traíram seus próprios familiares e parentes. [7] Acolhidos pelos cartagineses devido a pressões de guerra, primeiro, surgida uma controvérsia entre soldados e comandantes a respeito de salários, lançaram-se a saquear a cidade dos agrigentinos, que então guardavam, eles que montavam a mais de três mil. [8] Em seguida, levados a Érix para a mesma função, cidade então cercada pelos romanos, tentaram entregar a cidade e os sitiados; [9] com o fracasso da iniciativa, debandaram para os inimigos, sob cuja boa-fé pilharam o templo de Afrodite Ericina. [10] Por isso os romanos, conhecedores lúcidos de sua impiedade, assim que concluíram a guerra contra os cartagineses nada mais importante fizeram do que, após desarmá-los, metê-los em barcos e instalá-los além das fronteiras da Itália. [11] Depois de torná-los guardiães de sua democracia e leis, e entregar-lhes a cidade mais próspera, como não se mostrariam os epirotas responsáveis pelas próprias desgraças? [12] Sobre a estupidez dos epirotas, e sobre o fato de que jamais os bem pensantes devem admitir uma guarnição muito forte, especialmente de bárbaros, até este ponto escolhi chamar a atenção.

[8.1] Também em tempos mais recuados os ilírios haviam lesado quem navegava da Itália. [2] À época que passaram em Fênice, a maioria deles, desgarrando-se da frota, pilhava muitos comerciantes itálicos, matava outros e levava não poucos capturados vivos. [3] Os romanos, que não haviam dado ouvidos a queixas anteriores contra os ilírios, agora, como elas chegassem em grande profusão ao senado, designaram Caio e Lúcio Coruncânio embaixadores [230 a.C.] para que fossem à Ilíria examinar a questão. [4] Com a chegada dos botes que vinham do Epiro, Teuta, impressionada pela quantidade e beleza do carregamento – Fênice então se distinguia das cidades do Epiro pela prosperidade –, redobrou seu ímpeto iníquo contra os gregos. [5] No momento, entretanto, manteve-se quieta, devido a perturbações internas; tão logo, porém, resolveu o caso dos ilírios dissentidos, começou a cercar Issa, única cidade que ainda não lhe obedecia. [6] Foi nessa ocasião que os embaixadores romanos zarparam; surgida a ocasião para uma audiência, discutiram as iniquidades cometidas contra si. [7] Durante toda a conversação, Teuta os ouviu com arrogância e excessiva presunção. [8] Quando terminaram de falar, ela disse que, em público, tentaria providenciar para que mais nenhuma iniquidade fosse cometida contra os romanos pelos ilírios, mas que, em privado, não era usual aos reis proibir que os ilírios amealhassem butins no mar. [9] Descontente com tais palavras, o mais novo dos embaixadores respondeu com a franqueza cabível, porém absolutamente inoportuna. [10] Disse que "entre os romanos, ó Teuta, é belíssimo costume punir publicamente as iniquidades privadas e socorrer aos injustiçados. [11] Tentaremos, com o auxílio dos deuses, forçar-te a rápida e veementemente corrigir os hábitos dos reis em relação aos ilírios". [12] Ela reagiu a tal franqueza com ira feminina e irracional: encolerizou-se tanto com o que fora dito que, desconsiderando os direitos fixados entre os homens, enviou sicários no encalço dos embaixadores enquanto retornavam para que matassem o que falara com franqueza. [13] Quando a notícia chegou a Roma, encolerizados com a transgressão da mulher, imediatamente começaram a preparar-se, alistando exércitos e reunindo a frota.

[9.1] Chegada a estação, após equipar mais botes do que antes, Teuta despachou-os novamente para as costas da Grécia [229 a.C.]. [2] Ao longo da travessia, alguns deles começaram a navegar para Corcira, enquanto parte se deteve no porto dos epidâmnios, em tese para buscar água e provisões, mas, na prática, para atacar a cidade. [3] Os epidâmnios os receberam inocente e despreocupadamente; aqueles se aproximavam apenas de túnica, como se vindos em busca de água, mas traziam adagas nos jarros. Assim que degolaram os vigias da porta, rapidamente se assenhorearam do acesso. [4] Quando chegaram das embarcações os reforços já mancomunados, acolheram-nos e dominaram com facilidade a maior parte das muralhas. [5] Os de fora da cidade,

embora despreparados ante a surpresa, auxiliavam e combatiam com ardor, até que os ilírios, após resistir por muito tempo, ao fim foram expulsos da cidade. [6] Nessa ocorrência, os epidâmnios arriscaram-se a perder a pátria por negligência própria, mas por sua coragem receberam sem danos uma lição para o futuro. [7] Os chefes dos ilírios, após zarpar e se juntar às embarcações da frente, aportaram em Corcira. Desembarcaram com grande alvoroço e começaram a sitiar a cidade. [8] Diante desses acontecimentos, os corcireus, em dificuldades e totalmente desesperados, despachavam a aqueus e etólios, bem como a apoloniatas e epidâmnios, instando lhes socorressem com urgência e não os entregassem à sanha dos ilírios. [9] Após ouvir os embaixadores e acatar seus argumentos, tripularam em comum dez naus cobertas dos aqueus; depois de repará-las, em poucos dias navegavam rumo a Corcira, esperando romper o cerco.
[10.1] Reforçados por sete naus cobertas dos acarnânios, conforme a aliança, os ilírios zarparam e encontraram as embarcações aqueias próximo às ilhas Paxos. [2] Os acarnânios e as naus aqueias contra eles alinhadas travavam um combate equilibrado e permaneciam intactas durante o combate, exceção feita aos ferimentos dos homens. [3] Tendo jungido seus botes quatro a quatro, os ilírios se atracavam com os inimigos; sem fazer caso deles, expunham o flanco e colaboravam com o ataque dos adversários. [4] Mas quando as embarcações oponentes se encontravam já danificadas e acavaladas por conta dos choques, sem poder manobrar, com os botes jungidos enganchados nelas pelos esporões[1], então, invadindo seus conveses, eles se apoderavam das naus aqueias, devido ao grande número de seus marinheiros. [5] Desse modo, se assenhorearam de quatro quadrirremes e afundaram uma quinquerreme com sua tripulação, na qual navegava o carineu Margo, homem que, até a catástrofe, em tudo

---

1. A sintaxe do texto original não permite definir se os esporões são das naus ou dos botes.

fora justo em relação à confederação aqueia. [6] Aqueles que combatiam os acarnânios, vendo o sucesso dos ilírios e fiando-se na velocidade de sua navegação, aproveitaram o vento favorável e retornaram para casa em segurança. [7] Presunçosa por conta do sucesso, a massa dos ilírios continuou o cerco de modo negligente e confiante. [8] Os corcireus, totalmente desesperançados ante tais acontecimentos, ainda sustentaram o cerco por um curto período, mas entraram em tratativas com os ilírios, aceitaram uma guarnição, e junto dela Demétrio de Faros. [9] Feito isso, imediatamente os chefes dos ilírios se foram e, tendo aportado em Epídamno, novamente puseram cerco àquela cidade.

[11.1] À mesma época um dos cônsules, Cneu Fúlvio, navegava de Roma com duzentas naus, e o outro, Aulo Postúmio, partia com a infantaria [229 a.C.]. [2] A primeira intenção de Cneu era navegar para Corcira, pois supunha encontrar um cerco ainda indecidido. [3] Tendo, contudo, chegado atrasado, navegou para a ilha desejando conhecer com clareza o que ocorrera na cidade, bem como averiguar o que fora comunicado por Demétrio [4] que, mergulhado em calúnias e temendo Teuta, havia despachado uma embaixada aos romanos anunciando-lhes que entregaria a cidade e os negócios que controlava. [5] Por enxergarem na presença romana algo positivo, os corcireus entregaram a guarnição dos ilírios com o consentimento de Demétrio, e a si mesmos, quando convocados, por unanimidade submeteram à proteção dos romanos, supondo que essa seria sua única garantia no futuro face à arbitrariedade dos ilírios. [6] Após aceitarem a aliança dos corcireus, os romanos navegaram para Apolônia, empregando Demétrio como comandante para as demais operações. [7] À mesma época, Postúmio vinha de Brundísio com a infantaria, aproximadamente vinte mil soldados e dois mil cavaleiros. [8] No mesmo momento em que ambas as forças desembarcaram juntas e igualmente avançavam para Apolônia, cujos habitantes as acolheram entregando-se de imediato à discrição romana, novamente zarparam, ao saber do cerco a Epídamno. [9] Cientes da aproximação dos romanos, os ilírios fugiram após suspender o cerco em completa desordem. [10] Tendo acolhido os epidâmnios em sua proteção, os romanos avançavam para o interior da Ilíria, submetendo os ardieus nesse ínterim. [11] Apresentaram-se-lhes muitos embaixadores, dentre os quais os dos partinos haviam vindo para se assujeitar. Depois de aceitá-los em aliança e, semelhantemente, aos atintânios, avançaram rumo a Issa, também cercada pelos ilírios. [12] Após chegarem e romperem o cerco, acolheram também os isseus em sua proteção. [13] Ao longo da costeagem, tomaram também à força algumas cidades ilírias, entre elas Nutria, em cujo combate perderam não só muitos soldados, como também alguns tribunos e o questor. [14] Assenhorearam-se de vinte botes que transportavam o butim da região. [15] Dos que cercavam Issa, alguns permaneceram incólumes em Faro, graças a Demétrio, mas todos os outros fugiram, dispersos, para Arbão. [16] Teuta, com pouquíssimos, salvou-se em Rizo, vilarejo fortificado afastado do mar, sobre o rio Rizo. [17] Após essas ações, colocaram sob o poder de Demétrio muitos ilírios, adjudicaram-lhe enorme império, e se retiraram para Epídamno com a frota e a infantaria.

[12.1] Cneu Fúlvio navegou de volta a Roma com a maior parte da frota e da infantaria. [2] Postúmio ficou, e após reunir quarenta embarcações e uma legião das cidades circunvizinhas, invernou, a zelar pelo povo dos ardieus e dos demais que se puseram sob sua proteção. [3] No começo da primavera, Teuta, após despachar embaixadores aos romanos, concluiu um tratado pelo qual consentiu pagar os tributos determinados, evacuar toda a Ilíria à exceção de poucos locais e, mais importante com relação aos gregos, não navegar com mais de dois barcos, e desarmados, para além de Lisso [228 a.C.]. [4] Assim concertados, em seguida Postúmio enviou embaixadores para etólios e aqueus: ao chegar, primeiro eles relataram as causas da guerra e da travessia romana, depois detalharam os acontecimentos e leram publicamente o tratado concluído com os ilírios. [5] Tendo encontrado em ambos os povos o apreço conveniente, navegaram para Corcira, após livrarem os gregos, por meio do tratado mencionado, de um terror considerável, [6] pois os ilírios eram então inimigos comuns não só de alguns, mas de todos. [7] Essa foi a primeira travessia romana com tropas para a Ilíria e adjacências da Europa, bem como suas primeiras relações diplomáticas com a Grécia, em decorrência dessas causas. [8] Depois desse início os romanos imediatamente enviaram outros embaixadores aos coríntios e atenienses, momento em que os coríntios aceitaram pela primeira vez a participação dos romanos nos jogos ístmicos.

[13.1] À mesma época – nesse ponto deixamos os acontecimentos da Ibéria –, Asdrúbal, comandando com inteligência e pragmatismo, fazia grandes progressos gerais, tendo contribuído não pouco ao fundar a cidade por alguns denominada Cartago, por outros, Cidade Nova; muito contribuiu, com efeito, para os interesses cartagineses, [2] principalmente devido à boa localização em relação à Ibéria e à África[2]. Sobre essa cidade, quando chegarmos à ocasião mais apropriada, explicaremos sua localização e vantagens para ambas os territórios[3]. [3] Observando que ele erigia um império maior e ainda mais temível, os romanos começaram a se preocupar com a Ibéria. [4] Ao dar-se conta de que haviam cochilado nos anos anteriores e permitido aos cartagineses a construção de um grande poder, tentavam reverter a situação como possível. [5] Nesse momento não ousavam dar ordens ou guerrear contra os cartagineses, porque o pavor dos celtas pendia sobre seus próprios negócios: quase que a cada dia aguardavam o seu assalto. [6] Cortejaram Asdrúbal com amabilidades, e decidiram então controlar os celtas

---

2. 228 a.C. A nova cidade fundada é Nova Cartago.
3. Cf. X.8.2-11.4.

e combatê-los, por entender que jamais, com esses homens a espreitá-los, dominariam os povos da Itália, nem habitariam em segurança sua própria pátria. [7] Por isso, tão logo despacharam a Asdrúbal a fim de concluir um tratado[4], no qual silenciavam a respeito do restante da Ibéria, mas especificavam que os cartagineses não deviam atravessar o rio denominado Ebro[5] com fins beligerantes, no mesmo instante declararam guerra aos celtas da Itália.

[14.1] Parece-me útil fazer uma exposição sumária sobre estes, respeitando o caráter introdutório, conforme o plano inicial, e recuar no tempo até o início a partir do qual os mesmos ocuparam a região. [2] Penso que sua história não só merece ser conhecida e recordada, como é também absolutamente necessária, pois com ela se aprende em que homens e locais Aníbal confiou para em seguida tentar destruir o império dos romanos. [3] Primeiro deve-se tratar do território, qual é e como se situa em relação à Itália, pois assim se compreenderá melhor as diferentes ações, descritas as peculiaridades do terreno e da região. [4] Tendo a Itália como um todo o desenho de um triângulo, a primeira parte, voltada para o nascente, é delimitada pelo estreito Jônio e, logo a seguir, pelo golfo de Ádria; a voltada para o sul e o poente, pelo pélago Siciliano e Tirreno. [5] Quando essas partes se encontram, formam a extremidade do triângulo no promontório sul da Itália, chamado Cocinto, que separa o estreito Jônio do pélago Siciliano[6]. [6] A parte norte restante, alongando-se em direção ao continente, delimita-a em toda extensão a cadeia dos Alpes, começando em Massília [atual Marselha] e nos territórios acima do pélago Sardo, e estendendo-se continuamente quase até a reentrância do golfo de Ádria, que não chega a atingir. [7] Ao pé dessa cadeia, que se deve entender como

---

4. Provavelmente em 226 a.C.
5. De localização problemática, alvo de acirradas controvérsias, provavelmente não correspondia ao atual homônimo.
6. O ponto mais meridional da Itália era Leucopetra, estando Cocinto bem mais ao norte. Este devia, entretanto, constituir a demarcação tradicional entre os dois mares.

a base do triângulo, encontram-se as mais extremas planícies de toda a Itália de sul a norte – sobre elas é este relato – distintas pela excelência e extensão dentre quantas da Europa são abarcadas por nossa história. [8] A forma geral da linha que circunscreve essas planícies também é triangular. Desse desenho, define o ápice o encontro das montanhas ditas Apeninos com os Alpes, não longe do pélago Sardo sobre Massília. [9] Na parte norte, conforme disse anteriormente, os Alpes se estendem por 2.200 estádios, e [10] o Apenino, no sul, por 3.600. [11] O litoral do golfo de Ádria forma a base do desenho, cuja extensão, desde a cidade de Sena [a atual Senigália (*Sena Gallica*)] até à reentrância do golfo, passa dos 2.500 estádios, [12] de modo que todo o perímetro das mencionadas planícies tem pouco menos de dez mil estádios.

[15.1] Não é fácil falar sobre a produtividade da terra. Tamanha é a abundância de grãos nessa região que, nesta nossa época, muitas vezes o medimno siciliano de trigo custa quatro óbolos, dois o de cevada e o mesmo tanto o metreto de vinho[7]. [2] Entre eles é absolutamente exagerada a fartura de sorgo e painço. A quantidade de bolotas provenientes das florestas de carvalho espalhadas pelas planícies poderia ser estimada pela seguinte razão: [3] muito gado suíno é abatido na Itália como provisão para os próprios habitantes e para as legiões, e os maiores contingentes provêm dessas planícies. [4] A barateza, em particular, e a abundância dos gêneros alimentícios poder-se-ía assim compreender com mais precisão: [5] os que viajam pela região pousam em albergues sem ter de barganhar por conveniências específicas, mas perguntando quanto custa por cabeça. [6] Na maioria das vezes, os estalajadeiros permitem o descanso tendo por suficiente, para todo o serviço, meio asse, ou um quarto de óbolo. Raramente ultrapassam tal valor. [7] A quantidade de homens, o

---

7. Um medimno equivalia a aproximadamente 59 l.; um óbolo de prata, a 1 grama; um metreto, a aproximadamente 39 l. Na sequência, o asse era a moeda romana de bronze, de baixo valor.

talhe e a beleza de seus corpos, e ainda sua ousadia nas guerras, compreender-se-á por seus feitos. [8] Ambos os lados dos Alpes, seja sobre o rio Ródano, seja o que verte para as mencionadas planícies, as regiões montanhosas e terrosas sobre o Ródano, e as voltadas para o norte, habitam os ditos gauleses transalpinos; e as regiões das planícies os tauriscos, agones e muitas raças de bárbaros. [9] Os transalpinos recebem essa denominação não por uma peculiaridade de raça, mas de local, pois "trans", em tradução, significa "além": por isso, aqueles d'além Alpes são chamados transalpinos. [10] Quanto aos cumes, porque alcantilados e permanentemente cobertos de neve, são totalmente desabitados.

[16.1] Os lígures habitam o Apenino desde seu início sobre Massília, sua junção com os Alpes, sua face voltada para o pélago Tirreno e para as planícies, [2] e bordejando o mar até a cidade de Pisa, a primeira da Tirrênia[8] na direção do poente; pelo interior, até a região dos aretinos. [3] Em seguida, vêm os tirrênios. Contíguos a eles habitam ambas as encostas das montanhas mencionadas os úmbrios. [4] Por fim o Apenino, distando do mar Adriático aproximadamente quinhentos estádios, deixa as planícies para trás fletindo à direita e seguindo pelo interior da Itália, estende-se rumo ao pélago Siciliano. [5] A parte plana restante dessa face para o mar também alcança a cidade de Sena. [6] O rio Pado, recantado pelos poetas como Erídano[9], tem suas fontes nos Alpes mais para o ponto culminante do desenho mencionado, e flui para as planícies seguindo curso sul. [7] Ao chegar às planuras e ter seu curso inclinado para o leste, segue por elas e deságua no Adriático por duas embocaduras. Ele corta a maior parte da região de planície, dos Alpes ao fundo do golfo Adriático; [8] e carreia um volume de água não inferior a nenhum dos rios da Itália, porque todos os afluentes que

---

8. Ou Etrúria. Abaixo, o rio Pado é o atual Pó.
9. Possível alusão a Eurípides, *Hipólito*, 737. Diferentemente do que afirma Políbio na sequência, o Pó corre primeiro para nordeste, depois para leste.

vêm dos Alpes e das montanhas Apeninas para as planícies lançam-se nele por toda parte. [9] Sua correnteza é maior e mais bela à ascensão da Canícula[10], quando é engrossado pela quantidade de neve derretida nas montanhas mencionadas. [10] É possível navegar rio acima, partindo-se da embocadura denominada Olana, por quase dois mil estádios, [11] pois a primeira das correntes tem curso simples, separando-se em duas partes próximo aos ditos trigábolos. Dessas partes, uma embocadura denomina-se Padoa, a outra, Olana. [12] Nesta há um porto, não inferior a nenhum de Ádria em segurança para quem nele ancora. Entre os nativos o rio é chamado de Bodenco. [13] Dentre outras histórias contadas entre os gregos sobre esse rio, destaco as relativas a Faetonte e sua queda, bem como as lágrimas dos choupos e as vestes negras dos que habitam ao longo do rio, os quais – conta-se – ainda hoje portam tais trajes devido à dor por Faetonte; [14] por ora deixaremos de lado todos os elementos trágicos que tais, porque precisá-los não convém estritamente ao gênero dessa introdução. [15] Quando chegar a ocasião apropriada faremos a menção conveniente, sobretudo devido à ignorância de Timeu relativamente aos locais mencionados.

[17.1] Antigamente os tirrênios habitavam essas planícies, na época em que eram chamadas Flegreas, ao redor de Cápua e Nola. Sendo rota de passagem para muitos e bem conhecidas, tinham grande reputação de excelência. [2] Devido a isso, os que relatam as histórias sobre os domínios dos tirrênios não precisam fazer referência à região atualmente ocupada por eles, mas às planícies mencionadas e a seus recursos. [3] Quando os vizinhos celtas, invejosos da beleza da região, travaram contato com eles, serviram-se de um pretexto mesquinho e, com um exército surpreendentemente grande, expulsaram os tirrênios da região do Pado e dominaram eles próprios as planícies. [4] Primeiro os laos e os levécios

---

10. Meados de julho.

habitaram as cabeceiras do Pado, depois deles os ínsubres, a maior nação; contíguos a estes, ao longo do rio, os cenomanos. [5] As proximidades de Ádria outra raça muito antiga ocupou, os chamados vênetos, cujos hábitos e aspecto são ligeiramente diferentes dos celtas, além de possuírem outro idioma. [6] Sobre eles os tragediógrafos têm composto muitas tramas cheias de maravilhas[11]. [7] Além do Pado, ao redor do Apenino, primeiro os anares, depois os boios habitaram; contíguos a estes, para Ádria, os lingones, e ao fim, para o mar, os senones. [8] Esses eram os mais célebres dentre os povos que ocuparam os locais mencionados. [9] Habitavam aldeias desmuradas, desprovidos de construções. [10] Porque dormiam em leitos de palha e se alimentavam de carne, bem como porque praticavam apenas a guerra e a agricultura, tinham vida simples, desconhecidas entre eles todas as outras ciências e técnicas. [11] Cada um tinha por propriedade animais e ouro, os únicos bens fáceis de levar a toda parte, conforme a circunstância, e de cambiar à vontade. [12] Tinham em alta conta as confrarias, porque entre eles é tido por mais temível e poderoso aquele que pareça ter mais servidores e consociados.

[18.1] No início não dominaram apenas essas regiões, mas assujeitaram muitos dos vizinhos, que aterrorizavam com sua audácia. [2] Algum tempo depois, após vencerem em batalha os romanos e os que com eles perfilaram, perseguiram os fugitivos por três dias, até que, por fim, capturaram a própria Roma, com exceção do Capitólio. [387-386 a.C. Cf. Livro I.6.] [3] Ocorrido um refluxo, além da invasão vêneta em seus territórios, concluíram, então, um tratado com os romanos, devolveram-lhes a cidade e voltaram à terra natal. [4] Depois disso mergulharam em guerras civis: alguns dos habitantes dos Alpes atacavam-nos e frequentemente se reuniam contra eles, ao notarem quanto eram diferentes por sua

---

11. Possível alusão a Eurípides, *Hipólito*, 231 e 1.131.

prosperidade. [5] Nessa época, os romanos recobraram forças e se recompensaram com os latinos. [6] Ante nova aparição dos celtas em Alba, com um enorme exército, no trigésimo ano após a captura da cidade, os romanos não ousaram desaquartelar as legiões, pois haviam sido capturados em assalto repentino, por não haverem reunido com rapidez as forças aliadas. [7] Quando novamente, doze anos depois, marcharam em outra expedição com enorme exército, os romanos os perceberam de antemão e, tendo reunido os aliados, foram a seu encontro com grande ardor, ansiosos pela conflagração e por um combate decisivo. [8] Apavorados com o ataque e desentendendo-se entre si próprios, os gauleses fugiram na mesma noite de modo semelhante ao da retirada para a terra natal. [9] Desde então se mantiveram tranquilos por treze anos, depois dos quais, observando o crescimento da potência romana, firmaram paz e tratado [331 a.C.].

[19.1] Permaneceram fiéis aos acordos por trinta anos; mas em razão de agitações dos transalpinos, a fazer com que receassem o surgimento de uma guerra pesada, desviaram de si próprios os ataques dos insurgentes, com presentes e alegações de parentesco, e incitaram-nos contra os romanos, tomando parte eles próprios na expedição [299 a.C.]. [2] Fizeram o assalto pela Tirrênia, donde os tirrênios se lhes juntaram, e após amealhar grande butim, voltaram do território romano em segurança. [3] Tendo chegado à terra natal, divergiram por cobiça das pilhagens, destruindo a maior parte do butim e de suas próprias forças, [4] prática costumeira entre os gauleses sempre que usurpam algo dos vizinhos, fruto principalmente de bebedeiras e comilanças desmedidas. [5] Quatro anos depois [295 a.C.], samnitas e gauleses concertaram-se e se alinharam contra os romanos no território dos camértios, matando muitos deles no combate. [6] À mesma época, espicaçados pela derrota, os romanos partiram em poucos dias e, compondo-se contra eles, com todas as legiões, no território dos sentinates, mataram muitos e forçaram os restantes a fugir em desordem cada um para sua terra natal. [7] Dez anos depois [284 a.C.] os gauleses apareceram com um enorme exército a fim de cercar a cidade dos aretinos. [8] Os romanos que vieram em socorro foram derrotados diante da cidade. Nessa batalha morreu o pretor Lúcio, a quem Mânio Cúrio sucedeu. [9] Para tratar dos cativos, este enviou à Gália embaixadores, que foram mortos traiçoeiramente. [10] Enraivecidos, os romanos marcharam para batalha campal, e os gauleses denominados senones os enfrentaram. [11] Em função da vitória, os romanos mataram muitos deles, expulsaram os restantes e assenhorearam-se de toda a região. [12] A ela enviaram a primeira colônia da Gália, a cidade denominada Sena, homônima daquela que os gauleses antes habitavam; [13] dela tratamos há pouco, explicando que se situa no Adriático, nos limites das planícies do Pado.

[20.1] Vendo a ruína dos senones, e temendo sofrer o mesmo em seu território, os boios marcharam em bloco, convocando os tirrênios. [2] Reunidos próximo ao lago Vadimônio, perfilaram-se contra os romanos [282 a.C.]. [3] Nessa batalha a maioria dos tirrênios foi massacrada, e poucos boios escaparam. [4] No ano seguinte, contudo, os mesmos novamente se juntaram e, tendo armado os jovens em idade militar, perfilaram-se contra os romanos. [5] Vencidos completamente em batalha, só com dificuldade tiveram abatido o moral, e por meio de embaixadores que tratavam de trégua e armistícios concluíram um tratado com os romanos. [6] Tudo isso ocorreu três anos antes da expedição de Pirro à Itália, e cinco do massacre dos gauleses em Delfos. [7] Nesses tempos o acaso incutiu em todos os gauleses uma disposição bélica como que pestilenta. [8] Dentre os combates mencionados, dois foram muito significativos para os romanos: porque continuamente vencidos pelos gauleses, nada podiam ver nem esperar de mais terrível que o já por eles praticado. [9] Daí que, diante de Pirro, engajaram-se como combatentes experimentados nos misteres da guerra. [10] Além disso, tendo abatido a ousadia dos gauleses em momento oportuno, por fim guerrearam sem distração contra Pirro, pela Itália, e em seguida contra os cartagineses, pelo império sobre os siciliotas.

[21.1] A contar dessas derrotas, os gauleses permaneceram calmos por 45 anos, em paz com os romanos. [2] Com o passar do tempo, porém, morreram aqueles que haviam sido testemunhas oculares dos combates, e sobrevieram jovens cheios de ímpeto irracional, mas sem experiência nem vivência de calamidades e crises, [3] e iniciaram agitações, algo que ocorre naturalmente, exasperando-se contra os romanos por banalidades e atraindo os gauleses dos Alpes. [4] Em princípio, isso era praticado pelos líderes, sem que a massa o soubesse [236 a.C.]. [5] Assim, tendo os transalpinos avançado até Arímino, a massa dos boios, desconfiada e sediciosa em relação a seus chefes e aos recém-chegados, matou seus próprios reis, Átis e Gálato, e massacraram-se mutuamente em batalha. [6] Então os romanos, apavorados com a investida, partiram com uma legião, mas ao dar-se conta da destruição autoimpingida dos gauleses, voltaram para casa. [7] Cinco anos após esses temores, sob o consulado de Marco Lépido [232 a.C.], os romanos lotearam a região gaulesa dita picentina, da qual expulsaram, ao vencê-los, os gauleses ditos senones. [8] Essa política demagógica foi introduzida por Caio Flamínio, e pode-se dizer que foi o início, entre os romanos, da descambação popular para pior, bem como a causa da guerra subsequente contra aqueles. [9] Muitos dos gauleses, sobretudo os boios, a ela se entregaram porque, limítrofes aos romanos, consideravam que estes não empreendiam tal guerra contra si por hegemonia e poderio, mas para sua completa expulsão e aniquilamento.

[22.1] Por conta disso, imediatamente as maiores nações, as dos ínsubres e boios, despacharam [231 a.C.] de comum acordo aos gauleses habitantes dos Alpes e do rio Ródano,

denominados [2] gesatos, palavra que significa "aquele que milita mediante pagamento". Após oferecer aos reis destes, Concolitano e Aneroesto, grande quantidade de ouro de imediato, acenando, para o futuro, com a grande prosperidade dos romanos e a quantidade de bens que lhes adviria caso vencessem, convenceram e os estimularam a marchar contra os romanos. [3] Persuadiram-nos com facilidade, dando, além do mencionado, provas de sua aliança, e recordando-os da ação de seus próprios ancestrais [4] pela qual haviam não apenas vencido os romanos em batalha, como também, depois dela, tomado a própria Roma. [5] Tendo se assenhoreado de tudo e dominado a própria cidade por sete meses, ao fim entregaram-na por vontade própria e favor, e retornaram à casa incólumes e em segurança, conservando o butim. [6] Ouvindo isso, seus comandantes inflamaram-se de tal modo para a marcha que jamais partiram desses locais da Gália tantos varões tão reputados e tão belicosos. [7] À mesma época, os romanos, às vezes ouvindo, outras conjecturando, foram tomados de pânico tão contínuo e tamanha confusão [8] que ora alistavam legiões e preparavam alimentos e gêneros, ora levavam as tropas às fronteiras, como se os inimigos já estivessem na região, embora os celtas ainda nem houvessem saído de casa. [9] Tal movimento colaborou não pouco para os cartagineses organizarem a Ibéria em segurança. [10] Pois os romanos, conforme dissemos anteriormente, considerando mais premente aquela ameaça, porque muito próxima, eram premidos a negligenciar a Ibéria, apressando-se antes em resolver-se com os celtas. [11] Assegurados em relação aos cartagineses por meio dos acordos com Asdrúbal, que há pouco expliquei, engajaram todas as forças, nessa época, contra os inimigos em solo italiano, considerando de seu interesse uma batalha decisiva contra eles.
[23.1] Os gauleses gesatos, após organizarem uma força custosa e sólida, chegaram ao rio Pado, ultrapassados os Alpes, oito anos após o loteamento do território [225 a.C.]. [2] Os

ínsubres e os boios permaneceram nobremente em seus propósitos iniciais; os vênetos e os cenomanos, ante as embaixadas romanas, a eles se aliaram. [3] Assim, os reis celtas foram forçados a deixar uma parte das tropas a vigiar a região, dado o receio em relação a esses, [4] e eles próprios, alçando-se com todo o exército, partiram confiantes, indo em direção à Tirrênia com cinquenta mil infantes e vinte mil cavaleiros e parelhas. [5] Tão logo ouviram que os celtas haviam ultrapassado os Alpes, os romanos enviaram o cônsul Lúcio Emílio com tropas para Arímino, a fim de vigiar o assalto dos inimigos por esse setor, e um dos pretores para a Tirrênia. [6] O outro cônsul, Caio Atílio, já havia se dirigido à Sardenha com legiões; [7] todos os romanos estavam temerosos, supondo que um perigo enorme e terrível lhes sobreviria. Sofriam com razão, pois ainda se lhes estava impresso nas mentes o antigo pavor dos gauleses. [8] Daí que, considerando tal impressão, ora reuniam, ora alistavam legiões, e exortavam os aliados a ficarem de prontidão. [9] De modo geral, ordenaram aos submetidos que apresentassem os arrolamentos dos cidadãos em idade militar, [10] preocupados com saber o número total das forças de que dispunham. [11] Fizeram tamanhas reservas de alimento, projéteis e outros atavios bélicos os quais ninguém jamais recordou. [12] Tudo concorria em seu auxílio por toda parte e prontamente, [13] pois os habitantes da Itália, apavorados com a invasão gaulesa, não mais acreditavam que fossem aliados dos romanos[12], nem que a guerra se daria para a hegemonia deles, mas percebiam que contra si próprios, suas próprias cidades e territórios o perigo sobrevinha. [14] Por isso acederam prontamente às requisições.
[24.1] A fim de que fique evidente, com base nos fatos mesmos, sobre quão grande potência Aníbal ousou avançar e, depois disso, tendo encarado tamanho império de modo extraordinário, que realizou tão a contento seus projetos a ponto

---

12. Ambiguidade no original: tanto "gauleses" quanto "habitantes da Itália" podem ser vinculados a "aliados dos romanos".

de infligir os maiores revezes aos romanos, [2] deveriam ser mencionados os preparativos e a quantidade de suas forças neste momento. [3] Com os cônsules marchavam quatro legiões romanas, tendo cada uma cinco mil e duzentos infantes e trezentos cavaleiros. [4] Junto a cada um, os aliados eram em número de trinta mil infantes e dois mil cavaleiros. [5] Na ocasião, Roma contava com o auxílio de sabinos e tirrênios, em número de quatro mil cavaleiros e mais de cinquenta mil infantes. [6] Após reuni-los, estacionaram-nos na Tirrênia sob o comando de um pretor. [7] Úmbrios e sarsinates, habitantes do Apenino, mobilizaram-se em número de vinte mil, e junto deles os vênetos e os cenomanos, também vinte mil. [8] Alinharam-nos sobre a fronteira com a Gália, a fim de que despistassem os invasores ao se lançarem contra o território dos boios. Esses eram os exércitos estacionados na região. [9] Em Roma permaneciam de prontidão, por conta dos acontecimentos bélicos, em situação de reserva, vinte mil infantes dos próprios romanos, junto deles 1.500 cavaleiros, trinta mil infantes aliados, e dois mil cavaleiros. [10] Os alistamentos de latinos registravam oitenta mil infantes e cinco mil cavaleiros; de samnitas, setenta mil infantes e com eles sete mil cavaleiros; [11] de iapígios e messápios, juntos, cinquenta mil infantes e dezesseis mil cavaleiros; [12] de lucânios, trinta mil infantes e três mil cavaleiros; de marsos, marrucinos e ferentanos, bem como de vestinos, vinte mil infantes e quatro mil cavaleiros. [13] Havia ainda duas legiões de reserva na Sicília e em Tarento, cada uma das quais com quatro mil e duzentos infantes e duzentos cavaleiros. [14] A multidão de infantes romanos e campânios montava a 250 mil; de cavaleiros, a 23 mil. [15] Assim, em resumo, as forças estacionadas em Roma continham mais de 150 mil infantes e por volta de seis mil cavaleiros; [16] a quantidade total das forças armadas montava, contando-se os próprios romanos e aliados, a mais de setecentos mil infantes e setenta mil cavaleiros. [17] Contra esses, com menos de vinte mil,

Aníbal invadiu a Itália, o que se poderá compreender mais claramente na sequência.

[25.1] Tendo descido para a Tirrênia, os celtas vagaram pela região saqueando-a impunemente. Sem que ninguém lhes fizesse frente, por fim lançaram-se contra a própria Roma. [2] Quando já estavam ao redor da cidade denominada Clúsio, a três dias de Roma, chegou-lhes a notícia de que as forças romanas estacionadas na Tirrênia lhes vinham no encalço e se aproximavam. [3] Tão logo ouviram, retornaram sobre os próprios passos ansiosos por enfrentá-las. [4] Tendo se aproximado à hora do pôr do sol, aquartelaram-se a intervalo conveniente e bivacaram. [5] Sobrevinda a noite, os celtas acenderam o fogo e deixaram para trás os cavaleiros com instruções para, ao romper do dia, recuarem pela mesma trilha, à vista dos inimigos. [6] Bateram secretamente em retirada para a cidade de Fésulas e ali se instalaram com o propósito de acolher sua cavalaria e, ao mesmo tempo, atrapalhar de surpresa o assalto dos adversários. [7] Sobrevindo o dia, vendo aqueles cavaleiros e pensando que os celtas se retiravam, os romanos acompanharam sua retirada a toda pressa. [8] Ao se aproximarem dos inimigos, os celtas prorromperam, provocando um combate desde o início violento para ambos. [9] Por fim, sendo os celtas superiores em audácia e quantidade, não menos de seis mil romanos foram massacrados, tendo os demais fugido. A maioria desses se retirou e permaneceu em algum local fortificado. [10] Primeiro os celtas se puseram a sitiá-los. Entretanto, mal o faziam, por conta da precedente marcha noturna, dos sofrimentos e agruras. Entregaram-se ao repouso e restabelecimento, tendo deixado a colina sob a vigilância de alguns cavaleiros, com o propósito de sitiar os refugiados no dia seguinte, a menos que se entregassem voluntariamente.

[26.1] Nessa época, Lúcio Emílio, que guardava a região do Adriático, ao ouvir que os celtas, após invadirem a Tirrênia, se aproximavam de Roma, veio às pressas em socorro, felizmente no momento necessário. [2] Tendo acampado próximo aos inimigos, os refugiados na colina visualizaram as piras e compreenderam o fato; após recobrarem rapidamente a confiança, enviaram alguns dos seus à noite, desarmados, pela floresta, a anunciar o ocorrido ao comandante. [3] Ele, ao ouvir, compreendendo que não lhe restava negociação, ordenou que os tribunos conduzissem a infantaria ao romper do dia e, tendo ele próprio assumido a cavalaria, liderou a tropa, marchando em direção ao monte mencionado. [4] Vendo, à noite, as piras, e inferindo a presença dos inimigos, os chefes gauleses se reuniram em conselho. [5] O rei Aneroesto era de opinião que, tendo se tornado senhores de tamanho butim – a quantidade de homens e animais, além das bagagens que traziam, era, com razão, inarrável – [6] por isso mesmo, dizia, era preciso não mais arriscar nem se expor de modo algum, mas retornar tranquilamente a casa; quando houvessem deixado tudo em segurança, só então novamente desimpedidos, se bem lhes parecesse, deveriam lançar-se em bloco contra os romanos. [7] Parecendo-lhes boa a opinião de Aneroesto, à noite ratificaram-na; tendo levantado acampamento antes do nascente, bordejaram o mar ao longo do território tirrênio. [8] Após resgatar da colina os sobreviventes do exército, Lúcio decidiu que não convinha de modo algum arriscar as próprias forças em batalha, mas seguiria a vigiar locais e circunstâncias mais apropriadas, caso pudesse, de algum modo, prejudicar os inimigos ou tomar-lhes o butim.

[27.1] Por essa época, o cônsul Caio Atílio, após navegar da Sardenha com suas legiões para Pisa, avançou com as tropas em direção a Roma, marchando ao encontro dos inimigos. [2] Estando os celtas já em Telamão, na Tirrênia, alguns de seus forrageiros deram com soldados avançados de Caio, e foram capturados; [3] em resposta ao comandante, esclareciam o que ocorrera e mencionavam a presença de ambos os exércitos, indicando que estavam bastante próximos os celtas e, atrás deles, os homens de Lúcio. [4] Embora ele estranhasse a notícia, nutria esperanças por considerar que pilhara os celtas a meio da marcha; ordenou então que os tribunos alinhassem as legiões e prosseguissem a passo regular tanto quanto o terreno permitisse o avanço em linha. [5] Havendo ele próprio observado uma colina oportunamente a cavaleiro da rota, sob a qual os celtas deveriam marchar, reuniu os cavaleiros e lançou-se a toda brida para ocupar a elevação antes daqueles, para que tivesse a iniciativa do combate, persuadido de que assim obteria algo mais do que a dedicatória dos sucessos. [6] Desconhecendo inicialmente a presença dos homens de Atílio e supondo, pelos acontecimentos, que os cavaleiros de Emílio os haviam contornado à noite e ocupado aqueles locais, os celtas imediatamente enviaram alguns cavaleiros e homens armados para que disputassem as cercanias do monte. [7] Rapidamente souberam da presença de Caio por meio de um dos cativos; às pressas alinharam a infantaria, de modo a fazer frente às duas linhas, a que vinha pela retaguarda e a que vinha de frente, [8] pois sabiam que uns lhes vinham no encalço, e esperavam deparar-se com os outros de frente: conjecturaram por meio de notícias e acontecimentos da ocasião.

[28.1] Emílio, que tinha ouvido sobre o desembarque das legiões em Pisa, mas não esperava juntar-se-lhes, por ocasião do combate pela colina soube com clareza que as forças aliadas estavam próximas de fato. [2] Assim, imediatamente enviou a cavalaria em auxílio aos que combatiam na colina e ele próprio, conforme a disposição costumeira, organizou a infantaria e avançou contra os adversários. [3] Os celtas alinharam os ditos gesatos dos Alpes à retaguarda, onde esperavam os homens de Emílio, e atrás deles os ínsubres. [4] Na linha de frente, instalaram os tauriscos e os boios habitantes das planícies do Pado, em posição inversa em relação aos supramencionados, ou seja, de frente para o assalto das legiões de Caio. [5] Instalaram os carros e parelhas em cada extremidade, e amontoaram o butim em um outeiro vigiado. [6] Tendo as forças celtas duas frentes, sua formação era não somente apavorante como também manobrável. [7] Os ínsubres e boios apresentaram-se vestidos com calças e casacos de bom caimento, [8] mas os gesatos, tendo confiantemente abandonado esses equipamentos, por amor à glória postaram-se nus, apenas com as próprias armas, entre os primeiros da tropa, pois achavam que assim teriam mais mobilidade: alguns locais, porque espinhosos, estorvariam as vestes e impediriam o emprego das armas. [9] Pela colina deu-se o primeiro choque, visível a todos, ao qual acorreu enorme quantidade de cavaleiros de ambos os exércitos, em grande confusão. [10] Nessa ocasião, o cônsul Caio, que lutou com bravura, pereceu violentamente, e sua cabeça foi levada aos reis celtas. Após combate formidável, por fim os cavaleiros romanos dominaram o local e os adversários. [11] Na sequência, com as legiões já próximas umas às outras, o que ocorreu foi singular e espantoso não apenas para os presentes à ocasião, mas também àqueles capazes de ter o fato sob a vista por meio do que se conta.

[29.1] Primeiro, pelo fato de a batalha ter envolvido três exércitos, é claro que, verossimilmente, mostrou aparência e usança estranha e alterada em relação ao prescrito. [2] Em segundo lugar, como não seria duvidoso, agora e naquela ocasião, se os celtas detinham espaço o mais precário, com duas facções inimigas vindo sobre si, [3] ou, ao contrário, o mais favorável, ora combatendo ambas, ora dispondo de sua própria segurança, porque sempre havia alguém à retaguarda (mais significativo, estava vedado qualquer recuo, e somente haveria salvação caso ali se mantivessem)? [4] A peculiaridade de uma disposição em duas frentes tem essa vantagem. [5] O fato de os inimigos ficarem no meio de dois exércitos, cercados por todo lado, fazia os romanos confiantes, mas, por outro lado, a ordem e o alarido das forças celtas apavoravam-nos, [6] pois era inumerável a quantidade de buzineiros e trombeteiros. Somado a esses, quando todo o exército cantava o peã, era tal e tamanho o grito que não apenas as trombetas e a tropa, mas também as adjacências reverberavam-no, parecendo emitir sons. [7] Também era apavorante a apresentação e a agitação de homens nus distintos pelo vigor e pelo aspecto. [8] Todos os que estavam nos primeiros destacamentos portavam colares e braceletes de ouro. [9] Ao ver isso, se por um lado os romanos se apavoravam, por outro, impelidos pela expectativa de ganhos, eram duplamente instigados para o combate.

[30.1] No momento em que os acontistas avançaram do meio das legiões romanas, conforme o costume, a atirar dardos poderosos e agudos, foram de muita valia os casacos e as calças para os celtas da parte de trás; [2] para os homens nus da frente, dada a ocorrência contrária à sua expectativa, o fato provocou enorme embaraço e dificuldades: [3] uma vez que o escudo gaulês não cobria todo o indivíduo, quanto maior era o corpo nu tanto melhor os pilos nele se cravavam. [4] Por fim, incapazes de se proteger dos atiradores, devido à distância e à quantidade dos pilos que caíam, alguns se jogavam sobre os inimigos impetuosa, irracional e desordenadamente, entregando-se à morte por vontade própria, outros, recuando para junto dos seus, destruíam a formação dos de trás com sua covardia manifesta. [5] Assim, a resolução dos gesatos foi desse modo destruída ante a presença dos acontistas, [6] mas a massa de ínsubres, boios e tauriscos, quando os romanos acolheram seus próprios acontistas e carregaram com os manípulos, resistiu aos inimigos em dura batalha homem a homem. [7] Posto que mutilados, mantinham-se com igual ânimo, inferiores na comparação homem a homem e como tropa apenas pela constituição das armas. [8] Os escudos para proteção, e as espadas para a ação, grande diferença *** ter, pois a gaulesa só permitia golpe para baixo. [9] Uma vez que a cavalaria romana, carregando de cima da colina e pelos flancos, atacava formidavelmente, então a infantaria celta era massacrada no local de formação, e sua cavalaria se punha em fuga.

[31.1] Morreram por volta de quarenta mil celtas e foram capturados não menos de dez mil, dentre os quais um dos reis, Concolitano. [2] O outro, Aneroesto, tendo se refugiado em um local qualquer, pouco depois matou a si e aos seus. [3] Após ajuntar os despojos, o comandante romano os despachou a Roma e devolveu as pilhagens a seus proprietários. [4] Tendo retomado as legiões e bordejado a Ligúria, invadiu o território dos boios. Após saciar o ímpeto das legiões por butim, retornou com as tropas a Roma em poucos dias. [5] Adornou o Capitólio com as insígnias e com os colares – adorno de ouro que os gauleses trazem ao pescoço – [6] e empregou o espólio e os cativos em seu próprio benefício e de seu triunfo. [7] Desse modo, foi rechaçado o mais pesado assalto dos celtas, que pendeu sobre todos os italiotas, e principalmente sobre os romanos, como um perigo enorme e temível. [8] A partir desse sucesso, os romanos acalentaram a expectativa de poder expulsar completamente os celtas das proximidades do Pado, e enviaram na sequência contra os celtas ambos os cônsules instituídos, Quinto Fúlvio e Tito Mânlio [224 a.C.], e suas tropas com grandes preparativos. [9] Com a investida, aterrorizaram os boios e os constrangeram a entregar-se à boa-fé dos romanos, [10] mas durante todo o resto da expedição, ante a ocorrência de tempestades violentíssimas e de peste, permaneceram inativos.

[32.1] Os cônsules seguintes, Públio Fúrio e Caio Flamínio [223 a.C.], invadiram novamente a nação céltica pelo território dos anaros, que habitavam não longe de Massília. [2] Conciliada a aliança destes, atravessaram para a terra dos ínsubres pela confluência do Adoa e do Pado. [3] Tendo sofrido baixas enquanto atravessavam e acampavam, permaneceram pouco tempo e retiraram-se do local após concluir um acordo. [4] Após circularem por muitos dias e atravessarem o rio Clúsio, chegaram ao território dos cenomanos e, tendo se reforçado com eles, que eram aliados, invadiram novamente as planícies dos ínsubres a partir dos Alpes, devastando a terra e pilhando suas vilas. [5] Os chefes dos ínsubres, vendo que o intento dos romanos era inalterável, decidiram tentar a sorte e enfrentá-los em batalha generalizada. [6] Agruparam todas as forças existentes, fizeram descer as insígnias de ouro ditas "imobilizáveis" do templo de Atena, e prepararam todo o resto convenientemente; na sequência, acamparam diante dos inimigos, confiantes e aterradores, quase cinquenta mil homens. [7] Vendo-se em número bem inferior ao dos adversários, os romanos desejavam mobilizar também as tropas celtas aliadas. [8] Após refletirem, porém, sobre a inconstância gaulesa, e sobre o fato de que combateriam contra homens da mesma raça dos auxiliares, recearam colocar tais homens em contato em ocasião tão crítica. [9] Ao fim, permaneceram aquém do rio e, após fazerem com que os celtas que lhes acompanhavam atravessassem-no, derrubaram as pontes, [10] ao mesmo tempo assegurando-se contra eles e deixando-lhes uma única esperança de salvação, a vitória, pois que em sua retaguarda o rio era intransponível. [11] Tendo feito isso, estavam prontos para combater.

[33.1] Parece que os romanos se engajaram nessa batalha com destreza, tendo os tribunos demonstrado a cada soldado como deveria combater coletiva e individualmente. [2] Haviam observado em combates anteriores que, no primeiro assalto, enquanto não rechaçados, todos os gauleses são muitíssimo temíveis; [3] por seu preparo, conforme mencionei anteriormente, suas espadas servem para um primeiro golpe oportuno, de cima para baixo, porém depois dele imediatamente se entortam, curvando-se pelo comprimento e pela largura a tal ponto que, a menos que se lhes dê tempo para endireitá-las com o pé após apoiá-las no chão, seu segundo golpe é completamente ineficaz. [4] Os tribunos, então, tendo distribuído as lanças dos triários, postados atrás, aos primeiros manípulos, e ordenado àqueles, em substituição, o uso das espadas, atacaram de frente, em linha com os celtas. [5]

No mesmo instante em que os gauleses, desferindo os primeiros golpes contra as lanças, inutilizaram suas espadas, os romanos imobilizaram os celtas quando correram para o corpo a corpo, porque privaram-nos do combate por talho, próprio dos gauleses, uma vez que as espadas deles não mais tinham ponta. [6] Empregando as espadas não para golpes de talho, mas com estocadas precisas, pois tinham ponta eficaz, os romanos golpeavam-nos no peito e na face, e provocando ferimento sobre ferimento abateram a maioria dos opositores devido à previdência dos tribunos, [7] pois o cônsul Flamínio parece não ter conduzido corretamente o mencionado combate: quando formou ao longo da barranca do rio, destruiu o elemento peculiar ao combate romano, pois não deixou espaço para que os manípulos marchassem para trás. [8] Se os homens houvessem sofrido uma mínima pressão, teriam sido obrigados a atirar-se no rio por conta da irreflexão do comandante. [9] Contudo, tendo vencido pela própria excelência, como disse, e conquistado enorme quantidade de butim e não menores espólios, retornaram a Roma.

[34.1] No ano seguinte, como os celtas despachassem embaixadas para tratar de paz e prometessem de tudo, os cônsules instituídos, Marco Cláudio e Cneu Cornélio [222 a.C.], pressionaram para que a eles não fosse concedida a paz. [2] Frustrados e considerando que devessem tentar uma última esperança, puseram-se a arregimentar três mil mercenários dentre os gauleses gesatos, nas proximidades do Ródano. Com esses, ficaram de prontidão aguardando o avanço inimigo. [3] Chegada a hora, os comandantes romanos reuniram as tropas e se dirigiram para o território dos ínsubres. [4] Chegaram e acamparam nas proximidades da cidade de Acerra, localizada entre o Pado e as montanhas alpinas, e a sitiaram. [5] Impossibilitados de ajudar, uma vez que os locais melhor situados já haviam sido ocupados, mas urgindo para romper o cerco dos acerrenses, os ínsubres atravessaram o Pado com parte de suas forças em direção ao território dos anaros e cercaram o denominado Clastídio. [6] Quando os cônsules souberam do ocorrido, Marco Cláudio tomou dos cavaleiros e de alguns soldados e apressou-se para socorrer os sitiados. [7] Ao saberem da presença dos adversários, os celtas suspenderam o cerco, reuniram-se e ofereceram batalha. [8] Os romanos atacaram-nos audaciosamente com a cavalaria: eles no início resistiram, mas depois, envolvidos às costas e pelos flancos, lutavam com dificuldade, e por fim foram postos em fuga pela cavalaria. [9] Muitos, havendo se lançado no rio, morreram devido à correnteza, mas a maioria foi trucidada pelos inimigos. [10] Os romanos apoderaram-se de Acerra, cheia de trigo, tendo os gauleses se retirado para Mediolano[13], local mais importante do território dos ínsubres. [11] Cneu seguiu em seu encalço e chegou de surpresa a Mediolano. Primeiro, permaneceram tranquilos; [12] mas quando ele novamente partiu para Acerra, eles saíram e, tendo atacado a retaguarda, fizeram muitas baixas e constrangeram uma parte deles à fuga [13] até que Cneu, tendo convocado os da dianteira, ordenou que barrassem e enfrentassem os inimigos. [14] Em obediência ao cônsul, os romanos combatiam vigorosamente os atacantes. [15] Os celtas permaneceram confiantes por certo tempo, devido ao sucesso inicial, mas pouco depois debandaram rumo ao sopé das montanhas. Após segui-los, Cneu pilhou a região e tomou Mediolano à força.

[35.1] Diante disso, os chefes dos ínsubres, desistindo de qualquer esperança de salvação, entregaram-se à discrição dos romanos. [2] Tal foi o fim da guerra contra os celtas: pela temeridade e audácia dos combatentes, pelas batalhas e quantidade de mortos e alistados, em nada foi inferior a outras relatadas; [3] quanto aos planos e à indecisão em atitudes específicas, contudo, foi absolutamente desprezível, pois não a maioria, mas quase tudo o que os gauleses promoveram foi

---

13. A atual Milão.

decisão mais do ímpeto que do cálculo. [4] Quando observamos em quão pouco tempo foram expulsos das planícies do Pado, à exceção de alguns poucos locais ao pé dos Alpes, pensamos que não se deveria deixar sem recordação seu avanço inicial, nem as ações subsequentes, nem a expulsão final, [5] porque julgamos próprio da história o trazer à memória e à tradição tais episódios do acaso para os pósteros, [6] a fim de que nossos contemporâneos, não possuindo noção alguma desses fatos, não se espantem com os assaltos repentinos e descabidos dos bárbaros mas, tendo em mente quanto é fugaz e fácil de debelar (a multidão de bárbaros combate contra homens bem pensantes) um assalto deles, resistam e tentem todas as esperanças antes de desistir de qualquer medida necessária. [7] Penso que aqueles que legaram à nossa memória e tradição o assalto dos persas sobre a Grécia e dos gauleses sobre Delfos contribuíram não pouco, mas enormemente para com os combates dos gregos pela liberdade comum. [8] Ninguém, ainda que terrificado com a quantidade de suprimentos, armas e homens, renunciaria à decisiva esperança de combater pelo próprio território pátrio, tendo diante dos olhos a grandiosidade das ocorrências de então e recordando quantas miríades, que audácia e quão grandes preparativos a decisão e a potência daqueles que combatem com inteligência e cálculo abateram. [9] Não só antigamente, mas frequentemente também na atualidade o medo dos gauleses apavorou os gregos. [10] Devido principalmente a isso decidi-me a narrar sumariamente esses fatos.

[36.1] Asdrúbal, o comandante cartaginês – nesse ponto nos desviamos da narrativa – tendo controlado a Ibéria por oito anos, faleceu [221 a.C.] assassinado à traição em seu próprio alojamento, à noite, por um celta, por conta de desentendimentos privados, [2] tendo feito não poucos, mas enormes progressos para os interesses cartagineses, não tanto por enfrentamentos quanto por entendimento com os chefes locais. [3] Os cartagineses legaram o comando da Ibéria ao jovem Aníbal, em razão de sua manifesta sagacidade e audácia em ação. [4] Assim que assumiu o comando, imediatamente suas intenções demonstraram que levaria a guerra aos romanos, o que por fim realizou, após muito breve espera. [5] Já desde essa época as relações entre cartagineses e romanos eram de suspeição e atrito: [6] aqueles conspiravam ansiosos por vingar-se das derrotas na Sicília; os romanos desconfiavam, espreitando seus movimentos. [7] Daí era claro, a quem examinasse corretamente, que entrariam em guerra dentro de não muito tempo.

[37.1] À mesma época, os aqueus e o rei Filipe com seus aliados empreenderam contra os etólios a guerra dita "dos aliados" [220-217 a.C.]. [2] Uma vez que, tendo relatado as ações na Sicília, na África, e as subsequentes, dando continuidade à introdução, chegamos ao início da guerra dos aliados e da segunda entre romanos e cartagineses, por muitos chamada de anibálica, e que, conforme o projeto original, afirmamos que nessa época colocaríamos o início de nossa obra, [3] seria conveniente se, deixando-as de lado, nos voltássemos para as ações na Grécia, a fim de que, tendo feito a introdução avançar de modo semelhante em todas as partes rumo à mesma época, só então iniciemos, de fato, pela Itália e pela história detalhada. [4] Uma vez que empreendemos relatar não somente algumas ações, como nossos antecessores, quais as de gregos ou persas, mas todas aquelas ocorridas nas partes conhecidas do ecúmeno, porque nossa época contribuiu de modo singular para esse propósito, como demonstrarei alhures, [5] seria necessário, antes da narrativa principal, mencionar brevemente os mais célebres e conhecidos povos e regiões do ecúmeno. [6] Sobre a Ásia e o Egito seria suficiente recordar começando pelo momento ora tratado, porque a história de suas épocas mais recuadas foi já por muitos exposta, é conhecida por todos, e em nossa época nada lhes ocorreu de extraordinário nem surpreendente, por efeito do acaso, que requeira rememoração do passado. [7] Sobre a nação aqueia e sobre a casa real macedônia, é cabível recuar um pouco no tempo, [8] uma vez que a esta sobreveio a extinção absoluta, e aos aqueus, conforme mencionei anteriormente, crescimento e união surpreendentes em nossa época. [9] No passado, muitos desejaram reunir os peloponésios em uma mesma comunidade, mas ninguém conseguiu fazê-lo, porque cada um ansiava pelo próprio poderio, não pela liberdade comum: [10] essa questão, porém, experimentou tal e tamanho progresso e consumação em nossa época que não só surgiu entre eles uma comunidade de interesses como que entre aliados e amigos, mas a ponto de servirem-se das mesmas leis, pesos, medidas e moedas, além dos mesmos magistrados, representantes e juízes. [11] De um modo geral, por uma única razão quase todo o Peloponeso não era uma cidade única, qual seja, pelo fato de que seus habitantes não residiam dentro de uma única muralha. De resto, tudo era o mesmo e similar a todos, em comum e em cada cidade.

[38.1] Primeiro, não é inútil saber como e de que modo o nome dos aqueus prevaleceu entre todos os peloponésios, [2] pois os que desde há muito detêm tal denominação pátria não se distinguem pela quantidade de territórios, nem de cidades, nem por riquezas nem pela excelência de seus homens; [3] o povo dos árcades e, de modo semelhante, o dos lacônios, é superior, não por pouco, em quantidade de homens e territórios; além disso, estes jamais cederam a qualquer grego em primazia de bravura. [4] Como, então, e devido a que, atualmente se contentam, juntamente com o restante dos peloponésios, em partilhar a constituição e a denominação de aqueus? [5] É evidente que não se deveria falar em acaso: é ingenuidade. Deve-se sobretudo procurar uma causa, sem a qual nada que se mostre lógico ou ilógico pode realizar-se. Há uma, em minha opinião. [6] Não se encontraria um sistema e princípios de direito de fala igualitária e franca – em uma palavra, de uma verdadeira democracia – mais puros que os dos aqueus. [7] Alguns peloponésios aceitaram-nos voluntariamente, muitos foram atraídos pela persuasão e com argumentos; outros, forçados a aceitá-la por circunstância, logo a seguir ficaram satisfeitos com ela. [8] Sem reservar qualquer privilégio a nenhum membro original, e mostrando-se igualitária a todos os que a ela aderiam, rapidamente atingiu seu objetivo manifesto por meio de dois poderosíssimos colaboradores, a igualdade e a filantropia. [9] Assim, isso deve ser entendido como fonte e causa parcial da prosperidade comum dos peloponésios. [10] A peculiaridade dos princípios e a especificidade ora mencionada da constituição, também antes existiam entre os aqueus. [11] Isso é evidente por meio de muitas outras razões, mas no momento bastarão um ou dois testemunhos tomados como prova.

[39.1] Ao tempo que na Itália [meados do século v a.C.], na região então denominada Magna Grécia, se incendiaram as confrarias pitagóricas, [2] ao que se seguiram agitações políticas generalizadas, como era natural, dado que os principais cidadãos de cada cidade pereceram de modo tão insólito, [3] todas as cidades gregas daquela região mergulharam em assassinatos, dissensões e todo tipo de tumulto. [4] Nessa época, como de muitas partes da Grécia viessem embaixadas com propostas de soluções conciliatórias, recorreram aos aqueus e à sua boa-fé para pôr termo aos males da ocasião. [5] Não somente nessa época acataram as sugestões dos aqueus mas, com o passar do tempo, começaram a imitar com total empenho sua constituição. [6] Exortando-se uns aos outros de comum acordo os crotoniatas, sibaritas e cauloniatas, primeiro consagraram o templo comum de Zeus Homário, local em que realizavam assembleias e debates; depois, passando a servir-se das leis e dos costumes dos aqueus, começaram a se organizar e administrar conforme a constituição deles. [7] Entravados pelo poder de Dionísio de Siracusa e pela pressão de bárbaros circunvizinhos, daqueles se afastaram não por vontade, mas coagidos. [8] Em seguida, ante a surpreendente derrota lacedemônia na batalha de Leuctras [371 a.C.], e com os tebanos clamando inesperadamente a hegemonia sobre os gregos, pairava a confusão sobre todos os gregos, sobretudo sobre os mencionados, pois uns não admitiam ter sido derrotados, e os outros não acreditavam ter vencido. [9] Assim, em meio a tanta perplexidade, tebanos e lacedemônios submeteram-se à arbitragem somente dos aqueus dentre os gregos, considerando não tanto seu poder – [10] pois detinham então o menor dentre os gregos – mas antes de tudo por sua boa-fé e completa integridade, reputação de que gozavam por unanimidade na ocasião. [11] Nessa época, vigiam entre eles apenas esses fundamentos políticos; para realizações ou ações notáveis visando a incrementação de seus próprios interesses, contudo, nada tinham, [12] pois não haviam conseguido produzir um líder à altura desses fundamentos: sempre que algum assim se mostrava, era obscurecido e bloqueado ora pelo império dos lacedemônios, ora sobretudo pelo dos macedônios.

[40.1] Quando, com o tempo, surgiram líderes valorosos, eles rapidamente tornaram manifesta a potência daqueles fundamentos, tendo realizado, como obra a mais significativa, a concórdia entre os peloponésios. [2] O propositor e diretor de todo o plano foi Arato de Sicião, o combatente e executor foi o megalopolitano Filopêmen, e Licortas[14] com seus homens garantiram-lhe firmeza e estabilidade por algum tempo. [3] Tentaremos demonstrar quais as obras de cada um, como e em que momento, sempre dedicando atenção conforme apropriado a esta narrativa. [4] Mencionaremos de modo sumário o que Arato empreendeu agora e na sequência, porque ele deixou memórias muito verdadeiras e esclarecedoras sobre suas próprias ações; [5] quanto aos atos dos demais, daremos explicações mais precisas e detalhadas. Suponho que para mim seria mais fácil de narrar, e para os

---

14. Pai de Políbio. Assim como Arato e Filopêmen, ocupou o posto de estratego da Segunda Liga Aqueia, o mais alto. O próprio historiador fora hiparca, posto abaixo somente daquele, sob a estrategia do pai.

leitores, de acompanhar a lição, se dedicássemos atenção à época em que a nação aqueia, desmembrada em várias cidades pelos reis da Macedônia, começou a se reorganizar em império com a reunificação de todas as cidades. [6] A partir de então, a nação cresceu e atingiu a perfeição que presenciamos em nossa época, da qual tratei pormenorizadamente. [41.1] Corria a 124ª olimpíada [284-280 a.C.] quando os patrenses começaram a entrar em acordo com os dimeus, [2] época em que faleceram Ptolomeu filho de Lago, Lisímaco, Seleuco e Ptolomeu Cerauno. Todos eles morreram durante a mencionada olimpíada. [3] Em tempos anteriores, os aqueus tinham a seguinte organização política[15]. [4] Foram chefiados por reis desde o filho de Orestes, Tisameno, que, expulso de Esparta quando do retorno dos heraclidas, ocupou a Acaia; [5] a partir daí foram continuamente chefiados por reis até Ógigo, cujos filhos os desagradaram por governar não com base na lei, mas despoticamente, pelo que mudaram a constituição em democracia. [6] No período subsequente, até o império de Alexandre e Filipe, por vezes suas atitudes oscilavam conforme as circunstâncias, mas tentaram manter democrática a constituição comum, como dissemos. [7] O Estado era formado por doze cidades, que ainda hoje subsistem, à exceção de Oleno e Hélice, a qual foi tragada pelo mar antes de Leuctras. [8] São elas: Patras, Dime, Faras, Tritea, Leôncio, Égio, Egera, Pelene, Bura e Carínia. [9] No período posterior a Alexandre, mas anterior à olimpíada há pouco mencionada [323-284 a.C.], descaíram em tantas divergências e má vontade, sobretudo por conta dos reis da Macedônia, que todas as cidades, apartadas umas das outras, agiam de

---

15. Também tratada pela historiografia como Liga Aqueia, foi por duas vezes organizada: de tempos imemoriais até Alexandre (323 a.C.), a Primeira Liga Aqueia, e depois da 124ª olimpíada (284 a.C.), a Segunda. As denominações, sempre equivalentes empregadas por Políbio para a organização são nação aqueia (*Akhaiôn éthnos*), organização aqueia (*Akhaiôn sýstema/sýstasis*), constituição/Estado (*politeía/políteuma*), confederação nacional (*ethnikê sympoliteía*) e democracia aqueia (*Akhaiôn demokratía*), que mantive na tradução. As ligas aqueias e etólia eram formadas pelas cidades gregas não exauridas pelos conflitos do século IV a.C., e enfrentaram macedônios e romanos.

modo contrário ao interesse comum. [10] Por conta disso, umas submeteram-se a guarnições de Demétrio e Cassandro e, na sequência, de Antígono Gônata, outras, a tiranias[16]. Este último parece ter implantado a maioria dos monarcas entre os gregos. [11] Ao longo da 124ª olimpíada, conforme escrevi anteriormente, recomeçaram a entrar em acordo, tendo mudado de parecer. Isso ocorreu quando da travessia de Pirro para a Itália [280 a.C., cf. 1.6.5.]. [12] Os primeiros a se comporem foram os dimeus, os patrenses, os triteus e os fareus, por isso não há estela dessas cidades relativa à confederação. [13] Cinco anos depois os egieus, tendo expulsado sua guarnição, tomaram parte na confederação. Depois deles os búrios, quando mataram seu tirano. [14] Junto destes os carineus se reintegraram, pois Iseas, então tirano de Carínia, ao saber da queda da guarnição de Égio e da morte do monarca de Bura pelas mãos de Margo e dos aqueus, e vendo-se a si próprio em situação de já não mais poder levar a guerra a toda parte, [15] depois de abandonar o governo e receber garantias de segurança da parte dos aqueus entregou a cidade à organização dos aqueus.

[42.1] Por que razão remontei a essa época? A fim de que, primeiro, se tornasse evidente como, em quanto tempo e quem foram os primeiros dentre os aqueus que desde o início levaram a cabo o projeto da atual organização; [2] em segundo lugar, a fim de que aqueles fundamentos não apenas por meio de afirmação nossa, mas também pelos fatos mesmos tivessem credibilidade, [3] pois sempre subsistiu uma única orientação política entre os aqueus segundo a qual, oferecendo o direito à fala igualitária e franca que se dava entre eles, guerreando e combatendo continuamente aqueles que escravizavam suas pátrias por iniciativa própria ou interferência de reis, desse modo e com esse propósito realizaram tal obra, parte por si próprios, parte em conjunto com aliados.

---

16. Demétrio Poliorceta, rei da Macedônia (294-288 a.C.); Cassandro (316-297 a.C.), filho de Antípatro; Antígono Gônata (277-239 a.C.), filho de Demétrio Poliorceta.

[4] Deve-se mencionar a colaboração destes para com os princípios dos aqueus no correr do tempo. [5] Tendo partilhado empreitadas com muitos povos e com os romanos, os maiores e mais importantes, jamais desejaram de seus sucessos nenhuma vantagem particular, mas em paga do empenho [6] que manifestavam pelos aliados, recebiam em troca a liberdade de cada um e a concórdia dos peloponésios. [7] Será mais fácil compreendê-lo a partir das próprias operações.

[43.1] Durante os primeiros 25 anos, as mencionadas cidades formaram um único Estado, empregando, em mandatos periódicos, um secretário comum e dois estrategos. [2] Depois, novamente lhes pareceu melhor instituir um único e a ele confiar todas as atribuições. O primeiro a ter essa honra foi o carineu Margo [255-254 a.C.]. [3] No quarto ano após o mencionado estratego, Arato de Sicião [251-250 a.C.], de vinte anos, tendo libertado sua pátria da tirania por sua própria excelência e ousadia, direcionou-a para o Estado dos aqueus, pois desde o início admirava a política deles. [4] Após oito anos [243-242 a.C.], escolhido como estratego pela segunda vez e tendo capturado de surpresa Acrocorinto, controlada por Antígono, da qual se assenhoreou, livrou os habitantes do Peloponeso de enorme pavor e trouxe os coríntios, após libertá-los, para o Estado dos aqueus. [5] Durante essa mesma magistratura conquistou a cidade de Mégara e direcionou-a aos aqueus. [6] Isso ocorreu um ano antes da derrota cartaginesa [241 a.C.] em razão da qual, após evacuarem completamente a Sicília, submeteram-se pela primeira vez a pagar tributo aos romanos. [7] Tendo feito grande progresso em pouco tempo, continuou como chefe da nação aqueia, dirigindo a uma única finalidade todos os planos e ações, [8] ou seja, expulsar os macedônios do Peloponeso, destruir sua tirania e reafirmar para todos a liberdade ancestral comum. [9] Enquanto Antígono Gônata esteve vivo [283-239 a.C.], continuava opondo-se às suas ingerências e à cupidez dos etólios, [10] equacionando com habilidade ambas as pressões, mesmo quando sua iniquidade e audácia avançaram a tal ponto de firmarem um tratado para dissolução da nação aqueia.

[44.1] Morto Antígono, havendo os aqueus concertado uma aliança com os etólios e partilhado nobremente entre si a guerra contra Demétrio, foram trocados na ocasião os estranhamentos e indisposições sucedidos por uma disposição amigável e comunitária. [2] Tendo Demétrio reinado apenas dez anos [239-229 a.C.] e falecido quando da primeira incursão romana na Ilíria, prosperaram os planos originais dos aqueus. [3] Os que ainda eram monarcas no Peloponeso, cujas esperanças foram frustradas com a morte de Demétrio – para eles um patrono pagador – e com a pressão de Arato, que julgava devessem renunciar à tirania, oferecendo aos que se persuadissem grandes dádivas e honras, e aos que não, ameaçando com temores e perigos ainda maiores da parte dos aqueus, [4] começaram a, persuadidos, renunciar à tirania, a libertar suas pátrias e a tomar parte no Estado aqueu. [5] O megalopolitano Lidíada, ainda enquanto vivia Demétrio, por sua própria escolha, antevendo muito pragmática e sensatamente o futuro, renunciara à tirania e partilhara da confederação nacional. [6] Aristômaco, tirano dos argivos, Xenão, dos hermioneus e Cleônimo, dos fliásios, após renunciarem à monarquia, uniram-se à democracia dos aqueus.

[45.1] Com a ampliação do crescimento e do progresso da nação em razão disso, os etólios deram vazão à inveja por conta de sua inata iniquidade e cupidez, ainda mais porque esperavam dividir entre si as cidades, do mesmo modo como, anteriormente, haviam partilhado as dos acarnânios com Alexandre[17], e vinham tentando o mesmo em relação às dos aqueus com Antígono Gônata; [2] na ocasião, excitados com semelhante expectativa, tiveram a audácia de mancomunar-se e

---

17. Alexandre II do Epiro, filho de Pirro, a quem sucedeu em 272 a.C. A partilha ocorreu em 266 a.C.

estreitar mãos com Antígono, governante dos macedônios à época, regente em nome de Filipe, ainda criança, e com Cleômenes, rei dos lacedemônios[18]. [3] Vendo que Antígono era senhor absoluto da Macedônia e inimigo unânime e manifesto dos aqueus devido à tomada de Acrocorinto à traição, [4] supunham que, se após captarem os lacedemônios ainda os fizessem sentir ódio àquela nação, facilmente bateriam os aqueus atacando oportunamente em conjunto, levando-lhes uma guerra em muitas frentes. [5] Tê-lo-íam realizado com toda razão se não houvessem desprezado o elemento mais importante do plano, pois não calcularam que teriam Arato como antagonista em tais empreitadas, homem perspicaz em qualquer circunstância. [6] Assim que começaram a agir e a comandar com mão injusta, não só nenhum projeto realizaram como, ao contrário, fortaleceram a nação e a liderança de Arato, que pragmaticamente desencaminhara e impedira suas empreitadas. [7] O modo como tudo foi empreendido ficará claro pelo que será dito.

[46.1] Observando que os etólios abriam guerra acanhados, porque era demasiado recente os serviços dos aqueus em seu favor na guerra contra Demétrio; [2] que se aconselhavam com os lacedemônios[19] e invejavam os aqueus a tal ponto que, quando Cleômenes os surpreendera e lhes tomara Tegea, Mantineia e Orcômeno, cidades não apenas aliadas, mas também então confederadas aos etólios, não só não se irritaram como também confirmaram a ocupação; [3] que eles, anteriormente, devido à cupidez, suscitavam muitos pretextos para guerras contra aqueles que nunca haviam cometido injustiças; e percebendo, então, que violavam voluntariamente os tratados e destruíam por vontade própria as cidades mais importantes, unicamente para ver Cleômenes tornar-se digno antagonista dos aqueus, [4]

---

18. Antígono Dosão, tutor de Filipe v; Cleômenes reinou entre 229-220 a.C.
19. 229-227 a.C. O fim dessas intrigas culmina no início da guerra cleomênica (227-221 a.C.).

Arato compreendeu ser necessário, diante disso, que ele próprio e igualmente todos os líderes do Estado aqueu não iniciassem guerra contra ninguém, mas opusessem resistência aos planos dos lacedemônios. [5] Primeiro mantiveram-se em tal opinião, mas quando compreenderam que, com o passar do tempo, Cleômenes arrogantemente construía o chamado Ateneu no território dos megalopolitanos, mostrando-se-lhes manifesta e odiosamente inimigo, [6] então, após reunirem os aqueus decidiram em assembleia retomar abertamente a hostilidade contra os lacedemônios. [7] Esse foi o início, nessa época, da guerra cleomênica.

[47.1] Num primeiro momento, os aqueus enfrentaram os lacedemônios com as próprias forças, fosse por suporem mais belo não receber de outros a própria salvação, mas por si mesmos salvar as cidades e o território, [2] fosse por desejarem preservar a aliança com Ptolomeu, em razão de bons serviços anteriores, sem mostrar-se a estender a mão a outros. [3] Mas com o avanço da guerra, após Cleômenes destruir seu Estado pátrio, mudando a realeza legítima em tirania [225 a.C.] e empenhando-se efetiva e infatigavelmente na guerra, [4] Arato, antevendo o futuro e receando a insensatez e a audácia dos etólios, decidiu que antes de tudo lhes arruinaria o plano. [5] Percebendo que Antígono era homem de ação sagaz e que afetava credibilidade, e sabendo claramente que os reis por natureza não tomavam ninguém como colaborador ou inimigo, mas sempre mediam as inimizades e alianças pelas convenções do interesse, [6] empreendeu tratar com o referido rei e apertar-lhe a mão para demonstrar o que adviria daqueles fatos. [7] Contudo, por várias razões considerou inconveniente fazê-lo abertamente, pois faria de Cleômenes e dos etólios opositores de seus planos, [8] além de repelir muitos dos aqueus ao refugiar-se entre inimigos e parecendo ter abandonado completamente as esperanças que neles depositava. Assim, desejava mostrar-se agindo o menos possível; [9] tendo tal desígnio, meditou empreendê-lo em sigilo. [10]

Daí ter sido forçado a falar e fazer publicamente muitas coisas contra sua própria opinião, por meio das quais, induzindo a reflexões contrárias, disfarçava seu plano. [11] Por conta disso deixou algumas lacunas em seus comentários.

[48.1] Sabendo que os megalopolitanos sofriam com a guerra pelo fato de estarem mais próximos da Lacedemônia do que todos; que não recebiam proteção adequada dos aqueus, também pressionados por dificuldades; [2] sabendo com clareza que estavam naturalmente inclinados pela casa real macedônica em razão dos bons serviços de Filipe, filho de Amintas[20], [3] compreendeu que, se pressionados por Cleômenes, rapidamente se refugiariam sob Antígono e sob as garantias macedônias. [4] Tendo tratado secretamente sobre o plano geral com os megalopolitanos Nicófanes e Cercida, com os quais tinha vínculos ancestrais de hospitalidade e que eram capacitados para a empreitada, [5] por meio deles facilmente despertou nos megalopolitanos o ímpeto para enviar embaixada aos aqueus e pedir-lhes que despachassem a Antígono em busca de auxílio. [6] Os megalopolitanos fizeram de Nicófanes e Cercida embaixadores aos aqueus, e dali imediatamente a Antígono, se o povo consentisse. [7] Os aqueus permitiram que os megalopolitanos os enviassem. [8] Tendo os homens de Nicófanes se encontrado em caráter de urgência com o rei, trataram do necessário para sua própria pátria superficial e sumariamente, mas com vagar sobre a situação geral, conforme as ordens e propósitos de Arato.

[49.1] Esses eram: demonstrar de que seriam capazes, e para onde se estenderiam, as operações conjuntas de etólios e Cleômenes, e esclarecer que primeiro os aqueus deviam precaver-se contra elas, e depois, mais ainda, Antígono. [2] A primeira parte era notória a todos, porque os aqueus não suportariam uma guerra em duas frentes; a segunda, bem como suas consequências, era fácil para alguém sensato

---

20. Filipe II, pai de Alexandre Magno, 338 a.C.

compreender, porque os etólios e Cleômenes, quando os dominassem, não se contentariam nem conservariam suas resoluções. [3] A cupidez dos etólios não só não se contentaria quando açambarcasse os limites do Peloponeso, como nem com os da Grécia; [4] a ânsia de Cleômenes por glória e todos os seus intentos no momento aspiravam ao governo do Peloponeso; mas assim que ele o obtivesse, imediatamente disputaria a hegemonia sobre os gregos, [5] a qual não alcançaria sem antes destruir o império macedônio. [6] Deviam então observá-lo, antevendo o futuro: se seria mais conveniente a seus próprios interesses levar a guerra, ao lado de aqueus e beócios, a Cleômenes, pela hegemonia sobre os gregos, ou abandonar a nação mais importante e arriscar-se na Tessália contra etólios, beócios, aqueus e lacedemônios pelo império macedônio. [7] Disseram que se os etólios, envergonhados pela simpatia que lhes dispensaram os aqueus nos tempos de Demétrio, optassem pela paz como no momento, os próprios aqueus combateriam Cleômenes; se fossem amparados pelo acaso, não necessitariam de auxílio. [8] Mas se o acaso obstasse, e os etólios atacassem, exortavam-no a prestar atenção aos fatos, para que não perdesse a oportunidade e assistisse aos peloponésios enquanto ainda pudessem salvar-se. [9] Consideravam que devesse ficar descansado quanto à retribuição da boa-fé e do favor: passada a urgência, prometiam que encontraria Arato com garantias gratas a ambos. [10] De modo semelhante, disseram que ele próprio indicaria o momento oportuno para o auxílio.

[50.1] Após ouvir tais argumentos, pareceu a Antígono que a análise de Arato fosse verdadeira e hábil, e passou a prestar atenção cuidadosa ao desenrolar dos acontecimentos. [2] Escreveu aos megalopolitanos oferecendo auxílio, caso os aqueus o referendassem. [3] Quando Nicófanes e Cercida retornaram a casa e exibiram as cartas de Antígono demonstrando sua boa disposição e prontidão, [4] os megalopolitanos, com grande entusiasmo, fizeram-se prontos para ir à

assembleia dos aqueus aconselhar a aproximação com Antígono, em cujas mãos poriam com urgência a situação. [5] Arato, após ouvir em particular, dos homens de Nicófanes, sobre a opção do rei pelos aqueus e por si, ficou extremamente feliz por não ter elaborado um plano vão, e por Antígono não o ter rechaçado, conforme a expectativa dos etólios. [6] Considerou muito razoável que os megalopolitanos estivessem prontos a, por meio dos aqueus, entregar a situação a Antígono. [7] Conforme mencionei anteriormente, apressou-se, sobretudo, para não necessitar do auxílio. Mas se fosse constrangido a requisitá-lo, desejava não que a convocação partisse apenas de si próprio, mas preferencialmente de todos os aqueus. [8] Receava que se o rei, após chegar e vencer na guerra Cleômenes e os lacedemônios, decidisse algo de pior matiz em relação ao Estado comum, recairia sobre ele, Arato, por unanimidade a responsabilidade pelos acontecimentos, [9] pois àquele pareceria ter agido com justiça devido à anterior iniquidade, tramada por este, contra a casa real macedônia no episódio de Acrocorinto. [10] Por isso, quando da chegada dos megalopolitanos ao congresso comum, da apresentação das cartas aos aqueus, do esclarecimento da boa disposição do rei e, além disso, da asserção de que deveriam juntar-se a Antígono o mais rapidamente, estando a maioria propensa a tanto, [11] Arato, após aproximar-se, agradecer a prontidão do rei e elogiar a sentença da maioria, exortou-os longamente a que tentassem salvar as cidades e o território principalmente por si próprios, pois nada seria mais belo nem mais vantajoso do que isso. [12] Se a tanto o acaso se opusesse, disse que deveriam antes desapegar-se de todas as expectativas em si próprios e só então recorrer ao auxílio dos aliados.
[51.1] Ante o assentimento da massa, pareceu-lhe melhor manter suas resoluções e por meio delas empreender aquela guerra. [2] Tendo Ptolomeu abandonado a nação e começado a subvencionar Cleômenes, desejando indispô-lo com Antígono por ter mais expectativas nos lacedemônios que nos aqueus

quanto à capacidade para barrar as investidas dos reis macedônios, [3] primeiro os aqueus foram derrotados em Liceu, tendo se engalfinhado com Cleômenes em marcha; depois, em batalha regular, foram derrotados nos chamados Ladoceus, em Megalópolis, quando também tombou Lidíada; na terceira vez, sofreram um revés completo na região de Dime, próximo ao chamado Hecatombeu, combatendo com todas as tropas. [4] Como, então, não havia mais possibilidade de reversão, a situação forçou Arato a recorrer a Antígono. [5] Tendo enviado o filho como embaixador na ocasião, reiterou a Antígono as garantias pelo auxílio. [6] Duas reflexões provocavam-lhes impasse e grande dificuldade: o rei não pensaria em auxiliá-los sem que devolvessem Acrocorinto e tomassem, como quartel-general da presente guerra, a cidade dos coríntios; nem os aqueus ousariam entregar aos macedônios os coríntios contra a vontade destes. [7] Essa foi a primeira postergação da decisão para que examinassem as garantias.

[52.1] Maravilhado com seus já mencionados sucessos, Cleômenes avançava confiante pelas cidades, persuadindo umas e aterrorizando outras. [2] Tendo tomado por este modo Cafias, Pelene, Feneu, Argos, Fliunte, Cleonas, Epidauro, Hermíone, Trezena e, por fim, Corinto, acampou diante da cidade dos sicônios e livrou os aqueus de um grande problema. [3] Quando os coríntios intimaram Arato, que era o comandante, e os aqueus, a deixarem a cidade, e enviaram embaixadas a Cleômenes conclamando-o, foram dados aos aqueus uma ocasião e um pretexto bem razoáveis. [4] Arato aproveitou-os e, tendo oferecido Acrocorinto a Antígono, então em posse dos aqueus, acabou com a antiga queixa em relação à casa real, forneceu garantia suficiente da futura união e, ato contínuo, proporcionou a Antígono um quartel-general para a guerra contra os lacedemônios. [5] Quando Cleômenes veio a saber que os aqueus se haviam composto com Antígono, retirou-se de Sicião e acampou próximo ao Istmo, após dividir com um fosso e uma paliçada o intervalo entre Acrocorinto e as montanhas ditas Asininas, já firmemente imbuído da expectativa de dominar todo o Peloponeso. [6] Antígono havia muito se preparava, perscrutando o futuro conforme a sugestão de Arato: [7] calculando, então, pelos acontecimentos, que Cleômenes rapidamente chegaria à Tessália com tropas, após despachar a Arato e aos aqueus buscando acordo chegou com tropas ao Istmo vindo pela Eubeia, [8] pois os etólios, que também desejavam impedir o auxílio de Antígono, proibiram-no de marchar com tropas ao sul das Termópilas: se não acatasse, impediriam armados sua passagem. [9] Antígono e Cleômenes acamparam frente a frente [224 a.C.], um urgindo para invadir o Peloponeso, e Cleômenes, para impedir a invasão de Antígono.

[53.1] Apesar de haverem sofrido derrotas generalizadas e desmedidas, os aqueus, contudo, não se afastavam do plano nem abandonavam suas esperanças em si mesmos, [2] mas tendo auxiliado a revolta do argivo Aristóteles contra os partidários de Cleômenes e se aliado ao estratego Timoxeno, tomaram a cidade dos argivos, [3] o que deve ser creditado como a razão mais significativa do reencaminhamento dos fatos. Isso atingiu o ímpeto de Cleômenes e abateu de antemão o ânimo das tropas, como ficou claro a partir dos próprios fatos: [4] ocupava locais melhor situados, tinha suprimentos mais abundantes que Antígono, e estava excitado por audácia e ambição maiores; [5] contudo, quando veio a saber que a cidade dos argivos fora capturada pelos aqueus, recuou imediatamente, abandonando as vantagens manifestas e organizando uma retirada semelhante a uma fuga, pois receava que os inimigos o cercassem por todos os lados. [6] Tendo chegado a Argos e disputado a posse da cidade, ante a vigorosa defesa dos aqueus e a ardorosa dos argivos por remorso, fracassou também nessa empreitada e, tendo marchado por Mantineia, assim retornou a Esparta.

[54.1] Tendo entrado sem oposição no Peloponeso, Antígono capturou Acrocorinto e, sem perder tempo, manteve-se em seus propósitos e chegou a Argos. [2] Após elogiar os argivos e reorganizar a cidade, partiu em seguida marchando para a Arcádia. [3] Tendo expulsado as guarnições das fortalezas construídas por Cleômenes nos territórios de Égis e Belmina e entregado as guarnições aos megalopolitanos, dirigiu-se para a assembleia dos aqueus em Égio. [4] Após haver prestado contas e negociado ações futuras, além de ter sido constituído chefe de todos os aliados, [5] em seguida passou algum tempo invernando em Sicião e Corinto. Com a chegada da primavera, retomou as tropas e prosseguiu. [6] No terceiro dia chegou à cidade dos tegeatas, onde encontrou os aqueus, acampou e começou a sitiá-la. [7] Como os macedônios mantinham um cerco vigoroso e escavavam túneis, rapidamente os tegeatas abandonaram as esperanças de salvação e se entregaram [223 a.C.]. [8] Assegurado quanto à cidade, Antígono prosseguiu e avançou às pressas para a Lacônia. [9] Tendo se aproximado dos primeiros postos avançados do território de Cleômenes, experimentou algumas escaramuças. [10] Quando soube, por seus espias, que os soldados de Orcômeno vinham em auxílio de Cleômenes, retornou imediatamente estugando o passo, [11] e tomou Orcômeno de assalto. Em seguida, acampou e cercou a cidade dos mantineus. [12] Dela os macedônios se assenhorearam também por meio do terror, então ele retornou e avançou rumo a Herea e Telfusa. [13] Após capturar também a essas, cujos habitantes se renderam voluntariamente, com a chegada do inverno dirigiu-se a Égio para a assembleia dos aqueus. [14] Desmobilizou os macedônios para que todos invernassem em casa, e iniciou tratativas com os aqueus para analisar a situação.

[55.1] À mesma época Cleômenes, percebendo tais tropas demobilizadas; que Antígono, com seus mercenários, estava em Égio a três dias de marcha de Megalópolis; [2] sabendo que essa cidade era mal guarnecida devido a seu tamanho e isolamento, e que, então, era displicentemente vigiada, devido à presença de Antígono e, mais importante, havia perecido a maioria de seus homens em idade militar na batalha do Liceu e, depois, na de Ladócia, [3] após tomar como colaboradores alguns fugitivos de Messene que se encontravam em Megalópolis, com sua ajuda penetrou à noite, secretamente, dentro das muralhas. [4] Quando o dia clareou, por pouco não foi expulso e pôs tudo a perder, devido à coragem dos megalopolitanos. [5] Três meses antes o mesmo lhe sucedera quando adentrara a cidade pela área denominada Coleu. [6] Nesta ocasião, porém, dado o volume das tropas e o fato de ter ocupado de antemão os locais mais favoráveis, foi bem-sucedido, tendo expulsado os habitantes e dominado a cidade. [7] Após dela se assenhorear dessa maneira, destruiu-a com raiva e hostilidade, de modo que ninguém teve mais esperança de repovoá-la. [8] Parece-me ter feito isso em razão de, naquelas circunstâncias e ocasiões, jamais haver conseguido suscitar, entre os megalopolitanos e estinfálios, um partidário sequer que partilhasse esperanças comuns, nem traidor algum. [9] O amor à liberdade e a nobreza dos clitórios um único homem envergonhara com sua vileza, Tearces, algo que os clitórios negam com certa razão, alegando que ele não nasceu na cidade, pois seria bastardo de algum soldado vindo de Orcômeno.

[56.1] Uma vez que Filarco[21] é considerado digno de aceitação por alguns dos que escreveram sobre a mesma época assim como Arato, mas diverge em muitos pontos e escreve o contrário deste, [2] seria útil e necessário, sobretudo a nós, escolher e seguir Arato nos assuntos relativos a Cleômenes sem, porém, abandonar o exame dessa questão, a fim de que não deixemos a mentira ter o mesmo valor que a verdade nos textos históricos. [3] De modo geral esse historiador disse muita coisa em vão e ao acaso ao longo de toda a sua obra. [4] Quanto às demais partes, talvez não seja necessário

---

21. Natural de Atenas, Náucratis ou Sicião, escreveu uma *História* em 28 livros que abrangia o período de 272 a.C. (invasão do Peloponeso por Pirro) a 220-219 a.C. (morte de Cleômenes).

censurá-lo por ora nem entrar em detalhes; mas sobre tudo quanto ocorre na mesma época relatada por nós, ou seja, relativamente à guerra cleomênica, isso precisamos examinar com cuidado. [5] Isso será mais que suficiente para se compreender todo o propósito e o significado da obra dele. [6] Desejoso de demonstrar a crueza de Antígono e dos macedônios e, além da deles, a de Arato e dos aqueus, diz que os mantineus submetidos sofreram os maiores infortúnios, e que a maior e mais antiga cidade da Arcádia enfrentou tamanhas adversidades a ponto de provocar em todos os gregos suspense e lágrimas. [7] Empenhado em despertar piedade nos leitores e fazê-los compadecer-se dos fatos narrados, introduz abraços de mulheres, cabelos desalinhados e exposição de seios, que se somam a lágrimas e lamentos de homens e mulheres junto aos filhos e pais velhos subtraídos. [8] Faz isso ao longo de toda a história, tentando a todo momento por sob os olhos do leitor o que é terrível. [9] Deixe-se de lado a vulgaridade e feminilidade de sua opção: é preciso examinar o que é próprio da história e útil. [10] O escritor não deve impressionar os leitores com exageros espalhados ao longo da história, nem forjar discursos ou acrescentar sequências aos relatos, como os tragediógrafos, mas apenas recordar o que se disse ou fez, conforme a verdade, ainda que muito triviais. [11] A finalidade da história não é a mesma da tragédia, mas oposta. Esta precisa emocionar e seduzir os leitores em um só momento por meio de discursos os mais convincentes; aquela, ensinar e persuadir os estudiosos de qualquer época com fatos e discursos verdadeiros. [12] Muito embora na primeira predomine o plausível, ainda que falso, devido à ilusão dos espectadores, a segunda prima pelo verdadeiro em proveito dos estudiosos. [13] Além disso, ele narra muitas peripécias deixando de sugerir as causas ou modos dos acontecimentos, sem os quais não é possível que nos compadeçamos racionalmente, nem que nos encolerizemos convenientemente com nenhum dos acontecimentos.

[14] Quem não considera terrível que homens livres sejam açoitados? Contudo, se um governante de mãos injustas sofre algo assim, considera-se que sofre justamente; se o mesmo ocorre visando a correção ou aprendizado, os que açoitam homens livres são ainda julgados dignos de honra e favor. [15] Com efeito, matar cidadãos é tido como a maior impiedade e algo digno das maiores punições; porém, quem mata um ladrão ou um adúltero fica isento de culpa, e quem mata um traidor ou tirano obtém honras e privilégios da parte de todos. [16] Assim, em tudo a opinião final se baseia não nas realizações, mas nas causas e motivações dos agentes e em suas diferenças.

[57.1] Os mantineus primeiro abandonaram voluntariamente a união com os aqueus, e então entregaram a si mesmos e a pátria aos etólios, depois a Cleômenes. [2] Firmados nessa escolha e membros do Estado lacedemônio, no quarto ano antes da chegada de Antígono foram capturados pelos aqueus, tendo Arato tomado sua cidade [227 a.C.]. [3] Nessa ocasião não só deixaram de sofrer uma punição terrível, devido à falta cometida, como ainda se tornou notório o fato devido à rapidez da mudança de opção de ambos. [4] Assim que conquistou a cidade, Arato ordenou imediatamente a seus subordinados que ninguém tocasse em nenhum dos cativos; [5] em seguida, tendo reunido os mantineus, exortou-os a ter confiança e a permanecer como viviam, pois lhes haveria segurança enquanto unidos aos aqueus. [6] Ante a esperança que se mostrava inaudita e surpreendente, imediatamente todos os mantineus mudaram de opinião. [7] Daqueles contra quem pouco antes, em luta, observavam muitos perecendo e não poucos tombando com ferimentos severos, para com esses mesmos, após conduzirem às próprias casas e torná-los convivas seus e de todos os outros parentes, em nada eram inferiores em gentileza. [8] Assim fizeram com razão, pois não sei se há homens que se depararam com inimigos mais razoáveis, nem se lutaram com menos prejuízos em meio a reveses aparentemente os maiores do que os mantineus, devido à humanidade de Arato e dos aqueus para com eles.

[58.1] Em seguida, antevendo suas próprias dissensões e as conspirações de etólios e lacedemônios, despacharam aos aqueus solicitando que lhes fornecessem uma guarnição. [2] Eles acataram, e sortearam trezentos de seus homens. Os indicados abandonaram a própria pátria e os bens, e foram viver em Mantineia, cuja liberdade e segurança vigiavam. [3] Junto deles enviaram também duzentos mercenários que, com os aqueus, zelavam pela constituição deles. [4] Não muito depois os mantineus, tendo dissentido entre si e apelado aos lacedemônios, entregaram-lhes a cidade e trucidaram os aqueus que nela se encontravam: não é fácil falar de violação maior nem mais terrível. [5] Uma vez decididos a desconsiderar completamente o favor e a aliança com a nação, deviam ao menos ter deixado retornar, poupados e sob trégua, todos aqueles homens, [6] o que é costume conceder também aos inimigos, conforme as leis humanas comuns. [7] Mas eles, a fim de dar a Cleômenes e aos lacedemônios a maior garantia da presente atitude, tendo passado ao largo dos direitos humanos comuns cometeram deliberadamente a maior das impiedades. [8] O fato de os mesmos homens que antes haviam sido conquistados e deixados incólumes, cuja liberdade e segurança então preservavam, terem assassinado aqueles em vingança, de quanta cólera é merecedor? [9] O que deveriam padecer para que se fizesse adequada justiça? Talvez se suponha devessem ser vendidos com filhos e mulheres, pois haviam entrado em guerra. [10] Mas isso é lei de guerra cabível a quem nada de ímpio cometeu. Portanto, eram merecedores de punição maior senão cabal, de modo que, [11] se houvessem sofrido aquilo que Filarco afirma, não seria razoável que os gregos os secundassem compadecidos, mas que, principalmente, elogiassem e aprovassem os agentes, perseguidores da impiedade deles. [12] Contudo, como nada de mais se seguiu contra os mantineus na circunstância exceto a privação dos bens e a venda dos homens livres, o historiador, por mero sensacionalismo, não só mente absolutamente, [13] mas também de modo inverossímil, e em razão da enormidade de sua ignorância não conseguiu compreender sequer o óbvio, ou seja, como os mesmos homens, à mesma época, após se assenhorearem dos tegeatas, nada fizeram de semelhante. [14] Se a crueza dos agentes fosse a causa, seria verossímil que também estes houvessem sofrido o mesmo à mesma época. [15] Mas se apenas com os mantineus ocorreu algo distinto, é evidente que a causa da cólera necessariamente era diferente.

[59.1] Ele afirma ainda que o argivo Aristômaco, descendente de uma casa ilustre, que fora tirano dos argivos e nascido de uma linhagem de tiranos, capturado por Antígono e pelos aqueus, teria sido levado a Cencras e morto sob tortura, após sofrer mais injustiças e crueldades do que qualquer homem. [2] Mantendo o historiador, também quanto a esse fato, o viés que lhe é peculiar, forja vozes que, durante a noite, enquanto aquele era torturado, teriam sido ouvidas pelos moradores das proximidades, e afirma que uns, espantados com a impiedade, outros, descrentes, e outros, ainda, irritados com o que ocorria, teriam fugido para casa. [3] Basta de tanto sensacionalismo, suficientemente manifesto. [4] Quanto a mim, considero Aristômaco merecedor da maior punição: se nenhuma falta cometeu contra os aqueus, por sua opção de vida e ilicitude em relação à pátria. [5] Entretanto, o historiador, desejando ampliar-lhe a reputação e predispor seus leitores à indignação contra o que sofrera, diz não apenas que ele nasceu tirano, como também de uma linhagem de tiranos. [6] Ninguém poderia lançar com tal leviandade uma acusação maior ou mais pungente, pois o próprio vocábulo encerra o significado mais ímpio e compreende todas as injustiças e ilicitudes entre os homens. [7] Se Aristômaco sofreu as mais terríveis punições, como ele afirma, não foi suficientemente punido, contudo, em um único dia: [8] quando Arato, ao chegar à cidade com os aqueus e sustentar grandes combates e perigos pela liberdade dos argivos, foi ao fim vencido, porque nenhum dos que estavam com ele alinhados do lado de dentro agiu, com medo do tirano, [9] Aristômaco se serviu dessa ocasião e do pretexto, uma vez que alguns sabiam da entrada dos aqueus, e trucidou oitenta dentre os primeiros cidadãos, inocentes, sob tortura, diante de seus parentes. [10] Deixo de lado toda a impiedade de sua vida e de seus ancestrais: é demais.

[60.1] Por isso, não se deveria considerar terrível se sofresse algo semelhante, mas sim muito mais terrível se morresse incólume, sem experimentar nada disso. [2] Também não se deveria acusar Antígono nem Arato de ilicitude, porque após capturarem em guerra o tirano e o torturarem, mataram-no, o mesmo cujos captores e verdugos seriam dignos de elogio e honra também em tempos de paz por parte dos bem pensantes. [3] Quando, na ausência destes, atraiçoou os aqueus, o que merecia ter sofrido? [4] Ele deixou a tirania não muito tempo antes, pressionado pela ocasião devido à morte de Demétrio, e sem expectativa de segurança encontrou proteção sob a mansidão e virtude dos aqueus, [5] os quais não apenas deixaram-no impune em relação às impiedades de sua tirania, mas também o acolheram no Estado e cingiram-no com as maiores honrarias ao fazê-lo seu chefe e estratego. [6] Mas ele, imediatamente esquecido de tal deferência, tão logo percebeu uma nesga de esperanças futuramente mais vantajosas em Cleômenes, afastou sua pátria e sua política dos aqueus na ocasião mais premente, e passou-se para os inimigos. [7] Quando capturado, não deveria ter morrido em Cencras torturado à noite, como afirma Filarco, mas sim ter sido arrastado por todo o Peloponeso, para deixar a vida após uma punição exemplar. [8] Contudo, sendo o que foi, nada de terrível encontrou exceto ter sido precipitado ao mar, conforme o que se determinou em Cencras.

[61.1] Além disso, em nosso entender ele expôs as adversidades dos mantineus por meio de excessivos artifícios, claramente supondo convir a historiadores enfatizar ações ilegais; [2] mas da nobreza que os megalopolitanos demonstraram nessas ocasiões, sequer fez menção, [3] como se fosse mais apropriado à história enumerar as faltas dos agentes em vez de destacar ações belas e justas, ou como se os leitores dessas obras menos se endireitassem com ações sérias e invejáveis do que com ilegais e repugnantes. [4] Como Cleômenes capturou a cidade e como, preservando-a intacta, despachou correios imediatamente para os megalopolitanos em Messene, julgando que, ao retornarem incólumes, sua própria pátria partilharia das mesmas ações, isso ele relatou, pois a nós desejava demonstrar a generosidade e a moderação de Cleômenes para com os inimigos. [5] Ainda, como os megalopolitanos, à leitura da carta, não deixassem que fosse lida até o fim, e por pouco não apedrejassem os correios, até isso ele escancarou, [6] suprimindo, porém, a sequência, o que é peculiar à história, isto é, o elogio e a menção às políticas notáveis e benévolas. Teria sido fácil fazê-lo. [7] Se considerássemos homens excelentes aqueles que sustentaram uma guerra em favor de amigos e aliados apenas fiados na palavra e em decretos, e àqueles que suportaram a destruição e o cerco do território distribuíssemos não apenas elogios, mas também favores e dádivas, [8] que opinião se deveria ter dos megalopolitanos? Acaso não a melhor e mais augusta? [9] Primeiro eles entregaram o território a Cleômenes; em seguida, perderam a terra natal, devido à inclinação pelos aqueus; por fim, [10] quando lhes foi dado o poder inaudito e surpreendente de retomá-la, preferiram privar-se do território, dos túmulos, dos templos, da pátria, dos bens, em suma, de tudo o que é mais importante para o ser humano, a fim de não trair a boa-fé empenhada ante os aliados. [11] O que foi ou seria mais belo? Em que o historiador melhor fixaria a atenção dos leitores? Por meio de que melhor os estimularia à preservação da boa-fé e a partilhar ações verdadeiras e seguras? A nada disso Filarco fez menção, cego, como me parece, às obras mais belas e mais convenientes a um historiador.

[62.1] Ao contrário, na sequência ele afirma que, do espólio de Megalópolis, seis mil talentos couberam aos lacedemônios, dos quais dois mil foram dados a Cleômenes, como é costume. [2] A esse respeito, quem, primeiro, não se espantaria com a inexperiência e ignorância, próprias do senso comum, sobre os suprimentos e forças dos gregos? Elas afetam sobretudo os historiadores. [3] Não digo naqueles tempos quando, sob os reis da Macedônia e, ainda mais, sob as contínuas guerras intestinas, o Peloponeso foi completamente destruído, [4] mas em nossa época quando todos, dizendo a mesma e única coisa, parecem fruir da maior prosperidade. Entretanto, dos bens de todo o Peloponeso, fora os escravos, não é possível amealhar tamanha quantidade de dinheiro. [5] Que fazemos tal afirmação não ao acaso, mas com uma forte razão, ficará evidente. [6] Quem não sabe que, a respeito dos atenienses, naquela ocasião em que entraram em guerra, junto dos tebanos, contra os lacedemônios [378 a.C.], enviaram dez mil soldados e equiparam cem trirremes, [7] que então, após decidirem organizar as contribuições para a guerra conforme as condições de cada um, estimaram todo o território e as propriedades da Ática, bem como os restantes bens e, contudo, a estimativa do valor resultou em 5.750 talentos? [8] Por conta disso, não se mostraria inverossímil o que há pouco afirmei sobre os peloponésios. [9] Naquela época, ainda que exagerando, ninguém ousaria afirmar que tão só de Megalópolis proviria mais de trezentos, [10] pois era consenso que a maioria dos escravos e homens livres havia fugido para Messene. Eis a maior prova: [11] os mantineus não ficavam atrás de nenhum dos árcades em forças nem em riquezas, como ele próprio afirma; quando capturados por cerco e rendição, de modo a ninguém poder fugir nem nada surrupiar com facilidade, [12] todo o espólio, contudo, com os escravos, foi de trezentos talentos à mesma época.

[63.1] Quem não se espantaria mais ainda com o que vem na sequência? Para demonstrar tudo isso, ele afirma que, dez dias antes da batalha, chegou um embaixador de Ptolomeu anunciando a Cleômenes que Ptolomeu não enviaria reforços e pedindo que se reconciliasse com Antígono. [2] Afirma então que, ao ouvi-lo, Cleômenes decidiu que deveria arriscar tudo o mais rapidamente antes que as tropas soubessem da notícia, pois não tinha nenhuma esperança de conseguir pagá-los com recursos próprios. [3] Contudo, se houvesse conseguido apossar-se, à época, de seis mil talentos, teria podido dispor de mais reforços que os de Ptolomeu. [4] Em relação a Antígono, se fosse senhor de apenas três mil, poderia muito tranquilamente prolongar a guerra. [5] O fato de atribuir todas as esperanças de Cleômenes aos reforços de Ptolomeu, bem como de afirmar que na mesma época era dono de tanto dinheiro, como não é sinal da maior estupidez e irreflexão? [6] Esse historiador alinhava muitas outras afirmações do mesmo jaez sobre essa época ao longo de toda a obra. Sobre elas, suponho tenha sido suficiente, conforme o plano original, o que ora foi dito.

[64.1] Depois da captura de Megalópolis [222 a.C.], enquanto Antígono invernava na cidade dos argivos, Cleômenes reuniu as tropas no início da primavera e, com exortações adequadas à ocasião, liderou-as na invasão ao território dos argivos, [2] de modo extraordinário e audacioso, como a muitos parece, pois as entradas eram fortificadas, mas de modo seguro e sensato, para os que raciocinam corretamente. [3] Vendo que Antígono havia desmobilizado as tropas, sabia com clareza que, primeiro, a invasão não ofereceria riscos e, segundo, se destruísse a cidade até às muralhas, forçosamente os argivos, ao ver o fato, se agastariam e imprecariam contra Antígono. [4] Caso este não conseguisse suportar a censura da multidão, saísse e se arriscasse com o que tinha, era evidente que, com toda a razão, a vitória seria fácil. [5] E se Antígono permanecesse tranquilo em seus cálculos, após surpreender os inimigos e infundir confiança em suas próprias tropas Cleômenes supunha que faria uma retirada segura, [6] o que ocorreu. Diante da terra devastada a multidão se voltava para Antígono, insultando-o. Mas ele, como verdadeiro rei e comandante, manteve a calma e não deu ao caso maior atenção, controlando-o com sensatez. [7] Cleômenes, conforme o plano original, tendo arrasado o território, surpreendido os adversários e reforçado a confiança de suas próprias tropas para o perigo iminente, retornou em segurança para casa.

[65.1] No início do verão, aqueus e macedônios deixaram os quartéis de inverno e Antígono, tendo reunido o exército, avançou com os aliados rumo à Lacônia, [2] tendo dez mil macedônios na falange, três mil peltastas e trezentos cavaleiros. Junto desses, mil agriânios, outro tanto de gauleses, mais um total de três mil mercenários na infantaria [3] e trezentos cavaleiros; três mil soldados aqueus selecionados, trezentos cavaleiros, mil megalopolitanos armados à macedônia e comandados pelo megalopolitano Cercida; [4] dentre os aliados beócios, dois mil infantes e duzentos cavaleiros; dos epirotas, mil infantes e cinquenta cavaleiros; outro tanto de acarnânios; mil e seiscentos ilírios, sob o comando de Demétrio de Faros, [5] de modo que toda a força de infantaria montava a 28 mil soldados, com 1.200 cavaleiros. [6] Aguardando o assalto, Cleômenes reforçou as outras entradas do território com espias, fossos e árvores derrubadas, [7] e acampou com as tropas na região denominada Selásia, com um exército de vinte mil homens, conjecturando que por ali, com toda probabilidade, os adversários fariam a invasão, o que ocorreu. [8] Em um ponto dessa rota há dois outeiros, denominados Eva e Olimpo, [9] e a passagem entre eles, ao longo do rio Enunte, leva a Esparta. Cleômenes cercou ambos com fosso e paliçada, instalou sobre Eva os periecos e aliados, sob o comando de seu irmão Euclida, e ocupou ele próprio o Olimpo com os lacedemônios e mercenários. [10] No sopé, ao longo do rio e em ambos os lados do caminho, colocou os cavaleiros com parte dos mercenários. [11] Antígono chegou, compreendeu a solidez dos locais e percebeu que Cleômenes ocupara, com todas as partes apropriadas das tropas, as posições mais convenientes de modo tão perspicaz, que o desenho do acampamento era semelhante à apresentação de um combatente excelentemente armado: [12] de nada carecia para o ataque e a defesa, mostrando-se igualmente pronto para a batalha e inacessível a investidas. [13] Em razão disso, desistiu de tentar um assalto e de pelejar homem a homem;

[66.1] tendo acampado a pequena distância e deixado o rio chamado Gorgilo de permeio, aguardou alguns dias enquanto observava as particularidades do local e as diferenças entre as forças; [2] ao mesmo tempo simulava ataques tentando forçar o adversário a revelar seus planos futuros. [3] Sem poder tomar nenhum ponto desguarnecido, pois Cleômenes sempre estava pronto a repeli-lo, [4] abandonou tal projeto e, de comum acordo, ambos concertaram decidir tudo em batalha, pois o acaso havia feito de tais homens comandantes muito competentes e semelhantes. [5] Diante daqueles que ocupavam o Eva o rei postou os macedônios de escudos êneos com os ilírios, dispostos em esquadrões alternados, sob o comando de Alexandre, filho de Acmeto, e de Demétrio de Faros; [6] por trás desses instalou os acarnânios e os epirotas; na retaguarda estavam dois mil aqueus em reserva. [7] Antepôs os cavaleiros, ao longo do rio Enunte, à cavalaria inimiga, sob o comando de Alexandre, e com eles mil infantes aqueus e o mesmo tanto de megalopolitanos. [8] Ele próprio, com os mercenários e os macedônios, decidiu travar batalha face ao Olimpo contra Cleômenes. [9] Após alinhar os mercenários, instalou atrás uma falange macedônia bipartida em formação cerrada (fez isso devido à estreiteza do local). [10] Era sinal para que os ilírios então iniciassem o ataque ao outeiro o momento em que vissem uma bandeira hasteada próxima ao Olimpo – já desde a noite estavam em formação no rio Gorgilo diante do sopé do outeiro – [11] e para os megalopolitanos e cavaleiros, de modo análogo, quando se hasteasse a bandeira purpúrea do rei.

[67.1] Quando chegou o momento de agir e foi dado o sinal aos ilírios, anunciaram que lhes era necessário cumprir aquilo pelo que ansiavam, e todos, após apresentar-se imediatamente, iniciaram o ataque à colina. [2] Os homens armados à ligeira, junto da cavalaria de Cleômenes, ao perceberem que os esquadrões aqueus tinham a parte de trás desguarnecida, atacaram-nos pela retaguarda, colocando em completo perigo aqueles que se batiam diante da colina, [3] pois os homens de Euclida lhes faziam frente em posição mais elevada, e os mercenários estavam por trás, combatendo vigorosamente. [4] Ao se dar conta, na ocasião, do que ocorria, e antevendo o futuro, o megalopolitano Filopêmen primeiro tentou demonstrar aos oficiais o que aconteceria. [5] Como ninguém lhe desse atenção por jamais haver ocupado um posto de comando, dada sua extrema juventude, convocou seus concidadãos e lançou-se audaciosamente em meio aos inimigos. [6] Ao fazê-lo, rapidamente os mercenários que pressionavam os atacantes, ao ouvir o grito e perceber o choque da cavalaria, aliviaram a pressão, retornaram à formação original e auxiliaram sua própria cavalaria. [7] Diante disso, a massa compacta de ilírios, macedônios e outros atacantes lançou-se com ardor e confiança sobre os adversários. [8] A partir de então tornou-se evidente que o responsável pelo sucesso contra Euclida fora Filopêmen.

[68.1] Por conta disso dizem que logo após Antígono testou Alexandre, comandante da cavalaria, inquirindo por que o combate iniciara antes de haver sido dado o sinal. [2] Como este negasse, afirmando que um jovenzinho megalopolitano havia se engajado contra sua própria opinião, aquele disse que o jovenzinho havia agido como comandante excelente, ao perceber o momento oportuno, e que este, enquanto comandante, como um jovenzinho qualquer. [3] Ao verem os esquadrões avançando, os homens de Euclida abandonaram as vantagens do local [4] – isto é, quando, de longe, entrevissem o inimigo e caíssem sobre ele, perturbar e romper suas formações, podendo retirar-se imediatamente para a segurança dos locais elevados; [5] assim, caso os destruíssem de antemão e lançassem confusão aos armamentos e à formação específica dos adversários, facilmente os debelariam, dada a conveniência do local – [6] nada disso fizeram, mas o oposto, como se a vitória já lhes fosse certa. [7] Conforme a posição original, permaneceram nos locais elevados, como se urgindo para topar com os adversários no mais alto possível, para que eles tivessem de fugir por entre precipícios e escarpas. [8] Como é verossímil, ocorreu o oposto: sem ter para onde recuar, depararam-se com esquadrões intactos e sólidos, e se viram em tamanha dificuldade a ponto de disputar o próprio cume com os atacantes. [9] Por fim, enquanto pressionados de perto pelo peso dos armamentos e da formação, imediatamente os ilírios tomaram a posição, e os homens de Euclida, o passo logo abaixo, pois não lhes restava local para retirada nem para manobras. [10] Por conta disso, rapidamente foram forçados a uma fuga ruinosa, pois a retirada ocorreu em local demasiado escarpado e dificultoso.

[69.1] Ao mesmo tempo, ocorria o combate de cavalaria, em que os cavaleiros aqueus tiveram notável desempenho, sobretudo Filopêmen, pois pelejavam por sua própria liberdade. [2] Nessa ocasião seu cavalo caiu mortalmente golpeado, e ele próprio, lutando a pé, foi violentamente ferido em ambas as coxas. [3] Os reis, no Olimpo, primeiro engajavam a infantaria ligeira e os mercenários, num total de quase cinco mil em cada lado. [4] Batendo-se ora por partes, ora de modo generalizado, ambos os lados travavam uma luta notável, pois faziam-no às vistas dos reis e dos acampamentos. [5] Rivalizavam entre si em coragem, homem a homem e batalhão a batalhão. [6] Vendo que os homens de seu irmão já haviam fugido, e que os cavaleiros, na planície, estavam quase debandando, Cleômenes receou que tivesse de se defrontar com inimigos por todos os lados, e por isso foi forçado a por abaixo as defesas frontais e a formar toda a tropa em uma única linha contínua diante do acampamento. [7] Convocadas pela trombeta as tropas ligeiras de ambos os lados, ambas as falanges gritaram em conjunto, abaixaram as sarissas e se engalfinharam. [8] O embate era vigoroso: ora os macedônios recuavam, muito pressionados pela coragem dos lacônios, ora os lacedemônios eram empurrados pelo peso da formação macedônia. [9] Por fim, os homens de Antígono, em formação cerrada de sarissas, própria de sua falange compacta, caíram com violência sobre os lacedemônios expulsando-os de suas fortalezas. [10] Grande quantidade deles fugiu, mas muitos foram mortos na perseguição. Com alguns cavaleiros, Cleômenes voltou em segurança para Esparta. [11] Ao cair da noite desceu para o Gítio, onde possuía preparativos de longa data para uma viagem por mar, em caso de emergência, e abalou com os amigos para Alexandria.

[70.1] Antígono, após atacar e assenhorear-se de Esparta, tratou com brandura e humanidade os lacedemônios, restabeleceu sua constituição ancestral e retirou-se, com as tropas, em poucos dias, quando lhe anunciaram que os ilírios haviam invadido a Macedônia e devastavam seu território. [2] Como sempre, o acaso costuma decidir os negócios mais importantes a despeito da razão: [3] se Cleômenes houvesse atrasado a batalha em alguns dias, ou se, após dela se retirar para a cidade, houvesse resistido por algum tempo, teria preservado o poder. [4] Antígono, após chegar a Tegea e restaurar-lhe a constituição ancestral, chegou dali no segundo dia a Argos para a celebração dos jogos nemeus. [5] Tendo ali encontrado tudo que os aqueus e cada cidade em particular havia podido preparar para conferir-lhe reputação e honra imortais, partiu às pressas para a Macedônia. [6] Ao deparar-se com os ilírios em seu território, formou as tropas e venceu a batalha, mas por ter gritado e feito exortações com veemência ao longo do combate, vomitou sangue e caiu doente. Não muito depois faleceu por doença [220 a.C.], [7] tendo suscitado a todos os gregos muitas esperanças em seu nome não apenas nos campos de batalha mas, sobretudo, por seus princípios e sua excelência. [8] Deixou o reino macedônio a Filipe, filho de Demétrio.

[71.1] Por que fizemos tão detalhada menção à referida guerra? [2] Porque essa época, por interligar-se àquela sobre a qual escreveremos, pareceu importante principalmente por ser necessário, conforme o plano original, deixar um relato claro e inteligível a todos sobre a situação de macedônios e gregos nesse momento. [3] À mesma época, Ptolomeu III Evergeta morreu em 221 a.C. e foi sucedido pelo filho, Ptolomeu IV Filopátor.[4] Faleceu também Seleuco, filho de Seleuco Calínico, também cognominado Pógon: seu irmão Antíoco assumiu o reino da Síria. [5] Algo semelhante havia ocorrido também aos primeiros que assumiram os impérios após a morte de Alexandre, digo Seleuco, Ptolomeu e Lisímaco: [6] estes faleceram durante a 124ª olimpíada [284-280 a.C.], conforme mencionei anteriormente; aqueles, durante a 139ª [224-220 a.C.]. [7] Uma vez que percorremos a introdução preparatória de toda nossa história, em que está demonstrado quando, como e por quais razões, após assenhorearem-se da Itália, os romanos por primeiro começaram a imiscuir-se nos assuntos exteriores e, também por primeiro, ousaram disputar o mar aos cartagineses; e além disso explicamos a situação de gregos e macedônios, [8] bem como dos cartagineses, nesse momento, [9] seria conveniente, ao chegarmos à época na qual, conforme o plano original, os gregos iniciariam a guerra dos aliados, os romanos, a anibálica, e os reis asiáticos, a pela Cele-Síria, [10] concluir este livro de modo análogo, com a descrição dos eventos antecedentes e com a morte dos potentados que os encabeçaram.

LIVRO III

[1.1] Que assinalamos como início de nossa obra a guerra dos aliados e a anibálica, bem como a pela Cele-Síria, no primeiro livro, terceiro a contar deste para trás, demonstramos. [2] De modo semelhante também as causas em função das quais, remontando a épocas anteriores a esse período, compusemos os livros anteriores a este, naquele esclarecemos. [3] Agora tentaremos fazer uma exposição documentada das mencionadas guerras – por conta de que surgiram – e suas causas – em função de quais tanto se estenderam –, antes falando um pouco sobre a própria obra. [4] Sendo tudo sobre o que empreendemos escrever uma única empreitada e uma única visada, ou seja, como, quando e por que todas as partes conhecidas do mundo habitado ficaram sob o império romano, [5] algo que possui início conhecido, duração definida e remate assente, julgamos útil rememorar e prelecionar pormenorizadamente sobre os pontos mais significativos situados entre o início e o fim, [6] pois supomos que assim daremos aos estudiosos noção suficiente de todo o projeto. [7] Assim como a mente presume muito do geral para conhecer detalhes factuais e muitos detalhes para ter ciência do geral, julgando preferíveis o exame e a observação de ambos faremos a preleção de nossa obra conforme a essas afirmações. [8] A apresentação do plano como um todo e sua descrição, já expusemos; [9] quanto a seus detalhes, tem por início as guerras mencionadas e, como conclusão e remate, a dissolução da realeza macedônia. O tempo transcorrido entre o início e o fim foi de 53 anos [220-168 a.C.], [10] que compreenderam tais e tamanhas ações quantas ninguém de épocas anteriores circunscreveu em igual intervalo. [11] Iniciando pela 140ª olimpíada [220-216 a.C.], adotaremos a seguinte abordagem narrativa:

[2.1] após indicar as causas em virtude das quais eclodiu a já mencionada guerra entre cartagineses e romanos, designada anibálica, [2] diremos que quando os cartagineses invadiram a Itália e abateram o poderio romano, levaram-nos a extremo pavor por si próprios e pelo solo pátrio, nutrindo grandiosas e surpreendentes expectativas, como a de tomar de assalto a própria Roma. [3] Em seguida, tentaremos esclarecer como à mesma época o macedônio Filipe, tendo combatido os etólios e reorganizado os gregos, empreendeu partilhar das mesmas expectativas com os cartagineses [216 a.C.]; [4] como Antíoco e Ptolomeu Filopátor se desentendiam até que, por fim, guerrearam pela Cele-Síria entre si [219-217 a.C.]; [5] como Prúsias e os ródios entraram em guerra contra os bizantinos, até forçá-los a desistir de cobrar pedágio de quem navegava para o Ponto [220 a.C.]. [6] Após interromper nesse ponto a narrativa, faremos a descrição da constituição romana, pelo que demonstraremos em seguida quão importante lhes fora a peculiaridade de seu Estado para que não apenas recobrassem o poder sobre italiotas e siceliotas e arrebatassem o império de iberos e celtas, mas, por fim, depois de vencerem a guerra contra os cartagineses, para que concebessem a ideia de império universal. [7] Junto a isso, por meio de uma digressão, mostraremos a dissolução do poder de Hierão de Siracusa. [8] A tanto coligaremos os distúrbios no Egito e o modo como, após a morte do rei Ptolomeu, Antíoco e Filipe concertaram-se para dividir o império do filho que assumiu, começando Filipe a prejudicar e lançar mãos ao Egeu, à Cária e a Samos, e Antíoco, à Cele-Síria e à Fenícia [204 a.C.].

[3.1] Em seguida, após recapitularmos as ações de romanos e cartagineses na Ibéria, na África e na Sicília, com a reviravolta nos acontecimentos deslocaremos completamente a narração para a Grécia. [2] Após explicar as batalhas navais de Átalo e dos ródios contra Filipe, bem como a guerra entre os romanos e Filipe [201-197 a.C.] – como se deu, por conta de que e que desenlace teve –, [3] tendo chegado a esse ponto recordaremos na sequência a fúria dos etólios, devido à qual atraíram Antíoco e acenderam a guerra da Ásia [192-191 a.C.] para aqueus e romanos. [4] Após expor suas causas e a travessia de Antíoco para a Europa, esclareceremos, primeiro, de que modo fugiu da Grécia; em segundo lugar como, vencido, evacuou toda a região aquém de Tauro; [5] em terceiro, de que modo os romanos, tendo aniquilado a prepotência gaulesa, encamparam incontestavelmente o império da Ásia, e livraram os habitantes d'aquém Tauro dos terrores bárbaros e da criminalidade gaulesa. [6] Em seguida, tendo posto sob as vistas os infortúnios de etólios e cefalênios, aduziremos as guerras que Eumenes travou contra Prúsias e gauleses, além das que, com o auxílio de Ariárates, contra Farnaces. [7] A seguir, após recordar a concórdia e a estabilidade dos peloponésios, recapitularemos toda a narrativa e suas ações, [8] tendo explicado principalmente a expedição de Antíoco dito Epifanes ao Egito, a guerra de Perseu e a dissolução da realeza na Macedônia [188-168 a.C.]. [9] Por conta disso tudo contemplar-se-á como os romanos trataram de cada detalhe e sujeitaram todo o mundo habitado.

[4.1] Se desses sucessos ou derrotas fosse possível proporcionar suficiente distinção entre homens e Estados censuráveis ou, ao contrário, elogiáveis, então deveríamos parar e concluir a narrativa e o assunto nas ações mencionadas por fim, conforme a proposta original, [2] pois com elas se encerra o período de 53 anos e estariam completos o crescimento e o avanço do poderio romano. [3] Além disso, parece assente e inevitável a todos que devem, enfim, aquiescer aos romanos e obedecer às suas ordens. [4] Mas como não são absolutas as concepções derivadas das disputas mesmas nem a respeito dos vencedores nem dos vencidos, [5] porque para muitos o que parecia ser o maior dos sucessos, quando dele se serviam de modo indevido, produzia os maiores fracassos, e para não poucos os mais espantosos reveses, quando os suportavam com nobreza, frequentemente encontravam um viés proveitoso, [6] é preciso acrescentar às ações mencionadas[1] a conduta dos vencedores – qual foi depois disso e como se sobrepôs a tudo –, e a aceitação e as concepções dos demais povos – quantas e quais ocorreram relativas aos dominadores; além disso, explicar os ímpetos e rivalidades – quais vigiam para cada um e prevaleciam em suas vidas particulares e constituições. [7] É claro que, com isso, ficará evidente aos nossos coetâneos se o poderio romano deve ser rejeitado ou aceito, e os pósteros poderão julgar se o império deles foi elogiável e emulável ou censurável. [8] A serventia de nossa história para o presente e para o futuro reside máxime nisso, [9] pois em política não se deve supor que para os agentes nem para os oradores o objetivo seja vencer e subjugar todos: [10] nenhum homem sensato guerreia com seus vizinhos unicamente para disputar com opositores, nem singra mares apenas para atravessá-los, nem adquire conhecimentos e técnicas unicamente pela ciência: [11] todos o fazem por conta do prazer, da honra e do proveito derivados dessas ações. [12] Por isso, a finalidade dessa obra será esta: entender a situação de cada povo, qual era após todos

---

1. Políbio amplia o plano da obra, cuja narrativa se estenderá até 146 a.C.

entrarem em conflito e tombarem sob o poder romano, até o tumulto e a agitação que se seguiram. [13] Por conta dessa última fase, devido à grandeza das ações por ela abarcadas, ao surpreendente dos acontecimentos e, mais importante, porque da maioria fui não somente testemunha mas também colaborador de uns e diretor de outros, decidi escrever como se houvesse definido um novo início.

[5.1] A dita agitação foi aquela durante a qual os romanos travaram guerra contra os celtiberos e vaceus, e os cartagineses, contra Massinissa, rei dos africanos [155-150 a.C.]. [2] Na Ásia, Átalo e Prúsias guerreavam entre si, e Ariárates, rei dos capadócios, após perder o império para Orofernes por obra do rei Demétrio, recobrou o império pátrio com a ajuda de Átalo. [3] Demétrio, filho de Seleuco, tendo ocupado por doze anos a realeza síria, foi privado ao mesmo tempo da vida e do império, quando contra ele se voltaram os demais reis. [4] Os romanos repatriaram os gregos condenados desde a guerra contra Perseu após absolvê-los das acusações assacadas. [5] Não muito depois os mesmos lançaram mãos aos cartagineses[2], primeiro para removê-los, depois com propósito de abatê-los de uma vez, pelas razões que direi a seguir. [6] Na sequência, os macedônios afastaram-se da aliança com os romanos, e os lacedemônios, da confederação aqueia: princípio e fim do infortúnio comum de toda a Grécia. [7] Esse é o nosso plano, que requer ainda auxílio do acaso, a fim de que eu tenha vida para levar a proposta a termo. [8] Estou convencido de que, mesmo se qualquer contingência humana nos ocorrer, o projeto não ficará inconcluso nem carecerá de homens à sua altura, pois por sua beleza muitos dele se encarregarão e ansiarão levá-lo a termo. [9] Tendo feito um sumário corrido das ações mais ilustres, desejosos de dar uma noção de toda a história aos leitores no geral e no detalhe, é hora de, recordando a proposta, retornar ao início de nosso projeto.

---

2. Terceira Guerra Púnica, 149-146 a.C.

[6.1] Alguns dos que relataram as ações de Aníbal, desejando demonstrar-nos as causas devido às quais se deu a dita guerra entre romanos e cartagineses, primeiro indicam o cerco de Sagunto pelos cartagineses, [2] em segundo lugar a travessia deles, contra os tratados, do rio chamado Ebro pelos nativos. [3] Eu diria que esses são os inícios da guerra, mas de forma alguma concordaria que são as causas, [4] muito ao contrário. Senão, alguém dirá que a travessia de Alexandre para a Ásia [334 a.C.] foi a causa da guerra contra os persas, e o desembarque de Antíoco em Demetríade [192 a.C.], a da guerra contra os romanos. Nenhuma das afirmações é verossímil ou verdadeira. [5] Pois quem julgaria serem essas as causas cujos preparativos, muitos Alexandres, nos primeiros tempos, e não poucos Filipes, quando ainda vivos, realizaram para a guerra contra os persas; e semelhantemente os etólios, antes da presença de Antíoco, para a guerra contra os romanos? [6] Tais afirmações são de homens que não distinguem em que se diferencia o início e quanto se afasta da causa e do pretexto; por isso estas são as primeiras dentre todas as coisas, e o início, as últimas dentre aquilo que se disse. [7] Início de qualquer fato denomino as primeiras incursões e ações dentre as já decididas, e causas, os julgamentos e análises prévios, ou seja, planejamentos, disposições e cálculos a respeito, por meio dos quais chegamos às decisões e aos projetos. [8] É claro o que está dito a partir dos exemplos oferecidos. [9] Quais foram verdadeiramente as causas, e de onde surgiu a guerra contra os persas, é fácil a qualquer um compreender. [10] A primeira foi o retorno dos helenos sob o comando de Xenofonte [401-400 a.C.] desde as satrapias do norte, durante o qual, depois de atravessarem toda a Ásia hostil, nenhum dos bárbaros ousou opor-se-lhes homem a homem; [11] e a segunda, a travessia do rei espartano Agesilau para a Ásia [396-394 a.C.] durante a qual, não encontrando nada considerável nem contrário a seus planos, foi forçado a retornar na metade, de mãos vazias, devido às perturbações na Grécia. [12] A partir disso Filipe, compreendendo e calculando a covardia e indolência dos persas, bem como seu próprio vigor e também o dos macedônios nas guerras; cobiçando a grandeza e a beleza das futuras recompensas da guerra; [13] e ao mesmo tempo visando conservar a assentada boa disposição dos gregos, depois de se valer do pretexto de que urgia vingar os crimes dos persas contra os gregos, encheu-se de ímpeto disposto a guerrear e tudo preparou para tanto. [14] Por isso deve-se considerar como causas da guerra contra os persas as primeiras situações referidas, pretexto a segunda e início a travessia de Alexandre rumo à Ásia.

[7.1] Da guerra entre Antíoco e os romanos, é claro que como causa deve-se apontar a cólera dos etólios. [2] Considerando-se bastante menosprezados pelos romanos ao fim da guerra contra Filipe, conforme disse antes, eles não apenas requisitaram Antíoco, como se dispuseram a fazer e suportar tudo por conta da cólera decorrente das circunstâncias mencionadas. [3] Deve-se tomar como pretexto a libertação dos gregos, que eles alardeavam, irracional e falsamente, viajando com Antíoco de cidade em cidade, e como início da guerra, o desembarque de Antíoco em Demetríade. [4] Fiz essa explanação detalhada não para criticar outros historiadores, mas para o aprimoramento dos estudiosos. [5] Que vantagem há para os doentes se o médico ignora as causas das disposições do corpo? E se um homem pragmático não é capaz de calcular como, por que e desde quando cada acontecimento foi desencadeado? [6] É razoável supor que aquele jamais poderá estabelecer tratamentos convenientes para o corpo, e o homem pragmático não conseguirá controlar apropriadamente as contingências sem o conhecimento do que foi dito. [7] Por isso nada deve ser tão vigiado e buscado quanto as causas de cada acontecimento, pois frequentemente os fatos mais importantes nascem de acasos, e de tudo é mais fácil remediar as primeiras investidas e concepções.

[8.1] O analista romano Fábio afirma que, simultânea à violação dos saguntinos, a cupidez e a ambição política de Asdrúbal são a causa da guerra de Aníbal. [2] Após conquistar vasto domínio na Ibéria, ele se apresentou em seguida na África e tentou, depois de dissolver as leis, converter em monarquia o Estado cartaginês. [3] Os homens mais importantes do Estado, antevendo sua tentativa, concertaram-se e dele se afastaram. [4] Alvo de suspeitas, Asdrúbal foi-se por fim da África para administrar a Ibéria como melhor lhe parecesse, sem dar atenção ao sinédrio cartaginês. [5] Como Aníbal fosse, desde muito jovem, partícipe e admirador daquela política, e então houvesse recebido o comando da Ibéria, manteve a mesma postura de Asdrúbal na condução de seus negócios. [6] Por isso, no momento deu ensejo a essa guerra com os romanos por opção própria, a despeito da opinião dos cartagineses. [7] Nenhum dos cartagineses notáveis assentiu aos feitos de Aníbal contra a cidade dos saguntinos. [8] Após dizer isso, afirma que depois da captura da referida cidade os romanos se apresentaram pretendendo que os cartagineses deveriam entregar Aníbal ou retomar a guerra. [9] Se alguém perguntasse ao historiador qual teria sido a ocasião mais propícia aos cartagineses, ou qual ato mais justo ou conveniente do que (já que estavam desde o início descontentes, conforme ele afirma, com os atos de Aníbal), [10] tendo então obedecido às exigências romanas, entregar o responsável pelas violações, suprimindo de modo razoável, por ação alheia, o inimigo comum da cidade, garantindo a segurança ao território, repelindo a guerra que impendia e satisfazendo o inimigo apenas com um decreto, o que ele teria a dizer a respeito? [11] Nada, obviamente. Aqueles tanto se abstiveram de fazer qualquer coisa do que foi dito que por dezessete anos contínuos guerrearam conforme as orientações de Aníbal sem encerrar a guerra até que, tendo experimentado todas as expectativas, viram por fim em perigo a própria pátria e seus habitantes.

[9.1] Por que mencionei Fábio e seus escritos? [2] Não pela credibilidade do que diz, com receio de que nele se creia – sua ilogicidade é evidente aos leitores a despeito da minha explicação –, [3] mas como advertência àqueles que leem seus livros, para que atentem não para a autoria e sim para os fatos. [4] Com efeito, alguns atentam não para o enunciado, mas somente para o autor, e levando em conta que o escritor viveu naquela época e integrou o senado romano, imediatamente consideram crível tudo o que é por ele enunciado. [5] Afirmo que não se deve fazer pouco caso da autoridade desse analista, tampouco julgá-la autossuficiente; mais do que tudo, que os leitores façam dos próprios fatos pedra de toque. [6] Da guerra entre romanos e cartagineses – nesse ponto fizemos esta digressão – deve-se considerar como primeiro causante o rancor de Amílcar cognominado Barca, pai legítimo de Aníbal. [7] Psicologicamente invicto na guerra pela Sicília, convicto de que havia conservado intacto o exército em Érix, com o mesmo ardor em que ele próprio se encontrava, e que havia concluído o tratado apenas devido à derrota cartaginesa na batalha naval, cedendo às circunstâncias, permanecia encolerizado, sempre espreitando para atacar. [8] Se então não houvesse ocorrido o motim de mercenários em território cartaginês, imediatamente teria deflagrado outro início e outros preparativos conforme pudesse. [9] Surpreendido, porém, por desordens intestinas, retardou as ações em razão delas.

[10.1] Os romanos lhes declararam guerra depois de os cartagineses terem reprimido a dita desordem. Estes primeiro acederam a tudo, conjecturando que por justiça venceriam, conforme a respeito esclarecemos nos livros anteriores a este, [2] sem os quais não seria possível acompanhar como convém nem os assuntos ora tratados, nem os de que trataremos a seguir. [3] Como os romanos não abrandassem, os cartagineses, cedendo à circunstância, fatigados e nada tendo a fazer, evacuaram a Sardenha e concordaram em pagar outros

1.200 talentos além dos de outrora para não ter de travar guerra naquela ocasião. [4] Pelo que essa deve ser tomada como a segunda e mais importante causa da guerra subsequente, [5] pois Amílcar, tendo acrescentado aos próprios rancores a cólera dos cidadãos devido a isso, tão logo combateu os mercenários rebelados consolidou a segurança da pátria e imediatamente partiu para a Ibéria, apressando-se para utilizá-la como base na guerra contra os romanos. [6] Esta deve ser considerada a terceira causa, digo a abundância de recursos na Ibéria para os cartagineses. Fiados nessas forças, com coragem entraram na dita guerra. [7] Que Amílcar contribuiu demais para a ocorrência da segunda guerra, ainda que tenha morrido dez anos antes de seu início, muito se poderia discorrer a esse respeito: como prova, quase bastará o que será dito.

[11.1] À época em que Aníbal, vencido pelos romanos, saiu por fim de sua pátria e refugiou-se junto a Antíoco [195 a.C.], então os romanos, observando os planos dos etólios, despacharam embaixadores a Antíoco, desejosos de conhecer as intenções do rei. [2] Vendo Antíoco atento aos etólios e pronto para entrar em guerra contra os romanos, os embaixadores incensaram Aníbal, visando torná-lo suspeito aos olhos de Antíoco. O que acabou por ocorrer. [3] Com o passar do tempo, suspeitando o rei sempre mais de Aníbal, houve uma ocasião para tratarem do estranhamento nutrido por cada um. [4] Então, depois de muitas desculpas, Aníbal por fim chegou à seguinte situação, embaraçado com as palavras: [5] contou que, à época em que seu pai estava para partir com tropas em expedição para a Ibéria, ele tinha nove anos [238 a.C.] e ficou junto ao altar enquanto aquele sacrificava a Zeus. [6] Após obter presságios favoráveis, libar aos deuses e cumprir o ritual, ordenou que os outros se afastassem um pouco do sacrifício, chamou-o e perguntou com benevolência se desejava partir junto da expedição. [7] Como assentisse prazenteiro e rogasse infantilmente, tomou-lhe a destra, aproximou-o do altar e ordenou que, ao tocar as vítimas, jurasse jamais benquerer aos romanos. [8] Uma vez que Antíoco estava claramente informado a respeito, pediu-lhe que, enquanto desejasse prejudicar os romanos, tivesse coragem e confiasse, na certeza de que teria em si o mais verdadeiro colaborador. [9] Quando, porém, concertasse tréguas ou aliança com eles, então não seriam necessárias calúnias: que desconfiasse e vigiasse, pois faria tudo o que pudesse contra eles.

[12.1] Ao ouvi-lo, considerando que falara sentida e verdadeiramente, Antíoco livrou-se de toda a suspeita anterior. [2] Da hostilidade e de todo o propósito de Amílcar isso deve ser tomado como testemunho assente, conforme ficou evidente pelos próprios fatos. [3] Ele tornou Asdrúbal, seu genro, e Aníbal, seu filho legítimo, tão inimigos dos romanos a ponto de não ser possível maior hostilidade. [4] Como Asdrúbal morrera cedo, não pôde manifestar todo o seu propósito, mas os tempos concederam a Aníbal demonstrar sobejamente o ódio paterno aos romanos[3]. [5] Por isso, para aqueles à testa de governos é preciso refletir mais do que tudo nisto, ou seja, não desaperceber as intenções dos que suspendem ódios ou compõem alianças, quando concluem tratados cedendo às ocasiões e quando intimamente derrotados, [6] a fim de sempre vigiarem os primeiros, tomando-os por espias de oportunidades, e convocarem de pronto os demais em qualquer contingência, neles confiando como em súditos ou amigos verdadeiros. [7] Deve-se tomar como causas da guerra de Aníbal as mencionadas, e início, o que vem a seguir.

[13.1] Os cartagineses suportavam com dificuldade a derrota na Sicília, e sua cólera se intensificou, conforme disse antes, pela Sardenha e pela quantia ao fim acrescentada. [2] Por isso, enquanto sujeitavam a maior parte da Ibéria, estavam de prontidão para tudo o que se mostrasse adverso aos

---

3. Ambíguo no original.

romanos. [3] Ante o falecimento de Asdrúbal [221 a.C.], por meio de quem, após a morte de Amílcar [229 a.C.], controlaram a Ibéria, primeiro sondaram o ímpeto das tropas: [4] chegada dos exércitos a notícia de que as tropas, por unanimidade, haviam escolhido Aníbal como comandante, no mesmo instante reuniram o povo e, por sentença única, fizeram soberana a escolha dos exércitos. [5] Assim que assumiu o comando Aníbal marchou para submeter a nação dos ólcades: ao chegar a Alteia, sua cidade mais sólida, acampou. [6] Em seguida, com ataques vigorosos e surpreendentes, rapidamente dominou a cidade. Ante esse acontecimento, os demais povos, em pânico, se entregaram aos cartagineses. [7] Tendo gravado as cidades com tributos e se assenhoreado de muito dinheiro, veio invernar na Cidade Nova. [8] Por tratar com magnanimidade os submetidos, e ora pagar o estipêndio aos companheiros de expedição, ora prometê-lo, fez nascer nas tropas benquerença e grandes expectativas.

[14.1] No verão subsequente [220 a.C.], tendo novamente se lançado contra os vaceus, irrompeu, atacou e dominou Hermândica, mas Arbócala, devido à grandeza, à quantidade da população e à bravura dos habitantes, só a tomou depois de cercá-la com muito esforço. [2] Em seguida, viu-se em meio aos maiores perigos na volta, quando os carpésios, provavelmente a nação mais violenta da região, contra ele se atiraram, [3] bem como quando, de modo semelhante, seus vizinhos com eles se compuseram, incitados principalmente por desertores ólcades e inflamados pelos sobreviventes de Hermândica. [4] Se os cartagineses houvessem sido forçados a enfrentá-los em batalha, certamente teriam sido derrotados. [5] Mas como Aníbal recuasse, voltando sobre os próprios passos de modo pragmático e sensato, e deixasse como barreira o rio dito Tago [atual Tejo], decidiu combater próximo ao local da travessia, empregando como coadjuvantes o próprio rio e os elefantes que possuía, em torno de quarenta, e tudo lhe saiu bem de modo surpreendente, conforme seus cálculos: [6] uma vez que os bárbaros se lançavam de muitos locais para forçar a passagem pelo rio, a maioria deles pereceu quando saía, pois os elefantes patrulhavam a margem e sempre se antecipavam aos que saíam; [7] muitos morreram no próprio rio por obra da cavalaria, pois os cavalos resistiam melhor à correnteza, além de os cavaleiros combaterem em posição superior a infantaria. [8] Ao fim, os homens de Aníbal recruzaram em direção aos bárbaros e puseram em fuga mais de dez mil homens. [9] Ante sua derrota, nenhum dos povos d'aquém Ebro ousou fazer frente com tranquilidade aos cartagineses exceto os saguntinos. [10] Ele tentou quanto possível manter-se afastado dessa cidade, pois não desejava dar nenhum pretexto assente de guerra para os romanos até que se assegurasse de todo o resto, conforme sugestão e conselho de seu pai Amílcar.

[15.1] Os saguntinos despachavam continuamente a Roma [220-219 a.C.] ora receosos por si próprios, antevendo o futuro, ora desejosos de que os romanos não se esquecessem dos progressos dos interesses cartagineses na Ibéria. [2] Os romanos, que muitas vezes os ouviram com displicência, então enviaram embaixadores para examinar o que se passava. [3] À mesma época, após assenhorear-se de quantos povos planejara, Aníbal novamente dirigiu-se para a Cidade Nova, que era como que ornamento e capital dos cartagineses na Ibéria. [4] Tendo acolhido a embaixada romana e concedido entrevista, ouviu-a sobre a situação: [5] os romanos insistiam para que se afastasse dos saguntinos – que estavam sob sua proteção – e não cruzasse o rio Ebro, por conta do acordo com Asdrúbal. [6] Porque jovem, cheio de ímpeto bélico, bem-sucedido em seus empreendimentos e espicaçado pela hostilidade aos romanos, [7] diante deles Aníbal, afetando cuidar dos saguntinos, acusou os romanos de, pouco tempo antes, quando aqueles dissentiam, terem recebido plenos poderes para resolver a situação e matado injustamente alguns chefes, violação que ele próprio não negligenciaria, pois era hábito ancestral dos cartagineses não negligenciar injustiça alguma. [8] Despachou, então, a Cartago, questionando o que deveria fazer, pois os saguntinos, fiados em sua aliança com os romanos, prejudicavam alguns dos súditos dos cartagineses. [9] Em resumo, estava cheio de fúria violenta e irracional: não mencionou as verdadeiras causas, mas se refugiou em pretextos ilógicos, como costumam fazer aqueles que têm o dever em pouca conta devido a impulsos preconcebidos. [10] Quão melhor teria sido pretender que os romanos lhes devolvessem a Sardenha e os pagamentos então impostos, acrescidos com o tempo e deles tomados de modo antes injusto e sob ameaça de guerra? [11] Mas neste momento, calando sobre a verdadeira causa e forjando uma inexistente relativa aos saguntinos, parecia iniciar a guerra de modo não somente ilógico como, sobretudo, injusto. [12] Sabendo claramente que haveria guerra, os embaixadores romanos navegaram para Cartago a fim de instar igualmente àqueles. [13] Não esperavam guerrear na Itália, mas na Ibéria, empregando como quartel-general a cidade dos saguntinos.

[16.1] Adaptando-se a essa conjectura, o senado decidiu assegurar-se quanto à Ilíria, antevendo que a guerra seria grande, duradoura e longínqua. [2] Àquela época, Demétrio de Faros, esquecido dos benefícios pretéritos dos romanos para consigo, desdenhoso antes devido ao pavor dos gauleses, ora dos cartagineses, que rodeava os romanos, [3] depositando todas as esperanças na casa real macedônia, uma vez que havia guerreado e partilhado com Antígono dos combates contra Cleômenes, pilhava e destruía cidades da Ilíria sob controle romano, tendo navegado para além do Lisso, a despeito dos tratados, com cinquenta embarcações, e pilhado muitas das ilhas cíclades. [4] Tendo isso em vista e observando a casa real macedônia florescente, os romanos se apressavam para assegurar-se do leste da Itália, convencidos de que, antecipando-se, corrigiriam a ignorância dos ilírios, vingando e punindo a ingratidão e a precipitação de

Demétrio, [5] mas seus cálculos se frustraram: Aníbal a eles se antecipou, tomando a cidade dos saguntinos. [6] Por conta disso, a guerra transcorreu não na Ibéria, mas diante da própria Roma e em toda a Itália. [7] Baseados nessas considerações, os romanos enviaram Lúcio Emílio com tropas para a Ilíria no início do verão do primeiro ano da 140ª olimpíada [219 a.C.].

[17.1] Aníbal levantou acampamento com as tropas e avançou desde a Cidade Nova em marcha rumo a Sagunto. [2] Esta cidade situa-se em um conveniente sopé voltado para o mar nos extremos montanhosos entre a Ibéria e a Celtibéria, distante do mar aproximadamente oito estádios. [3] Seus habitantes ocupam um território muito produtivo e distinto de toda a Ibéria pela excelência. [4] Nele acampado, Aníbal montou um cerco vigoroso, antevendo muito proveito futuro a advir dessa captura: [5] primeiro considerou que privaria os romanos da esperança de travar a guerra na Ibéria. Em segundo lugar, porque surpreendera a todos, estava convencido de que tornaria mais disciplinados aqueles que já havia submetido, mais receptivos os que eram então senhores absolutos dos iberos e, [6] mais importante, por não haver deixado inimigo algum para trás, marcharia para diante em segurança. [7] Além disso, considerava que teria abundância de recursos para a empreitada, infundiria empenho nas tropas, em função dos proveitos individuais, e despertaria a boa vontade dos cartagineses na terra natal, devido aos espólios que lhes seriam enviados. [8] Baseado nessas considerações, prosseguiu ativamente com o cerco, ora mostrando-se como exemplo para a multidão e partilhando das fadigas dos trabalhos, ora exortando a multidão e entregando-se temerariamente aos perigos. [9] Tendo suportado todo tipo de sofrimento e preocupação, em oito meses, por fim, tomou a cidade. [10] Senhor de muito dinheiro, escravos e bens, reservou o dinheiro para a própria empreitada, conforme seu propósito original, distribuiu os escravos entre os

soldados, conforme o mérito de cada um, e enviou imediatamente todos os bens para Cartago. [11] Ao fazer isso, não se equivocou nos cálculos nem frustrou o propósito original, mas tornou os soldados mais dispostos para o perigo e os cartagineses mais receptivos às suas ordens, realizando muita coisa útil na sequência devido ao acúmulo de recursos.
[18.1] Na mesma ocasião, Demétrio, ao saber das intenções romanas, imediatamente enviou a Dimale uma guarnição suficiente com recursos apropriados, destruiu seus oponentes políticos nas demais cidades, entregou o poder a aliados [2] e, após escolher seis mil dentre os mais viris de seus súditos, concentrou-os em Faros. [3] Ao chegar à Ilíria com tropas e perceber os adversários confiantes na solidez e preparativos de Dimale, que parecia inexpugnável, o cônsul romano decidiu tomá-la primeiro, desejoso de surpreender os inimigos [Guerra da Ilíria, 219 a.C.]. [4] Tendo exortado os oficiais e instalado máquinas em vários pontos, iniciou o cerco. [5] Tomou-a em sete dias, o que abateu imediatamente o moral dos adversários. [6] Por isso vieram de todas as cidades render-se e colocar-se sob a proteção dos romanos. [7] Após receber cada um nos termos apropriados, navegou para Faros no encalço do próprio Demétrio. [8] Informado de que a cidade era sólida, que reunia grande quantidade de homens distintos, e possuía recursos e outros preparativos, suspeitou que o cerco seria difícil e prolongado. [9] Antevendo tudo isso, empregou na ocasião o seguinte gênero de estratagema: [10] tendo navegado à noite para a ilha com todo o exército, desembarcou a maior parte da tropa em locais cheios de árvores e ravinas; [11] sobrevinda a manhã, navegou ostensivamente com vinte naus para o porto mais próximo da cidade. [12] Vendo as naus e desdenhando a quantidade de navegantes, os homens de Demétrio partiram da cidade rumo ao porto a fim de impedir o desembarque dos adversários.
[19.1] Quando se encontraram e o choque se fez violento, cada vez mais homens da cidade vinham em auxílio, até que, por

fim, todos se dispersaram a combater. [2] Aqueles romanos desembarcados à noite acorreram precisamente nessa ocasião, marchando por locais obscuros: [3] tendo se apoderado de um outeiro fortificado situado entre a cidade e o porto, barraram os auxiliares da cidade. [4] Demétrio entendeu o que se passava e desistiu de impedir o desembarque; juntou os homens, exortou-os e partiram, decididos a oferecer batalha aos ocupantes do outeiro. [5] Quando os romanos perceberam o avanço vigoroso e organizado dos ilírios, espantosamente fizeram frente aos batalhões. [6] Ao mesmo tempo os desembarcados vieram por trás: atacando por todos os lados, provocaram tumulto e perturbação não pequenos entre os ilírios. [7] Batendo-se à frente e às costas, por fim os homens de Demétrio fugiram. Alguns deles refugiaram-se na cidade, mas a maioria se dispersou sem rumo pela ilha. [8] Dispondo de embarcações prontas para qualquer eventualidade e ancoradas em locais ermos, nelas Demétrio executou a retirada. Tendo nelas embarcado, navegou com a chegada da noite e chegou surpreendentemente junto ao rei Filipe, com quem passou o restante de sua vida. [9] Foi um homem corajoso e ousado, mas de uma ousadia irracional e absolutamente irrefletida. [10] Por isso seu fim foi semelhante às escolhas que fez ao longo de toda a vida: [11] na tentativa de capturar a cidade de Messene por instigação de Filipe, sem planos e atabalhoadamente, pereceu na ocasião da ação, o que esclareceremos em detalhe quando chegar o momento. [12] Tendo capturado Faros de assalto, imediatamente o cônsul romano Emílio arrasou-a, assenhoreou-se do restante da Ilíria e tudo dispôs como melhor lhe pareceu; em seguida, com o fim do verão, retornou a Roma, onde entrou em triunfo sob calorosa acolhida, [13] pois mostrava ter conduzido a situação não apenas com destreza mas, sobretudo, com hombridade.

[20.1] Quando chegou aos romanos a notícia da queda de Sagunto, então não debateram, por Zeus, sobre a guerra, como afirmam alguns historiadores que ainda acrescentam os discursos pró e contra, fazendo o que há de mais descabido. [2] Pois como seriam os romanos capazes de então deliberar se deveria ou não haver guerra, tendo já a cidade sido tomada à força, eles que no ano anterior haviam ameaçado os cartagineses caso invadissem o território dos saguntinos? [3] Como, de que modo apresentam o abatimento do senado como espantoso, ao mesmo tempo que afirmam que os pais introduziam os filhos maiores de doze anos no senado, os quais participavam dos debates e a nenhum dos parentes deixavam escapar nenhum segredo? [4] Nada disso é de modo algum verossímil nem verdadeiro, a menos que, por Zeus, entre outras coisas também isto o acaso tenha concedido aos romanos, a sensatez desde o nascimento. [5] Sobre esse tipo de afirmações de obras quais as que escrevem Quéreas e Sósilo[4], nada mais é preciso dizer: penso que têm a forma e o estilo de conversa fiada de barbearia, não de história. [6] Quando souberam do infortúnio dos saguntinos, os romanos imediatamente selecionaram embaixadores que enviaram às pressas para Cartago [7] com duas ofertas para eles, das quais uma, caso a aceitassem, pareceria acarretar aos cartagineses vergonha e injúria, e a outra, o início de eventos e perigos grandiosos. [8] Exigiriam que entregassem aos romanos, irresgatáveis, o comandante Aníbal e seus auxiliares, ou declarariam guerra. [9] Quando os romanos chegaram, entraram no sinédrio e apresentaram tais termos, os cartagineses ouviram indignados as propostas. [10] Entretanto após escolherem o mais capaz dentre eles, começaram a expor as próprias razões.

[21.1] Calavam a respeito dos acordos negociados com Asdrúbal, como se não existentes, e se o eram, como se não lhes dissesse respeito, porque realizados sem sua chancela. [2] Usaram o exemplo dos próprios romanos para isso: disseram

---

4. Afora poucos fragmentos, nada se sabe sobre Quéreas. Sósilo ensinou grego a Aníbal, e sobre ele escreveu uma história em sete livros.

que o tratado feito por Lutácio na guerra pela Sicília fora concluído com Lutácio, mas depois invalidado pelo povo romano, porque concertado sem sua chancela. [3] Ao longo de toda a discussão, apegavam-se e insistiam no último tratado concertado na guerra pela Sicília. [4] Afirmavam que nele não havia qualquer cláusula a respeito da Ibéria, mas que havia explícita referência à segurança para os aliados de cada um por parte de ambos. [5] Apontavam que os saguntinos não eram então aliados dos romanos, e para tanto releram várias vezes o tratado. [6] Os romanos renunciaram terminantemente à discussão, afirmando que, enquanto a cidade dos saguntinos permaneceu intocada, cabia discussão dos fatos e era possível resolver o impasse pelo diálogo; [7] diante, porém, de sua violação, que os responsáveis lhes deveriam ser entregues – ato por meio do qual manifestariam a todos que não partilhavam da injustiça, mas que sem sua chancela fora cometida –[8] ou que, se não desejassem fazê-lo, assumiriam ter tomado parte na injustiça e endossado a guerra. De modo geral, assim altercaram. [9] Parece-nos necessário não deixar a questão sem exame, a fim de que nem aqueles a quem convêm e importa conhecer com clareza sua exatidão se afaste da verdade nas discussões mais importantes, [10] nem os estudiosos se equivoquem a respeito, vagando ao sabor da ignorância e ambição dos historiadores, mas para que exista uma teoria assente sobre os pactos mútuos de romanos e cartagineses desde o início até o momento atual.

[22.1] O primeiro tratado entre romanos e cartagineses data da época de Lúcio Júnio Bruto e Marco Horácio [509-508 a.C.], os primeiros cônsules instituídos após a dissolução da realeza, os quais também dedicaram o templo de Júpiter Capitolino. [2] Isso ocorreu 28 anos antes da travessia de Xerxes para a Grécia. [3] Quão precisamente conseguimos traduzi--lo, transcrevemos, pois tamanha é a diferença entre a língua antiga e a atual dos romanos que os mais sábios só distinguem alguma coisa depois de penoso exame. [4] Este é o tratado: "nestes termos há amizade entre romanos e seus aliados, e cartagineses e seus aliados: [5] que romanos e seus aliados não naveguem para além do promontório Belo, exceto se constrangidos por tempestade ou inimigos. [6] Caso por violência alguém aborde, não se lhe permita comprar ou tomar nada exceto para reparo da embarcação ou para sacrifícios, [7] e que se vá em cinco dias. [8] Aos que vierem para comerciar nenhuma transação realizem exceto diante de arauto ou secretário. [9] Quanto na presença deles se fizer na África ou na Sardenha, em nome da fé pública se pague ao vendedor quanto se fizer. [10] Se algum romano vier à parte da Sicília controlada pelos cartagineses, sejam iguais todos os direitos dos romanos. [11] Que os cartagineses não prejudiquem o povo dos ardeates, anciates, laurentes, circeios, tarracinenses, nem quaisquer súditos latinos; [12] se não forem súditos, que se afastem das cidades; se tomarem alguma, que a devolvam preservada aos romanos. [13] Que não construam fortaleza no Lácio. Se entrarem no território como inimigos, que nele não pernoitem".

[23.1] O promontório Belo está situado ao norte de Cartago. [2] Os cartagineses pensavam que os romanos não deveriam em absoluto navegar para além dele rumo ao sul com grandes naus, pois não queriam que conhecessem, parece-me, as regiões de Bizácio e da Pequena Sirte, que denominam Empórios, devido à excelência do território. [3] Caso alguém, após abordar por conta de tempestades ou violência inimiga, carecesse do necessário para sacrifícios e reparo de embarcação, pensavam devesse receber isso e nada mais, e que forçosamente os ancorados partissem em cinco dias. [4] Para Cartago, para toda a região africana aquém do promontório Belo, para a Sardenha e para a parte da Sicília que os cartagineses governavam, era permitido aos romanos navegar para comerciar, e os cartagineses asseguravam-lhes o direito em nome da fé pública. [5] Nesse tratado parecem tratar da Sardenha e da África como propriedade sua. Já quanto à Sicília,

determinam explicitamente o contrário, pois concluem o tratado a respeito daquela parte da Sicília que recai sob domínio cartaginês. [6] De modo semelhante, os romanos concluem o tratado a respeito do território latino, mas sobre o restante da Itália não fazem menção, pois não recaía sob seu poder.
[24.1] Depois desse concluíram outro tratado [provavelmente em 306 a.C.], no qual os cartagineses incluem o povo dos tírios e o dos uticenses. [2] Acrescentam ao promontório Belo Mastia e Tarseio, além dos quais pensavam que os romanos não deveriam fazer pilhagens nem fundar cidades. [3] Este é o tratado: "nestes termos há amizade entre romanos e seus aliados, e os povos cartaginês, tírio e uticense e seus aliados: [4] os romanos não farão pilhagens, nem mercadejarão, nem fundarão cidades para além do promontório Belo, de Mastia e de Tarseio. [5] Se os cartagineses capturarem alguma cidade no Lácio não sujeita aos romanos, mantenham o dinheiro e os cativos, mas restituam a cidade. [6] Se algum cartaginês capturar alguém com quem os romanos possuam acordo de paz escrito mas que não lhes esteja submetido, não o desembarquem em portos romanos (se for desembarcado e um romano o reclamar, fique livre): [7] do mesmo modo, não o façam os romanos. [8] Se de algum território que os cartagineses governam um romano receber água ou provisões, com estas não prejudique ninguém com quem os cartagineses tenham acordo de paz e aliança. [9] Do mesmo modo, não o faça o cartaginês. [10] Se o fizer, não seja punido privadamente, mas seja público o crime. [11] Que nenhum romano comercie nem funde cidade na Sardenha nem na África, *** senão até receber provisões e reparar a embarcação. Caso seja trazido por tempestade, parta em cinco dias. [12] Que na parte da Sicília governada pelos cartagineses e em Cartago tudo faça e venda quanto é permitido também ao nativo. [13] De modo semelhante faça o cartaginês em Roma". [4]. Novamente nesse tratado insistem na África e na Sardenha como territórios próprios, privando os romanos de todos os acessos, [15] mas a

respeito da Sicília a eles subordinada esclarecem o contrário. [16] De modo semelhante os romanos a respeito do Lácio: pensam que os cartagineses não devem prejudicar os ardeates, anciates, circeios e tarracinenses, todas cidades costeiras do Lácio, em favor do qual concluíram o tratado.

[25.1] Os romanos ainda concluíram um último tratado [279 a.C.] ao tempo da travessia de Pirro, antes de os cartagineses travarem a guerra pela Sicília. [2] Por ele preservavam tudo que já houvesse sido acordado e acrescentavam o seguinte: [3] "se estabelecerem aliança com Pirro por escrito, façam-no ambos, a fim de poderem socorrer-se onde quer que haja guerra. [4] Se algum necessitar de socorro, que os cartagineses equipem embarcações para ida e volta, e cada um assalarie os seus. [5] Que os cartagineses socorram os romanos no mar se necessário for. Que ninguém force tripulações a desembarcar contra a vontade". [6] Era preciso que fizessem o seguinte juramento: nos primeiros tratados, os cartagineses por seus deuses ancestrais, os romanos, por Júpiter Pétreo, conforme um costume antigo; neste, por Marte e Quirino. [7] O juramento por Júpiter Pétreo é o seguinte: com uma pedra na mão, quem jura pelo tratado, sempre que o faz em nome da fé pública, diz isto: [8] "que tudo me corra bem enquanto mantiver o juramento. Mas se pensar ou agir de modo diferente, que todos os outros se salvem em suas próprias pátrias, com suas próprias leis, suas próprias vidas, rituais e túmulos, e que sozinho eu vá ao chão como agora esta pedra". [9] Tendo dito isso, atira a pedra.

[26.1] Sendo esses os tratados, preservados ainda hoje em tabuletas de bronze no tesouro dos edis junto ao templo de Júpiter Capitolino, [2] quem não teria razão ao se espantar com o historiador Filino não porque ele o ignora – pois isso não é motivo de espanto, uma vez que ainda em nossa época os mais velhos dentre romanos e cartagineses, os que mais parecem ater-se a assuntos públicos, o ignoravam – [3] mas pelo motivo e maneira como teve coragem de escrever o contrário, que havia tratados entre romanos e cartagineses segundo os quais os romanos deveriam manter-se afastados de toda a Sicília e os cartagineses, da Itália, [4] e que os romanos transgrediram tratados e juramentos quando pela primeira vez navegaram para a Sicília, sem que jamais tivesse existido ou então houvesse tal documento? [5] Isso está explícito no segundo livro. A respeito disso apenas fizemos menção na introdução de nossa obra, e reservamos esta ocasião para tratar da questão em detalhe, porque muitos falseiam a verdade sobre esse assunto fiados nos escritos de Filino. [6] Se a esse respeito alguém questionasse os romanos sobre a travessia para a Sicília, por haverem acolhido os mamertinos em aliança e, quando a seguir eles necessitaram, por socorrê-los, a eles que traíram não apenas os messanenses como também os reginos, com razão ficaria descontente. [7] Mas se supusesse que fizeram a travessia a despeito de juramentos e tratados, ostentaria manifesta ignorância.

[27.1] Travada a guerra pela Sicília [241 a.C.], concluíram outro tratado cujo conteúdo era o seguinte: [2] "os cartagineses evacuarão toda a Sicília bem como todas as ilhas situadas entre a Itália e a Sicília. [3] Haverá segurança, por parte de ambos, para os aliados de ambos. [4] Um não ditará ordens nas províncias do outro, nem construirá prédios públicos, nem alistará mercenários, nem acolherá em aliança os aliados alheios. [5] Em dez anos, os cartagineses devem pagar dois mil e duzentos talentos, entregando mil imediatamente. [6] Os cartagineses devolverão aos romanos todos os prisioneiros sem resgate". [7] A seguir, ao fim da guerra da África [238 a.C.], os romanos declararam guerra aos cartagineses até que por decreto fizeram o seguinte aditamento: [8] "os cartagineses evacuarão a Sardenha e pagarão mais mil e duzentos talentos", conforme antes mencionamos. [9] Além desses, por último concertaram o acordo com Asdrúbal na Ibéria[5],

---

5. Concluído provavelmente em 226-225 a.C. Cf. II.13.7.

"pelo qual os cartagineses não atravessarão o rio Ebro para guerrear". Esses foram os pactos mútuos entre romanos e cartagineses desde o início até a época de Aníbal.

[28.1] Assim como descobrimos que a travessia dos romanos para a Sicília não foi feita ao arrepio de juramentos, do mesmo modo com relação à outra guerra, por ocasião da qual concluíram o tratado sobre a Sardenha: não se encontraria pretexto ou motivo razoável, [2] antes é consenso que os cartagineses foram forçados, de modo oportunista e ao arrepio de quaisquer pactos, a evacuar a Sardenha e pagar o referido montante adicional. [3] A queixa romana de que prejudicavam seus marinheiros durante a guerra da África desmontou-se quando, tendo recebido dos cartagineses todos os homens desembarcados, em reconhecimento devolveram sem resgate os cativos que detinham. [4] Sobre isso tratamos detalhadamente no livro anterior a este[6]. [5] Diante disso, resta distinguir e examinar, quanto à guerra de Aníbal, a quem deve ser atribuída a causa.

[29.1] Demonstramos o que os cartagineses então falaram[7]. Agora relataremos o que foi dito pelos romanos – argumentos que não empregaram na ocasião, devido à cólera pela perda da cidade dos saguntinos, mas que muitos deles repetiam com frequência. [2] Primeiro, que não deveriam ignorar o acordo com Asdrúbal, conforme os cartagineses ousavam afirmar, pois não dependia de uma cláusula, como o tratado de Lutácio, [3] qual "este será válido se o povo romano o aprovar": o acordo com Asdrúbal fora concluído de modo incondicional, e nele se prescrevia "os cartagineses não atravessarão o rio Ebro para guerrear". [4] Além disso, conforme afirmavam, o tratado sobre a Sicília continha a cláusula "haverá segurança, por parte de ambos, para os

---

6. Na verdade em 1.83.7-8.
7. Políbio retoma a discussão interrompida em 21.8 pela digressão sobre os pactos. Os argumentos romanos ora apresentados foram debatidos entre os romanos nos anos 152-150 a.C.; o relato referente à embaixada só será retomado em 33.1.

aliados de ambos", não somente aos que o fossem na ocasião da aliança, conforme os cartagineses inferiam, [5] pois teria sido acrescentado que se deveria ou não aceitar outros aliados além dos existentes, ou que não estariam compreendidos aqueles aceitos após o tratado. [6] Uma vez que nada disso estava escrito, era evidente que a todos os aliados de ambos, aos então existentes e aos que depois fossem aceitos, deveria sempre haver segurança por parte de ambos, [7] o que parecia absolutamente apropriado, pois jamais teriam concluído um tratado pelo qual se privariam do poder de ocasionalmente aceitar algum amigo ou aliado caso lhes parecesse conveniente e, [8] após aceitá-lo sob sua proteção, não o desprezariam se atacado por outros. [9] Entretanto o ponto capital no entendimento de ambos sobre o tratado era o de que, por um lado, se mantivessem afastados dos aliados mútuos na ocasião e de modo algum acolhessem aliados alheios em aliança; [10] por outro, com relação aos que fossem aceitos depois, não alistassem mercenários nem ditassem ordens a ninguém nas províncias e alianças alheias, observando-se para todos segurança por parte de ambos.

[30.1] Diante disso, era também assente que os saguntinos se haviam posto sob a proteção romana havia já muitos anos, antes dos tempos de Aníbal. [2] A maior prova, assente também entre os cartagineses, era a de que, quando os saguntinos entraram em dissensão, não se voltaram para os cartagineses, embora próximos e já agindo na Ibéria, mas para os romanos, por meio dos quais reorganizaram sua constituição. [3] Por isso, se se apontar a perda de Sagunto como causa da guerra, deve-se conceder que os cartagineses desencadearam a guerra de modo injusto, fosse com relação ao tratado de Lutácio, segundo o qual deveria haver segurança para os aliados de ambos por parte de ambos, fosse com relação ao de Asdrúbal, segundo o qual os cartagineses não deveriam cruzar o Ebro para guerrear; [4] se, entretanto, a subtração da Sardenha e a quantia acrescentada, deve-se reconhecer sem mais que os cartagineses travaram a guerra de Aníbal com razão: tendo cedido a uma circunstância, revidavam em outra aos agressores.

[31.1] Quem considerar esses acontecimentos sem fazer as devidas distinções talvez diga que fomos desnecessariamente muito minuciosos. [2] De minha parte, se alguém se julgasse autossuficiente em qualquer circunstância, talvez eu diria que a ciência das ações antigas é bela, mas não necessária. [3] Mas como ninguém, porque humano, ousaria afirmá-lo nem a respeito de sua vida particular, nem de assuntos públicos, ainda que afortunado no presente, uma vez que nenhum ser inteligente poderia fundar razoavelmente no presente qualquer expectativa de futuro, [4] afirmo por isso que não apenas é belo, mas, principalmente, necessário, o conhecimento do passado. [5] Pois como alguém, se vítima ele próprio de uma injustiça, ou sua pátria, encontraria auxiliares e aliados, e se, ansioso por adquirir algo ou iniciar hostilidades, exortaria colaboradores à ação? [6] Bem estabelecido em seus fundamentos, como poderia incitar de modo justo quem garantisse seus princípios e conservasse a situação, se nada conhecesse do passado de cada um? [7] Sempre adaptando-se de algum modo ao presente e dissimulando, todos falam e agem de modo a que suas intenções sejam difíceis de constatar e a que obscureçam a verdade com muita frequência. [8] Quando os feitos passados são submetidos ao teste tão somente dos fatos, manifestam-se verdadeiramente as inclinações e concepções de cada um, e fica claro quem nos prestará favores, bons serviços e auxílio, quem fará o contrário. [9] Com base nisso pode-se encontrar frequente e abundantemente quem se apiedará, quem partilhará nossa cólera e quem nos vingará, [10] o que é de muita valia para a vida humana privada ou pública. [11] Por isso nem os escritores nem os leitores de história devem se preocupar tanto com a exposição dos fatos em si quanto do que antecede, acompanha e sucede às ações, [12] pois se alguém privar a história do por que, do como, do para que se fez o que foi feito e se foi razoável o fim, o que restasse seria declamação e não lição, agradável no momento mas absolutamente sem proveito para o futuro.

[32.1] Por isso deve-se pensar que incorrem em erro aqueles que supõem seja nossa obra difícil de adquirir e de ler devido à quantidade e à extensão dos livros. [2] Acaso não é mais fácil adquirir e ler quarenta livros em série contínua, e acompanhar com clareza as ações ocorridas na Itália, na Sicília e na África desde a época de Pirro[8] até a tomada de Cartago, [3] e as de todo o restante do mundo habitado em contínuo desde a fuga do espartano Cleômenes até a batalha entre romanos e aqueus no Istmo, do que ler ou adquirir os textos dos escritores de histórias parciais? [4] Além de serem muito mais extensos do que nossa obra, os leitores não conseguem apreender delas nada que seja seguro, primeiro porque a maioria não escreve a mesma coisa sobre os mesmos assuntos; [5] depois, porque negligenciam os fatos simultâneos, os quais, quando contemplados e criticados por comparação, cada um é avaliado de modo muito diverso do que em uma história parcial; e não conseguem sequer resvalar nos mais importantes. [6] Ainda há pouco afirmamos que as partes mais necessárias à história são as consequências dos feitos, as concomitâncias e, sobretudo, o que diz respeito às causas. [7] Vemos que a guerra de Antíoco teve seu ponto de partida na de Filipe, esta na de Aníbal, esta na pela Sicília; os intervalos entre elas mostraram muitas e variadas situações, todas convergindo para o mesmo propósito. [8] Tudo isso é possível conhecer e aprender dos escritores de histórias gerais, mas daqueles que se dedicam a guerras isoladas, como a de Perseu ou a de Filipe, é impossível, [9] a menos que alguém, ao ler sobre as batalhas isoladas por estes descritas, suponha conhecer com clareza a organização e a disposição da guerra

---

8. Há uma interpolação no texto sem conexão com o resto da frase nem sentido quando traduzida: "desde Pirro [e do exame de Timeu dos escritores e tempos] até a tomada" etc.

como um todo. [10] Mas nada disso é possível: antes, quanto difere o aprender de somente ouvir, tanto suponho diferir nossa história dos relatos parciais.

[33.1] Os embaixadores romanos – neste ponto iniciamos a digressão –, depois de ouvirem os cartagineses, nada mais disseram. [2] O mais velho dentre eles mostrou aos membros do sinédrio uma prega da veste, disse-lhes que ali trazia guerra e paz, e que deixaria saltar aquela que pedissem. [3] O rei[9] dos cartagineses pediu que fizesse saltar qual se lhes mostrava. [4] Quando o romano disse que saltara a guerra, muitos dos membros do sinédrio gritaram juntos, dizendo aceitá-la. Nesses termos se separaram os embaixadores e o sinédrio. [5] Invernando na Cidade Nova [219-218 a.C.], Aníbal primeiro remeteu os iberos para suas cidades, desejando torná-los prontos e dispostos para o futuro. [6] Em segundo lugar, dispôs ao irmão Asdrúbal como deveria administrar o império e o poderio dos iberos, além dos preparativos contra os romanos, caso por alguma razão ele próprio se afastasse. [7] Em terceiro lugar, provia à segurança da África. [8] Calculando com muita perícia e sensatez, transportava soldados da África para a Ibéria e vice-versa, unindo-os todos por fidelidade mútua devido a tal arranjo. [9] Os que atravessavam para a África eram tersitas e mastianos, [10] além de iberos oretes e ólcades: o total dessas nações perfazia 1.200 cavaleiros e 13.850 infantes; [11] também havia 870 baleares, designados com propriedade de fundibulários, atividade que é sinônimo da nação deles e da ilha[10]. [12] Enviou a maioria deles para o território metagônio da África, instalando alguns na própria Cartago. [13] Das cidades dos ditos metagônios enviou outros quatro mil infantes para Cartago, fazendo-os reféns ao mesmo tempo que contingente auxiliar. [14]

---

9. Embora Políbio empregue o termo basileu, os dois magistrados cartagineses similares são chamados sufetas.
10. O grego *sphendóne* tem parentesco etimológico com o latim *funda*, arma de arremesso. A etimologia proposta por Políbio parece fazer depender o nome *balear* do verbo *bállo*, atirar, jogar etc.

Deixou o irmão Asdrúbal na Ibéria com cinquenta quinquerremes, duas quadrirremes e cinco trirremes, das quais 32 quinquerremes e as cinco trirremes eram tripuladas; [15] e também com 450 cavaleiros libifenícios e africanos, trezentos lergetas, 1.800 númidas, massílios, massessílios, maceus e maurúsios da borda do oceano, [16] 11.850 infantes africanos, trezentos lígures, quinhentos baleares e 21 elefantes. [17] Não há que se espantar com a precisão desse arrolamento, se o fazemos a respeito dos atos de Aníbal na Ibéria, qual dificilmente o faria mesmo quem houvesse dirigido diversas operações, nem condenar antecipadamente, caso tenhamos agido de modo análogo aos historiadores que mentem de forma plausível. [18] Tendo encontrado em Lacínio[11] uma inscrição em bronze redigida por ordem de Aníbal durante o período que passou na Itália, consideramo-la plenamente confiável a esse respeito, pelo que escolhemos segui-la.

[34.1] Após tomar todas as providências para a segurança da África e da Ibéria, Aníbal então aguardou e recebeu enviados dos celtas. [2] Já possuía uma estimativa clara a respeito da excelência dos territórios no sopé dos Alpes e ao longo do Pado, bem como da quantidade de seus habitantes, da ousadia bélica dos homens e, mais importante, [3] de sua indisposição contra os romanos em razão da guerra ocorrida, sobre a qual discorremos no livro anterior a este, a fim de que os leitores acompanhassem o que agora será dito. [4] Por isso, atinha-se a essa expectativa e tudo prometia, despachando cautelosamente aos chefes celtas habitantes das proximidades e mesmo dos Alpes, [5] considerando que apenas travaria na Itália a guerra contra os romanos caso conseguisse, após percorrer territórios intermediários difíceis, chegar aos locais mencionados e empregar os celtas como colaboradores e aliados na empreitada iminente. [6] Quando chegaram os mensageiros anunciando a vontade e a aceitação dos celtas, e dizendo que

11. Promontório no Brútio.

a transposição das montanhas alpinas seria penosa e muito difícil, mas não impossível, reuniu as tropas dos quartéis de inverno à chegada da primavera. [7] Como recentemente lhe haviam chegado notícias de Cartago [218 a.C.], com o ânimo excitado e fiando-se na boa vontade dos cidadãos, exortava as tropas já abertamente à guerra contra os romanos [8] revelando o modo como os romanos haviam exigido sua entrega e a de todos os oficiais do exército, ou seja, irresgatável, e descrevendo a excelência do território ao qual chegariam, bem como a boa vontade e a aliança dos celtas. [9] Tendo a multidão apoiado animadamente, após elogiá-la e anunciar o dia fixado em que partiriam, dissolveu então a assembleia.
[35.1] Tendo realizado o que foi dito ainda nos quartéis de inverno e proporcionado suficiente segurança à África e à Ibéria, chegado o dia fixado avançou com noventa mil infantes e por volta de doze mil cavaleiros. [2] Após atravessar o rio Ebro, submeteu as nações dos ilurgetas, bargúsios, erenósios e andosinos até os chamados Pireneus. [3] Tendo posto todos sob seu comando e tomado algumas cidades à força, inesperada e rapidamente porém com muitos e grandes combates, além de muitas perdas humanas, [4] deixou Hanão como comandante de toda essa região aquém do rio e senhor absoluto dos bargúsios: desconfiava sobretudo destes, por sua boa vontade para com os romanos. [5] Destacou de sua tropa dez mil infantes e mil cavaleiros para Hanão, com quem também deixou as bagagens de seus acompanhantes. [6] Remeteu o mesmo tanto para sua terra natal, desejando deixá-los com boa disposição, sinalizando aos demais uma esperança de retorno à casa bem como aos seus soldados, e não menos aos iberos que permaneciam em suas terras, a fim de que todos prontamente acudissem caso houvesse necessidade de socorro de sua parte. [7] Tendo assumido o exército ligeiro restante – cinquenta mil infantes e aproximadamente nove mil cavaleiros – avançou pelos ditos montes Pireneus rumo à travessia do rio chamado Ródano [8] com uma tropa

não tanto numerosa quanto valorosa e distintamente exercitada pelos contínuos combates na Ibéria.

[36.1] A fim de que a narração não se torne completamente obscura uma vez que os locais são desconhecidos, seria necessário dizer de onde Aníbal partiu, quais e quantos locais percorreu, e a quais partes da Itália desceu; [2] dizer não as denominações em si de locais, rios e cidades, como fazem alguns historiadores, supondo-o em tudo bastante para conhecimento e clareza. [3] Penso que, dos locais conhecidos, a aposição de nomes é de não pequena, antes grande contribuição para a rememoração; dos desconhecidos, porém, a explicação dos nomes tem, ao fim, eficácia semelhante à das palavras ininteligíveis e banais. [4] Se o intelecto não se fixa em nada nem consegue aplicar a expressão a nada conhecido, a narração se torna desordenada e muda. [5] Por isso seria necessário indicar o modo pelo qual será possível, sempre que se falar sobre algo desconhecido, levar noções verdadeiras e conhecidas aos leitores. [6] O primeiro e maior conhecimento, comum a todos os homens, é a divisão e a ordenação do espaço à nossa volta, direções que todos, ainda que a alguns seja pequeno o proveito, reconhecemos: leste, oeste, sul e norte[12]; [7] em segundo lugar, o conhecimento pelo qual, ordenando os locais na terra conforme a respectiva distinção dos mencionados, e sempre referindo, pelo intelecto, o que se diz a algum dos mencionados, chegamos a noções conhecidas e habituais sobre os locais desconhecidos e não visitados.

[37.1] Como isso é válido em toda a terra, seguir-se-ia que levaríamos os leitores à observação do mundo habitado ao nosso tempo após dividi-lo à mesma proporção. [2] Se dividido, apresenta três partes e três denominações: Ásia, África e Europa. [3] Delimitam seus confins o rio Tânais [atual rio Don], o Nilo e a embocadura das colunas de Heraclés [atual estreito de Gibraltar]. [4] A Ásia está entre o Nilo e o Tânais, e fica sob

---

12. Literalmente, nascente, poente, meridião e ártico.

o intervalo celeste entre o noroeste e o sul[13]. [5] A África está entre o Nilo e as colunas de Heraclés, e fica sob a região celeste sul, continuando sob sudoeste[14], a oeste[15], localizado nas colunas de Heraclés. [6] Esses territórios, contemplados de modo geral, cobrem o sul do nosso mar[16] de oriente a ocidente. [7] A Europa está entre ambas, voltada para o norte, alongando-se continuamente de oriente a ocidente; [8] sua maior e mais funda porção está sob o norte, entre o rio Tânais e Narbona, porção esta não muito distante, a ocidente, de Massília e das embocaduras do Ródano, pelas quais o referido rio desemboca no pélago Sardo. [9] Os celtas habitam desde Narbona e arredores até os denominados montes Pireneus, que se estendem em contínuo desde o nosso mar até o exterior[17]. [10] O restante da Europa, em contínuo desde os referidos montes até o ocidente e as colunas de Heraclés, é contido pelo nosso mar e pelo exterior, e se chama, na parte que costeia o nosso até as colunas de Heraclés, Ibéria, [11] e na que costeia o exterior, dita Grande, não possui denominação comum, porque recentemente observada, e é habitada por nações bárbaras e numerosas, das quais trataremos em detalhe na sequência do relato.
[38.1] Assim como com relação à Ásia e à África, por se tocarem mutuamente na altura da Etiópia, ninguém pode afirmar com certeza, até nossos dias, se há um continente contínuo ao sul ou se este é envolvido pelo mar, [2] do mesmo modo o intervalo norte entre o Tânais e Narbona nos é desconhecido até hoje, a menos que adiante ocupemo-nos em explorá-lo. [3] Devem ser considerados ignorantes e mitômanos os que dizem ou escrevem algo diferente. [4] Que isso fique dito a fim de a narração não se tornar definitivamente confusa àqueles que desconhecem tais locais, mas a fim de que considerem todas as diferenças e, pelo intelecto, refiram o que foi dito a

13. Literalmente, nascente estival.
14. Literalmente, poente invernal.
15. Literalmente, poente equinocial.
16. Ou seja, o mar Mediterrâneo.
17. Ou seja, o oceano Atlântico.

algo, conjecturando conforme o espaço. [5] Assim como, com relação à visão, costumamos sempre voltar o rosto para algo apontado por uma indicação, do mesmo modo é preciso que, pelo intelecto, nos debrucemos e inclinemos sempre sobre os locais apresentados pelo relato.

[39.1] Deixado esse assunto, voltaremos ao contínuo de nossa narração. [2] Nessa época os cartagineses dominavam todas as regiões da África voltadas para o mar interior[18] desde os altares de Fileno, situados na grande Sirte, até as colunas de Heraclés. [3] A extensão desse litoral ultrapassa dezesseis mil estádios. [4] Tendo atravessado o estreito entre as colunas de Heraclés, assenhorearam-se igualmente de toda a Ibéria até o litoral que demarca o limite entre nosso mar e os montes Pireneus, fronteira entre iberos e celtas. [5] Da embocadura das colunas de Heraclés esse ponto dista por volta de oito mil estádios. [6] Desde as colunas até a Cidade Nova, donde Aníbal partiu para a Itália, são três mil. Alguns denominam a Cidade Nova de Nova Cartago; dela até o rio Ebro são 2.600 estádios, [7] deste até Empório, 1.600 (da cidade de Empório até *** por volta de seiscentos), [8] daí até a travessia do Ródano, por volta de 1.600. Essas distâncias atualmente estão medidas em passos e cuidadosamente sinalizadas pelos romanos a cada oito estádios. [9] Desde a travessia do Ródano, para quem bordeja o rio em direção às suas fontes até a subida dos Alpes rumo à Itália, 1.400. [10] A distância que resta percorrer para transpor os Alpes é de aproximadamente 1.200: ao transpô-la, chegar-se-ía às planícies do Pado na Itália. [11] Assim, desde a Cidade Nova foram ao todo por volta de nove mil estádios que ele teve de percorrer. [12] Pela extensão, percorreu quase a metade desses locais, mas, pela dificuldade, restava-lhe ainda a maior parte da expedição.

[40.1] Aníbal experimentou os passos dos montes Pireneus com muito receio dos celtas, devido à natureza impérvia do local.

---

18. Ou seja, o Mediterrâneo. Na sequência, os altares de Fileno indicavam a fronteira entre Cirene e o Egito.

[2] À mesma época, os romanos, tendo ouvido dos embaixadores enviados a Cartago as decisões e os discursos proferidos, e sabido que Aníbal cruzara o rio Ebro com o exército mais rápido do que esperavam, determinaram enviar com legiões Públio Cornélio para a Ibéria e Tibério Semprônio para a África [218 a.C.]. [3] Enquanto estes se dedicavam ao alistamento das legiões e aos demais preparativos, apressaram-se para levar a termo as colônias que haviam determinado enviar à Gália. [4] Amuralharam com empenho as cidades e ordenaram aos colonos, cujo número era de seis mil em cada cidade, que estivessem instalados em trinta dias. [5] Uma dessas fundaram na margem de cá do rio Pado, denominando-a Placência, a outra, na margem de lá, a que nomearam Cremona. [6] Quando já estavam estabelecidas, os gauleses chamados boios, que havia muito preparavam para os romanos, com sua amizade, uma armadilha que só carecia de oportunidade, [7] obnubilados e fiando-se, pelo que se divulgava, na vinda de Aníbal, romperam com os romanos abandonando os reféns que entregaram ao sair da guerra passada, cujo exame fizemos no livro anterior a este. [8] Tendo convocado os ínsubres, a quem se uniram pela antiga cólera, devastaram o território loteado pelos romanos, perseguindo os fugitivos até Mútina, colônia romana que cercaram. [9] Entre eles encurralaram três varões ilustres enviados para a divisão do território: um deles era Caio Lutácio, ex-cônsul, e os outros dois, ex-pretores. [10] Como estes tentaram dialogar, os boios acederam. Mas quando os varões saíram, capturaram-nos à traição, esperando que por meio deles recuperariam seus reféns. [11] O pretor Lúcio Mânlio, estacionado com exércitos na região, ao saber do ocorrido acudiu às pressas. [12] Ao saberem de sua presença, os boios emboscaram homens em alguns carvalhais: quando aquele penetrou em áreas de floresta, caíram ao mesmo tempo por todos os lados e mataram muitos dos romanos. [13] Os restantes puseram-se inicialmente em fuga, mas quando se

viram em campo aberto, se compuseram em certa medida e fizeram uma retirada muito pouco decorosa. Após segui-los, os boios encurralaram também a eles no vilarejo chamado Taneto. [14] Chegada a Roma a notícia de que uma quarta legião fora encerrada e era cercada pelos boios à força, enviaram em socorro às pressas as legiões atribuídas a Públio sob o comando de um pretor, e anunciaram-lhe que reunisse e alistasse outras dentre os aliados.

[41.1] A situação entre os celtas, desde o início até a chegada de Aníbal, esteve nesses termos e teve esse desenrolar, tal qual expusemos antes e agora. [2] Os cônsules romanos, prontos para as respectivas incumbências, navegavam na estação própria rumo às ações prescritas, Públio para a Ibéria com sessenta naus, Tibério Semprônio para a África com 160 quinquerremes, [3] com as quais este projetava guerrear de modo tão espantoso, e fazia tamanhos preparativos em Lilibeu, reunindo todos os homens de toda parte, como se fosse, logo após o desembarque, cercar a própria Cartago. [4] Viajando ao longo da Ligúria, Públio chegou de Pisas a Massília no quinto dia. [5] Tendo ancorado na primeira embocadura do Ródano, denominada massiliótica, [6] desembarcava as tropas quando ouviu que Aníbal já transpunha os montes Pireneus. Estava convencido de que ainda se manteria longe, devido às dificuldades do terreno e ao grande número de celtas no entremeio. [7] Após persuadir alguns dos celtas com dinheiro, outros, pela violência, Aníbal chegou surpreendentemente com os exércitos, tendo à direita o pélago sardo, para a travessia do Ródano. [8] Quando lhe vieram informar da presença dos adversários, Públio, sem acreditar na velocidade da marcha, mas desejando informar-se com precisão, pôs os exércitos para descansar da navegação e refletiu com os tribunos sobre quais terrenos deveria aproveitar e como enfrentar os adversários. [9] Despachou trezentos dos mais valorosos cavaleiros, dando-lhes por guias e companheiros de armas os celtas assoldadados pelos massílios.

[42.1] Quando alcançou as proximidades do rio, imediatamente Aníbal empreendeu atravessá-lo por onde o curso era único; havia acampado a quase quatro dias de distância do mar. [2] Tendo cooptado de todos os modos os habitantes dos arredores do rio, comprou deles todas as canoas de tronco único e botes suficientes em número, pois muitos habitantes dos arredores do Ródano praticavam comércio marítimo. [3] Apanhou ainda os troncos apropriados para a construção de canoas a partir dos quais, em dois dias, surgiu incontável quantidade de barcos, pois cada um pelejava por nada dever ao vizinho, centrando em si próprio as expectativas de travessia. [4] Nessa ocasião ajuntou-se na margem oposta uma multidão de bárbaros para barrar a travessia dos cartagineses. [5] Quando os viu, calculando pelos presentes que não poderia atravessar à força diante de tantos inimigos, nem permanecer, para que não tivesse de enfrentar adversários por todos os lados, [6] sobrevinda a terceira noite Aníbal enviou uma parte do exército com guias nativos, todos sob comando de Hanão, filho do rei Bomílcar. [7] Tendo bordejado o rio em sentido oposto ao da correnteza por duzentos estádios, eles chegaram a um local onde o rio se fendia alargando uma ilha e ali permaneceram. [8] Da madeira disponível, ora compactando os troncos, ora atando-os, em pouco tempo aprontaram muitas balsas, bastantes para a serventia do momento. Sobre elas passaram em segurança, sem que ninguém impedisse. [9] Após ocuparem um local fortificado, passaram aquele dia descansando da fadiga recente, ao mesmo tempo que se preparavam para o serviço iminente já combinado. [10] Aníbal agia de modo semelhante com a tropa que consigo restara. [11] A travessia dos elefantes, em número de 37, foi-lhe sobremaneira dificultosa.

[43.1] Sobrevinda a quinta noite, os primeiros que atravessaram avançaram pela outra margem, à aurora e ao longo do rio, contra os bárbaros que estavam nessa mesma margem, [2] enquanto Aníbal, com os soldados em prontidão, sustinha a travessia, com os botes cheios de cavaleiros ligeiros e as canoas, de ágeis infantes. [3] Na primeira posição, a favor da correnteza, estavam os botes, e abaixo deles, os barcos frágeis, a fim de que os botes, recebendo a maior violência da correnteza, proporcionassem às canoas uma passagem mais segura pela corrente. [4] Planejavam atrelar cavalos que nadassem às proas dos botes, com um homem de cada lado da proa guiando pelas rédeas três ou quatro, a fim de que um número suficiente de cavalos fosse levado já na primeira travessia. [5] Ao contemplar a empreitada dos adversários, os bárbaros espalharam-se fora da paliçada desordenados e esparsos, convencidos de que barrariam tranquilamente o desembarque dos cartagineses. [6] Ao perceber que na outra margem já se aproximavam seus soldados, que assinalavam a própria presença com fumaça, conforme combinado, Aníbal ordenou a todos que embarcassem e aproveitassem a correnteza para atacar os homens alinhados contra seus barcos. [7] Assim rapidamente se fez: os embarcados rivalizavam entre si aos berros, lutando contra a correnteza do rio; [8] presentes ambos os exércitos ao longo de cada margem do rio, uns partilhavam da ansiedade dos companheiros e auxiliavam com berros, enquanto os bárbaros adiante cantavam o peã e ofereciam batalha, fato estupendo e agoniador. [9] No momento em que os bárbaros deixaram suas tendas, os cartagineses daquela margem atacaram repentina e surpreendentemente, alguns deles incendiando o acampamento, e a maioria se lançando contra os que guardavam a travessia. [10] Ante o acontecimento inesperado, alguns bárbaros acudiram suas tendas, enquanto os outros se defendiam e combatiam os atacantes. [11] Como tudo corresse conforme seu plano, Aníbal imediatamente organizou os primeiros a desembarcar, os exortou e formou contra os bárbaros. [12] Devido à sua desordem e ao acontecimento surpreendente, os celtas rapidamente se puseram em fuga.

[44.1] O comandante cartaginês, senhor ao mesmo tempo da travessia e dos adversários, imediatamente providenciou o transporte dos homens que haviam ficado na margem oposta. [2] Tendo atravessado todas as tropas em pouco tempo, acampou naquela noite junto ao rio. [3] Pela manhã, ao saber que o exército romano havia fundeado nas embocaduras do rio, escolheu quinhentos cavaleiros númidas que despachou para observarem onde estavam, quantos eram e o que faziam os inimigos. [4] Ao mesmo tempo escolheu os homens adequados para cuidarem da travessia dos elefantes. [5] Ele próprio, tendo reunido as tropas e apresentado os régulos da parte de Magilo – estes vieram até ele das planícies do Pado –, transmitiu à multidão, por meio de um intérprete, a decisão daqueles. [6] Do que afirmavam, o que mais reforçava a coragem da multidão era, primeiro, a manifesta presença de homens que os incitavam e anunciavam juntar-se-lhes na guerra contra Roma; [7] em segundo lugar, a promessa digna de crédito de guiá-los por locais tais que não careceriam do necessário e, ao mesmo tempo, marchariam para a Itália pela rota mais curta em segurança; [8] além disso, a prosperidade e a extensão do território ao qual chegariam, além da prontidão dos homens junto dos quais combateriam as forças romanas. [9] Tendo dito isso, os celtas se retiraram. [10] Depois destes, veio ele próprio e primeiro recordou à multidão as ações passadas, em meio às quais, disse, eles, embora a braços com muitos e extraordinários perigos e fadigas, não falharam em nenhum, por seguirem seu juízo e conselho. [11] Exortava-os, em seguida, à confiança, por verem que o mais importante dos trabalhos estava realizado, uma vez que haviam conseguido atravessar o rio e testemunharam a boa vontade e prontidão dos aliados. [12] Por isso, pensava necessário que se tranquilizassem quanto aos detalhes, dos quais ele próprio cuidaria, e obedecessem aos comandos a fim de se tornarem homens excelentes e dignos dos feitos anteriores. [13] Como a multidão aplaudisse, demonstrando grande ânimo e prontidão, elogiou-os, orou aos deuses por todos e os dispensou, depois de mandar que se tratassem e restabelecessem com urgência, pois pela manhã levantariam acampamento.

[45.1] Encerrada a assembleia, chegaram os númidas antes enviados como espias: a maioria deles havia morrido, e os demais, fugido em desabalada, [2] pois quando se depararam, não longe de seu próprio acampamento, com os cavaleiros romanos enviados por Públio com o mesmo objetivo, ambos demonstraram tamanha bravura no embate que 140 cavaleiros romanos e celtas pereceram, e dos númidas, mais de duzentos. [3] A seguir, tendo os romanos se aproximado, devido à perseguição, da paliçada cartaginesa, que observaram, retornaram apressados a fim de relatar ao comandante a presença dos inimigos. [4] Públio imediatamente carregou as naus com as bagagens, partiu com todo o exército e avançou seguindo o rio, ansioso por chocar-se com os adversários. [5] Pela manhã do dia seguinte à assembleia, Aníbal instalou todos os cavaleiros voltados para o mar, em formação de cobertura, enquanto punha em marcha a tropa de infantaria da paliçada. [6] Ele próprio aguardava os elefantes e os homens que, com eles, haviam ficado para trás. Assim se fez a passagem dos animais:

[46.1] Fixaram muitas balsas bem unidas, jungindo-as fortemente duas a duas, que apoiavam à terra próximas ao ponto do rio para embarque, tendo o conjunto cinquenta pés de largura. [2] Jungindo a estas outras pelo outro lado, ajustavam-nas fazendo o conjunto alongar-se rio adentro. [3] Reforçavam o flanco oposto à correnteza com cordames amarrados em terra, nas árvores da margem, para que se mantivesse estável e não deslizasse toda a obra rio abaixo. [4] Tendo montado todo um conjunto avançado de dois pletros[19] de largura, em seguida acrescentaram às do fim as duas maiores balsas fixadas de modo especial, ou seja, firmemente atadas entre si, mas com liames fáceis de romper em relação

---

19. Um pletro equivalia a cem pés (aproximadamente 29,5 m).

às outras. [5] Amarraram a elas muitos reboques, com o auxílio dos quais botes rebocados não permitiriam que fossem levadas rio abaixo, sustentando-as com força em meio à corrente, para que transportassem e atravessassem, na superfície delas, os animais. [6] Em seguida, jogaram muita terra sobre todas, despejando-a até que se assemelhassem, pelo nivelamento e pela cor, à do caminho em terra que levava à travessia. [7] Como os animais estavam acostumados a sempre obedecer seus indianos até a proximidade da água, mas sem jamais ousar entrar nela, eles avançaram pelo píer atrás de duas fêmeas que os animais obedeciam. [8] Quando pisaram sobre as balsas finais, romperam os liames que as ligavam às outras: puxando com os botes os reboques, rapidamente apartaram do píer os animais e as balsas sob seus pés. [9] Amedrontados com o fato, as feras começaram a voltear e a mover-se a toda parte. Envolvidos, contudo, pela correnteza por todos os lados, se acovardaram e foram forçados a permanecer onde estavam. [10] Desse modo, sempre ajustando duas balsas, a maioria dos animais foi transportada sobre elas. [11] Alguns, apavorados, atiravam-se no rio no meio da corrente: todos os seus indianos morreram, mas os elefantes se salvaram. [12] Devido à força e ao tamanho de suas trombas, ao erguê-las acima da água e respirar, bem como ao expelir toda a que entrasse, resistiam, muita vez marchando em pé pela água.

[47.1] Assim que os animais atravessaram, Aníbal reassumiu elefantes e cavaleiros e avançou protegendo-lhes a retaguarda, costeando o rio a partir do mar, rumo oriente, marchando para o interior da Europa. [2] O Ródano tem suas fontes a noroeste do golfo adriático, na face norte dos Alpes; flui para sudoeste e desemboca no pélago sardônio. [3] Corre em sua maior parte por um vale cujo norte habitam os celtas árdios; todo seu flanco sul, as encostas dos Alpes, voltadas para o norte, delimitam. [4] As planícies dos Alpes, das quais já falamos bastante, separam-nas do vale do Ródano os cumes das mencionadas montanhas, que têm sua origem em Massília, indo até o fundo de todo o golfo Ádria. [5] Tendo-as então transposto vindo do Ródano, Aníbal invadiu a Itália. [6] Alguns dos que escreveram sobre a transposição, desejando impressionar seus leitores com maravilhas a respeito dos locais mencionados, perdem-se ao cair em duas situações as mais alheias à história, pois são forçados a mentir e a dar informações conflitantes entre si. [7] Embora apresentando Aníbal como comandante de ousadia e previdência inimitáveis, mostram-no a nós o mais absolutamente irracional: [8] incapazes de arrematar e de esquivar-se à mentira, introduzem deuses e filhos de deuses em uma história pragmática. [9] Tendo estimado os Alpes tão intransponíveis e dificultosos a ponto de não só cavalos e exércitos, e com eles os elefantes, mas nem sequer os soldados à ligeira poderem atravessar com facilidade; e igualmente descrito tais locais como um ermo tal que, se não fosse um deus ou herói a deparar-se com os homens de Aníbal e indicar-lhes os caminhos, todos teriam perecido em meio ao impasse, por conta disso é manifesto como incidem nos dois erros mencionados.

[48.1] Primeiro, quem se mostraria um comandante mais irracional do que Aníbal, quem o chefe mais canhestro [2] se, ao chefiar tamanhas forças e ter nelas tão grandes expectativas de vencer completamente, não conhecesse nem os caminhos, nem os terrenos, como eles afirmam, nem por onde marchariam, nem contra quem e, [3] ainda por cima, nem se, em suma, se lançava a ações realizáveis? [4] Mas aquilo que não aceitam nem os que sofreram uma derrota total e se veem cercados de dificuldades, como adentrar com tropas em terrenos inexplorados, isso os historiadores atribuem a Aníbal, que conservava intactas as maiores expectativas nos próprios feitos. [5] Do mesmo modo, também pelo que dizem a respeito do isolamento, da inacessibilidade e das dificuldades dos terrenos, é manifesta a mentira deles.

[6] Sem haver historiado que os celtas habitantes das margens do Ródano não uma vez nem duas, antes da presença de Aníbal, nem outrora, mas recentemente, após ultrapassarem os Alpes com grandes exércitos, formaram contra os romanos para combater junto dos celtas habitantes das margens do Pado, conforme demonstramos anteriormente; [7] e também sem saber que a maior parte dessa raça de homens habita os mesmos Alpes, antes ignorando todos esses pormenores, afirmam que um herói apareceu para apontar-lhes o caminho. [8] Por conta disso, agem de modo semelhante aos tragediógrafos: assim como em todos eles os arremates das peças carecem de uma divindade e de uma máquina, porque se fundam em pressupostos falsos e absurdos, [9] também é forçoso que esses historiadores passem por algo semelhante, apresentando aparições de heróis e divindades sempre que partem de princípios falsos e incríveis. Como é possível que de princípios absurdos derivem finais racionais? [10] Aníbal não é como descrevem; antes, agiu nessa empreitada de modo muito pragmático. [11] A excelência dos territórios em que planejou adentrar, e a aversão das multidões pelos romanos, ele examinara claramente, servindo-se de guias e acompanhantes nativos, futuramente partícipes de suas próprias expectativas, nos percalços do caminho. [12] Falamos dessas coisas com toda segurança porque investigamos tais ações junto a homens que delas tomaram parte à época, e inspecionamos os locais e marchamos nós mesmos por entre os Alpes, a fim de conhecer e observar.

[49.1] Públio, o comandante romano, quando alcançou o ponto de travessia do rio três dias depois da partida dos cartagineses e soube que os adversários já se haviam ido, ficou muito espantado, [2] certo de que eles jamais ousariam marchar para a Itália por ali, devido à quantidade e à instabilidade dos bárbaros que habitavam aqueles locais. [3] Vendo, porém, que haviam ousado, abalou para as naus e, ao chegar, embarcou as tropas. [4] Enviou o irmão para a Ibéria e navegou de volta à

Itália, ansioso para antecipar-se aos adversários na Tirrênia, face à transposição dos Alpes. [5] Depois de marchar por quatro dias seguidos a contar da travessia, Aníbal chegou ao local chamado de Ilha, território muito povoado e fértil, cuja denominação deriva do seguinte atributo: [6] devido ao fato de o Ródano e o dito Isaras fluírem de cada lado, perfazem o desenho de uma elevação até seu ponto de interseção. [7] Pelo tamanho e pelo desenho, é semelhante ao dito Delta do Egito, exceto pelo fato de que, neste, o mar toca as correntes do rio em uma única face, e naquela, colinas de difícil aproximação e escalada e, por outras palavras, quase inacessíveis. [8] Ao chegar ali e saber que dois irmãos dissentiam pela realeza e sitiavam-se mutuamente com tropas, [9] o mais velho atraiu-o com exortações a juntar-se-lhe partilhando o comando, *** anuiu, sendo quase evidente a presente utilidade de que aquele lhe seria. [10] Por isso, auxiliando no ataque e na expulsão do outro, recebeu grande auxílio da parte do vencedor: [11] não forneceu aos exércitos apenas alimento e outros gêneros necessários em abundância, mas também, ao substituir todas as armas antigas e desgastadas, renovou oportunamente toda a tropa, [12] e ainda, tendo dado a muitos couraças e calçados, foi de grande valia para a transposição das montanhas. [13] Mais importante, como estivessem preocupados com a marcha por entre os gauleses ditos alóbrogos, tendo se postado à retaguarda com sua própria tropa, proporcionou-lhes passagem segura até se aproximarem da transposição dos Alpes.

[50.1] Tendo percorrido oitocentos estádios margeando o rio em dez dias, Aníbal iniciou a escalada dos Alpes e topou com perigos extremos. [2] Enquanto estiveram nos sopés, todos os chefes locais dos alóbrogos mantiveram-se à distância, receosos dos cavaleiros ou dos bárbaros da escolta. [3] Conforme, porém, eles eram dispensados para casa, e os homens de Aníbal começavam a avançar por acessos difíceis, então os chefes alóbrogos se antecipavam a instalar tropas suficientes nos locais bem situados pelos quais os homens de Aníbal deveriam forçosamente fazer a escalada. [4] Se tivessem ocultado seus intentos, teriam destruído completamente o exército dos cartagineses, mas no momento em que se mostraram, lesaram consideravelmente os homens de Aníbal, embora não menos a si mesmos. [5] Ao saber que os bárbaros ocupavam de antemão os locais bem situados, o comandante cartaginês aguardava acampado a passagem deles, [6] enquanto despachava alguns de seus guias gauleses para espionar os planos dos adversários e a situação em geral. [7] Tendo eles agido conforme ordenado, o comandante soube que, de dia, os inimigos guardavam cuidadosamente os locais mas, de noite, retiravam-se para alguma cidade próxima. Adaptando-se a essa situação, concertou a seguinte ação: [8] tendo assumido a tropa, avançou abertamente e, aproximando-se dos acessos difíceis, acampou não longe dos inimigos. Sobrevinda a noite, tendo ordenado que se acendessem fogueiras, tomou os soldados à ligeira mais capazes, avançou pelos estreitos durante a noite e ocupou os locais em que os inimigos antes se instalavam, dado que, como de costume, os bárbaros haviam se retirado para a cidade.

[51.1] Isso feito e sobrevindo o dia, os bárbaros, ao constatarem o fato, em princípio renunciaram ao intento. [2] Mas depois, observando a quantidade de bestas de carga e os cavaleiros avançando em fila por acessos muito difíceis, foram provocados pelo acontecimento a atacar a marcha. [3] Os bárbaros assim agiram, atacando-os em diversos pontos; não tanto por conta dos homens quanto do terreno foi grande a destruição dos cartagineses, principalmente dos cavaleiros e das bestas de carga. [4] Sendo o passo não apenas estreito e escarpado como também precípite, qualquer movimento ou agitação carregava muitas das bestas com suas cargas precipício abaixo. [5] Muito dessa agitação era causada pelos cavalos feridos: alguns deles, apavorados com os ferimentos, precipitavam-se por sobre as bestas; outros, voltando-se com ímpeto para trás, empurravam para o precipício tudo o que encontravam, promovendo enorme agitação. [6] Vendo isso e calculando que sequer aos que escapassem ao perigo haveria salvação, caso o carregamento fosse destruído, Aníbal tomou consigo os que haviam ocupado os pontos altos à noite e lançou-se em socorro aos que marchavam adiante. [7] Ao fazê-lo, muitos dos inimigos pereceram, pois Aníbal atacava de uma posição superior, embora não menos que os seus, [8] pois o tumulto ao longo da marcha aumentou em ambos os lados, devido ao grito e ao choque dos referidos. [9] Matou a maioria dos alóbrogos e forçou os demais a fugir para suas casas, e só então fez atravessar os acessos difíceis a massa remanescente de bestas e cavalos com esforço e fadiga; [10] ele próprio, tendo reunido quantos pôde depois do combate, abalou contra a cidade a partir da qual os inimigos atacavam. [11] Tendo-a encontrado quase erma, pois todos haviam sido atraídos pela possibilidade de amealhar butim, assenhoreou-se da cidade. A partir de então muita coisa útil para o momento e para o futuro lhe adveio. [12] Imediatamente arrebanhou grande quantidade de cavalos e bestas com seus condutores capturados juntamente; garantiu, para o futuro, suprimentos de trigo e animais para dois ou três dias, e, ato contínuo, aterrorizou as populações vizinhas, a fim de que nenhum dos que habitavam perto da rota de escalada ousasse enfrentá-lo sem preparo.

[52.1] Tendo então acampado ali e permanecido um dia, partiu novamente. [2] Nos dias seguintes, conduziu o exército em segurança até certo ponto, pois no quarto dia encontrou-se novamente em grandes perigos. [3] Os habitantes do passo, após planejar uma armadilha, vieram encontrá-lo portando ramos e coroas: para quase todos os bárbaros isso é sinal de amizade, assim como o caduceu para os gregos. [4] Cauteloso ante tamanha boa-fé, Aníbal escrutinou zelosamente suas intenções e planos em geral. [5] Como alegassem saber da destruição da cidade e da ruína daqueles que empreenderam crimes contra ele, esclarecem que haviam vindo por essa razão, pois não queriam fazer nem sofrer nada de desagradável, e prometem entregar reféns dentre os seus; [6] por muito tempo, Aníbal acautelou-se desconfiando do que diziam, enquanto calculava que, se aceitasse a oferta, talvez os fizesse mais timoratos e gentis, mas se não a acolhesse, tê-los-ía como inimigos manifestos. Acedeu então ao que diziam e simulou acatar sua aliança. [7] Como os bárbaros entregassem reféns, fornecessem gado em abundância e se pusessem completamente a si próprios sem reservas em mãos daqueles, a tal ponto Aníbal acreditou neles que deles se serviu como guias para os subsequentes e difíceis acessos. [8] Avançaram por dois dias quando aqueles, mancomunados, atacaram em bloco após conduzi-los a uma garganta inacessível e precípite.

[53.1] Na ocasião, todos os homens de Aníbal teriam perecido completamente se não houvessem tido alguma cautela no momento preciso e, antevendo o futuro, não houvessem mantido as bestas de carga e os cavaleiros na vanguarda, os hoplitas, na retaguarda. [2] Devido à proteção deles, que repeliram o ataque repentino dos bárbaros, foi menor o padecimento. [3] Contudo, mesmo assim grande quantidade de homens, bestas e cavalos pereceu. [4] Como a posição era favorável aos inimigos, os bárbaros, recostados à montanha, ora fazendo rolar rochedos, ora golpeando com pedras, provocavam perigo e completa confusão, [5] a ponto de Aníbal ter sido forçado a pernoitar em vigília, com metade da tropa, na rocha nua, mas sólida, sem cavalos nem bestas, protegendo-os até que, passada toda a noite em fadigas, se afastassem da ravina. [6] Pela manhã, dispersados os inimigos, tendo se reunido aos cavaleiros e às bestas, avançou a fim de transpor os cumes dos Alpes, sem se deparar, no geral, com nenhum bando de bárbaros, sendo somente às vezes, e em alguns locais, incomodado por eles, [7] que subtraíam algumas bestas ora da retaguarda, ora da vanguarda, em surtidas ocasionais. [8] Os elefantes lhe foram da maior utilidade: do local da expedição em que estivessem os inimigos não ousavam aproximar-se, surpreendentemente apavorados com a aparência dos animais. [9] Tendo completado a transposição no nono dia, acampou e aguardou dois dias, com o intuito de dar descanso aos que chegavam vivos e esperar os que haviam ficado para trás. [10] Na ocasião aconteceu de muitos dos cavalos amedrontados, e muitas das bestas que haviam se desvencilhado das cargas, retornarem surpreendentemente por trilhas e se reunirem ao acampamento.

[54.1] Como a neve se acumulasse devido à proximidade da declinação das Plêiades [9 de novembro], e vendo a multidão desanimada fosse pela fadiga passada, fosse ainda pela aguardada, [2] procurou exortá-la em assembleia, com o único pretexto que tinha: a vista da Itália, situada aos pés das referidas montanhas de modo que, se contemplassem ambas conjuntamente, os Alpes se mostrariam como a acrópole de toda a Itália. [3] Assim, indicando-lhes as planícies do Pado, fazendo menção à boa disposição dos gauleses que as habitavam, bem como apontando o sítio da própria Roma, conseguiu instilar certa confiança em seus homens. [4] Tendo levantado acampamento pela manhã, iniciou a descida, durante a qual não mais se deparou com inimigos, exceto alguns malfeitores ocultos. Devido ao terreno e à neve, perdeu não menos homens do que os que pereceram durante a subida. [5] A descida era estreita e íngreme, e a neve tornava incertos os passos de todos: um passo em falso fora da rota e rolava-se precipício abaixo. [6] Suportaram essa fadiga porque já acostumados a tais mazelas, [7] mas quando chegaram a um trecho que, por sua estreiteza, era intransponível para os elefantes e bestas, devido a um delizamento talvez maior do que três hemistádios seguido por outro mais recente, ali novamente a multidão prostrou-se perplexa. [8] Primeiro o comandante cartaginês tentou contornar o difícil passo, mas quando a neve caiu tornando impossível a marcha, desistiu do plano.

[55.1] Essa ocorrência foi singular e inusitada, pois sobre a neve remanescente do inverno anterior, caída havia um ano, esta rompia-se com facilidade fosse porque, sendo recente, era macia, fosse por não ser nada espessa. [2] Ao pisá-la, sempre que punham os pés sobre a que estava por baixo, não mais afundavam, mas escorregavam deslizando ambos os pés, do mesmo modo como ocorre em terra a quem caminha por lamaçais. [3] O que veio depois foi ainda mais desagradável: [4] sem conseguir afundar na neve de baixo quando, ao cair, os homens desejavam sustentar-se sobre os joelhos ou mãos para levantar-se, então escorregavam ainda mais com tudo que os sustentasse, por serem os passos muito inclinados. [5] Quando caíam, as bestas rompiam a neve de baixo ao tentar levantar-se, mas ao rompê-la ficavam como que plantadas com as cargas, devido ao peso e à dureza da neve preexistente. [6] Tendo abandonado as esperanças, acampou na crista da montanha após aplainar a neve dali; depois, tendo disposto a tropa, pavimentou o precipício com muita fadiga. [7] Em um dia construiu uma passagem suficiente para bestas e cavalos. Assim, tendo-as feito atravessar de imediato e acampado em locais já sem neve, deixou que pastassem, [8] mas levou os númidas, por grupos, para a obra, e a duras penas em três dias fez passar os elefantes, em terrível situação por conta da fome: [9] os cumes dos Alpes e seus passos de transposição são todos escalvados e totalmente desprovidos de árvores, uma vez que a neve é intermitente, seja verão ou inverno; já as zonas de média altitude são habitáveis, com bosques e árvores em ambos os lados.

[56.1] Após reunir todo o exército em um mesmo local, Aníbal desceu e no terceiro dia a contar dos precipícios mencionados terminou por alcançar as planícies, [2] ao custo da perda de muitos soldados por conta de inimigos e rios ao longo de toda a expedição; muitos foram perdidos por conta dos precipícios e dificuldades dos Alpes, não apenas homens, mas ainda mais cavalos e bestas. [3] Ao fim, tendo concluído o total da marcha desde a Cidade Nova em cinco meses, e em quinze dias a travessia dos Alpes, chegou audaciosamente às planícies do Pado e à nação dos ínsubres, [4] tendo como sobreviventes, da tropa dos africanos, doze mil infantes; da dos iberos, oito mil; e cavaleiros, ao todo, não mais de seis mil, conforme ele próprio esclarece no registro da estela de Lacínio relativa à quantidade de tropas. [5] À mesma época, conforme tratei anteriormente, Públio entregara as tropas a seu irmão Cneu, exortando-o a assegurar a Ibéria e guerrear contra Asdrúbal com vigor, e navegou ele próprio com poucos para Pisas. [6] Após marchar pela Tirrênia e assumir as legiões avançadas dos pretores, as quais combatiam os boios, chegou às planícies do Pado e, tendo acampado, esperava pelos inimigos ansioso por lutar.

[57.1] Tendo levado a narrativa, os comandantes de cada lado e a guerra para a Itália, antes de iniciar os combates gostaríamos de tratar brevemente de elementos que quadram à obra. [2] Talvez alguém questione como, após dedicar a maior parte do relato à África e à Ibéria, nada mais dissemos a respeito do estreito entre as colunas de Heraclés, nem sobre o mar exterior e suas peculiaridades, [3] nem sobre as ilhas britânicas e sua produção de estanho, tampouco sobre as minas de prata e ouro da própria Ibéria, a respeito do qual os historiadores elaboram vastos relatos divergindo mutuamente. [4] Não por considerar tal questão alheia à história nós a deixamos de lado, mas, primeiro, porque não desejávamos descontinuar a narrativa a todo momento, nem desviar da proposta pragmática o leitor atento; [5] em segundo lugar, porque julgávamos dever tratar disso não de modo esparso ou acessório, mas fazê-lo com propriedade, distinguindo locais e épocas, conforme fôssemos capazes de mostrar a verdade a respeito. [6] Assim, não deve ser motivo de espanto se, na sequência, abordando determinados locais deixarmos de lado essa questão pela razão mencionada. [7] Se houver quem procure ler sobre isso a toda ocasião e com todos os detalhes, talvez seja um ignorante semelhante a convivas glutões que, [8] provando de tudo o que é oferecido, não apreciam verdadeiramente nenhum dos alimentos no momento, nem deles extraem, no futuro, algo proveitoso para a digestão e a nutrição, muito ao contrário. [9] Aqueles que se comportam de modo semelhante com relação à leitura não visam necessariamente nem a uma distração verdadeira no momento nem ao futuro proveito.

[58.1] Por isso, se nenhuma outra parte da história carece de desenvolvimento e verdadeira retificação, essa sim, manifestamente por muitas razões e sobretudo por estas: [2] quase todos e, senão, a maioria dos historiadores, quando tentaram explicar as particularidades e situações dos territórios nos confins do mundo habitado à nossa época, erraram em muitos pontos. [3] De modo algum nos cabe deixá-los de lado, mas contradizê-los não de modo esparso ou acessório, antes pela ciência, sem censurá-los nem reprová-los, [4] porém elogiando-os e retificando-lhes o desconhecimento, por sabermos que, tivessem vivido até os tempos atuais, teriam retificado e alterado muito do que escreveram. [5] No passado, raramente se encontraria um grego devotado a estudar tais confins, pois a empreitada era impossível. [6] Muitos, inumeráveis mesmo, eram então os perigos no mar como em terra, [7] mas se alguém, por necessidade ou escolha, alcançasse os limites do mundo habitado, nem assim realizava tal projeto: [8] era muito difícil fazer-se testemunha ocular, pois muitos territórios eram bárbaros, outros, ermos, e ainda mais difícil aprender e entender o que via devido à diferença entre as línguas; [9] caso aprendesse, ainda mais difícil era tratar com moderação o que vira e, desprezando os relatos maravilhosos, por conta própria preferir relatar-nos a verdade e nada além dela.

[59.1] Daí que não difícil, mas quase impossível era a história verdadeira nos tempos antigos a respeito do que foi dito. Não se deve censurar esses historiadores se deixaram algo de lado ou falharam; [2] antes, é justo elogiá-los e admirá-los por quanto aprenderam e avançaram em perícia a respeito naqueles tempos. [3] Mas hoje, quando a Ásia, devido ao império de Alexandre, e os demais locais, à supremacia romana, se tornaram quase todos navegáveis e percorríveis, [4] e os homens de ação renunciaram a ambições bélicas e políticas, por conta do que dispõem de muitas e grandes ocasiões para aprender e estudar sobre aquilo, [5] seria melhor e necessário conhecer o que é mais verdadeiro, relativo ao que antes era ignorado, [6] o que nós próprios tentaremos fazer em momento apropriado, na obra, para essa questão. Desejamos que quem aprecia investigações mais completas partilhe de nossos conhecimentos sobre esse assunto, [7] pois principalmente graças a isso suportamos perigos e padecimentos vagando pela África e pela Ibéria, além da Gália e do mar que envolve esses territórios, [8] a fim de que, após retificarmos a ignorância de antecessores, tornássemos conhecidas aos gregos também essas partes do mundo habitado. [9] Por ora, retornando ao início desta digressão na narrativa, tentaremos descrever os combates entre romanos e cartagineses na Itália.

[60.1] Já apresentamos o tamanho do exército que Aníbal detinha quando invadiu a Itália. [2] Na sequência da invasão, após acampar sob o sopé dos Alpes, inicialmente reassumiu o exército. [3] Não apenas por conta das subidas e descidas, ou das asperezas da travessia, todo o seu exército padecera terrivelmente, mas também pela escassez de gêneros e da falta de cuidados com os corpos encontrava-se em péssima situação. [4] Muitos desistiram completamente de si mesmos devido à fome e à continuidade das fadigas. Não tinham como transportar, por entre tais locais, alimentos em abundância para tantas miríades, e aquele que traziam se perdera em sua maior parte quando da ruína das bestas. [5] Assim, desde que partira da travessia do Ródano com 38 mil infantes e mais de oito mil cavaleiros, quase metade do exército, conforme já relatei, perdeu-se durante a transposição. [6] Devido à continuidade das fadigas mencionadas, todos os sobreviventes haviam se animalizado quanto ao aspecto e demais condições. [7] Com muita providência diligente, Aníbal restaurou o ânimo e os corpos de homens e cavalos. [8] Em seguida, com o exército já restabelecido, como os taurinos, habitantes do sopé das montanhas, dissentissem dos ínsubres por desconfiarem dos cartagineses, primeiro ofereceu-lhes amizade e aliança. Como recusassem, assediou a poderosa cidade[20] e em três dias forçou-lhe a capitulação. [10] Após degolar os que se lhe opunham, instilou tamanho pavor nos bárbaros habitantes dos arredores que todos se apresentaram de imediato, entregando-se à sua proteção. [11] A restante multidão de celtas habitantes das planícies apressou-se para juntar-se aos cartagineses conforme o plano original, [12] mas como as legiões romanas já houvessem ultrapassado e barrado o passo a muitos deles, mantiveram-se quietos; alguns até foram forçados a servir sob os romanos. [13] Vendo isso, Aníbal decidiu não procrastinar, mas avançar e agir a fim de encorajar aqueles que desejassem partilhar de suas próprias expectativas.

[61.1] Tendo se disposto a isso, ao saber que Públio já havia atravessado o Pado com exércitos e estava próximo, primeiro não acreditou em tais relatos, [2] ponderando que poucos dias antes o havia deixado à travessia do Ródano, calculando que a navegação de Massília para a Tirrênia seria longa e dificultosa e, [3] além disso, porque fora informado de que a expedição desde o mar Tirreno, cruzando a Itália, até os Alpes, era longa e complicada para as legiões. [4] Como os relatos se fizessem cada vez mais frequentes e seguros, admirou-se espantado com tamanha ação do comandante. [5] Algo semelhante se passou também com Públio: originalmente não esperava que Aníbal tentasse marchar pelos Alpes com tropas estrangeiras, e se ousasse, supunha que obviamente fracassaria. [6] Por isso quando, em meio a tais considerações, veio a

---

20. Atualmente Turim.

saber que aquele estava a salvo e já cercava cidades na Itália, espantou-se com a ousadia e a resolução de tal homem. [7] O mesmo se passou com os habitantes de Roma ante as notícias que chegavam: [8] havia pouco cessara o último rumor de que os cartagineses tomaram Sagunto, pelo que deliberaram o intento de enviar um dos cônsules para a África, a fim de cercar a própria Cartago, e o outro para a Ibéria, a fim de ali combater Aníbal. Então chega a notícia de que Aníbal, à frente de suas tropas, já cercava cidades na Itália. [9] Como o fato lhes houvesse surpreendido, imediatamente despacharam, confusos, a Tibério em Lilibeu, expondo a presença do inimigo e julgando necessário que deixasse de lado sua incumbência para socorrer os seus às pressas. [10] Após reunir os soldados da frota, Tibério os despachou de imediato, ordenando que navegassem para casa. Por meio dos tribunos, fez a infantaria jurar, após fixar o dia em que todos deveriam apresentar-se acampados em Arímino. [11] Esta cidade fica junto ao Adriático, na margem sul das planícies do Pado. [12] Como houvesse agitação por todo lado, e para todos tudo ocorresse de modo surpreendente, nenhum dos lados podia descuidar de atentar para o futuro.

[62.1] A essa época, como ambos já se aproximassem, Aníbal e Públio começaram a exortar suas respectivas tropas, cada um propondo o que fosse conveniente à circunstância. [2] Aníbal deu seus conselhos da seguinte maneira: [3] tendo reunido a multidão, apresentou-lhes escravos jovens capturados quando perturbavam a marcha pelos difíceis passos dos Alpes. [4] Ele os havia tratado muito mal com futuras intenções: carregavam pesadas cadeias, haviam passado fome e feridas corroíam seus corpos. [5] Depois de assentá-los no meio, apresentou as panóplias gaulesas que seus reis costumavam vestir quando iam bater-se em duelo. Também trouxe cavalos e saios caríssimos. [6] Em seguida, perguntou quais daqueles jovens desejavam lutar entre si, sob a condição de que o vencedor ficaria com os prêmios, e o vencido se livraria de seus males com o fim da própria vida. [7] Como todos gritassem demonstrando que desejavam duelar, ordenou que tirassem a sorte e aqueles dois a quem ela coubesse determinou que lutariam armados. [8] Ao ouvi-lo, imediatamente os jovens ergueram as mãos rogando aos deuses, cada um ansioso para que a sorte lhe coubesse. [9] Assim que o sorteio se fez, os sorteados rejubilaram, os outros, não. [10] Finda a luta, os demais escravos alegraram-se pelo morto não menos do que pelo vencedor, pois aquele estava livre de muitos e enormes males, enquanto eles próprios ainda os sofriam. [11] Muitos dos cartagineses tinham semelhante opinião: comparando os sofrimentos dos combatentes e dos viventes, apiedavam-se destes, alegrando-se todos pelo morto.

[63.1] Tendo com esse procedimento suscitado a disposição esperada no moral das tropas, [2] em seguida o próprio Aníbal se adiantou dizendo que para isso mesmo havia trazido os cativos, a fim de que, após contemplar uma situação de infelicidade alheia manifesta, melhor deliberassem sobre sua própria condição; [3] o acaso os confinara a um duelo e a uma ocasião semelhantes, e oferecera recompensas semelhantes; [4] era preciso vencer, morrer ou submeter-se vivos aos inimigos; vencendo, a recompensa não seria cavalos ou saios, mas tornar-se os mais felizes dentre todos os homens, ao conquistarem as benesses dos romanos; [5] sofrendo em combate, pelejando até o último alento pela mais bela esperança, morrer em batalha, sem ter experimentado mal algum; [6] aos vencidos que, devido à sua ânsia por viver, se submetessem a fugir ou, capturados de qualquer modo, viver, partilhar de todos os males e infortúnios, [7] pois nenhum deles seria tão estúpido ou obtuso a ponto de, recordando-se da extensão da rota percorrida desde a pátria, da quantidade de inimigos encontrados, e sabendo da largura dos rios atravessados, esperar que, fugindo, chegaria à terra natal. [8] Por isso, julgava necessário que eles, descartada completamente essa esperança, demonstrassem por sua própria condição a mesma opinião que demonstraram havia pouco pela infelicidade alheia: [9] assim como, com relação àqueles, todos se alegravam com o vencedor e com o morto, apiedando-se dos vivos, do mesmo modo julgava necessário que refletissem também sobre si mesmos, indo todos para o combate sobretudo para vencer e, somente se impossível, para morrer. [10] Julgava que de modo algum deviam ter em mente a esperança de viver caso vencidos. [11] Tendo eles feito tal cálculo e conjectura, seguramente lhes adviria vencer e salvar-se, [12] pois ninguém, tendo feito tal conjectura espontaneamente ou forçado, jamais se equivocaria quanto a vencer seus opositores: [13] quando ocorresse aos inimigos a esperança contrária, caso então dos romanos, no sentido de que à maioria dos fugitivos a fuga seria a salvação óbvia, dada a proximidade de suas terras natais, é claro que a ousadia dos desenganados seria irresistível. [14] Como a multidão acolhesse o exemplo e o discurso, assumindo o ímpeto e a coragem requeridos pelo conselheiro, dispensou-os então após elogiá-los, ordenando a partida à alvorada do dia seguinte.

[64.1] Tendo já passado o Pado pelos mesmos dias, e pensando em atravessar o Ticino adiante, Públio ordenou aos habilitados que construíssem uma ponte, enquanto exortava o restante da tropa. [2] A maior parte do discurso tratou da dignidade da pátria e das ações dos ancestrais; sobre a presente ocasião, disse o seguinte: [3] era preciso que, embora não tivessem tido contato algum com os adversários até o momento, sabiam que combateriam contra cartagineses e deviam manter inabalada a esperança de vencer, [4] e que tomassem como algo completamente arbitrário e absurdo que os cartagineses, vencidos tantas vezes, gravados por tantos tributos e quase feito escravos havia já tantos anos, encarassem os romanos. [5] "Quando, além do que já disse, tivermos algum contato com os então presentes, que sequer ousarão mirar-nos face a face, que juízo devem fazer sobre o futuro aqueles que raciocinam corretamente? [6] Sua cavalaria, quando se deparou com nossos cavaleiros no rio Ródano, não se saiu bem, mas muitos abandonaram os seus em fuga vergonhosa para suas próprias fileiras, [7] e o comandante deles, com todo o exército, ao saber da presença dos nossos soldados, retirou-se como se fugissem e, contra sua vontade, fez a expedição pelos Alpes em função do medo." [8] Disse que Aníbal estava ali presente, mas com a maior parte do exército morta e com a restante impossibilitada de manobrar, devido à sua péssima condição. De modo semelhante, havia perdido a maior parte dos cavalos, estando os demais inutilizados devido à extensão e à dureza da viagem. [9] Com isso tentava explicar que bastava que se mostrassem aos inimigos. [10] Considerava sobretudo que os seus deveriam encorajar-se mirando sua própria presença, pois jamais teria abandonado a frota e a Ibéria, para o que fora designado, indo para ali com tamanha pressa, se não houvesse visto com muita razão que tal ação era necessária à pátria, e que nela estava a vitória manifesta. [11] Devido à credibilidade do orador e à veracidade do discurso, todos ardiam por combater. Ele os dispensou após agradecer sua coragem, acrescentando que estivessem prontos às ordens.

[65.1] No dia subsequente, ambos margearam o rio na parte voltada para os Alpes, ficando os romanos à esquerda, os cartagineses à direita da corrente. [2] Tendo ambos sabido por forrageiros, no segundo dia, que estavam próximos, então ali acamparam e permaneceram. [3] Na manhã seguinte, ambos com toda a cavalaria, e Públio também com os infantes acontistas, avançaram pela planície ansiosos por observar as tropas um do outro. [4] Quando se aproximaram e perceberam poeira a levantar-se, imediatamente se alinharam para batalha. [5] Tendo enviado acontistas e cavaleiros gauleses à frente, e instalado os demais na dianteira, Públio avançou a pé. [6] Aníbal encarou os inimigos tendo alinhado a cavalaria arreada e todo o seu contingente pesado adiante, já preparados os cavaleiros númidas, em ambas as alas, para a manobra de envolvimento. [7] Como ambos os comandantes e ambas as cavalarias estivessem bravamente dispostos para o combate, tamanho foi o primeiro choque[21] a ponto de, sem que por primeiro os acontistas houvessem disparado projéteis, imediatamente se puseram em fuga por entre os espaços em suas próprias turmas, apavorados com a carga e muito receosos de serem pisoteados pelas cargas de cavalaria. [8] Dado o choque frontal, por muito tempo travaram um combate equilibrado; [9] a luta a cavalo e a pé se equivaliam, tamanho o número de homens que desmontavam durante a batalha. [10] Quando os númidas levaram o envolvimento a cabo e caíram sobre a retaguarda, os acontistas a pé primeiro escaparam do choque contra os cavaleiros, mas depois foram pisoteados pela multidão e pelo ataque dos númidas; [11] aqueles que inicialmente lutavam na dianteira contra os cartagineses, muitos dos quais haviam morrido após abater vários destes, quando os númidas atacaram por trás, fugiram a maioria dispersos e alguns junto do comandante.

[66.1] Após partir Públio avançou pelas planícies do Pado rumo à ponte, ansioso para chegar e fazer atravessar as legiões. [2] Observando a planura dos terrenos, a superioridade da cavalaria inimiga, e o tormento que sofria por conta de um ferimento, decidiu instalar a tropa em local seguro. [3] Por um momento Aníbal supôs que atacariam com a infantaria; [4] mas ao ver que haviam removido acampamento, seguiu-os até o primeiro rio e à ponte sobre ele. Ao deparar-se com muitas toras espalhadas, bem como com os vigias da ponte ainda dentro do rio, capturou-os, em número de quase seiscentos. [5] Ao saber que os demais estavam já muito adiantados, mudou de rota e marchou bordejando o rio em busca de um trecho do Pado apropriado para uma ponte. [6] Tendo acampado dois dias depois e construído uma ponte com

---

21. Batalha do Ticino, 219 a.C.

botes, encarregou Asdrúbal de fazer atravessar a multidão, enquanto ele próprio atravessava imediatamente para negociar com embaixadores recém-chegados de localidades próximas. [7] Devido ao seu sucesso, todos os celtas das adjacências ansiavam, conforme plano original, a aliar-se-lhe, abastecê-lo e militar junto dos cartagineses. [8] Tendo-os acolhido benevolamente e feito atravessar as tropas, avançou margeando o rio mas seguindo direção oposta à anterior: marchava a favor da correnteza, ansioso por encontrar os adversários. [9] Tendo cruzado o Pado e acampado nos arredores da cidade de Pacência, colônia romana, ali Públio se tratava bem, como aos outros feridos; e julgando que havia instalado o exército em local seguro, permanecia tranquilo. [10] Aníbal, que havia chegado perto dos inimigos no segundo dia após a travessia, no terceiro perfilou o exército à vista dos adversários. [11] Como ninguém os enfrentasse, acampou mantendo um intervalo de cinquenta estádios entre os exércitos.

[67.1] Considerando mais vantajosas as expectativas dos cartagineses, os celtas que militavam junto dos romanos concertaram-se a fim de aguardar uma ocasião para agir, permanecendo todos em suas tendas.[2] Tendo os homens da paliçada jantado e deitado, deixaram passar a maior parte da noite e, armados, atacaram à vigília da aurora os romanos que acampavam nas imediações. [3] Mataram muitos deles e feriram não poucos. Ao fim, após decapitarem os mortos, debandaram para os cartagineses, compostos por dois mil infantes e pouco menos de duzentos cavaleiros. [4] Tendo acolhido-os com benevolência, exortado de imediato e oferecido dádivas apropriadas a cada um, Aníbal os despachou para suas respectivas cidades, para que mostrassem seus feitos aos cidadãos e os exortassem à aliança consigo. [5] Sabia que forçosamente todos acorreriam quando soubessem da deslealdade de seus concidadãos contra os romanos. [6] Na mesma circunstância, os boios se apresentaram com três cativos que lhe entregaram, os quais haviam sido enviados pelos romanos para divisão do território e inicialmente capturados à traição, conforme relatei anteriormente. [7] Aníbal acolheu-lhes a boa vontade e deu aos presentes provas de amizade e aliança: devolveu-lhes os homens, pedindo que vigiassem, a fim de que, por conta deles, fossem restituídos seus próprios reféns, conforme o plano original. [8] Irritado com tal deslealdade e tendo calculado que, se outrora os celtas já haviam sido hostis contra os seus, diante do incidente todos os gauleses se inclinariam para os cartagineses, Públio reconheceu que deveria precaver-se no futuro. [9] Assim, sobrevinda a noite, tendo levantado acampamento à aurora, marchou em direção ao rio Trébia e colinas adjacentes, fiado na solidez dos terrenos e na proximidade de aliados.

[68.1] Ao saber da partida deles, de imediato Aníbal despachou os cavaleiros númidas, e não muito depois, os demais; ele próprio seguia logo atrás com todo o exército. [2] Quando os númidas se depararam com o acampamento vazio, incendiaram-no, [3] o que foi muito útil aos romanos, pois se eles houvessem alcançado as bagagens após seguir seu encalço, muitos teriam sido mortos pelos cavaleiros nas planícies. [4] Muitos, então, conseguiram atravessar o rio Trébia: dos que ficaram na retaguarda, alguns pereceram, e os sobreviventes foram capturados pelos cartagineses. [5] Após atravessar o referido rio, Públio acampou nas primeiras colinas e, [6] tendo cercado o acampamento com fosso e paliçada, recebeu Tibério e suas tropas, e tratou-se com cuidado, ansioso, caso tivesse condições, por participar do combate iminente. [7] Distante quarenta estádios dos inimigos, ali Aníbal acampou. [8] Impressionada com as expectativas dos cartagineses, a multidão de celtas habitantes das planícies abasteceu o acampamento com abundância de gêneros, pronta a partilhar de todos os serviços e perigos junto de Aníbal. [9] À chegada das notícias sobre o combate de cavalaria, os habitantes de Roma estranhavam-no, porque ocorrido contra as expectativas, sem que lhes faltassem desculpas para que o fato não parecesse uma derrota: [10] uns acusavam a precipitação do cônsul, outros, a malignidade dos celtas, levando em conta as últimas defecções. [11] Mas, de modo geral, como a infantaria estivesse intacta, entendiam como também intactas as esperanças globais. [12] Daí que, quando Tibério e suas legiões chegaram e passaram por Roma, pensaram que a guerra seria decidida tão logo ele aparecesse. [13] Reunidos os soldados em Arímino, conforme o juramento, o cônsul os assumiu e avançou, ansioso por juntar-se aos homens de Públio. [14] Tendo feito a junção e acampado junto ao exército do colega, restabeleceu a multidão de seus homens, devido aos quarenta dias de marcha contínua desde Lilibeu até Arímino, fez todos os preparativos para a batalha, [15] e conferenciou cuidadosamente com Públio, informando-se sobre o que já ocorrera e deliberando sobre a situação.

[69.1] À mesma época, Aníbal ocupou a cidade de Clastídio, entregue à traição por um brundisino a serviço dos romanos. [2] Senhor da guarnição e do depósito de grãos, dele se serviu no momento e carregou consigo, incólumes, os homens que conquistara, [3] desejando dar mostras de sua conduta, a fim de que não desesperassem de salvação de sua parte aqueles que temiam porque constrangidos pelas circunstâncias. [4] Honrou sobremaneira o traidor, ansioso por estimular homens em posto de autoridade a que partilhassem das esperanças cartaginesas. [5] Em seguida, ao notar que alguns dos celtas habitantes do intervalo entre o Pado e o Trébia, após travarem amizade consigo, também despachavam aos romanos crendo que, com esse expediente, lhes haveria segurança de ambas as partes, [6] enviou dois mil soldados e mil cavaleiros celtas e númidas com ordens para fazer incursões pelo território deles. [7] Assim que cumpriram o ordenado e amealharam enorme butim, imediatamente os celtas se apresentaram na paliçada romana suplicando por ajuda. [8] Havia muito que Tibério procurava uma ocasião para agir: tendo então acolhido o pretexto, enviou a maior parte dos cavaleiros e com eles por volta de mil infantes acontistas. [9] Atracados a toda pressa na margem oposta do Trébia e combatendo contra os inimigos pelo butim, celtas e númidas fugiram retirando-se para sua própria paliçada. [10] Rapidamente os soldados postados à frente do acampamento cartaginês compreenderam o ocorrido, e dali auxiliaram com tropas reservas os pressionados, diante do que os romanos, por sua vez, fugiram para o acampamento. [11] Vendo o ocorrido, Tibério enviou todos os cavaleiros e acontistas, fato que levou os celtas a novamente se retirarem para a segurança dos seus. [12] Sem condições para decidir tudo de uma vez e considerando necessário jamais enfrentar combates totais sem planejamento nem em função de qualquer pretexto, algo que, é mister dizer, é próprio de um chefe excelente, [13] então o comandante cartaginês reteve junto a si aqueles que se aproximavam da paliçada, fê-los deter-se, e os impediu de perseguir e bater-se com os inimigos, conclamando-os por meio dos oficiais e dos trombeteiros. [14] Após breve pausa os romanos se foram, tendo perdido poucos dos seus e matado muitos cartagineses.

[70.1] Embevecido e excitado com o sucesso, Tibério ansiava por uma batalha decisiva o mais rápido possível. [2] Estava fixado que ele se serviria dos soldados como melhor lhe conviesse, devido à má saúde de Públio. Contudo, desejando conhecer a opinião do colega, com ele discutiu a situação. [3] Públio era de parecer contrário: [4] pensava ser melhor que as legiões invernassem exercitando-se, e que a inconstância dos celtas não preservaria sua fidelidade, quando os cartagineses, ociosos, fossem forçados à inatividade, mas novamente se voltaria contra eles. [5] Além disso, esperava proporcionar serviços efetivos aos interesses comuns quando a ferida sarasse. [6] Assim, com esses raciocínios considerava que Tibério deveria aguardar. [7] Este sabia que tudo fora dito verdadeira e convenientemente; porém, impelido pela ambição de glória e fiado na situação, apressou-se, a despeito de todo cálculo, a decidir tudo por si próprio, a fim de que Públio não pudesse participar da batalha nem chegassem os cônsules subsequentes para rendê-lo na magistratura, pois era a época. [8] Como escolhesse não a ocasião proporcionada pelos fatos, mas a sua própria, era forçosa e iminente a falha manifesta. [9] Aníbal que, ao contrário, pensava de modo semelhante a Públio, apressou-se para enfrentar os inimigos, desejando, primeiro, tirar proveito do ímpeto intacto dos celtas; [10] segundo, enfrentar legiões romanas não exercitadas e recentemente recrutadas; terceiro, travar batalha enquanto Públio estivesse impossibilitado; e, mais importante, agir para não passar o tempo em vão. [11] Para aquele que estaciona tropas em território hostil e tenta feitos extraordinários, este é o único modo de salvação: sempre renovar continuamente as expectativas dos aliados. [12] Aníbal assim refletia ciente do iminente ataque de Tibério.

[71.1] Tendo há muito notado que entre os acampamentos havia um terreno plano e escalvado naturalmente apropriado para uma emboscada, com um riacho que dava para uma escarpa cheia de espinheiros e sarças, pensou em um estratagema contra os adversários que facilmente passaria despercebido: [2] os romanos desconfiavam dos locais florestados porque os celtas sempre tentavam armar emboscadas nesses terrenos, mas confiavam equivocadamente nos planos e escalvados, [3] sem saber que, também para que os emboscados se ocultem e nada sofram, estes são mais apropriados do que os florestados, pois neles os emboscados conseguem ver tudo com muita antecedência e sempre há meios suficientes de encobrimento na maioria dos terrenos. [4] Um riacho em uma pequena escarpa, por vezes colmos, samambaias e todo gênero de espinheiros podem esconder não só a infantaria mas, por vezes, mesmo a cavalaria, caso se tenha um pouco de precaução, colocando as partes conspícuas das armas voltadas para a terra, e os elmos sob as armas. [5] Tendo o comandante cartaginês comunicado a seu irmão Magão e auxiliares o futuro combate, todos lhe aprovaram o plano.

[6] Depois que o acampamento jantou, novamente chamou Magão, jovem cheio de ímpeto e precoce no aprendizado militar, e pôs sob seu comando cem cavaleiros e outros tantos infantes. [7] Ainda durante o dia havia designado em todo o acampamento os mais fortes, ordenando que viessem à sua tenda depois do jantar. [8] Depois de exortá-los e neles instilar o ímpeto conveniente à ocasião, ordenou que cada um escolhesse dez dentre os mais bravos de seus próprios batalhões e viessem até um local determinado do acampamento. [9] Tão logo cumpriram a ordem, formando mil cavaleiros e outro tanto de infantes, enviou-os à noite para a emboscada, com guias, após combinar com o irmão o momento do ataque. [10] Ele próprio, tendo reunido à aurora os cavaleiros númidas, singularmente resistentes, exortou-os com promessas aos que se portassem bravamente e ordenou que, após se aproximarem do acampamento adversário, atravessassem o rio às pressas e, com escaramuças à distância, fizessem os inimigos sair. Desejava colher os inimigos ainda em jejum e despreparados para eventualidades. [11] Tendo reunido os demais chefes, exortou-os à batalha ordenando que todos tomassem colação e cuidassem de armas e cavalos.

[72.1] Assim que percebeu a aproximação dos cavaleiros númidas, Tibério imediatamente despachou sua cavalaria, com ordens para resistir e bater-se com o inimigo. [2] Em seguida, enviou seis mil acontistas a pé, e também fez sair da paliçada o restante do exército, como se a decisão final se desse com tal aparição, exaltado que estava pela grande quantidade de homens e pelo sucesso da cavalaria no dia anterior. [3] Era época do solstício de inverno, dia nevoso e especialmente frio, e quase todos os homens e cavalos haviam saído em jejum. Por sua presteza e ímpeto, a multidão primeiro levou a melhor. [4] Mas quando tiveram de atravessar o rio Trébia, cuja correnteza se avolumara durante a noite devido a uma tempestade nos terrenos acima dos acampamentos, com dificuldade os homens atravessavam mergulhados até o peito. [5] Por conta disso o exército penava, em razão do frio e da fome, conforme o dia avançava. [6] Havendo comido e bebido em suas tendas, e aprontado seus cavalos, os cartagineses untavam-se e se armavam todos ao redor de piras. [7] Aníbal espreitava a ocasião quando, ao perceber que os romanos haviam atravessado o rio, deixou em reserva lanceiros e baleares, em número de oito mil, e saiu com a tropa. [8] Após avançar oito estádios diante do acampamento, perfilou em uma única linha reta os infantes, em número de aproximadamente vinte mil dentre iberos, celtas e africanos, [9] repartiu a cavalaria, que postou em cada ala, mais de dez mil com os aliados celtas, e instalou uma parte dos elefantes diante de cada ala. [10] No mesmo momento, Tibério chamou de volta os cavaleiros, vendo que não tinham o que fazer contra os adversários, pois os númidas recuavam com facilidade e em dispersão, para novamente voltar a atacar com ousadia e confiança, como é peculiar na guerra númida. [11] Perfilou os infantes conforme a formação costumeira, em número de dezesseis mil romanos e vinte mil aliados. [12] Entre eles, este é o efetivo total para uma campanha importante, quando as circunstâncias unem ambos os cônsules. [13] Em seguida, tendo instalado em ambas as alas os cavaleiros, em número de quatro mil, avançou contra os adversários com garbo, em ordem e a passo de marcha.

[73.1] Já próximos entre si, pelejaram os soldados à ligeira. [2] Os romanos eram batidos de muitos modos, e a ação era vantajosa aos cartagineses, [3] pois os infantes acontistas romanos padeciam desde a alvorada, haviam atirado a maioria dos projéteis durante o choque com os númidas, e os restantes estavam inutilizados, devido à umidade contínua. [4] Algo semelhante ocorreu com seus cavaleiros e com o resto do exército. [5] Com os cartagineses dava-se o oposto: recém-alinhados e descansados, estavam totalmente prontos e aptos para a ocasião. [6] Assim, enquanto os primeiros combatentes eram acolhidos nos intervalos, sucedidos pelas armas pesadas, a cavalaria cartaginesa imediatamente acossava os adversários por ambos os flancos, distinta pela quantidade, pelo vigor de homens e cavalos, e por estar descansada quando marchara. [7] Entre os romanos, a cavalaria recuava deixando desguarnecidos os flancos da legião: os lanceiros cartagineses e a massa de númidas, tendo ultrapassado sua linha de frente e caído sobre os flancos romanos, molestavam-nos severamente, sem deixar que combatessem de frente. [8] As infantarias pesadas, que ocupavam a dianteira e a porção intermédia de ambas as formações, por muito tempo lutaram firmes e equilibradamente.

[74.1] No momento em que irromperam os númidas emboscados e caíram de surpresa sobre o centro da retaguarda, as forças romanas se viram em enorme confusão e dificuldade. [2] Por fim, ambas as alas de Tibério, acossadas de frente pelos elefantes, e ao redor, pela irrupção lateral dos soldados à ligeira, voltaram-se e foram empurradas, na perseguição, para o rio adjacente. [3] Diante disso, o centro da formação romana à retaguarda perecia à mão dos emboscados, e muito padecia, [4] mas os da dianteira, compelidos pela necessidade, venceram os celtas e parte dos africanos, matando muitos deles e rompendo a formação cartaginesa. [5] Vendo seus flancos acossados, perderam a esperança de auxiliá-los ou de fugir para o acampamento, pois suspeitavam da quantidade de cavaleiros, e eram barrados pelo rio, pela irrupção e por uma repentina tempestade frontal. [6] Compactados, guardando a formação, retiraram-se em segurança para Placência não menos de dez mil. [7] Dos restantes, a maioria foi abatida no rio pelos elefantes e pelos cavaleiros; [8] os infantes e a maior parte dos cavaleiros escapos, executando a retirada da mesma maneira que aqueles, ajuntaram-se-lhes em Placência. [9] A tropa cartaginesa perseguiu os inimigos até o rio, mas devido à tormenta não pode avançar, pelo que retornou para o acampamento. [10] Como vencedores, todos estavam alegres com a batalha. Morreram poucos iberos e africanos, e muitos celtas. [11] A tempestade e a nevasca subsequente foram, porém, tão terríveis que todos os elefantes, à exceção de um, pereceram, bem como muitos homens e cavalos, devido ao frio.

[75.1] Consciente do que ocorrera, mas desejando ocultar dos romanos o fato como pudesse, Tibério despachou correios: travada a batalha, o mau tempo os privara da vitória. [2] No primeiro momento, os romanos acreditaram nas notícias, mas pouco depois, informados de que os cartagineses mantinham seu acampamento, que todos os celtas pendiam para sua aliança, [3] e que aqueles dentre os seus que se desgarraram do acampamento por conta da batalha se haviam todos retirados e reunidos em algumas cidades, recebendo suprimentos do mar Pado acima, então reconheceram com clareza o resultado do combate. [4] Embora o fato lhes parecesse surpreendente, concentraram-se nos demais preparativos e na vigilância dos locais próximos, enviando legiões à Sardenha e à Sicília, bem como guardas avançados para Tarento e outros locais bem situados. Armaram também sessenta quinquerremes. [5] Cneu Servílio e Caio Flamínio [218-217 a.C.][22], então os cônsules instituídos, reuniram os aliados e alistaram as próprias legiões. [6] Enviaram provisões a Arímino e à Tirrênia, como se por tais locais fossem marchar. [7] Despacharam a Hierão pedindo auxílio, e ele enviou quinhentos cretenses e mil peltastas. [8] Tudo se aprontava ativamente por toda parte. Em tal circunstância, os romanos são os mais temíveis em público ou em particular, quando terrores verdadeiros os rodeiam.

[76.1] À mesma época, Cneu Cornélio, deixado pelo irmão Públio como comandante da frota, conforme expliquei anteriormente, tendo navegado desde as embocaduras do Ródano chegou à Ibéria na altura do local denominado Empório. [2] Tendo começado por ali, efetuou o desembarque e cercou os

---

22. 218-217 a.C.

insubmissos habitantes do litoral até o rio Ebro, tratando com humanidade os amigáveis e tomando providências cabíveis a seu respeito. [3] Tendo se assegurado quanto aos litorais de que se aproximara, avançou com todo o exército marchando para o interior, [4] pois já arrebanhara muitos aliados iberos. Enquanto avançava, destruía algumas cidades e aliciava outras. [5] Os cartagineses, deixados sob o comando de Hanão para guardar o local, acamparam à sua frente ao redor da cidade denominada Cissa. Tendo Cneu oferecido batalha e vencido, assenhoreou-se de muitos bens, pois toda a bagagem dos que haviam partido para a Itália ali estava; [6] concertou aliança e amizade com todos os habitantes d'aquém Ebro; e capturou vivos Hanão, comandante dos cartagineses, e Andobales, dos iberos. [7] Este era um tirano do interior, sempre singularmente simpático aos cartagineses. [8] Tão logo Asdrúbal soube do ocorrido, correu para ajudar, após atravessar o rio Ebro. [9] Ao perceber que os romanos guardiães da frota haviam relaxado, tranquilamente embevecidos e confiantes no sucesso da infantaria, [10] após tomar de suas próprias forças oito mil infantes (e por volta de mil cavaleiros), e capturar os dos navios dispersos em terra, matou muitos deles e forçou os demais a fugirem para as naus. [11] Ele então recuou, atravessou novamente o rio e iniciou preparativos para a vigilância do território aquém rio, invernando na Cidade Nova. [12] Tendo retomado a frota e punido os responsáveis pela ocorrência conforme o costume, Cneu reuniu as forças de infantaria e naval em Tarracona a fim de invernarem. [13] Após dividir o butim entre os soldados igualmente, suscitou muita boa vontade e prontidão para o futuro.

[77.1] Essa era a situação na Ibéria. Chegada a primavera [217 a.C.], Caio Flamínio assumiu suas legiões, marchou pela Tirrênia e acampou diante da cidade dos aretinos; [2] Cneu Servílio, por sua vez, em Arímino, a fim de observar a invasão adversária. [3] Invernando na Céltica, Aníbal mantinha presos os romanos capturados em batalha, a quem dava rações limitadas; [4] quanto aos aliados deles, primeiro os tratou com toda cordialidade, depois reuniu-os para dizer que não deveriam guerrear contra os cartagineses, mas contra os romanos em favor destes. [5] Por isso, disse que, caso pensassem corretamente, deveriam votar-lhe amizade, [6] pois havia vindo primeiro para resgatar a liberdade dos italiotas, e igualmente recuperar cidades e territórios que cada um havia perdido para os romanos. [7] Tendo assim falado, dispensou-os todos para casa sem resgate, desejando, com isso, atrair para si os habitantes da Itália, demover-lhes a boa vontade para com os romanos, e inflamar os que pensavam haver perdido cidades ou portos para o império romano.

[78.1] Enquanto invernava, executou um certo estratagema peculiarmente púnico. [2] Apreensivo com a inconstância dos celtas e com atentados físicos, dado que a aliança era muito recente, confeccionou perucas em tudo apropriadas para as mais diferentes idades, [3] as quais usava trocando continuamente, sempre vestindo roupas condizentes com a peruca. [4] Por meio disso, não apenas era difícil de reconhecer para quem o encontrasse de súbito, como também para seus íntimos. [5] Vendo os celtas desgostosos por arcarem com o esforço bélico em seu território, ansiosos e impacientes para levá-lo ao do inimigo, sob o pretexto da cólera contra os romanos mas, em verdade, pelos butins, decidiu pô-los em ação o mais rápido possível e satisfazer o ímpeto das tropas. [6] Assim, à mudança de estações, tomando informações de alegados bons peritos na região, descobriu que as demais rotas para o território inimigo eram longas e conhecidas pelos adversários, mas havia uma que, por entre lodaçais, levava à Tirrênia, difícil porém curta, e permitiria que aparecesse de surpresa aos homens de Flamínio. [7] Esse era sempre o modo conveniente à sua natureza, e por ali resolveu encetar a marcha. [8] Divulgada pelo acampamento a notícia de que o comandante os conduziria por entre lodaçais, todos ficaram reticentes com a marcha, suspeitando fossos e pântanos no terreno.

[79.1] Aníbal inquiriu cuidadosamente quais trechos da rota eram lamacentos e firmes; após levantar acampamento, instalou na vanguarda africanos, iberos e a parte mais útil de seu próprio exército, junto das bagagens, a fim de que, no momento, tivessem abundância de víveres. [2] Para o futuro, não fez caso algum dos animais de transporte, calculando que, entrando em guerra, se fossem vencidos não necessitariam de nada e, se vencessem cabalmente, não teriam falta de víveres. [3] Atrás dos mencionados postou os celtas, e atrás de todos, a cavalaria. [4] Deixou seu irmão Magão como intendente da retaguarda, por conta dos demais e sobretudo da indolência e preguiça dos celtas, a fim de que, caso recuassem de provações penosas, ele os impedisse com os cavaleiros e à força. [5] Os iberos e africanos, marchando por lodaçais intocados, cumpriam-na penando moderadamente, pois eram todos robustos e acostumados a tais fadigas. [6] Os celtas avançavam com dificuldade, pois os lodaçais haviam sido agitados e pisados até o fundo; suportavam a provação com fadigas e sofrimentos, imperitos em tais agruras. [7] Eram impedidos de recuar devido aos cavaleiros às suas costas. [8] Todos sofriam principalmente por conta da insônia, pois marcharam em meio úmido por quatro dias e três noites seguidos. Mais do que os outros sofriam e morriam os celtas. [9] A maioria das bestas que caía na lama perecia, e ao cair prestavam um único serviço aos homens: [10] sentavam-se sobre elas e empilhavam as bagagens por cima da umidade, e assim cochilavam um pouco à noite. [11] Além disso, não poucos cavalos perderam seus cascos devido à sequência de marchas em meio à lama. [12] Com enorme dificuldade e fadiga, Aníbal salvou-se sobre o elefante sobrevivente: padecia acerbamente com a violência de uma oftalmia que ao cabo privou-lhe de uma vista, pois fora impossível, diante das circunstâncias, encontrar um momento para descanso e cuidado.
[80.1] Tendo surpreendentemente atravessado os terrenos lamacentos e encontrado na Tirrênia Flamínio acampado diante

da cidade dos aretinos, então acampou ali, junto aos lamaçais, [2] a fim de restaurar a tropa e estudar os adversários e os terrenos adjacentes. [3] Informado de que o território em frente era muito rico; de que Flamínio era simplesmente um demagogo bajulador da multidão e inapto para verdadeiros serviços bélicos; de que, além disso, ele confiava na própria situação, [4] Aníbal calculou que, se lhe ultrapassasse o acampamento e descesse para o território à frente, aquele, receando a zombaria da massa, não aguentaria ver o território devastado e, aguilhoado, se aproximaria, seguindo-os a toda parte, ansioso por conquistar por si mesmo a vitória, sem aceitar a presença de outro com poder equivalente. [5] Por conta disso, supôs que ele forneceria muitas ocasiões para um ataque. Calculava tudo isso com sensatez e pragmatismo.

[81.1] Não é razoável dizer de outro modo que, se alguém pensa haver algo mais importante em estrategia do que conhecer as preferências e a natureza do comandante adversário, é um ignorante iludido. [2] Assim como em combates entre indivíduos ou fileiras é preciso que quem deseja vencer observe como é possível atingir o objetivo, que parte se mostra nua e qual inerme dos antagonistas, [3] do mesmo modo é preciso que os detentores de poder supremo observem não como a parte nua do corpo, mas como algo da mente do comandante adversário se descortina manipulável, [4] pois muitos, por lentidão e absoluta preguiça, resignaram-se a perder não apenas os negócios públicos, mas principalmente as próprias vidas; [5] muitos, devido ao apetite pelo vinho, não conseguem dormir sem alteração e embriaguez; [6] outros, devido aos ímpetos amorosos e seus prazeres, arrasaram não apenas cidades e homens, como também abateram vergonhosamente suas próprias vidas. [7] A covardia e a indolência em privado acarretam censura apenas aos que as apresentam, mas quando diz respeito a um comandante supremo, é a maior das infelicidades coletivas, [8] pois não apenas deixa inativos os subordinados como, frequentemente, acarretam os maiores perigos para quem neles se fiam. [9] Temeridade, excesso de confiança e ímpeto irracional, além de presunção e vaidade, são as características mais manipuláveis pelos inimigos e mais danosas para os amigos, pois quem as têm se expõe a qualquer trama, emboscada e engano. [10] Assim, se alguém conseguisse compreender os erros dos vizinhos e se aproximar dos adversários pela via que, principalmente e devido àqueles, o chefe inimigo é manipulável, rapidamente prevaleceria sobre todos. [11] Assim como se alguém privar uma nau de seu piloto, toda a embarcação, com sua tripulação, torna-se presa dos inimigos, do mesmo modo se alguém manipular um chefe de tropas em uma guerra com planos e cálculos, frequentemente se assenhoreará de todos os opositores. [12] Exatamente aquilo que para Aníbal, por haver então antevisto e calculado a respeito do comandante adversário, não frustrou seus planos.

[82.1] Tão logo partira de Fésulas e ultrapassara um pouco o acampamento romano, invadiu o território adjacente; [2] imediatamente Flamínio se inflamou, cheio de furor, julgando-se subestimado pelos adversários. [3] Em seguida, tendo sido o território devastado, conforme o indicava a fumaça por todos os lados, ele ficou indignado, considerando terrível o ocorrido. [4] Em razão disso, havendo quem achasse necessário não sair atabalhoadamente em perseguição nem dar combate aos inimigos, mas antes manter vigilância e atentar para a quantidade dos cavaleiros e, principalmente, aguardar o outro cônsul e enfrentar o perigo com todas as legiões, [5] não apenas não lhes prestou atenção como sequer tinha paciência para ouvi-los falar, [6] ordenando que pensassem no que diriam, com razão, em Roma, vendo a região devastada quase que até diante da própria pátria, enquanto eles próprios permaneciam acampados na Tirrênia atrás dos inimigos. [7] Ao fim, tendo dito isso e levantado acampamento, avançou com a tropa sem observar de antemão nem a ocasião nem os terrenos, urgindo tão só por cair sobre os inimigos, como se a vitória lhes fosse certeira. [8] Infundira tamanha expectativa em suas armas que havia mais gente dos arredores a acompanhá-los, visando ao butim e levando correntes, grilhões e todo tipo de equipagem semelhante, do que soldados em armas. [9] Aníbal avançava em direção a Roma pela Tirrênia mantendo à esquerda a cidade denominada Cortona e suas montanhas, e à direita, o lago chamado Trasimeno. [10] Enquanto avançava, incendiava e devastava o território, desejando exasperar o furor dos adversários. [11] Quando notou que Flamínio já estava próximo e constatou que o terreno era apropriado para a ação, preparou-se para combater.

[83.1] Havia um vale plano ao longo da rota, cujo comprimento era delimitado em ambos os lados por montanhas altas e contínuas; em cuja largura, à frente, havia um monte íngreme e quase inacessível, e junto ao lago, à retaguarda, um estreito acesso ao vale bordejando a montanha; [2] após atravessar o vale costeando o lago, ocupou ele próprio o monte à dianteira da marcha e ali, com iberos e africanos, aquartelou-se. [3] Aos baleares e lanceiros da vanguarda, enviou-os por sob as montanhas que ladeiam o vale pela direita, onde os alinhou; [4] os cavaleiros e celtas, de modo semelhante, fez contornar pelas montanhas à esquerda, onde os dispôs em linha contínua, de modo que ocupassem os extremos da entrada que bordeja o lago e conduz aos sopés das montanhas no local mencionado. [5] Tendo assim se preparado durante a noite e atulhado o vale com emboscadas, Aníbal aguardava calmamente. [6] Flamínio seguia atrás, ansioso por atracar-se com os inimigos. [7] No dia subsequente, muito tarde, já se havia aquartelado junto ao lago; em seguida, sobrevindo o dia, imediatamente à aurora conduziu a vanguarda ao longo do lago rumo ao vale adiante, com intenção de atacar os inimigos.

[84.1] Como o dia estivesse singularmente nublado, enquanto a maior parte da expedição aguardava no vale e a vanguarda dos oponentes já se aproximava dos seus, Aníbal deu o sinal, despachou aos emboscados e caiu de todos os lados por sobre os inimigos. [2] Os homens de Flamínio, ante a surpresa da aparição e a dificuldade de enxergar, dada a condição do ar, e porque os inimigos desciam e atacavam de muitos locais em posição superior, não apenas não conseguiam os centuriões e tribunos romanos socorrê-los adequadamente, como sequer compreender o que se passava. [3] Uns atacavam de frente, outros, pela retaguarda, outros, ainda, pelos flancos, todos ao mesmo tempo. [4] Em razão disso, muitos foram massacrados em sua própria formação, impossibilitados de socorrer-se mutuamente, como se houvessem sido traídos pela falta de juízo de seu comandante. [5] Mesmo quando deliberavam sobre o que era necessário fazer pereciam surpreendentemente. [6] Na ocasião, o próprio Flamínio, completamente cercado por agruras e dificuldades, foi morto pelos celtas que o atacaram. [7] Dentre os romanos, tombaram no vale quase quinze mil, sem que houvessem recuado nem feito coisa alguma, pois os costumes que mais prezavam eram o de não fugir nem deixar a formação. [8] Aqueles que marchavam por entre o lago e a base das montanhas, torpemente encurralados no estreito, ainda mais miseravelmente foram abatidos: [9] comprimidos contra o lago, em desespero uns se afogavam ao tentar nadar com suas armas; a maioria, tendo avançado lago adentro tanto quanto possível, manteve somente a cabeça acima da linha d'água. [10] Mas quando sobreveio a cavalaria e a ruína se lhes tornou manifesta, tendo levantado as mãos, suplicado pela vida e empregado todo expediente, ao fim uns, pelos inimigos, outros, após se exortarem mutuamente, pereceram. [11] Algo como seis mil dentre os homens que estavam no vale, tendo vencido os que lhes atacavam de frente, não conseguiram, contudo, auxiliar os seus nem cercar os adversários, pois não conseguiam enxergar o que se passava, embora pudessem ter sido de grande utilidade para o êxito final. [12] Andavam sempre para diante, convencidos de que encontrariam alguém, até que, sem se dar conta, estavam em terrenos mais elevados. [13] Quando atingiram os cumes e a neblina já se havia desfeito, tendo compreendido o infortúnio, incapacitados para fazer algo, porque os inimigos haviam vencido completamente e a tudo dominavam, debandaram para alguma aldeia tirrênia. [14] Depois da batalha, Maarbal foi enviado pelo comandante, junto dos iberos e lanceiros, e acampou ao redor da aldeia; devido às múltiplas dificuldades, os romanos depuseram as armas e entregaram-se sob trégua a fim de conservarem a vida. [15] Desse modo terminou o combate decisivo na Tirrênia entre romanos e cartagineses. [85.1] Quando os que se haviam rendido lhes foram trazidos, bem como os outros cativos, Aníbal reuniu todos, em número de mais de quinze mil. [2] Primeiro esclareceu que Maarbal não tinha poderes, sem sua própria anuência, para garantir-lhes a segurança; em seguida, iniciou a acusação dos romanos. [3] Após fazê-la, distribuiu entre seus batalhões, para vigilância, quantos cativos eram romanos, e libertou todos os aliados, sem resgate, para suas casas, [4] acrescentando a mesma fala de antes, de que havia vindo não para combater os italiotas, mas os romanos e pela liberdade dos italiotas. [5] Reassumiu sua tropa e sepultou seus mortos mais ilustres, em número de trinta. Ao todo tombaram 1.500, a maioria celtas. [6] Em seguida, deliberou com o irmão e com os amigos sobre onde e como deveria atacar, tão confiante estava. [7] Quando a notícia do infortúnio chegou a Roma, as autoridades do Estado não puderam se esquivar nem suavizar o fato, mas foram forçadas a dizer à multidão o que ocorrera após reunirem o povo em assembleia. [8] Assim, quando o pretor, nos rostros, disse à massa "fomos vencidos em uma grande batalha", fez-se tamanho distúrbio que para os presentes a ambas as ocasiões, muito maior pareceu então o ocorrido do que ao tempo mesmo da batalha, [9] e com razão. Por muitos anos desconheceram tanto o nome quanto o fato de uma derrota cabal, e assim não suportavam tal revés com comedimento e dignidade. [10] Não, porém, o senado, que manteve-se no cálculo do necessário e deliberou sobre o futuro como e o que cada um deveria fazer.

[86.1] À época da batalha, Cneu Servílio, o cônsul que permanecera em Arímino – [2] estavam próximos a Ádria, no ponto em que as planícies gaulesas se juntam ao restante da Itália, não longe das embocaduras do Pado – [3] ao saber que Aníbal invadira a Tirrênia e assediava Flamínio, partiu com todas as legiões para unir-se ao colega. Impossibilitado, porém, devido ao peso da marcha, despachou às pressas Caio Centênio, a quem dera quatro mil cavaleiros, desejando que, se os tempos permitissem, chegasse antes dele próprio. [4] Quando soube, depois da batalha, a respeito do auxílio dos adversários, Aníbal despachou Maarbal com os lanceiros e parte da cavalaria. [5] Quando toparam com Caio, no primeiro embate mataram quase a metade deles; após perseguirem os restantes até um certo monte, no dia seguinte capturaram todos. [6] Em Roma, três dias depois da notícia sobre a batalha, quando a comoção na cidade estava, por assim dizer, mais inflamada, chegou outra sobre esse revés: não apenas a multidão como o próprio senado ficaram perplexos. [7] Assim, pondo de lado a gestão política anual e a eleição de magistrados, puseram-se a deliberar primordialmente sobre o presente, considerando que a situação e a circunstância requeriam um comandante autocrático. [8] Já totalmente confiante, Aníbal recusou aproximar-se de Roma no momento. Marchando pela região, pilhava-a impunemente, conduzindo a marcha rumo a Ádria. [9] Tendo cruzado o território dos úmbrios e dos picenos, no décimo dia chegou a Ádria, [10] carregado com tamanho butim que o exército não conseguia transportá-lo nem carregá-lo, e após matarem muitos homens pelo caminho: [11] assim como nas tomadas de cidades, também então a ordem dada era a de assassinar os adultos que encontrassem. Fazia isso por conta de seu ódio inveterado contra os romanos.

[87.1] Tendo acampado próximo a Ádria na ocasião, em território distinto por todos os seus produtos, procurava a toda pressa recuperar e tratar seus homens não menos que os cavalos. [2] Por terem passado o inverno ao relento na Gália, devido ao frio e à imundície, e ainda à marcha e às fadigas subsequentes por entre lamaçais, sobreveio a quase todos os cavalos, assim como aos homens, o dito escorbuto e males semelhantes. [3] Por conta disso, quando se assenhoreou de um território próspero, revigorou os cavalos e recuperou corpos e mentes dos soldados. Armou os africanos, com armas selecionadas, à maneira romana, pois era senhor de grandes espólios. [4] Nessa ocasião despachou por mar, para Cartago, homens que relatassem seus feitos: pela primeira vez, então, tocava o mar desde que empreendera a invasão da Itália. [5] Ao ouvi-los, os cartagineses alegraram-se enormemente, empregando muita diligência e providência a fim de secundarem as ações na Itália e na Ibéria. [6] Os romanos instituíram o ditador Quinto Fábio, homem de notória sensatez e valor. Ainda em nosso tempo os varões daquela família portam o sobrenome de Máximos, isto é, maiores, devido ao sucesso e aos feitos desse homem. [7] O ditador difere dos cônsules pelo seguinte: a cada cônsul seguem doze litores, [8] a este, 24; aqueles necessitam do senado em muitas situações a fim de concretizarem seus planos, este é um comandante autocrático, cuja instituição imediatamente dissolve todas as magistraturas em Roma à exceção dos tribunos da plebe. [9] Alhures faremos distinções mais precisas a respeito. Com o ditador instituíram Marco Minúcio chefe da cavalaria. Este é subordinado ao autocrata, e torna-se como que sucessor na magistratura quando aquele está ocupado.

[88.1] Embora deslocasse o acampamento a breves intervalos, Aníbal permanecia no território de Ádria. Lavou os cavalos com vinho velho, de que havia grande quantidade, tratando-lhes a indisposição e a sarna; [2] de modo semelhante, também dos homens curou as feridas e tornou os demais dispostos e prontos para a ação subsequente. [3] Tendo percorrido e devastado os territórios pretuciano, adriano, marrucino e frentano, marchou rumo ao iapígio. [4] Este se divide em três denominações, a dos dáunios[23], dos peucécios e dos messápios, e ele primeiro invadiu o dáunio. [5] Tendo começado por Lucéria, colônia romana, devastou o território. [6] Em seguida, tendo acampado ao redor do chamado Vibônio, assaltou Argiripana e pilhou impunemente toda a Dáunia. [7] À época, Fábio, após oferecer sacrifícios aos deuses, partiu com o colega Marco Minúcio e com as quatro legiões alistadas na ocasião. [8] Tendo feito junção, próximo a Nárnia, com as tropas auxiliares provenientes de Arímino, e exonerado o cônsul Cneu da campanha por terra, enviou-o escoltado a Roma com ordens para, caso os cartagineses se fizessem ao mar, acudir a tempo; [9] ele próprio, com o colega, tendo assumido as tropas acampou diante dos cartagineses próximo às ditas Ecas, à distância de aproximadamente cinquenta estádios dos inimigos.

[89.1] Ao saber da presença de Fábio e desejando aterrorizar de surpresa os adversários, Aníbal saiu com a tropa e perfilou-a próximo à paliçada romana. Aguardou certo tempo mas, como ninguém saiu, retornou para seu acampamento. [2] Determinado a não se expor nem a se arriscar, mas visando sobretudo a segurança de seus comandados, Fábio permaneceu firme em sua resolução. [3] Inicialmente foi desprezado e deu margem a boatos de que se acovardara, apavorado com o perigo, mas com o tempo obrigou todos a concordar que ninguém fora mais inteligente e sensato ao lidar com aquelas circunstâncias. [4] Rapidamente também os fatos testemunharam por seus cálculos, a decorrência natural: [5] as tropas adversárias haviam sido treinadas continuamente em guerras desde a primeira infância; possuíam um comandante que com elas crescera e que desde menino teve educação militar;

---

23. Possível erro no manuscrito.

[6] haviam vencido muitas batalhas na Ibéria, além de duas em sequência contra romanos e seus aliados; e, mais importante, tendo se despojado de tudo, só tinham uma única esperança de salvação: vencer. [7] Com o exército romano se dava o oposto. [8] Por isso, ele não poderia condescender com uma batalha decisiva, pois a derrota seria certa. Remontando às próprias vantagens em seus cálculos, neles permaneceu e com base neles conduziu a guerra. [9] As vantagens dos romanos eram os suprimentos inesgotáveis e a abundância de braços.

[90.1] Assim, nas ocasiões subsequentes, sempre marchava paralelo aos inimigos e ocupava de antemão, com perícia, os locais bem situados. [2] Tendo provisões abundantes à retaguarda, jamais permitia que os soldados forrageassem nem que de modo algum se afastassem da paliçada, mas mantendo-os sempre juntos e em bloco espreitava locais e circunstâncias. [3] Desse modo capturou e matou muitos inimigos desgarrados de seu próprio acampamento que, subestimando-o, saíam a forragear. [4] Assim agia desejoso de diminuir cada vez mais aos adversários sua quantidade limitada, bem como, por meio de sucessos paulatinos, revigorar e restaurar o moral totalmente abatido de suas próprias forças. [5] De modo algum poderia aquiescer a uma batalha decisiva. [6] Nada disso agradava ao colega Marco. Conluiado com a massa, deblaterava diante de todos que Fábio lidava com a situação de modo covarde e preguiçoso, enquanto ele próprio estaria pronto para expor-se e lutar. [7] Tendo devastado a região, os cartagineses ultrapassaram o Apenino e, ao chegar ao território samnita, próspero e havia muito intocado por guerras, viviam em tamanha abundância de gêneros que não conseguiam dar fim ao butim consumindo-o nem destruindo. [8] Devastaram também o beneventano, colônia romana; tomaram também a cidade de Venúsia, desmurada e repleta de todo tipo de suprimentos. [9] Os romanos seguiam sempre atrás, à distância de um ou dois dias, mas não podiam aproximar-se nem enfrentar os inimigos. [10] Assim, vendo Aníbal que Fábio se esquivava abertamente a lutar, embora nunca abandonando completamente o campo aberto, dirigiu-se com audácia para as planícies ao redor de Cápua, e dali para o denominado Falerno, [11] convencido de que, das duas, uma: ou forçaria os inimigos a lutar, ou deixaria claro a todos que vencera completamente e os romanos lhes deixavam os campos abertos. [12] Assim agindo, esperava que as cidades, apavoradas, debandassem dos romanos. [13] Até então, embora estes houvessem perdido duas batalhas, nenhuma cidade da Itália se passara para os cartagineses, mas observavam a fidelidade, ainda que algumas sofressem terrivelmente, [14] fato que marcava a admiração e a estima dos aliados para com o Estado romano.

[91.1] Com razão Aníbal fazia tais cálculos, [2] pois as planícies próximas a Cápua são as mais ilustres da Itália por sua excelência, beleza, proximidade do mar e centros comerciais, para os quais afluem de todo o mundo habitado os que navegam para a Itália. [3] Englobam também as mais ilustres e belas cidades da Itália. [4] Ocupam seu litoral os sinuessanos, os cimeus e os puteolanos, além dos napolitanos e, por fim, o povo nucério. [5] Habitam o interior, ao norte, os caleses e os teanenses; a sudeste, os dáunios e os nolanos. [6] No meio das planícies situa-se a mais próspera de todas, a cidade de Cápua. [7] O mais plausível relato de mitógrafos é o que versa sobre essas planícies: também são chamadas de Flegreas, assim como outras planícies célebres; parece que os deuses lhes teriam disputado a excelência e a beleza. [8] Além disso, as planícies parecem ser absolutamente seguras e quase inabordáveis, pois uma parte é envolvida pelo mar, e a maioria restante por altas montanhas contínuas em todas as direções, por entre as quais existem apenas três acessos provenientes do interior, estreitos e dificultosos: um, pelo Sâmnio, [9] o segundo, pelo Lácio, e o restante, pelo território dos hirpinos. [10] Em razão disso os cartagineses, caso nelas acampassem,

apavorariam de surpresa a todos, como num teatro, e exporiam publicamente os inimigos esquivos à luta, quando se mostrassem senhores incontestes dos campos abertos.
[92.1] Tendo feito tais cálculos e saído do Sâmnio pelos estreitos do monte denominado Eribiano, Aníbal acampou ao longo do rio Atirno, que quase divide em duas as mencionadas planícies. [2] Mantinha o acampamento na margem voltada para Roma, mas forrageava devastando impunemente toda a planície. [3] Fábio se espantava ante a empreitada e a ousadia dos adversários, e por isso mesmo se aferrava ainda mais às próprias decisões. [4] Mas seu colega Marco e todos os tribunos e centuriões das legiões, considerando que tal postura equivalia a deixar os inimigos em paz, pensavam necessário apressar-se, correr à planície e não descurar tamanha devastação do território mais ilustre. [5] Fábio apressou-se até chegar à planície, fingindo corresponder aos mais ardorosos e ansiosos por lutar, [6] mas ao se aproximar de Falerno por entre os sopés, marchou paralelo aos inimigos, a fim de que seus próprios aliados não pensassem que houvesse se retirado dos campos abertos; [7] não estacionou o exército na planície, precavendo-se contra uma batalha decisiva pelas mencionadas razões, e porque a cavalaria adversária era manifestamente muito superior. [8] Após testar os inimigos e destruir toda a planície, Aníbal reuniu imenso butim [9] e fez menção de partir, desejando não desperdiçar o butim, mas resguardá-lo em algum local no qual pudesse também invernar, a fim de que não apenas na ocasião, mas continuamente o exército gozasse de abundância de provisões. [10] Compreendendo seu plano, de que tentaria fazer a evasão pela mesma rota por onde fizera a invasão, e vendo que as passagens eram estreitas e extremamente bem dispostas para um ataque, [11] Fábio instalou em tais passos por volta de quatro mil homens, com ordens para empregarem na ocasião todo vigor que a boa situação proporcionasse, e acampou ele próprio, com a maior parte do exército, em um monte elevado diante dos estreitos.

[93.1] Tendo os cartagineses chegado e armado acampamento nas planuras ao sopé das montanhas, concebeu a expectativa de arrebatar-lhes o butim sem disputas e, além do mais, por termo a tudo aquilo, devido à superioridade da própria posição. [2] Mantinha-se em deliberações a respeito, refletindo sobre por onde e como se serviria do terreno, e quais homens e de onde atacariam os adversários. [3] Como os inimigos fizessem preparativos nesse sentido para o dia seguinte, Aníbal, fazendo cálculos verossímeis, não deu tempo nem prazo para tais planos: [4] chamou Asdrúbal, intendente de serviços, e ordenou que fizesse fieiras de tochas, de lenha seca e de qualquer outro tipo de madeira, no maior número e com a maior rapidez possível, e que, quando houvesse selecionado de todo butim os bois de lavra mais fortes, reunisse dois mil deles diante do acampamento. [5] Isso feito, reuniu os trabalhadores e mostrou-lhes uma passagem situada entre seu próprio acampamento e os estreitos por entre os quais executaria a marcha, e para lá ordenou que conduzissem os bois com vigor e violência quando fosse dado o comando, até que alcançassem os topos. [6] Em seguida, ordenou a todos que jantassem e descansassem. [7] Quando a terceira parte da noite se inclinou, imediatamente fez sair os trabalhadores e ordenou que atassem as tochas aos chifres dos bois. [8] Isso se fez rapidamente, devido à quantidade de homens; ordenou que acendessem todas, conduzissem os bois e os deixassem nos topos. [9] Colocou lanceiros por trás destes, com ordens para auxiliarem os condutores até certo ponto; quando de uma vez por todas os animais tomassem o primeiro impulso, flanqueassem-nos e ocupassem de antemão os topos e locais mais elevados, fazendo barulho a fim de que os inimigos acudissem e viessem lutar, caso encontrassem algum na passagem. [10] À mesma ocasião ele próprio organizou o exército com a infantaria pesada primeiro, depois a cavalaria, em seguida o butim e por trás de todos os iberos e celtas, e avançou rumo aos estreitos e às passagens.

[94.1] Os romanos que vigiavam os estreitos, quando viram as luzes que avançavam para a passagem, pensaram que fosse um ataque de Aníbal e, abandonando os passos difíceis, acudiram aos topos. [2] Ao se aproximarem, não entenderam o porquê de bois e tochas, imaginando e aguardando algo maior e mais terrível. [3] Com a chegada dos lanceiros, aqueles travaram com eles breve escaramuça; sobrevindos os bois, ambos apartaram-se para os cumes aguardando o surgimento do dia, pois não conseguiam saber o que se passava. [4] Fosse porque hesitasse ante o fato, conforme o poeta, "pensando ser dolo"[24], fosse porque, conforme seu plano original, houvesse decidido jamais se arriscar nem se expor absolutamente, Fábio manteve-se calmo na paliçada e aguardou o dia. [5] À mesma ocasião, Aníbal, como tudo lhe saísse conforme planejado, guiou o exército e o butim por entre os estreitos em segurança, pois os vigias haviam abandonado os passos difíceis. [6] Ao nascer do dia, vendo os lanceiros assentados sobre os cumes, despachou alguns iberos que, unindo-se-lhes, mataram por volta de mil romanos e reconduziram os soldados ligeiros para junto dos seus. [7] Tendo assim se evadido do Falerno e já acampado em segurança, Aníbal examinava e providenciava onde e quando invernaria, incutindo enorme pavor e muita perplexidade nas cidades e nos homens da Itália. [8] Fábio ouvia com dificuldade, da parte da massa, que por covardia havia deixado o adversário escapar daquele local, mas não abandonava seu propósito. [9] Alguns dias depois, forçado a ausentar-se para realizar sacrifícios em Roma, entregou as legiões ao colega e, ao partir, instruiu-o demoradamente a que não tivesse, para atacar os inimigos, tanta pressa quanto a de não sofrer nada terrível. [10] Sem fazer o menor caso, ainda enquanto ele falava Marco estava já totalmente pronto para expor-se e lutar.

[95.1] Essa era a situação na Itália. [2] À mesma época, em ações já mencionadas, Asdrúbal, o comandante da Ibéria, tendo

---

24. *Odisseia*, 10.230.

reparado durante o inverno as trinta naus deixadas pelo irmão e equipado outras dez, partiu no início do verão [217 a.C.], da Cidade Nova, com quarenta naus couraçadas, após indicar Amílcar como navarco. [3] Ao mesmo tempo, partiu com a infantaria dos quartéis de inverno, após reunir toda a tropa: com as naus navegava bordejando a costa, e com a infantaria marchava pelo litoral, cuidando para que ambas as tropas se juntassem nas proximidades do rio Ebro. [4] Deduzindo os planos dos cartagineses, Cneu primeiro tentou, de seus quartéis de inverno, interceptá-los por terra e mar. [5] Ao saber da quantidade de tropas e do tamanho dos preparativos, desistiu de interceptá-los por terra. Tendo equipado 35 naus e escolhido, do exército de infantaria, os homens mais aptos para mareação, partiu e no segundo dia chegou a Tarragona, próxima ao rio Ebro. [6] Tendo ancorado à distância de aproximadamente oitenta estádios dos inimigos, enviou duas naus massílias ligeiras para espionar: os massílios iam como guias e se arriscavam por primeiro, e eram de total e absoluta utilidade para aqueles. [7] Se houve quem partilhara com bravura das ações romanas, esses foram os massílios, frequentemente também depois, mas sobretudo durante a guerra anibálica. [8] Quando os espiões revelaram que a frota adversária estava ancorada na foz do rio, partiu a toda pressa, desejando cair de súbito sobre os inimigos.

[96.1] Asdrúbal, como havia muito as sentinelas avisassem sobre a navegação dos adversários, alinhou as tropas de infantaria no litoral e ordenou às tripulações que embarcassem nas naus. [2] Com os romanos já próximos, deram o sinal de guerra e partiram decididos a travar batalha naval. Tendo se engalfinhado com os inimigos, por pouco tempo clamaram vitória, e não muito depois declinaram, [3] pois a infantaria de reserva no litoral não lhes foi tão proveitosa para infundir confiança no combate quanto prejudicou a pronta esperança de salvação. [4] À exceção de duas naus que abandonaram com as tripulações, bem como remos e marinheiros

de outras quatro, fugiram para terra. [5] Como os romanos lhes encalçassem com vigor, pularam das embarcações e salvaram-se junto à infantaria. [6] Os romanos, tendo se aproximado com ousadia da terra e atrelado as embarcações capazes de se mover, foram-se imensamente felizes por terem vencido de assalto os adversários, dominado o mar e de tomarem posse de 25 naus inimigas. [7] A partir de então as expectativas romanas quanto à Ibéria mostraram-se mais promissoras devido ao mencionado sucesso. [8] Diante dessa derrota, os cartagineses imediatamente tripularam setenta naus e as despacharam, considerando necessário para qualquer plano o controle do mar. [9] Essas primeiro foram à Sardenha, e dali para Pisas na Itália, convencidos que estavam, os navegadores, de que ali se juntariam aos homens de Aníbal. [10] Rapidamente os romanos abriram velas contra eles partindo da própria Roma com 120 quinquerremes; cientes disso, aqueles retornaram para a Sardenha e, em seguida, novamente para Cartago. [11] Cneu Servílio, com a mencionada frota, perseguiu os cartagineses até certo ponto, convencido de que os alcançaria, mas desistiu ao ver-se muito para trás. [12] Primeiro alcançou Lilibeu na Sicília; em seguida, costeou a África até a ilha dos cercinetas, e tendo deles recebido dinheiro para que não lhes pilhasse o território, partiu. [13] Navegando de volta, apoderou-se da ilha de Cossiro e, tendo introduzido uma guarnição no povoado, novamente alcançou Lilibeu. [14] Tendo ali ancorado junto a outra frota, não muito depois retornou para junto das tropas de infantaria.
[97.1] Os senadores, informados da vitória naval de Cneu e julgando útil e muito necessário não desistir da Ibéria, mas resistir aos cartagineses e agravar a guerra, [2] escolheram vinte naus que, sob o comando de Públio Cipião, conforme o plano original, enviaram às pressas para junto do irmão Cneu, a fim de que com ele atuasse na Ibéria. [3] Afligia-os que os cartagineses pudessem conquistar aquela região e, depois de obterem abundância de suprimentos e braços, disputassem o mar e se lançassem contra a Itália, enviando

exércitos e dinheiro a Aníbal. [4] Assim, porque muito preocupados também com essa guerra, enviaram Públio e as naus. Quando chegou à Ibéria e juntou-se ao irmão, ele foi de grande valia para o interesse público. [5] Antes jamais haviam tido coragem de atravessar o rio Ebro mas, satisfeitos com as amizades e alianças desta parte, então cruzaram-no e por primeiro tiveram coragem de clamar interesses além, com grande colaboração do acaso na presente ocasião. [6] Quando, tendo assustado os iberos habitantes do local da travessia, chegaram à cidade de Sagunto, distante aproximadamente quarenta estádios, acamparam próximo ao templo de Afrodite, [7] tendo ocupado um local bem situado, protegido contra inimigos e propício a abastecimento por mar, [8] pois a frota navegava paralelamente. Ali ocorreu a seguinte reviravolta dos fatos.

[98.1] À época em que Aníbal marchava para a Itália, de quantas cidades da Ibéria desconfiou tomara como reféns os filhos dos homens mais ilustres, todos os quais alojou na cidade dos saguntinos, por sua solidez e pela fidelidade dos homens ali deixados. [2] Havia um ibero de nome Abílige, inferior a nenhum outro em reputação nem em posição social, que parecia distinguir-se muito dos outros por sua boa vontade e fidelidade para com os cartagineses. [3] Observando a situação e tendo considerado mais promissoras as expectativas dos romanos, ele calculou consigo de modo ibérico e bárbaro como trair os reféns. [4] Convencido de que poderia se engrandecer junto aos romanos se demonstrasse oportunamente fidelidade e serventia, empenhou-se em trair os cartagineses e pôr os reféns nas mãos dos romanos. [5] Observando que Bóstar, o comandante cartaginês enviado por Asdrúbal para impedir que os romanos atravessassem o rio, não tinha coragem para fazê-lo e acampava longe de Sagunto, na face voltada para o mar, homem sem maldade e naturalmente gentil, [6] estava disposto a confiar em si, tratou dos reféns com Bóstar, dizendo que, quando os romanos houvessem atravessado o rio, os cartagineses não mais conseguiriam conservar a Ibéria pelo terror, pois então necessitariam da boa vontade dos submetidos; [7] agora, com os romanos próximos e a assediar Sagunto, que estava em perigo, caso ele permitisse que os reféns voltassem para seus parentes e cidades, abateria a ambição romana, pois era exatamente isso que aqueles fariam ao se apoderarem dos reféns; [8] assim, isso seria um apelo à boa vontade de todos os iberos para com os cartagineses, pois anteciparia o futuro ao providenciar a segurança dos reféns. Disse que seus favores aumentariam muito caso fosse ele próprio o encarregado do ato. [9] Reenviando para suas cidades os filhos, não apenas conciliaria a boa vontade dos pais como também de muitos ao pôr à vista, pelo ato, a orientação e a magnanimidade dos cartagineses para com seus aliados. [10] Exortou-o a que aguardasse grande quantidade de dádivas para si próprio da parte dos que recebessem os filhos: como cada um recobraria surpreendentemente o que lhe era mais caro, rivalizariam para retribuir ao propiciador dessa situação. [11] Tendo dito muito mais do mesmo quilate a respeito, convenceu Bóstar a concordar com seus termos.

[99.1] Então retornou, após indicar o dia em que voltaria com amigos para a devolução das crianças. [2] À noite, tendo se apresentado no acampamento romano e encontrado alguns iberos que lutavam ao lado deles, foi por eles levado aos comandantes. [3] Falando copiosamente sobre o futuro ardor e debandada dos iberos para o lado deles caso se apoderassem dos reféns, ofereceu entregar-lhes as crianças. [4] Como os homens de Públio acolhessem com efusão a expectativa e prometessem grandes dádivas, então retirou-se, após combinar dia, momento e local em que os necessários batedores o aguardariam. [5] Em seguida, com amigos muito próximos, foi até Bóstar e, quando as crianças de Sagunto lhe foram entregues, saiu à noite, pois desejava manter-se oculto. Tendo passado ao longo da paliçada inimiga, chegou no momento e local combinados e pôs todos os reféns nas mãos dos oficiais romanos. [6] Públio honrou Abílige com distinção, dele servindo-se para devolver os reféns a suas pátrias, despachando-o com os amigos. [7] Tendo viajado para as cidades e, por meio da devolução das crianças, colocado sob as vistas a gentileza e magnanimidade dos romanos face ao descrédito e dureza dos cartagineses, e acrescentando sua própria debandada, instigou muitos iberos à amizade para com os romanos. [8] Entregando os reféns aos inimigos, Bóstar mostrou-se mais infantil do que a idade permitia, e caiu em perigos não fortuitos. [9] Como então a estação já findasse, ambos dispensaram os exércitos para invernar, tendo os romanos recebido suficiente colaboração do acaso, relativamente às crianças, para com seus planos. Essa era a situação na Ibéria.

[100.1] O comandante Aníbal, no ponto em que o deixamos, ao saber por meio dos espias que havia mais alimentos próximo a Lucéria e no território denominado gerônio, além de que Gerônio era mais apropriado para armazená-los, [2] após decidir invernar ali avançou marchando e contornou o monte Liburno rumo aos mencionados locais. [3] Ao chegar a Gerônio, distante duzentos estádios de Lucéria, inicialmente conclamou seus habitantes à amizade e deu garantias da oferta, mas como ninguém acatasse, iniciou o cerco. [4] Tendo rapidamente vencido, matou os habitantes e preservou intocada a maioria das casas e muralhas, desejando empregá-las como celeiros durante o inverno. [5] Acampou a tropa diante da cidade, fortificando o quartel com fosso e paliçada. [6] Feito isso, enviou dois terços da tropa em busca de alimentos, com ordens para que trouxessem a cada dia cada um determinada medida para consumo próprio, conforme estipulado pelos intendentes, [7] e com a terceira parte guardava o quartel, vigiando o terreno para os forrageiros. [8] Como a maior parte da região fosse acessível e plana, os coletores, por assim dizer, inúmeros, e a estação, propícia para a colheita, todo dia era reunida imensa quantidade de alimento.

[101.1] Tendo recebido de Fábio a tropa, Marco primeiro avançou pelas partes altas, sempre convencido de que em algum passo viria a topar com os cartagineses. [2] Ao saber que Aníbal já ocupava Gerônio e coletava alimento na região, acampado em uma paliçada diante da cidade, voltou-se e desceu dos cumes por uma crista que se estendia rumo às planícies. [3] Ao chegar à elevação sobre o território larínio denominada Calena, acampou ali, pronto para bater-se contra os inimigos de qualquer modo. [4] Percebendo a aproximação dos inimigos, Aníbal permitiu que uma terça parte da tropa forrageasse, e tendo tomado as outras duas partes e avançado da cidade onze estádios em direção aos inimigos, acampou sobre uma colina, com o intuito de amedrontar os adversários e proporcionar, ao mesmo tempo, segurança aos forrageiros. [5] Em seguida, como houvesse um outeiro entre os acampamentos, bem situado e próximo do acampamento inimigo, despachou dois mil lanceiros à noite e ocupou-o. [6] Quando Marco os viu pela manhã, avançou com os soldados ligeiros e atacou a colina. [7] Após vigorosa escaramuça, por fim os romanos venceram e logo a seguir transferiram todo o acampamento para o local. [8] Até certo momento, enquanto acampavam frente a frente, Aníbal manteve a maior parte da tropa ao pé de si. [9] Passados muitos dias, foi forçado a designar uns para buscar forragem para os animais, outros, alimentos, [10] ansioso para que, conforme o plano original, não consumissem o butim e reunissem a maior quantidade possível de alimentos, a fim de que houvesse abundância de tudo para os homens durante o inverno e não passassem pior as bestas e os cavalos, [11] pois mantinha as maiores expectativas da própria tropa na divisão de cavalaria.

[102.1] À mesma época, Marco, após perceber que a maior parte dos adversários, na referida ação, estava dispersa pela região, escolheu o momento exato do dia, partiu com a tropa, aproximou-se do acampamento cartaginês e, [2] tendo aprontado as armas pesadas e dividido cavalaria e soldados ligeiros em batalhões, carregou sobre os forrageiros, ordenando que não houvessem prisioneiros. [3] Diante disso, Aníbal quedou fundamente perplexo, pois não tinha como revidar o ataque à altura nem socorrer os homens espalhados pela região. [4] Alguns dos romanos enviados contra os forrageiros mataram muitos que estavam dispersos; outros, no ataque, sentiram, ao fim, tamanho desprezo a ponto de romperem a paliçada, embora sem cercar os cartagineses. [5] Aníbal estava em dificuldades, mas permaneceu invernando, repelindo quem se aproximava e guardando a duras penas o acampamento [6] até que Asdrúbal, após reunir na paliçada de Gerônio os homens escapos da região, em número de quatro mil, veio em socorro. [7] Tendo então recobrado um pouco de coragem e acampado pouco adiante do quartel arredou com esforço o perigo presente. [8] Após matar muitos no combate pela paliçada e abatido outros mais pela região, Marco então retornou com grandes expectativas para o futuro. [9] Na manhã seguinte, quando os cartagineses deixaram a paliçada, atacou e ocupou seu acampamento. [10] Receando que os romanos viessem a tomar, à noite, a paliçada vazia de Gerônio, assenhoreando-se das bagagens e dos depósitos, Aníbal decidiu recuar e ali novamente instalar o quartel. [11] Desse momento em diante os cartagineses passaram a forragear de modo mais cauteloso e vigilante, e os romanos, ao contrário, mais confiante e temerário.

[103.1] Quando chegou aos cidadãos romanos a notícia – exagerada – sobre o fato, exultaram, primeiro porque, do anterior estado de completo desespero, como que uma mudança para melhor se lhes manifestava; [2] segundo, por parecer que a anterior inatividade e consternação das legiões se devia não a covardia das tropas, mas a timidez do chefe. [3] Em razão disso todos acusavam e censuravam Fábio por ter desperdiçado tempo sem nada ousar, e louvavam Marco por seu feito, a ponto de ocorrer o que jamais ocorrera: [4] instituíram-no também como autocrata, convencidos de que rapidamente daria fim àquela situação. Assim, havia dois ditadores no comando das mesmas ações, algo que anteriormente jamais ocorrera entre os romanos. [5] Quando foi reportado a Marco o favor da multidão e a magistratura que o povo lhe dera, inflamou-se duas vezes mais para combater e ousar contra o inimigo. [6] Fábio retornou aos exércitos sem se alterar por conta das ocorrências, e persistindo ainda mais firmemente em sua concepção original. [7] Vendo Marco impado, rivalizando consigo em tudo e bastante inclinado a um combate decisivo, propôs-lhe as seguintes alternativas: comandar alternadamente ou dividir as tropas para que cada um empregasse suas legiões conforme escolha própria. [8] Este aceitou de muito bom grado a divisão e, após dividirem a multidão, acamparam apartados por doze estádios.

[104.1] Tendo ouvido alguma coisa de escravos cativos e constatando outras pelos fatos, Aníbal compreendeu a rivalidade entre os comandantes e o ímpeto e a ambição de Marco. [2] Assim, por julgar que não contra, mas a seu favor estava a situação dos adversários, voltou-se para Marco ansioso por abater-lhe a ousadia e o ímpeto. [3] Havendo uma elevação entre seu acampamento e o de Marco, capaz de ser prejudicial a ambos, projetou ocupá-la. Sabendo claramente que, devido ao sucesso anterior, este viria imediatamente contra si, planejou o seguinte: [4] como o terreno ao redor da colina fosse descampado, mas cheio de todo tipo de lombas e concavidades, despachou à noite, para as posições mais favoráveis, grupos de duzentos, de trezentos e quinhentos cavaleiros, soldados ligeiros e todos os infantes, em número de cinco mil. [5] A fim de que não fossem notados pelos forrageiros, ao raiar do dia ocupou a colina com os soldados ligeiros. [6] Vendo o fato e considerando-o um achado, Marco imediatamente enviou os soldados ligeiros com ordens para disputar e combater pelo terreno, e em seguida, a cavalaria. [7] No encalço desta veio ele próprio com as armas pesadas, como antes, manobrando cada um de modo semelhante.

[105.1] Tão logo o dia clareou, com todas as atenções e olhares voltados para os combatentes na colina, os emboscados permaneciam insuspeitos. [2] Como Aníbal enviasse continuamente auxiliares aos da colina, seguindo ele próprio logo atrás com a cavalaria e a tropa, rapidamente as cavalarias se atracaram. [3] Ocorrido isso, somado à pressão sofrida pelos romanos à ligeira devido à quantidade de cavaleiros, ora provocavam confusão ao recuar para junto das armas pesadas, [4] ora, dado o sinal para os emboscados, que subitamente apareceram por todos os lados, não mais somente em relação aos soldados ligeiros, mas a toda a expedição foi grande o perigo para os romanos. [5] À ocasião, Fábio, vendo o que ocorria e receando que sucumbissem completamente, partiu com as tropas e acudiu às pressas os combatentes. [6] Ante sua aproximação, rapidamente os romanos recobraram a coragem, embora já houvessem rompido toda a formação. Reagrupando-se novamente ao redor das insígnias, retiraram-se e fugiram sob a proteção delas, tendo perdido muitos soldados ligeiros, mais legionários ainda e seus melhores homens. [7] Admirados ante a integridade e a organização das legiões auxiliares, os homens de Aníbal desistiram de persegui-los e lutar. [8] Àqueles que presenciaram o combate ficou evidente que, devido à audácia de Marco, tudo se perdera, mas devido à precaução de Fábio, antes se salvara, como neste momento. [9] Aos habitantes de Roma tornou-se absolutamente claro em que diferem da temeridade e da vaidade soldadesca a previdência estratégica e o cálculo firme e sensato. [10] Ensinados pelos fatos, os romanos novamente construíram uma única paliçada e acamparam todos juntos, acatando as ordens de Fábio. [11] Os cartagineses fortificaram com fossos o intervalo entre o monte e seu próprio acampamento, instalaram a paliçada no topo da colina conquistada e, após instalar-lhe vigias, prepararam-se para invernar em segurança.

[106.1] Chegada a época dos comícios, os romanos elegeram cônsules Lúcio Emílio e Caio Terêncio [216 a.C.]. Com a instituição destes, os ditadores deixaram a magistratura [2] e os cônsules anteriores, Cneu Servílio e Marco Régulo – este instituído após a morte de Flamínio – foram então designados procônsules por Emílio e, tendo assumido o poder em campo aberto, comandaram as legiões conforme juízo próprio. [3] Após deliberação junto ao senado, Emílio enviou imediatamente, depois de alistá-la, a quantidade faltante de soldados para a campanha, [4] mas prescreveu claramente a Cneu não travar de modo algum um combate decisivo, mas somente escaramuças o mais vigorosas e contínuas, a fim de treinar e instilar confiança nos jovens para os combates decisivos, [5] pois parecia que exatamente por isto haviam fracassado anteriormente, pelo fato de que empregavam legiões recém-alistadas e totalmente destreinadas. [6] Tendo dado uma legião ao pretor Lúcio Postúmio, enviaram-no à Gália a fim de desviar os celtas que combatiam sob Aníbal. [7] Tomaram providências para o retorno da frota que invernava em Lilibeu, e enviaram aos comandantes da Ibéria tudo que fosse urgente para a ação. [8] Assim, tratavam cuidadosamente disso e dos demais preparativos. [9] Cneu, atentando às instruções dos cônsules, tudo fez detalhadamente, conforme o juízo deles, [10] por isso não relataremos muitos de seus atos, pois nada decisivo nem digno de menção, em uma palavra, foi praticado, devido às instruções e às circunstâncias. [11] Tão somente ocorreram várias escaramuças e combates localizados, nos quais se distinguiam os chefes romanos, pois – parece – tratavam cada detalhe com bravura e sensatez.

[107.1] Durante o inverno e a primavera permaneceram acampados frente a frente, mas chegado o tempo de abundância de frutos no ano [outono de 216 a.C.], Aníbal saiu com a tropa da paliçada de Gerônio. [2] Julgando vantajoso forçar, por todos os modos, os inimigos a lutar, ocupou a cidadela da cidade denominada Canas. [3] Ali estavam armazenados todo o trigo e demais suprimentos para os romanos, provenientes da região de Canúsio, e dali sempre eram transportados para uso do exército. [4] A cidade já havia sido destruída antes, mas a captura dos preparativos e da cidadela suscitou não pequena perplexidade às tropas romanas, [5] pois se viram em dificuldades não apenas devido aos suprimentos, por conta da ocupação do mencionado local, mas também porque era muito bem situado em relação ao território em redor. [6] Despachando continuamente a Roma, inquiriam o que deveriam fazer: caso se aproximassem dos inimigos, não poderiam esquivar-se à batalha, diante do território devastado e dos aliados irritados. [7] Os senadores recomendaram que lutassem e enfrentassem os inimigos, instruíram Cneu a aguardar, e enviaram os cônsules. [8] Todos se voltaram para Emílio e nele depositaram muitas esperanças, fosse por seu valor pessoal, fosse porque havia pouco gerira, ao que parecia, com bravura e proveitosamente a guerra contra os ilírios. [9] Determinaram que lutassem com oito legiões, algo jamais feito pelos romanos, contendo cada legião cinco mil homens fora os aliados. [10] Conforme dissemos outrora, os romanos sempre mobilizavam quatro legiões, cada uma com aproximadamente quatro mil infantes e duzentos cavaleiros. [11] Em caso de necessidade maior, recrutavam para cada legião por volta de cinco mil infantes e trezentos cavaleiros. [12] A quantidade de aliados era igual à de romanos quanto aos infantes, e tripla quanto aos cavaleiros. [13] Dessas, após entregarem metade dos aliados e duas legiões a cada cônsul, enviam-nos para a ação. [14] A maioria dos combates eram decididos por um só cônsul com duas legiões e a mencionada quantidade de aliados; raramente empregavam todos ao mesmo tempo e num mesmo combate. [15] No momento estavam tomados por tamanho pânico e tão temerosos quanto ao futuro que não apenas com quatro, mas com oito legiões romanas preferiram combater.

[108.1] Assim, após exortar Emílio e colocar-lhe diante dos olhos a magnitude das consequências da batalha para cada lado, enviaram-no com ordens para, no momento oportuno, decidir tudo de modo nobre e digno da pátria. [2] Ao se apresentar aos exércitos e juntar a multidão, explicou a decisão do senado para a massa e exortou-a a agir de acordo com o momento presente; Lúcio falava por experiência própria. [3] A maioria das falas chamava-lhes a atenção para os recentes insucessos, pois era exatamente por conta deles que a multidão estava confusa e necessitava de aconselhamento. [4] Por isso, tentava mostrar que, dos fracassos nas batalhas anteriores, não um ou dois, mas muitos motivos seriam encontrados, em razão dos quais haviam tido tal desenlace; [5] mas, com relação ao momento atual, não restaria pretexto para, se homens fossem, não vencerem aos inimigos. [6] Antes, nenhum dos dois cônsules havia empregado conjuntamente suas legiões em combate, nem utilizado tropas treinadas, e sim recém-alistadas e inexperientes em todo tipo de perigo; [7] acima de tudo, a tal ponto desconheciam então os inimigos que se perfilaram e se lançaram a combates decisivos quase sem ter visto os opositores. [8] "Os que tombaram no Trébia haviam chegado da Sicília no dia anterior, e logo pela manhã do seguinte se perfilaram; [9] aqueles que combateram na Tirrênia não apenas antes como sequer durante a própria batalha puderam ver os inimigos, devido à neblina. [10] Agora tudo se passa de modo oposto ao referido.

[109.1] "Primeiro, cá estamos ambos não apenas para partilhar convosco dos perigos, mas também por havermos instruído os magistrados do ano anterior a permanecer e participar dos mesmos combates. [2] Vós não apenas vistes os armamentos, as formações e a massa dos inimigos, mas também, lutando quase que dia a dia, cumpris já quase o segundo ano. [3] Como todos os detalhes eram adversos nas batalhas anteriores, é razoável que também o fim o seja no presente combate, [4] pois é descabido, mais, é impossível, por assim dizer, que, se em escaramuças localizadas, combatendo contra idêntica quantidade, venceis na maioria das vezes,

do mesmo modo, perfilando-se todos, em número maior que o dobro dos adversários, sejais derrotados. [5] Por isso, homens, estando tudo preparado para que vençais, tal fato carece de um único elemento, de vossa vontade e determinação, sobre a qual acho desnecessário exortar-vos mais longamente. [6] Para aqueles que lutam assalariados por outros, ou para os que vão combater em favor de vizinhos, para quem o momento mais delicado está no próprio combate, tendo pouca diferença suas consequências, este gênero de exortação é necessário. [7] Mas para aqueles que, como para vós agora, o combate se faz não em favor de outros, mas por si próprios, pela pátria, mulheres e filhos, combate cujas consequências fazem muita diferença, é necessária somente uma recordação, não uma exortação. [8] Quem não desejaria, sobretudo, vencer em combate e, se não for possível, antes morrer lutando a ver, vivo, a perdição e a aniquilação dos mencionados? [9] Por isso, homens, a despeito de minhas palavras, pondo diante dos olhos a diferença entre falhar e vencer e as consequências de ambas, preparai-vos para a batalha não como se ora a pátria arriscasse suas legiões, mas tudo. [10] Ela não dispõe de mais nada para acrescentar ao já exposto e prevalecer sobre os inimigos, caso o presente se decida de outro modo: [11] toda a sua determinação e potência em vós estão depositadas, e tem em vós todas as esperanças de salvação. [12] Não a decepcioneis agora, mas retribuí à pátria o serviço apropriado; tornai manifesto a todos os homens que os fracassos anteriores ocorreram não porque os romanos fossem piores do que os cartagineses, mas devido à imperícia dos então combatentes e às circunstâncias do momento."
[13] Tendo feito então tal exortação, Lúcio liberou a multidão.
[110.1] No dia subsequente, partiram com a tropa para onde tinham ouvido que os inimigos se aquartelavam. Dois dias depois acampavam a cinquenta estádios dos inimigos. [2] Ao perceber que as redondezas eram planas e escalvadas, Lúcio afirmou que não se devia travar combate com inimigo cuja

cavalaria era superior, mas atraí-lo conduzindo-o sobretudo para locais em que a maior parte da batalha se desse entre as infantarias. [3] Como Caio, por imperícia, tivesse opinião adversa, os comandantes querelavam obstando-se, algo o mais arriscado. [4] Cabendo a Caio o comando no dia seguinte, conforme o costume de os cônsules se alternarem no cargo a cada dia, acampou e avançou, desejando aproximar-se dos inimigos, a despeito dos muitos protestos e objeções de Lúcio. [5] Aníbal partiu com os soldados ligeiros e cavaleiros e, caindo sobre eles enquanto ainda marchavam, atacou-os de surpresa, provocando entre eles muita confusão. [6] Os romanos sustentaram a primeira carga, avançando alguns da infantaria pesada. Em seguida, lançando mão de acontistas e cavaleiros, prevaleceram durante todo o embate, pois os cartagineses não tinham reservas à altura, e os romanos combatiam misturando alguns manípulos aos soldados ligeiros. [7] Sobrevinda então a noite, apartaram-se, tendo o ataque saído contrário às expectativas cartaginesas. [8] No dia seguinte, Lúcio, decidido a não lutar, mas ainda sem poder retirar a tropa em segurança, acampou com dois terços junto ao rio denominado Áufido, o único que atravessa o Apenino – [9] este é uma montanha contínua, donde fluem todos os rios da Itália, uns rumo ao pélago Tirrênio, outros, ao Adriático; o Áufido flui por entre ele, tendo suas fontes nas escarpas italianas próximas ao Tirrênio e desaguando no Adriático. [10] Para a terceira parte, que cruzou o rio para leste, construiu uma paliçada distante dez estádios da sua própria, e pouco mais da dos adversários, [11] com o intuito de, por meio deles, proteger os forrageiros da margem oposta e pressionar os dos cartagineses.

[111.1] Percebendo na ocasião que a situação pedia uma batalha contra os inimigos, e precavendo-se para que a multidão não se abatesse por conta do recente fracasso, Aníbal decidiu que o momento requeria uma exortação, e reuniu a massa. [2] Uma vez agrupados, tendo ordenado que todos observassem os arredores, perguntou o que mais podiam pedir aos deuses no presente momento, caso lhes fosse dado tal poder, do que, tendo uma cavalaria muito superior à do inimigo, travar um combate decisivo nesse local. [3] Como todos aprovassem vivamente a fala, disse: "por isso, portanto, primeiro agradecei aos deuses, pois eles, para auxiliar-nos a obter a vitória, conduziram os inimigos para este local; [4] em segundo lugar, a nós mesmos, porque forçamos os inimigos a lutar, uma vez que não mais poderão fugir, e a lutar para nossa manifesta vantagem. [5] Exortar-vos agora longamente para que tenhais coragem e determinação para o combate penso não seja conveniente. [6] Quando não tínheis perícia em combates contra os romanos, era preciso fazê-lo, e com exemplos eu vos enderecei muitos discursos; [7] mas agora, após vencerdes sem contestação os romanos em três grandes batalhas uma depois da outra, qual discurso seria mais poderoso para vos instilar confiança do que os próprios fatos? [8] Por meio dos combates anteriores conquistastes o território e suas benesses, conforme nossa promessa, pois não mentimos em nada do que vos dissemos. Mas o presente combate é pelas cidades e suas benesses. [9] Vencendo-o, sereis imediatamente senhores de toda a Itália, livres das atuais fadigas; vindo a conquistar toda a prosperidade romana, tornar-vos-eis chefes absolutos de tudo por meio dessa batalha. [10] Por isso é hora de agir, não de falar: querendo os deuses, estou convicto de que imediatamente se cumprirão tais promessas a vós". [11] Tendo assim falado ante a multidão que prontamente o aprovava, e elogiado e agradecido seu ímpeto, liberou-a e imediatamente aquartelou-se, construindo a paliçada na mesma margem do rio onde estava o maior exército adversário.

[112.1] No dia seguinte, ordenou que todos se preparassem e tratassem. No outro, alinhou os exércitos ao longo do rio claramente ansioso para lutar com os inimigos. [2] Embora descontente com o local, Lúcio percebia que em breve os cartagineses seriam forçados a mudar de acampamento devido ao abastecimento de gêneros, então manteve-se calmo, reforçando seu quartel com os reservas. [3] Depois de permanecer tempo suficiente, como ninguém o enfrentasse, Aníbal retornou com o restante da tropa para a paliçada, mas enviou os númidas contra os aguadeiros do acampamento menor. [4] Como os númidas chegassem quase às portas da paliçada e impedissem a coleta de água, Caio se irritou ainda mais com isso, e a multidão mostrou ímpeto para o combate, suportando com dificuldade sua postergação. [5] Para todos os homens, mais penoso é o momento da espera; mas quando se toma uma decisão, deve-se aceitar sofrer qualquer coisa dentre quantas se mostrem terríveis. [6] Quando chegou a Roma que os acampamentos estavam lado a lado e a cada dia ocorriam embates entre as primeiras fileiras, a cidade se alçou apavorada, [7] receando a multidão o futuro, porque muitas vezes já haviam sido vencidos, e prevendo e antecipando pelo pensamento as consequências, caso fossem completamente derrotados. [8] Todos os oráculos estavam então na boca de todos, todo templo e toda casa estavam cheios de sinais e prodígios, por conta dos quais a cidade se mantinha em votos, sacrifícios, súplicas aos deuses e preces. [9] Nessas circunstâncias, os romanos são hábeis em propiciar deuses e homens, e nada reputam inconveniente ou indigno de seus ritos a esse respeito nessas ocasiões.

[113.1] Assim que assumiu o comando no dia subsequente, logo ao nascer do sol, Caio retirou os exércitos de ambos os acampamentos e, [2] fazendo atravessar o rio os da maior paliçada, imediatamente perfilou-os; os da outra, juntando-se àqueles no mesmo local, alinhou, dispondo todos voltados para o sul. [3] Instalou a cavalaria romana ao longo do rio na ala direita, alinhou os infantes contíguos a eles, na mesma linha, formando os manípulos de modo mais compacto do que antes, e fazendo com que a profundidade dos manípulos fosse muito maior que a largura. [4] Alocou a cavalaria aliada na ala esquerda e, à frente de toda a tropa, estacionou os soldados ligeiros a certa distância. [5] Compostos com os aliados, perfaziam oitenta mil infantes e pouco mais de dezesseis mil cavaleiros. [6] Na mesma ocasião, Aníbal, tendo feito os baleares e lanceiros atravessarem o rio, postou-os à frente da tropa, e tendo trazido da paliçada os demais, cruzando o rio em dois pontos, alinhou-os diante dos inimigos. [7] Instalou ao longo do rio, do lado esquerdo, os cavaleiros iberos e celtas, diante dos cavaleiros romanos; contíguos a eles, metade da infantaria pesada africana, depois a ibera e a celta. Junto a esses, os demais africanos; na ala direita, alinhou a cavalaria númida. [8] Depois de formar uma linha única, em seguida avançou com os batalhões iberos e celtas intermediários e dispôs os demais para que marchassem junto a eles gradualmente, compondo um bojo em forma de crescente cujo desenho se afinava, [9] pois desejava manter os africanos em reserva, combatendo primeiro com iberos e celtas.

[114.1] Era romano o armamento dos africanos, equipados por Aníbal com os despojos coletados na batalha anterior. [2] Os escudos de iberos e celtas eram semelhantes, não as espadas, [3] pois a primeira não era menos poderosa na estocada do que no corte, enquanto a adaga gaulesa só servia para corte, e mesmo assim à distância. [4] Como seus batalhões estavam alternadamente dispostos e os celtas estavam nus, enquanto os iberos vestiam túnicas curtas de linho bordadas de púrpura, conforme o costume pátrio, seu aspecto era estranho e espantoso. [5] A quantidade de cavaleiros cartagineses montava a dez mil, e de infantes, não muito mais do que quarenta mil, somados os celtas. [6] Comandava a ala direita romana Emílio, a esquerda, Caio, o meio, Marco e Cneu, os cônsules do ano anterior. [7] A esquerda dos cartagineses comandava Asdrúbal, a direita, Hanão. No meio estava o próprio Aníbal, tendo junto de si seu irmão Magão. [8] Olhando a formação romana para o sul, conforme já afirmei, e a cartaginesa para o norte, o nascer do sol não incomodava ninguém.

[115.1] O primeiro choque [2 de agosto de 216 a.C.] se deu entre os batalhões adiantados: inicialmente o combate dos soldados ligeiros estava equilibrado, [2] mas quando a cavalaria ibera e celta aproximou-se dos romanos pela esquerda, travaram batalha verdadeiramente bárbara, [3] pois não se deu o combate conforme a regra, com recuos e transposições, mas tão logo se encontravam, lutavam homem a homem depois de desmontar dos cavalos. [4] Quando os cartagineses conseguiram se impor e matar muitos no choque, lutando todos os romanos com vigor e bravura, e empurraram os demais ao longo do rio, matando e lançando-lhes mão inexoravelmente, então as infantarias substituíram os soldados ligeiros e se enfrentaram. [5] Por breve tempo as formações de iberos e celtas se mantiveram e combateram bravamente contra os romanos, mas depois, oprimidos pela infantaria pesada, recuaram e romperam o crescente. [6] Os manípulos romanos seguiram-nos com vigor e destruíram facilmente a formação adversária, pois os celtas estavam formados em linha fina, enquanto aqueles estavam compactados desde as alas até o centro, onde o combate se dava. [7] As alas e os centros não entravam em combate ao mesmo tempo, mas primeiro os centros, pois os celtas, dispostos em crescente, avançavam muito antes das alas, mantendo o bojo do crescente voltado para os inimigos. [8] Contudo os romanos, perseguindo-os e concorrendo para o meio, onde o inimigo cedia, a tal ponto avançaram que a infantaria pesada africana cercou-os aparecendo por ambos os flancos. [9] Os da ala direita, voltando-se para a mão do escudo e carregando com a da lança, atacavam o flanco inimigo, [10] enquanto os da esquerda, voltando-se para a da lança, contra-atacavam com a do escudo: a situação indicava o que era preciso fazer. [11] Disso seguiu-se que, conforme previra Aníbal, os romanos foram bloqueados no meio dos líbios devido à perseguição aos celtas. [12] Eles então não mais como falange, mas voltando-se homem a homem e manípulo a manípulo travavam batalha contra os que atacavam pelos flancos.

[116.1] Embora estivesse originalmente à testa da ala direita e participasse do combate de cavalaria, Lúcio ainda conseguiu salvar-se na ocasião. [2] Desejando agir conforme exortara, e percebendo que o combate seria decidido pela infantaria, [3] cavalgou para o centro da formação e ora batia-se ele próprio contra os adversários, ora exortava e estimulava seus próprios soldados. [4] Aníbal fazia o mesmo, pois desde o início capitaneara essa seção do exército. [5] Os númidas da ala direita, caindo sobre a cavalaria adversária da esquerda, muito não fizeram nem sofreram, devido à especificidade da batalha, mas obrigaram os inimigos à inatividade, cercando-os e atacando por todos os lados. [6] Quando Asdrúbal, após matar quase todos os cavaleiros ao longo do rio, veio pela esquerda em auxílio dos númidas, antevendo que atacariam a cavalaria aliada aos romanos, debandou. [7] Asdrúbal mostrou agir pragmática e sensatamente na ocasião: percebendo que, por sua quantidade, os númidas eram superiores, mais ativos e mais terríveis contra os que debandavam, deixou-lhes os fugitivos, e abalou para a batalha de infantaria ansioso por auxiliar os africanos. [8] Após cair sobre a retaguarda romana, atacando com turmas alternadas em muitos locais, reforçou o moral dos africanos, abatendo e apavorando o dos romanos. [9] Na ocasião, Lúcio Emílio tombou com golpes violentos e morreu lutando, varão que, como nenhum outro, cumpriu seus deveres para com a pátria durante toda a vida e sobretudo no momento derradeiro. [10] Os romanos resistiram enquanto conseguiram lutar voltando-se contra quem os cercava, [11] mas como os de fora continuavam a morrer, enquanto eram cada vez mais comprimidos, ao fim ali tombaram todos, junto de Marco e Cneu, cônsules do ano anterior, varões excelentes e dignos de Roma no combate. [12] Durante a matança, os númidas perseguiam os cavaleiros fugitivos, mataram muitos deles e derrubaram alguns dos cavalos. [13] Alguns poucos fugiram para Venúsia, entre eles Caio Terêncio, cônsul romano que desgraçou a própria vida e comandou sem nenhum proveito para a pátria. [117.1] Assim terminou a batalha de Canas entre romanos e cartagineses, na qual lutaram os mais bravos varões tanto entre vencedores como entre derrotados, [2] o que é evidente pelos próprios fatos. Dos seis mil cavaleiros, setenta escaparam com Caio em Venúsia e por volta de trezentos, dentre os aliados, salvaram-se dispersos por outras cidades. [3] Por volta de dez mil infantes foram capturados – os quais não participaram da batalha – e, dentre os que lutaram, talvez apenas três mil fugiram para cidades adjacentes. [4] Todos os demais, por volta de setenta mil, morreram bravamente, tendo sido da maior utilidade para a vitória cartaginesa, então como antes, a massa de cavaleiros. [5] Tornou-se evidente aos pósteros que, em tempos de guerra, é melhor dispor de metade da infantaria, porém total superioridade de cavalaria, a enfrentar o inimigo com efetivos equivalentes. [6] Dentre os homens de Aníbal, tombaram por volta de quatro mil celtas, de mil e quinhentos iberos e africanos, e de duzentos cavaleiros. [7] Os cativos romanos permaneceram fora do combate pela seguinte razão: [8] Lúcio deixara dez mil infantes em seu acampamento para que, caso Aníbal descurasse da paliçada perfilando todos, aqueles a atacassem durante a batalha e se assenhoreassem das bagagens inimigas; [9] caso, porém, antevendo o futuro, ele deixasse uma guarnição significativa, o combate decisivo seria por eles travado com menor número de soldados. E assim foram capturados: [10] Aníbal deixara uma guarnição suficiente na paliçada que, no início da batalha, conforme combinado, foi cercada pelos romanos, que atacaram os homens deixados na paliçada cartaginesa. [11] Primeiro resistiram; já pressionados, quando Aníbal decidiu todas as seções da batalha e voltou para socorrê-los, cercou os romanos no próprio acampamento deles, matou dois mil e capturou vivos todos os demais. [12] De modo semelhante, os númidas trouxeram de volta, após cercar, os que haviam fugido para os bastiões do território, dois mil cavaleiros fugitivos.

[118.1] Decidida a batalha conforme relatado, teve as seguintes consequências, esperadas por cada lado. [2] Subitamente os cartagineses tornaram-se senhores de quase todo o litoral: [3] os tarantinos se entregaram de imediato em suas mãos, os argiripanos e alguns capuanos aclamaram Aníbal, e todos os demais já se voltavam para os cartagineses, [4] que nutriam grandes esperanças de assenhorearem-se de assalto da própria Roma. [5] Devido à derrota, subitamente os romanos renunciaram ao domínio sobre os italiotas, ante o enorme pavor e perigo para si próprios e para o solo pátrio: aguardavam a chegada de Aníbal a qualquer momento. [6] A fim de complicar ainda mais a situação, houve outro incidente: poucos dias depois, com a cidade cativa do pavor, também o pretor enviado à Gália caiu surpreendentemente em uma emboscada, e foi trucidado junto da tropa pelos celtas. [7] O senado, porém, jamais desesperou das circunstâncias: antes, exortou a multidão, fortificou a cidade e deliberou bravamente sobre o momento. Isso ficou evidente pelo que ocorreu a seguir, [8] pois os romanos, então inquestionavelmente vencidos e suplantados no valor das armas, [9] pela peculiaridade de seu Estado e por bem deliberarem não apenas recobraram o domínio da Itália, vencendo em seguida aos cartagineses, mas também se assenhorearam de todo o mundo habitado em poucos anos. [10] Por isso nós encerramos este livro com essas ações, tendo tratado do que se refere à Ibéria e à Itália durante a centésima quadragésima olimpíada. [11] Quando, após discorrer sobre as ações na Grécia durante a mesma olimpíada, nos detivermos nesses tempos, então faremos o já prometido relato sobre a constituição dos romanos, [12] considerando que uma explicação a respeito é própria não apenas para uma obra de história, como também muito contribui para as reformas de Estados e para o aprimoramento de homens estudiosos e pragmáticos.

LIVRO IV

[1.1] No livro anterior a este esclarecemos as causas da segunda guerra entre romanos e cartagineses e discorremos sobre as circunstâncias da invasão da Itália por Aníbal. [2] Além disso, explicamos os combates entre eles até a batalha ocorrida entre o rio Áufido e a cidade de Canas. [3] Ora detalharemos as ações gregas concluídas à mesma época dessas e da centésima quadragésima olimpíada em diante, [4] não sem antes recordar brevemente aos leitores o relato da situação dos gregos que fizemos no segundo livro, sobretudo a respeito da nação aqueia, devido ao surpreendente incremento desse Estado antes e durante nossa época. [5] Depois de iniciar por Tisameno, um dos filhos de Orestes, dizendo que desde então eles foram governados por reis, dinastia que se prolongou até Ógigo, e que em seguida, tendo feito a melhor opção, o Estado democrático, foram desmembrados pelos reis da Macedônia por entre cidades e aldeias; [6] então empreendemos narrar como novamente restabeleceram a concórdia, quando e quais foram os primeiros a se unir. [7] Na sequência, demonstramos de que modo e por qual política, tendo reaproximado as cidades, empreenderam reunir todos os peloponésios sob a mesma denominação e o mesmo estado. [8] Tendo exposto em termos gerais essa primeira empreitada, e tocado superficialmente algumas ações singulares na sequência, chegamos à fuga de Cleômenes, rei dos lacedemônios. [9] Tendo resumido as ações da introdução até as mortes de Antígono, de Seleuco e de Ptolomeu, uma vez que todos eles morreram à mesma época, então anunciamos que faríamos do relato a respeito deles o início das ações subsequentes,

[2.1] considerando ser este um excelente ponto de partida, primeiro porque a obra de Arato se encerra com essa época, a qual decidimos unir a narrativa para oferecer um relato contínuo sobre os gregos; [2] em segundo lugar, porque essa época se imbricava de tal modo na subsequente, abarcada pela nossa história, que uma era contemporânea a nós, outra, a nossos pais: daí que àquela nós próprios estivemos presentes e, sobre a outra, ouvimos de testemunhas presenciais. [3] Acrescentar épocas mais recuadas, como se relatássemos tradições sobre tradições, não nos pareceu permitir opiniões nem afirmações seguras. [4] Começamos por essa época principalmente porque o acaso como que renovou todo o mundo habitado à época anterior. [5] Pois Filipe, filho legítimo de Demétrio, ainda criança havia acabado de assumir o reino macedônio; [6] Aqueu, senhor d'aquém-Tauro, não apenas detinha a autoridade, mas também a potência de um rei; [7] Antíoco, alcunhado Grande, tendo pouco antes falecido seu irmão Seleuco, ainda muito jovem sucedeu-o no reino da Síria. [8] Além desses, Ariarates assumiu o poder na Capadócia. À mesma época, Ptolomeu Filopátor tornou-se senhor do Egito. [9] Não muito depois, Licurgo foi feito rei dos lacedemônios.[1] Recentemente os cartagineses

---

1. Antíoco III Grande sucedeu em 223 a.C. ao irmão Seleuco III; Ariarates IV Eusebes assumiu o poder na Capadócia em 220 a.C.; Ptolomeu IV Filopátor assumiu o reino egípcio em 221 a.C.; Licurgo foi feito rei de Esparta em 220-219 a.C.

haviam escolhido Aníbal como seu estratego para a mencionada guerra. [10] Assim, diante de tal renovação de todos os ocupantes de poder, se prenunciava o início de novos fatos, algo natural, frequente, e que então ocorreu: [11] romanos e cartagineses travaram a guerra mencionada; ao mesmo tempo, Antíoco e Ptolomeu lutaram pela Cele-Síria; Aqueu e Filipe, contra etólios e lacedemônios, cujas causas foram as seguintes.

[3.1] Havia muito os etólios suportavam com dificuldade a paz e as despesas pagas com recursos próprios; como tivessem por hábito viver às custas dos vizinhos, e necessitassem de muito dinheiro em razão de sua inata bazófia, viviam escravizados pela ganância e pela selvageria, sem ter ninguém na conta de amigos, pois consideravam a todos inimigos. [2] No período anterior, enquanto Antígono vivia, mantiveram-se quietos por receio dos macedônios; [3] tão logo, porém, ele morreu [222 a.C.], menosprezaram Filipe, o menino herdeiro, e procuraram meios e pretextos para imiscuir-se no Peloponeso, praticando rapinas na região conforme seu hábito antigo, e considerando-se à altura de guerrear contra os próprios aqueus. [4] Firmados nesse projeto, e contando com uma pequena ajuda do acaso, serviram-se dos seguintes meios para a invasão. [5] O triconeu Dorímaco, filho de Nicóstrato, que violara os festejos pambeócios[2], jovem cheio de ímpeto e ganância tipicamente etólios, foi enviado oficialmente para a cidade dos figaleus, [6] situada no Peloponeso próximo às montanhas messênias, então coligada aos etólios; [7] em tese, vigiaria a região e a cidade dos figaleus, mas na prática tinha o encargo de espreitar a situação do Peloponeso. [8] Alguns salteadores a ele se juntaram em Figaleia; sem ter como providenciar-lhes auxílio legítimo, uma vez que ainda vigorava a paz geral entre os gregos concluída por Antígono, [9] ao fim, sem saber o que fazer, permitiu que os salteadores pilhassem

---

2. Incidente desconhecido.

os animais dos amigos e aliados messênios. [10] Seus crimes primeiro se voltaram contra rebanhos afastados, mas depois, grassando a insensatez, começaram a arrombar residências rurais, aparecendo subitamente à noite. [11] Indignados com isso, os messênios foram falar com Dorímaco, que inicialmente fez pouco caso, pois desejava auxiliar seus comandados e, ao mesmo tempo, tirar proveito do fato, partilhando das pilhagens. [12] Como aumentasse a presença de reclamantes, dada a continuidade dos crimes, disse que iria ele próprio a Messana advogar contra os etólios pelos reclamantes. [13] Quando chegou e as vítimas se lhe apresentaram, ridicularizou algumas com zombarias, avançou contra outras e cobriu as restantes de injúrias.

[4.1] Enquanto ele ainda estava em Messana, os salteadores se aproximaram da cidade à noite e, com auxílio de escadas, arrombaram a propriedade dita de Quirão, degolaram os guardas, acorrentaram os demais serviçais e levaram consigo o rebanho. [2] Os éforos messênios, já antes incomodados com os fatos e com a presença de Dorímaco, considerando-se então ultrajados, convocaram-no ante os magistrados. [3] Na ocasião, Esciro, então éforo dos messênios e muito respeitado entre os cidadãos por sua biografia, aconselhou Dorímaco a não sair da cidade se não reparasse todas as perdas dos messênios e não entregasse a juízo os culpados pelas mortes. [4] Como todos aprovassem a justiça das palavras de Esciro, Dorímaco, irritado, afirmou que eram totalmente ingênuos se pensavam que ora insultavam Dorímaco mas não o povo etólio; considerava o caso absolutamente horrível e afirmou que providenciaria para eles punição comum, que sofreriam com justiça. [5] Àquela época havia em Messana um homem imoral, pervertido em tudo, de nome Babirtas que, se vestisse o chapéu e o manto de Dorímaco, não se poderia distingui-los, [6] a tal ponto era semelhante àquele pela voz e demais partes do corpo. O fato não escapou a Dorímaco. [7] Como então ameaçasse os messênios com excessiva arrogância, Esciro, muito irritado, disse: "pensas que nos preocupamos contigo e com tuas ameaças, Babirtas?". [8] Ao dizer isso, imediatamente Dorímaco cedeu à circunstância e concordou em dar total reparação pelos crimes contra os messênios. [9] Mas quando retornou à Etólia, ficou tão ressentido com o azedume e a dureza dessa fala que, sem nenhum outro pretexto razoável, apenas devido a ela, inflamou a guerra contra os messênios.

[5.1] Era então estratego dos etólios Aristo. Devido a certas fraquezas físicas, era incapaz para as lides da guerra; como fosse parente de Dorímaco e de Escopa, de algum modo confiou àquele o comando geral. [2] Dorímaco não ousava convocar oficialmente os etólios para uma guerra contra os messênios, pois não possuía nenhum pretexto razoável; antes, admitia que sua fúria provinha da ilegalidade e da zombaria. [3] Deixando de lado esse pensamento, instou em particular com Escopa para que partilhasse consigo da empreitada contra os messênios, demonstrando que podiam ficar tranquilos quanto aos macedônios, devido à idade do rei – Filipe não tinha mais que dezessete anos –; [4] acrescentou o estranhamento entre lacedemônios e messênios; e recordou a boa disposição e a aliança dos eleus consigo. Assim, mostrou que seria segura a futura invasão de Messana. [5] Além da predisposição etólia, pôs à vista as futuras vantagens da região de Messana, única no Peloponeso desguarnecida e intocada durante a guerra cleomênica. [6] Acima de tudo, acrescentou a boa disposição do povo etólio que lhes adviria. [7] Caso barrassem a passagem, os aqueus não poderiam acusá-los de retaliação; caso permanecessem quietos, nada lhes impediria a invasão. [8] Afirmou que não careceriam de pretexto contra os messênios, que outrora haviam atentado contra aqueus e macedônios convidados a travar aliança. [9] Tendo dito isso e outras coisas semelhantes no mesmo sentido, insuflou tamanho ímpeto a Escopa e seus amigos que não aguardaram o sínodo dos etólios, não consultaram os Escolhidos nem cumpriram com a legalidade, [10] mas fiados nos próprios ímpetos e decisões travaram guerra simultânea com messênios, epirotas, aqueus, acarnânios e macedônios.

[6.1] Imediatamente despacharam salteadores por mar, que toparam com o navio real da Macedônia perto de Citera. Levaram-no para a Etólia com toda a tripulação, venderam os comandantes e os marinheiros, e com eles a própria nau. [2] Pilharam o litoral do Epiro em associação criminosa com naus cefalênias, e tentaram também capturar Tírio na Acarnânia. [3] Ao mesmo tempo enviaram em segredo ao Peloponeso alguns homens que tomaram, no meio do território de Megalópolis, a fortaleza denominada Clário, de que se serviam como armazém de butim, vivendo por ali a rapinar. [4] Contudo Timoxeno, estratego dos aqueus, com o auxílio de Táurio, deixado por Antígono para cuidar dos interesses reais no Peloponeso, forçou sua capitulação absoluta em poucos dias. [5] O rei Antígono ocupava Corinto por consentimento dos aqueus à época da guerra cleomênica; tendo se apoderado de Orcômeno, não a restituiu aos aqueus, mas manteve-a dela apropriando-se. [6] Desejava, como me parece, não só controlar o acesso ao Peloponeso, como também vigiar seu interior, devido à guarnição e aos equipamentos que havia em Orcômeno. [7] Dorímaco e Escopa espreitavam a oportunidade para quando restasse pouco tempo a Timoxeno no cargo, tendo Arato sido indicado estratego pelos aqueus para o ano seguinte sem, contudo, haver sido empossado: [8] reuniram todos os etólios em Rio e, tendo preparado cargueiros e aprontado naus cefalênias, transportaram os homens ao Peloponeso e avançaram rumo a Messana. [9] Ao marchar pelos territórios dos patreus, dos fareus e dos triteus, fingiam não desejar cometer nenhum crime contra os aqueus. [10] Como, entretanto, a massa não pudesse ser mantida longe do país devido à sua avidez por pilhagens, atravessaram-no maltratando e devastando, até chegarem a Figaleia. [11] Dali, em ataque súbito e audaz, invadiram o território de Messana

[220 a.C.], sem dar qualquer atenção nem à sua antiquíssima amizade e aliança com os messênios, nem aos direitos definidos em comum entre os homens. [12] Subordinando tudo à sua ganância, pilhavam impunemente, sem que os messênios se lhes ousassem opor de modo algum.

[7.1] Era a época regulamentar de seu sínodo, então os aqueus se dirigiram a Égio. [2] Reunidos em assembleia, os patreus e fereus relataram os crimes ocorridos em seu território durante a passagem dos etólios; e os messênios, representados por uma embaixada, pediam que lhes socorressem, porque vítimas traídas. [3] Ouvidas as partes, indignaram-se com patreus e fareus, compadecendo-se dos infortúnios dos messênios, [4] sobretudo porque consideraram terrível que, a despeito de ninguém haver dado passagem aos etólios, sequer tentaram pedi-la, mas ousaram marchar sobre a Acaia contra os tratados. [5] Espicaçados por tudo isso, votaram socorro aos messênios e o recrutamento de forças aqueias pelo estratego: o que melhor parecesse à deliberação destes seria soberano. [6] Timoxeno, então estratego cujo cargo expiraria em breve, por descrer dos aqueus, negligentes no momento quanto ao exercício das armas, recusou a expedição e, de modo geral, o recrutamento de forças: [7] depois da queda do rei espartano Cleômenes, todos os peloponésios, esgotados pelas guerras anteriores e fiados na situação de então, descuraram dos preparativos militares. [8] Arato, descontente e espicaçado pela audácia dos etólios, via os fatos com mais raiva devido a um preexistente estranhamento com eles em tempos idos. [9] Por isso urgia para recrutar os aqueus em armas e estava pronto para enfrentar os etólios. [10] Enfim, cinco dias antes de assumir oficialmente o cargo [maio-junho de 220 a.C.], recebeu de Timoxeno o sinete público, escreveu para as cidades e reuniu em Megalópolis armados os homens em idade militar. [11] Sobre ele penso ser meu dever falar um pouco, devido à singularidade de sua natureza.

[8.1] Por um lado, Arato era um homem absolutamente pragmático: [2] hábil em falar, planejar e ocultar decisões, não ficava a dever a ninguém ao resolver divergências políticas com tranquilidade, ao fazer amigos e angariar aliados, [3] e era, ainda, o mais hábil ao conceber operações, engodos e planos contra os inimigos, e ao levá-los a cabo com perseverança e audácia singulares. [4] Muitos são os testemunhos manifestos a respeito, mas os mais ilustres para os historiadores são, em particular, a tomada de Sicião e de Mantineia, a expulsão dos etólios da cidade dos pelênios e, principalmente, a operação contra Acrocorinto. [5] Por outro lado, quando decidia lutar em campo aberto, era lento para conceber e tímido para empreender, incapaz de enfrentar o perigo face a face. [6] Por isso, encheu o Peloponeso de troféus alheios, pois sempre era presa fácil para os inimigos. [7] Assim, a natureza dos homens é multifacetada não só quanto aos corpos, mas sobretudo quanto às almas, de modo que um mesmo homem não só em diferentes atividades é bem adaptado a umas e não a outras, mas também frequentemente, em atividades semelhantes, o mesmo é ora o mais sagaz, ora o mais lento, assim como o mais audacioso e o mais covarde. [8] Não se trata de paradoxos, mas de coisas habituais e bem conhecidas a quem desejar dedicar atenção. [9] Há quem, em caçadas, é ousado ao lutar contra feras, mas vil em armas contra inimigos; em lides bélicas, um é hábil e ativo em duelo homem a homem, mas ineficaz em formação militar cerrada. [10] Os cavaleiros tessálios são irresistíveis em esquadrão e em falange, mas fora de formação são inúteis e tardos para combater homem a homem conforme a ocasião e o local; os etólios são o contrário. [11] Em terra e mar os cretenses são irresistíveis em emboscadas, ladroagens, fraudes a inimigos, ataques noturnos e em todas as ações dolosas e pontuais, mas vis e de almas traiçoeiras para avanços em falange aberta face a face; aqueus e macedônios são o contrário. [12] Fique isso dito por mim, a fim de que os leitores não descreiam se por acaso, sobre os mesmos homens, fizermos declarações contrárias envolvendo atividades semelhantes.

[9.1] Reunidos em Megalópolis os homens armados em idade militar por decreto dos aqueus – a partir de então nos desviamos –, [2] vindo os messênios novamente à multidão, suplicando que não os abandonassem assim tão manifestamente traídos, desejando também participar da aliança e urgindo com os demais para que fossem inscritos, [3] a aliança os líderes aqueus recusaram, dizendo que não seria possível admitir ninguém sem Filipe e os outros aliados, [4] pois ainda estava sob juramento para todos a aliança travada por Antígono, à época da guerra cleomênica, com aqueus, epirotas, foceus, macedônios, beócios, acarnânios e tessálios. [5] Afirmaram que marchariam para ajudá-los, à condição de que os presentes deixassem como reféns os próprios filhos na cidade dos lacedemônios, a fim de que não se reconciliassem com os etólios contra a vontade dos aqueus. [6] Os lacedemônios, vindo por conta da aliança, acampavam nas montanhas ao redor de Megalópolis, mais como reservas e espectadores que como aliados. [7] Tendo tratado desse modo a questão dos messênios, Arato despachou aos etólios para apresentar o decreto, ordenando que se retirassem do território messênio e não tocassem na Acaia, caso contrário tomaria os invasores por inimigos. [8] Quando Escopa e Dorímaco ouviram tais palavras e souberam que os aqueus estavam reunidos, consideraram que seria então conveniente acatar o anúncio. [9] Imediatamente enviaram correios a Cilene e para o estratego etólio Aristo, pedindo que enviasse às pressas cargueiros de Élis para a ilha denominada Fiada. [10] Em dois dias eles zarparam cheios de butim, avançando para Élis, pois os etólios sempre foram amigos dos eleus, a fim de que pudessem organizar expedições de rapinagem e roubalheira pelo Peloponeso.

[10.1] Arato aguardou dois dias e, confiando ingenuamente que fariam a retirada conforme haviam sinalizado, enviou para

casa todos os demais aqueus e lacedemônios [2] e, mantendo três mil infantes, trezentos cavaleiros e os soldados de Táurio, avançou rumo a Patras decidido a costear os etólios. [3] Dorímaco, ao saber que Arato costeava de perto, ficou muito apreensivo com que o atacasse quando dispersos a embarcar, embora urgissem por atiçar a guerra. [4] Assim, colocaram nos navios o butim com homens suficientes para a travessia, incumbindo tais enviados de encontrá-los em Rio, onde fariam o embarque. [5] Os remanescentes aguardavam a vigiar o despacho do butim, depois do que mudaram a marcha rumo a Olímpia. [6] Ao ouvir que os homens de Táurio estavam com o restante da tropa perto de Clitória, e considerando que não seria possível cruzar vindo de Rio sem travar combate, [7] julgaram conveniente a seus próprios interesses enfrentar os homens de Arato o quanto antes, pois estariam em pequena quantidade no momento crítico, e não suspeitavam o que ocorreria; [8] supunham que, caso os batessem, pilhariam a região em segurança e fariam a travessia a partir de Rio, onde planejavam novo embate com a tropa aqueia; [9] caso os homens de Arato, aterrorizados, fugissem ao combate sem vontade de lutar, poderiam se retirar sem perigo quando bem lhes conviesse. [10] Assim calculando avançaram e acamparam em Metídrio, no território de Megalópolis.
[11.1] Os chefes aqueus, ao saber da presença dos etólios, geriram a situação com estupidez dificilmente maior, [2] pois abandonaram Clitória e acamparam em Cáfias. [3] Os etólios marcharam de Metídrio pela cidade dos orcomênios, atraindo os aqueus para a planície de Cáfias, onde os enfrentaram tendo como defesa o rio que por lá corre. [4] Os etólios, devido à dificuldade do local – diante do rio havia muitos canais intransponíveis – e à manifesta prontidão dos aqueus para o combate, sentiram medo de enfrentar os adversários conforme o plano original, [5] e em boa ordem marcharam por passos de montanha rumo a Oligirto, satisfeitos com não ter sido atacados nem forçados a combater. [6] Os homens

de Arato, quando a vanguarda dos etólios já avançava pelo passo, estando os cavaleiros à retaguarda ainda na planície perto da encosta denominada Própode, enviam cavaleiros e soldados ligeiros, sob o comando do acarnânio Epístrato, com ordem para fustigar a retaguarda e sondar os inimigos. [7] Todavia, se for para entrar em combate, não se deve atacar a retaguarda quando o inimigo já deixou o local plano, mas sim a dianteira, assim que tocou a planície, [8] pois desse modo o combate todo ocorre em terreno nivelado e plano, onde os etólios são os mais ineficazes devido ao seu armamento e formação, e os aqueus, inversamente os mais efetivos e operacionais. [9] Naquele instante abandonaram os locais e circunstâncias confortáveis e se submeteram à superioridade dos inimigos. Logo, a conclusão do combate se deu conforme à empreitada.

[12.1] Quando os soldados ligeiros se aproximaram, os cavaleiros etólios se retiraram para a encosta guardando a formação, ansiosos para juntar-se à própria infantaria. [2] Sem divisar bem o que ocorria nem calcular com precisão o que adviria, Arato, por ver os cavaleiros se deslocando e supor que fugiam, [3] enviou os soldados couraçados dos flancos com ordens para auxiliar e juntar-se aos ligeiros, enquanto ele próprio formou a tropa em coluna e a conduziu em passo de corrida. [4] A cavalaria etólia, depois de cruzar a planície e juntar-se à infantaria, permaneceu abrigada na base da encosta, [5] reuniu a infantaria nos flancos e exortou-a, com gritos a que respondiam prontamente os auxiliares que voltavam da marcha. [6] Imaginando-se aptos a lutar devido à sua quantidade, atacaram a primeira fila da cavalaria e dos soldados aqueus. Sendo maioria e fazendo o ataque a partir de local vantajoso, lutaram por muito tempo, mas ao fim desbarataram os oponentes. [7] Enquanto esses fugiam, os couraçados auxiliares chegavam marchando dispersos, fora de formação: uns, vendo o que ocorria, e outros, deparando-se com os fugitivos em debandada, foram forçados a voltar-se e fazer o mesmo. [8] Por conta disso, os oponentes derrotados não passaram de quinhentos, mas os fugitivos eram mais de dois mil. [9] Como a própria situação ensinava aos etólios o que deviam fazer, seguiram no encalço com violenta e insolente gritaria. [10] Os aqueus se retiraram rumo às armas pesadas, como se estivessem em local seguro na formação original. Inicialmente a fuga ocorria organizada e a salvo, [11] mas quando perceberam que aqueles haviam abandonado os locais seguros, já em marcha avançada, e dispersa, alguns deles imediatamente saíram correndo em desordem rumo às cidades adjacentes; [12] outros, topando com os membros da falange que vinham em sentido oposto, não precisaram dos inimigos: apavorando-se uns aos outros, foram forçados a fugir precipitados. [13] Conforme dissemos, retiraram-se em fuga para as cidades: Orcômeno e Cáfias, as mais próximas, valeram a muitos. Se isso não houvesse ocorrido, talvez tivessem sido destruídos a despeito de qualquer razão. [14] O combate em Cáfias terminou desse modo.

[13.1] Os megalopolitanos, sabendo que os etólios estavam acampados em Metídrio, acorreram todos em socorro ao toque da trombeta no dia seguinte ao da batalha, [2] e àqueles com quem esperavam combater os adversários foram obrigados a sepultar, mortos pelo inimigo. [3] Cavaram uma vala na planície de Cáfias e, tendo recolhido os mortos, sepultaram com toda distinção os desafortunados. [4] Os etólios, depois do sucesso inesperado de seus soldados e de sua cavalaria, atravessaram em segurança todo o Peloponeso. [5] Na ocasião, depois de testar a cidade dos pelênios e de devastar o território de Sicião, por fim partiram pelo Istmo. [6] A causa e a circunstância da guerra dos aliados deriva disso, e o início, do decreto subsequente de todos os aliados. [7] Reunidos na cidade dos coríntios, confirmaram a resolução proposta pelo rei Filipe.

[14.1] Reunido alguns dias depois em sínodo regular, o povo aqueu estava irritado em público e em particular com Arato, visto por unanimidade como responsável pelo fracasso relatado. [2] Como seus adversários políticos o acusassem aduzindo verberações vivazes, ainda mais o povo foi instigado à fúria. [3] Consideravam que seu primeiro erro manifesto fora ter assumido o cargo antes do prazo legal, vigente o prazo de outro, e ter empreendido ações em que sabia fracassar frequentemente; [4] em segundo lugar, e pior, ter dispensado os aqueus no momento crítico, no meio do Peloponeso, ante a presença dos etólios, mesmo sabendo de antemão que Escopa e Dorímaco almejavam perturbar a situação e provocar guerra; [5] em terceiro, ter enfrentado adversários com tão poucos homens sem nenhuma necessidade premente, quando poderia ter se retirado em segurança para cidades próximas, reunido os aqueus e então, caso julgasse absolutamente apropriado, enfrentado os inimigos; [6] finalmente e mais grave, quando decidira enfrentá-los, ter tratado a ação de modo tão simplório e sem planejamento que, abandonados a planície e o serviço dos hoplitas, travara batalha com soldados ligeiros contra etólios nas encostas, a quem nada teria sido mais conveniente e apropriado. [7] Arato então adiantou-se e relembrou sua atuação política e serviços anteriores, rebateu as acusações alegando que não deveria ser culpado pelos acontecimentos, pediu desculpas caso houvesse negligenciado algo no combate ocorrido, e considerou necessário que não se observasse os fatos de modo geral com irritação, mas com benevolência. [8] Tão rápida e generosamente as pessoas se arrependeram que seus adversários acusadores foram objeto de profundo desagrado, e na sequência tudo foi decidido conforme o juízo de Arato. [9] Isso ocorreu na olímpíada anterior; a sequência, na centésima quadragésima[3].

[15.1] O decreto dos aqueus dizia o seguinte: despachar a epirotas, beócios, foceus, acarnânios e a Filipe, [2] esclarecendo de

---

3. A 139ª olimpíada vai da metade do verão de 224 até a de 220 a.C. A 140ª, daí até a metade do verão de 216 a.C.

que modo os etólios haviam invadido já duas vezes a Acaia, armados e a despeito dos tratados, e exortando-os a prestar auxílio, conforme pactuado; a aceitar os messênios em aliança; [3] que o estratego aqueu alistasse cinco mil soldados e quinhentos cavaleiros e auxiliasse os messênios, caso os etólios pisassem seu território; [4] e a acordar com lacedemônios e messênios quantos cavaleiros e soldados cada um remeteria para o serviço comum. [5] Tomada essa decisão, os aqueus suportaram com galhardia o ocorrido sem abandonar os messênios nem sua própria proposta. Os que haviam sido indicados para as embaixadas a aliados realizaram-nas, [6] e o estratego alistou os aqueus, conforme o decreto, e solicitou a lacedemônios e a messênios 2.500 soldados de cada um, e 250 cavaleiros, [7] de modo que todo o efetivo contava com dez mil soldados e mil cavaleiros. [8] Chegada a data de sua assembleia regular, os etólios decidiram instituir a paz com lacedemônios, messênios e todos os demais, com a maligna intenção de corromper e conspurcar os aliados dos aqueus. [9] Com relação aos próprios aqueus, caso se abstivessem da aliança com os messênios, votaram que se instituísse a paz, e caso não, a guerra, algo o mais estúpido: [10] sendo os etólios aliados de aqueus e messênios a um só tempo, se estes [isto é, os messênios] concluíssem amizade e aliança com os aqueus, eles [isto é, os etólios] declarariam guerra; se esses optassem pela inimizade com os messênios, concertariam tréguas em separado, [11] de modo que não vale a pena falar de sua perfídia, tão perniciosas suas atitudes.

[16.1] Ao ouvirem os embaixadores, os epirotas e o rei Filipe acolheram os messênios em aliança, [2] e instantaneamente se irritaram com os atos dos etólios, mas não se espantaram muito, pois nada era paradoxal dentre aquilo que os etólios costumavam fazer. [3] Por isso não se encolerizaram por muito tempo, mas votaram a paz para com eles, pois o crime contínuo obtém perdão mais do que a vileza esporádica e surpreendente. [4] Os etólios se portam assim, pilhando continuamente a Grécia e provocando guerras sem aviso contra muitos. Não dão satisfação a seus acusadores, antes ainda zombam se alguém os convoca em juízo por algo ocorrido ou, por Zeus, na iminência de ocorrer. [5] Os lacedemônios, recentemente libertados graças a Antígono e à honradez dos aqueus, nada devendo praticar de adverso em relação aos macedônios e a Filipe, despacharam clandestinamente aos etólios e concertaram amizade e aliança em segredo. [6] Alistados os jovens aqueus e incumbidos de auxiliar lacedemônios e messênios, Demétrio de Faros e Escerdilaida navegam da Ilíria, em noventa embarcações, para além do Lisso, a despeito dos tratados com Roma. [7] Primeiro se aproximaram de Pilos e falharam em alguns assaltos. Em seguida, [8] Demétrio lançou-se contra as ilhas com cinquenta embarcações, extorquiu dinheiro de algumas e devastou outras das Cíclades; [9] Escerdilaida, navegando para casa, aportou em Naupacto com quarenta embarcações por instigação do rei dos atamanos Amina, seu parente. [10] Depois de concluir um acordo com os etólios, por meio de Agelau, a respeito da divisão de espólio, prometeu secundá-los em uma invasão à Acaia. [11] Assim acordados com Escerdilaida, Agelau, Dorímaco e Escopa, com a colaboração da cidade dos cinetas, reuniram todos os etólios e invadiram a Acaia na companhia dos ilírios.

[17.1] Simulando nada saber do que ocorria, Aristo, o estratego etólio, manteve-se quieto em casa, alegando que não guerreava contra os aqueus, mas guardava a paz, fazendo papel simplório e pueril: [2] obviamente é simplório e vão tentar encobrir com palavreado a evidência dos fatos. [3] Marchando por território aqueu, Dorímaco chegou de repente a Cineta. [4] Os cinetas, sendo árcades, havia muito estavam envolvidos em disputas ingentes e incessantes; como ocorressem muitos assassinatos e exílios entre uma facção e outra, pilhagens e redistribuições de terra, [5] ao fim venceram os partidários dos aqueus e dominaram a cidade, mantidos por uma guarnição de muralhas e por um estratego da cidade vindos da Acaia. [6] Essa era a situação quando, pouco tempo antes da chegada dos etólios, a facção vencida despachava aos da cidade pedindo que se reconciliassem e aceitassem-nos na pátria. [7] Os controladores da cidade aquiesceram, e despacharam para a liga aqueia desejando fazer a reconciliação com o consentimento dela. [8] Os aqueus concordaram prontamente, persuadidos de que ambas as facções ficariam bem, uma vez que os senhores da cidade depositavam todas as esperanças nos aqueus, e os que desejavam retornar viam sua salvação no consentimento aqueu. [9] Assim, após dispensar a guarnição e o estratego da cidade, os cinetas se reconciliaram e acolheram os exilados, em número de quase trezentos, depois de estipular as garantias consideradas as mais seguras entre os homens. [10] Sem causa ou pretexto que indicasse o início de nova divergência entre eles mas, ao contrário, imediatamente após seu retorno, os exilados já conspiravam contra a pátria e seus salvadores. [11] Parece-me que, no momento em que trocavam juramentos e garantias mútuas sobre as vítimas sacrificiais, sobretudo, o então já pensavam nessa impiedade contra a divindade e contra a fé alheia. [12] Assim que se viram no gozo de seus direitos, imediatamente atraíram os etólios e com eles geriram a cidade, ávidos por abater completamente seus salvadores e sua nutriz.

[18.1] A ação ocorreu por conta da seguinte audácia e do seguinte modo: [2] dentre os que retornaram alguns foram designados polemarcos. Cabia a esses magistrados fechar os portões e, no entretempo, tomar conta das chaves e passar os dias nas guaritas. [3] Já de prontidão com suas escadas, os etólios aguardavam uma oportunidade: [4] os polemarcos outrora exilados degolaram seus colegas de magistratura em uma das guaritas e abriram o portão. [5] Alguns etólios entraram por ela, enquanto outros, apoiando as escadas na muralha, tomaram-na à força. [6] Todos os habitantes da cidade, apavorados diante do ocorrido, viram-se em dificuldades, sem saber como agir, pois não conseguiam bater-se exclusivamente contra os invasores do portão devido aos ocupantes das muralhas, nem defendê-las, por conta dos que forçavam o portão. [7] Tendo se assenhoreado rapidamente da cidade por essas razões, os etólios praticaram um único ato justíssimo dentre seus crimes: tendo degolado por primeiro aqueles que lhes haviam introduzido e entregado a cidade, pilharam suas propriedades, [8] tratando da mesma maneira os demais. Por fim, aquartelaram-se nas casas, arrombaram propriedades e torturaram muitos cinetas de quem desconfiavam possuísse dinheiro ou bens valiosos escondidos. [9] Tendo assim vilipendiado os cinetas, levantaram acampamento, deixaram uma guarnição nas muralhas e rumaram para Lusos. [10] Próximos do templo de Ártemis, situado entre Clítor e Cineta e tido como inviolável pelos gregos, ameaçaram roubar os rebanhos da deusa e tudo o mais do templo. [11] Os lusiatas deram-lhes sensatamente alguns bens da deusa pedindo que a impiedade etólia não padecesse nada de irreparável. [12] Eles aceitaram, partiram imediatamente e acamparam próximos à cidade dos clitórios.

[19.1] À mesma época, Arato, estratego dos aqueus, despachou a Filipe solicitando auxílio, reuniu os alistados e convocou os lacedemônios e messênios conforme estipulado no tratado. [2] Os etólios primeiro exortaram os clitórios a abandonar os aqueus e optar por aliança consigo. [3] Como os clitórios de modo algum acolhessem a proposta, aproximaram-se e, apoiando as escadas nas muralhas, atacaram a cidade. [4] Como os habitantes se defendessem com vigor e ousadia, então renunciaram ao ataque e partiram novamente como que para Cineta, levando, contudo, os rebanhos da deusa à força. [5] Primeiro entregaram Cineta aos eleus, mas como esses não aceitaram, tentaram manter a cidade por si próprios: elegeram Eurípides estratego [6] e depois, por receio das notícias sobre o auxílio macedônio, incendiaram a cidade e fugiram, partindo novamente para Rio, onde pensavam fazer a travessia. [7] Ao saber dos ataques etólios e do ocorrido com Cineta, e vendo que Demétrio de Faros já havia navegado das ilhas para Cencreas, Táurio exortou-o a auxiliar os aqueus e a, tendo disposto suas embarcações ao longo do istmo, atacar a travessia dos etólios. [8] Demétrio retornava das ilhas com ganhos mas sem dignidade, porque ródios vinham em seu encalço, e ouviu Táurio com prazer quando este se propôs a pagar as despesas do transporte das embarcações. [9] Tendo atravessado o istmo dois dias depois da travessia dos etólios, devastou alguns pontos do litoral etólio e voltou para Corinto. [10] Os lacedemônios se omitiram quanto ao envio de auxílio conforme acordado, enviando cavaleiros e soldados insignificantes visando apenas parecer fazê-lo. [11] Tratando os aqueus mais como político do que como estratego, Arato deliberou sobre a circunstância: [12] até então permanecera quieto, aguardando, e recordando o fracasso anterior, até que Escopa e Dorímaco, depois de fazer tudo conforme opção própria, retornaram para casa, embora marchando por locais atacáveis, estreitos e necessitando apenas do trombeteiro. [13] Embora tenham sofrido os maiores infortúnios e ultrajes causados pelos etólios, os cinetas foram dentre os homens os que mais justamente os mereceram.

[20.1] Uma vez que o povo árcade tem geralmente a maior reputação de virtude entre os gregos não apenas por sua hospitalidade e benevolência de costumes e caracteres, mas sobretudo por sua piedade em relação ao divino, [2] vale a pena discutir um pouco a selvageria dos cinetas: como, sendo reconhecidamente árcades, àquela época se distinguiram dos demais gregos pela crueza e ilicitude. [3] Parece-me que foram os primeiros e únicos árcades a abandonar algo belamente concebido pelos antigos e observado com naturalidade por todos os habitantes da Arcádia. [4] Praticar música, a verdadeira música, é benéfico a todos os homens, e para os árcades é também uma necessidade. [5] A música não deve ser considerada, como afirma Éforo[4] no proêmio geral à sua obra, emitindo uma afirmação que de modo algum se lhe adequa algo introduzido entre os homens para enganos e imposturas, [6] nem se deve pensar que os antigos cretenses e lacedemônios introduziram por acaso na guerra o aulo e o ritmo em vez da trombeta, [7] nem que os primeiros árcades acolheram a música no corpo de suas instituições a ponto de fazerem dela educadora não só das crianças mas também dos jovens até trinta anos, mantendo-se em outros aspectos da vida os mais austeros. [8] É usual e conhecido por todos que quase somente entre os árcades, primeiro as crianças desde a infância são por lei acostumadas a cantar hinos e peãs com que cada uma hineia os heróis e deuses nativos da pátria; [9] depois, tendo aprendido as leis de Filoxeno e de Timóteo com muito zelo, disputam em coros anuais junto de auletas dionisíacos nos teatros: os meninos, os certames dos meninos; e os jovens, os ditos dos homens. [10] Ao longo de toda a vida realizam de modo semelhante os entretenimentos de banquetes, não por meio de músicos estrangeiros, mas por si próprios, revezando-se para cantar. [11] Não consideram torpe negar conhecer outros estudos, mas não podem negar o canto, que todos estudam necessariamente; nem, concordando sabê-lo, recusá-lo, atitude que consideram torpe. [12] Exercitando-se em cantos marciais com aulo e em formação, e ensaiando danças sob cuidados e despesas públicos, os jovens se exibem anualmente nos teatros a seus próprios concidadãos.

[21.1] Parece-me que os antigos introduziram-na não por luxúria ou futilidade, mas devido ao trabalho manual de cada um, ou seja, à dureza e à rudeza da vida, por conta da austeridade de costumes que se seguia devido ao grande número de locais frios e sombrios a que todos nós humanos nos assemelhamos forçosamente: [2] não por outra mas por essa causa, conforme as nacionalidades e as grandes distâncias, diferimos

---

4. Natural de Cime, na Eólia (400-330 a.C.), é reconhecido por Políbio (cf. v.33.2) como o primeiro autor de uma história universal.

muito uns dos outros pelos costumes, pela forma e pela pigmentação, e mais ainda pela multiplicidade de práticas. [3] Desejosos de suavizar e temperar as naturezas arrogantes e rudes, introduziram todas as práticas mencionadas, além de acostumarem-nas a muitos sacrifícios e reuniões em comum com homens e mulheres, bem como a coros de virgens junto de crianças, [4] ou seja, tudo arquitetaram esperando humanizar e pacificar pelos costumes o elemento implacável da alma. [5] Os cinetas desprezaram completamente tudo isso, eles que mais necessitavam desse amparo por terem o ar e o local de longe os mais rudes da Arcádia, entregando-se a discórdias e rivalidades. [6] Por fim, bestializaram-se a tal ponto que em nenhuma outra cidade grega as impiedades foram maiores nem mais contínuas. [7] Eis um sinal do infortúnio dos cinetas a esse respeito e do desagrado dos demais árcades com tais práticas: [8] quando praticaram a grande matança, os cinetas enviaram uma embaixada aos lacedemônios. Nas cidades árcades percorridas pela embaixada, expulsaram-na imediatamente, [9] mas os mantineus, depois da saída da embaixada, fizeram uma purificação circundando a cidade e todo o território com vítimas sacrificiais. [10] Tratamos dessa questão para que o caráter geral dos árcades não se torne alvo de calúnia por conta de uma única cidade; para que essas práticas não sejam desprezadas por se considerar que alguns habitantes da Arcádia dedicam-se excessivamente à música por futilidade; [11] e ainda para que os cinetas, se porventura a divindade lhes for propícia, cultivem-se a si mesmos voltando-se para a educação, sobretudo para a música. Somente assim poderiam se livrar de sua selvageria. [12] Após demonstrar o ocorrido com os cinetas, voltamos ao ponto de onde nos desviamos.

[22.1] Tendo assim agido no Peloponeso, os etólios voltaram para casa em segurança. [2] Em auxílio aos aqueus, Filipe chegou em Corinto com tropas. Como se atrasara, despachou correios a todos os aliados pedindo que cada um enviasse delegados com urgência a Corinto para deliberarem sobre os interesses comuns. [3] Partiu ele próprio para Tegea, e veio a saber que os lacedemônios estavam imersos em massacres e distúrbios intestinos. [4] Acostumados a ter reis e a obedecer a seus governantes, porém então recentemente libertados por Antígono sem que houvesse rei entre eles, os lacedemônios caíram em dissensão, todos considerando-se iguais para assumir o governo. [5] Inicialmente dois dos éforos mantiveram veladas suas opiniões, enquanto três se mancomunaram com os etólios, convencidos de que, devido à idade, Filipe jamais conseguiria impor-se sobre o Peloponeso. [6] Quando os etólios se retiraram com rapidez do Peloponeso, contrariando a expectativa deles, e Filipe chegara da Macedônia ainda mais rapidamente, [7] os três passaram a desconfiar de um dos outros dois, Adimanto, que sabia de seus planos, não os aprovava e dava mostras de ansiedade ante a aproximação de Filipe, a quem poderia delatar tudo. [8] Por conta disso conversaram com os jovens e anunciaram que todos em idade militar deveriam dirigir-se armados ao templo de bronze, devido à chegada dos macedônios à cidade. [9] Ante a reunião rápida e súbita, Adimanto, desgostoso com os fatos, avançou e tentou exortá-los mostrando que [10] "outrora fora necessário fazer tal proclamação e tal reunião em armas, quando soubemos que os etólios, nossos inimigos, se aproximavam das montanhas de nossa terra, mas não agora, quando somos informados que nossos benfeitores e salvadores, os macedônios, se aproximam com seu rei". [11] Mal havia começado a falar, os jovens convocados agarraram-no e o trucidaram junto com Estenelau, Alcamenes, Tiestes, Bionidas e muitos outros cidadãos. [12] Os homens de Polifonte e alguns outros, antevendo o futuro com sensatez, debandaram para Filipe.

[23.1] Perpetrados tais atos, imediatamente os éforos governantes enviaram a Filipe acusadores das vítimas, exortando-o a sustar a aproximação até que a cidade se restabelecesse da anterior comoção; e para que soubesse que se dispunham a observar todos os direitos e privilégios dos macedônios. [2] Tendo encontrado o rei já próximo do monte Partênio, os enviados falaram conforme instruídos. [3] Tão logo os ouviu, ordenou que voltassem às pressas para casa e indicassem aos éforos que manteria a marcha até Tegea, onde acamparia; e que eles enviassem o mais rápido homens dignos de deliberar consigo a respeito da situação. [4] Obedecidas as ordens, quando os chefes dos lacedemônios souberam da instrução do rei, enviaram a Filipe dez homens [5] os quais, depois de marchar a Tegea e apresentar-se no conselho do rei, acusaram Adimanto de responsável pela comoção, [6] prometendo que fariam tudo para Filipe conforme a aliança, sem mostrar-se de modo algum atrás, em boa disposição para com ele, de nenhum daqueles que considerasse amigos verdadeiros. [7] Tendo disso isso e outras coisas semelhantes os lacedemônios partiram, enquanto os participantes do conselho divergiam em suas opiniões. [8] Como alguns conhecessem as vilezas praticadas em Esparta e estivessem convencidos de que Adimanto fora abatido devido à boa disposição para consigo, e que os lacedemônios tencionavam mancomunar-se com os etólios, aconselhavam Filipe a fazer dos lacedemônios um exemplo, tratando-os do mesmo modo qual Alexandre tratara os tebanos tão logo assumira o poder. [9] Outros, os mais velhos, afirmavam que tamanha cólera era mais pesada do que os acontecimentos, que era necessário punir os responsáveis, bani-los e pôr o Estado e as magistraturas em mãos amigas.

[24.1] Depois de todos falou o rei, se for possível dizer que as opiniões de então eram dele, pois não é verossímil que um garoto de dezessete anos tenha discernimento para questões de tal magnitude. [2] Mas cabe a nós, escritores, referir as opiniões prevalecentes nos debates aos chefes supremos; todavia, cabe aos próprios leitores presumirem como verossímil que tais sugestões e decisões derivam de associados, sobretudo dos mais próximos. [3] Dentre os presentes seria mais razoável atribuir a Arato a opinião então proferida pelo rei, [4] pois Filipe afirmara que, quanto aos crimes cometidos contra si pelos aliados, não lhe cabia corrigi-los nem censurá-los de viva voz nem por cartas, [5] mas o que dizia respeito à aliança comum, propunha que tão somente isso fosse alvo de reação e correção por parte de todos. [6] Como os lacedemônios não haviam abertamente prejudicado a aliança comum, e prometeram agir em plena legalidade para consigo, não seria bom deliberar algo implacável contra eles: [7] quando eram inimigos, seu pai os vencera e nada fizera de terrível; logo, seria descabido que ele próprio, em decorrência de tão pequena causa, deliberasse contra eles algo funesto. [8] Ratificada essa opinião, de fazer vistas grossas sobre o fato, imediatamente o rei enviou Petreu, dentre seus amigos, junto de Omias, para exortar aqueles a sustentar a boa disposição para consigo e com os macedônios, bem como para prestar e receber juramentos de aliança. [9] Partiu ele próprio com o exército e avançou rumo a Corinto, exibindo aos aliados boa mostra de sua política com a decisão sobre os lacedemônios.

[25.1] Tendo encontrado os delegados aliados presentes em Corinto, reuniu-se com eles para determinar o que era preciso fazer e como lidar com os etólios. [2] Ante a acusação dos beócios de que haviam pilhado o templo de Atena Itônia enquanto vigente a paz; dos foceus, de que marcharam contra Ambriso e Dáulio e tentaram tomar as cidades; [3] dos epirotas, de que saquearam seu território; mostrando os acarnânios de que modo organizaram uma ação contra Tírio [4] e ainda ousaram atacar a cidade à noite; referindo os aqueus como capturaram Clário no território de Megalópolis, atravessaram os territórios de Patras e Faras e os saquearam, espoliaram Cineta, pilharam o templo de Ártemis nos Lusos, sitiaram os clitórios, tramaram contra Pilos pelo mar, e por terra contra a cidade de Megalópolis que havia pouco se reconstruía, ávidos para devastá-la junto dos ilírios; [5] ao ouvir isso, todos os delegados aliados deliberaram de comum acordo declarar guerra aos etólios. [6] Tendo exposto as causas mencionadas na declaração, anexaram um decreto esclarecendo que ajudariam a remir os aliados cujo território ou cidade os etólios porventura ocupassem desde a morte de Demétrio, pai legítimo de Filipe; [7] igualmente com relação àqueles constrangidos por circunstâncias a partilhar, contra sua vontade, da federação etólia: para todos restaurariam as instituições pátrias, o território e as cidades que detinham, sem guarnições nem tributações, livres e no gozo da cidadania e leis pátrias. [8] Escreveram que também auxiliariam os anfictiões a restabelecer suas leis e sua autoridade sobre o templo de Delfos, ora usurpada pelos etólios desejosos de controlar eles próprios os assuntos do templo.

[26.1] Sancionado tal decreto, no primeiro ano da 140ª olimpíada, a guerra denominada aliada teve início justo e conforme aos crimes perpetrados. [2] De imediato os delegados enviaram embaixadores aos aliados a fim de que, ratificado o decreto por cada um deles, todos declarassem guerra aos etólios em seus territórios. [3] Filipe também mandou uma carta aos etólios informando que, se tivessem alguma defesa justa contra as acusações, que se apresentassem para contestá-las e dialogar; [4] se entendessem que espoliavam e pilhavam a todos na ausência de um decreto comum, que as vítimas não revidariam e, caso revidassem, que seriam consideradas iniciadoras da guerra, eram os mais ingênuos dos homens. [5] Quando os magistrados etólios receberam a carta, primeiro pensaram que Filipe não viria, e designaram um dia para reunir-se em Rio. [6] Ao saberem que se aproximava, despacharam correios para informar que não podiam gerir assuntos gerais, antes do sínodo etólio, por conta própria. [7] Os aqueus se reuniram em sínodo regular, ratificaram todos o decreto e autorizaram publicamente a pilhagem das cidades etólias. [8] Chegado o rei para o conselho em Égio e falado longamente, acolheram suas palavras com boa disposição e renovaram com ele, Filipe, os vínculos de amizade mantidos desde seus ancestrais.

[27.1] Na mesma ocasião, os etólios, aproximando-se o período de eleição de magistrados, escolheram como seu estratego Escopa, o responsável pelos crimes mencionados. [2] Não sei como deva falar a respeito. Apesar do decreto comum de não beligerância, marcharam contra todos e carregaram os bens dos vizinhos, não puniram nenhum dos responsáveis, fizeram-nos estrategos e honraram os mentores de tais obras: nada me parece de maior vilania. [3] Que outro nome poderia ser atribuído a tal perversidade? O que digo ficará claro a seguir. [4] Quando Febidas atraiçoou a Cadmeia [382 a.C.], os lacedemônios castigaram o responsável, mas não retiraram sua guarnição, como se a injustiça se extinguisse com a punição do agente: deveriam ter feito o contrário, pois aquela preocupava os tebanos. [5] Outrora [387 a.C.] haviam proclamado que deixariam as cidades livres e autônomas, em conformidade com a paz de Antálcidas, mas não retiraram os harmostas das cidades. [6] Quando arruinaram os mantineus [385 a.C.], seus amigos e aliados, disseram que não cometiam crime, pois de uma única cidade instalavam-nos em várias, [7] acrescentando abertamente a estupidez à perversidade por pensar como alguém que, ao fechar os olhos, imaginasse que tampouco seus vizinhos pudessem ver. [8] Assim, para ambos a emulação em tal política foi o causador dos maiores transtornos, algo que de modo algum deve ser emulado nem em particular, nem em comum por quem pensa corretamente. [9] Depois das tratativas com os aqueus, o rei Filipe partiu com as tropas para a Macedônia, preocupado com preparar-se para a guerra, [10] e sinalizando por meio do mencionado decreto belas esperanças não só aos aliados, mas a todos os gregos, de doçura e magnanimidade dignas de um rei.

[28.1] Isso se deu à mesma época em que Aníbal, já senhor dos povos d'aquém Ebro, lançou-se contra a cidade dos saguntinos. [2] Se as primeiras empreitadas de Aníbal estivessem já desde o início interligadas às ações gregas, é claro que deveríamos tê-las narrado no livro anterior, de modo alternado e justaposto às ibéricas, conforme a cronologia. [3] Como, entretanto, as guerras na Itália, na Grécia e na Ásia tiveram inícios distintos mas finais comuns, decidimos também narrá-las distintamente, até chegarmos a essa ocasião em que as mencionadas ações se conectaram mutuamente e começaram a se referir a um único fim [4] – assim a narração sobre os inícios de cada uma será clara e a conexão, evidente, conforme indicamos no início, após apresentar quando, como e por quais causas surgiram – enfim, quando a história de todas já se fazia comum. [5] A conexão dessas ações ocorreu pelo final da guerra, durante o terceiro ano da 140ª olimpíada [218-7 a.C.]. Por isso narraremos a sequência seguindo uma cronologia comum, mas os antecedentes, distintamente, como eu disse, [6] apenas aludindo a eventos contemporâneos mostrados no livro anterior, a fim de que a narração não só seja mais fácil de acompanhar como também impressionante aos leitores atentos.

[29.1] Invernando na Macedônia, Filipe alistou tropas cuidadosamente para o serviço iminente, assegurando-se ao mesmo tempo contra os bárbaros do norte da Macedônia. [2] Em seguida, reuniu-se com Escerdilaida, a quem ousadamente confiou-se, discutindo sobre amizade e aliança. [3] Ora prometendo secundá-lo nos assuntos da Ilíria, ora acusando os etólios, que se prestavam às acusações, facilmente persuadiu-o a aceder à proposta. [4] Crimes particulares jamais se distinguem dos comuns senão pela quantidade e dimensão das ocorrências. A raça dos inescrupulosos e dos bandidos é abatida em particular sobretudo pela seguinte razão: por não agir com justiça uns em relação aos outros, ou seja, devido à perfídia mútua; [5] o que então ocorria com os etólios. Haviam acordado com Escerdilaida dar-lhe parte do butim caso os secundasse na invasão à Acaia; [6] ele aquiesceu e agiu; tendo pilhado a cidade dos cinetas e arrebatado muitos homens e rebanhos, não permitiram que Escerdilaida partilhasse da pilhagem. [7] A cólera por conta disso lhe era instilada por breves alusões de Filipe; então, rapidamente acedeu e concordou em partilhar da aliança comum, pelo que receberia vinte talentos por ano para navegar com trinta embarcações e combater os etólios no mar.

[30.1] Filipe permaneceu ocupado com isso. Os embaixadores enviados aos aliados chegaram primeiro à Acarnânia. [2] Os acarnânios ratificaram nobremente o decreto e declararam seu território em guerra contra os etólios, embora se alguém pudesse ser desculpado, seriam eles, caso retardassem, procrastinassem e, de modo geral, receassem uma guerra contra vizinhos, [3] porque fronteiriços com o território dos etólios, mais ainda porque eram presas fáceis e, pior, porque pouco tempo antes haviam padecido atrocidades por seu ódio contra os etólios. [4] Contudo, parece-me que os homens nobres jamais colocam, em público ou em privado, algo acima do dever: exatamente o que os acarnânios foram vistos observando em muitas ocasiões mais do que qualquer dos gregos, embora partissem com parcas forças. [5] Não se hesite em com eles partilhar negócios conforme as circunstâncias, antes se apresse como com nenhum dos gregos, pois em público e em privado são constantes e apegados à liberdade. [6] Em comparação, os epirotas, tão logo ouviram os embaixadores, ratificaram igualmente o decreto e votaram declarar guerra contra os etólios no momento em que o rei Filipe o fizesse. [7] Aos embaixadores etólios, porém, responderam ter decidido manter com eles a paz, agindo de modo ignóbil e dúplice. [8] Também foram enviados embaixadores ao rei Ptolomeu pedindo que não remetesse recursos aos etólios nem fomentasse algo contra Filipe e os aliados.

[31.1] Os messênios, por conta dos quais a guerra teve início, responderam aos enviados que, como Figaleia se situava em suas montanhas e formava com os etólios, não aceitariam a guerra antes que essa cidade fosse arrebatada aos etólios. [2] Forçaram tal declaração, sem qualquer aprovação da maioria, os éforos Ênis e Nicipo, receosos da ousadia dos etólios, e alguns outros oligarcas, ignorantes e faltando gravemente ao dever em minha opinião. [3] Penso que a guerra é pavorosa, mas não tão pavorosa quanto submeter-se a tudo para não enfrentá-la. [4] Por que todos nos gabamos da igualdade civil, da liberdade de palavra e do nome da liberdade se nada for mais vantajoso do que a paz? [5] Não elogiamos os tebanos ao tempo das guerras médicas [480-479 a.C.] porque evitaram os perigos da Grécia e optaram pelos persas por medo, nem Píndaro, que os secundou na manutenção da quietude com esses versos: [6] "Quem quer dar serenidade à comunidade dos cidadãos procure a luz brilhante da tranquilidade magnífica."[5] [7] À primeira vista parece ter dito algo plausível, mas não muito depois descobre-se que fez a declaração a mais torpe e nociva, [8] pois a paz aliada à justiça e ao dever é a mais bela e proveitosa aquisição, mas junto da vileza ou da vergonhosa covardia, algo o mais torpe e nocivo.

[32.1] Os chefes dos oligarcas messênios, buscando proveitos particulares imediatos, sempre tendiam para a paz mais ambiciosamente do que deveriam. [2] Em muitas circunstâncias e ocasiões críticas às vezes esquivavam-se do medo e do perigo, mas esse procedimento sempre lhes acarretava uma multidão deles, obrigando a pátria a bater-se contra os maiores desastres. [3] Penso que a causa seja esta: vizinhos das duas maiores nações do Peloponeso, talvez da Grécia – digo a dos árcades e a dos lacônios – [4] sempre inimigos irreconciliáveis dos primeiros, desde que habitam a região, e amigos zelosos dos outros, não nutriam nobremente nem ódio contra os lacedemônios, nem amizade com os árcades. [5] Assim, quando estavam embaraçados guerreando-se

---

5. Píndaro, fr. 109 Mähler.

mutuamente ou contra outros, os messênios portavam-se como convinha, sempre mantendo serenamente a paz devido à contiguidade topográfica; [6] mas quando os lacedemônios encontravam-se ociosos, sem preocupações, e começavam a fustigá-los, [7] não conseguiam enfrentá-los sozinhos, devido à força dos lacedemônios, nem munir-se de aliados que verdadeiramente tudo empreendessem consigo, e eram forçados a servir como carregadores daqueles ou, caso fugissem à servidão, eram arruinados, abandonando o território com suas crianças e mulheres, [8] o que já haviam padecido muitas vezes havia não muito tempo. [9] Pudesse a atual situação tornar-se natural entre os peloponésios, para que não seja necessário o que vou dizer: [10] se porventura for tomada por agitações e reviravoltas, vejo uma única esperança para messênios e megalopolitanos habitarem seu próprio território pelo máximo tempo, isto é, entrarem em acordo, seguindo o parecer de Epaminondas, e optarem por partilhar verdadeiramente todas as circunstâncias e interesses.

[33.1] Esse discurso possui credibilidade talvez por conta de acontecimentos antigos. [2] Dentre muitos outros, os messênios erigiram uma estela junto ao altar de Zeus Liceu nos tempos de Aristômenes[6], conforme afirma Calístenes[7], em que gravaram a seguinte inscrição:

[3]   O tempo fez total justiça ao rei injusto;
      com Zeus Messana encontrou o traidor
      facilmente. É difícil para o perjuro ocultar-se do deus.
      Salve, rei Zeus, salva a Arcádia.

[4] Como haviam sido privados de sua própria, parece-me que foi pedindo aos deuses para salvar a Arcádia, qual uma segunda pátria, que erigiram a inscrição. [5] Fizeram-no

---

6. Herói da Segunda Guerra Messênia, 685-668 a.C.
7. De Olinto (370-327 a.C.), um dos continuadores de Tucídides e constituinte da primeira geração de historiadores de Alexandre. Escreve uma obra intitulada *Helênica*, narrando a história grega de 386 a 356 a.C., em dez livros, e um relato dos feitos de Alexandre. De sua obra restaram apenas fragmentos. O parágrafo IV.33 de Políbio compõe o fragmento 23 (Jacoby) de Calístenes.

com razão, pois não apenas os árcades os haviam acolhido quando fugiram de sua pátria durante a guerra aristomênica, fazendo-os cidadãos e coabitantes, como também votaram entregar as filhas aos messênios em idade núbil; [6] além disso, investigaram a traição do rei Aristócrates na batalha denominada do Fosso, matando-o e eliminando toda a sua linhagem. [7] A despeito de tais acontecimentos antigos, os recentes, envolvendo o sinecismo entre Megalópolis e Messana, dariam suficiente credibilidade ao que dissemos. [8] À época da batalha de Mantineia [362 a.C.], cuja vitória ficou indecisa para os gregos devido à morte de Epaminondas, os lacedemônios impediram os messênios de participar da trégua, esperando ainda usurpar Messana. [9] Os megalopolitanos e todos os outros árcades partícipes da aliança tanto se empenharam que os messênios foram aceitos pelos aliados e participaram dos juramentos e das divisões, e os lacedemônios foram os únicos excluídos dentre os gregos. [10] Tendo esses acontecimentos em mente, quem não consideraria acertado o que dissemos pouco antes? [11] Fiz essas afirmações pelos árcades e pelos messênios, a fim de que, recordando-se dos infortúnios advindos às suas pátrias da parte dos lacedemônios, sustentem verdadeiramente a boa vontade e boa-fé mútuas, [12] e não abandonem uns aos outros por medo ou desejo de paz em circunstâncias críticas.

[34.1] Os lacedemônios agiram como de costume – essa é a sequência do que dizíamos – e por fim despacharam os embaixadores aliados sem resposta, tamanho era o embaraço decorrente de sua estupidez e vileza. [2] Parece-me verdadeiro que frequentemente a ousadia excessiva costuma resultar em loucura e vazio. [3] Depois disso ainda, com a instituição de outros éforos, aqueles que inicialmente provocaram agitações e eram responsáveis pelo massacre descrito foram enviados aos etólios para requisitar o envio de uma embaixada. [4] Eles ouviram de muito bom grado, e em pouco tempo veio à Lacedemônia o embaixador Macatas. [5]

Imediatamente dirigiu-se aos éforos *** pensavam necessário conceder a Macatas acesso à multidão, instituir reis conforme o costume pátrio, e não negligenciar por mais tempo, ilegalmente, o poder dissolvido dos heráclidas. [6] Os éforos, absolutamente descontentes mas incapazes de encarar tal moção, pois temiam a aglomeração dos jovens, disseram que depois deliberariam a respeito dos reis, mas que concordavam em abrir a assembleia a Macatas. [7] A massa se reuniu, Macatas chegou e exortou-a longamente a optar pela aliança com os etólios, acusando vaga e insolentemente os macedônios, e elogiando estúpida e falsamente os etólios. [8] Quando partiu o fato provocou muita controvérsia: uns advogavam pelos etólios e aconselhavam o estabelecimento de uma aliança com eles, outros rebatiam-nos. [9] Alguns dos mais velhos, porém, fizeram a massa atentar para os serviços de Antígono e dos macedônios, e para os prejuízos de Carixeno e Timeu, quando os etólios em marcha destruíram completamente seu território, escravizaram os periecos e conspiraram contra Esparta, repatriando exilados por dolo e violência. O juízo mudou, [10] e por fim foram convencidos a observar a aliança com Filipe e os macedônios. [11] Ocorrido isso, Macatas voltou impotente para casa,

[35.1] e os inicialmente responsáveis pela agitação, totalmente incapazes de acatar aos presentes, tentaram fazer algo o mais ímpio, matando alguns jovens. [2] Era preciso que os jovens em idade militar escoltassem um certo ritual pátrio até o templo de Atena da Casa Brônzea, e que os éforos concluíssem o ritual aguardando ali no templo. [3] Nessa ocasião alguns dos jovens armados da escolta, caindo subitamente sobre os éforos sacrificantes, degolaram-nos. Contudo a todos os refugiados o templo garantia segurança, ainda que condenados à morte. [4] Então em razão da crueldade desses jovens ousados, a tal ponto chegou o desprezo que todos os éforos foram trucidados junto ao altar e ao plinto da deusa. [5] Dando sequência ao plano, mataram o geronte Girida, exilaram quem havia contradito os etólios, escolheram éforos dentre si mesmos e concluíram aliança com os etólios. [6] Agiram assim, e admitiram o ódio aos aqueus, a ingratidão aos macedônios e, de modo geral, a estupidez para com todos, acima de tudo por causa de Cleômenes e da boa disposição deles para com ele, sempre aguardando e nutrindo expectativas de sua presença e salvação. [7] Isso porque os homens capazes de tratar com habilidade seus associados não só quando presentes, mas também à distância, deixam fagulhas bastante fortes da boa disposição para consigo. [8] Entre outras coisas, esses homens então governaram segundo costumes pátrios por quase três anos após a fuga de Cleômenes, e jamais pensaram em instituir reis em Esparta. [9] Tão logo chegou a notícia da morte de Cleômenes, imediatamente compeliram a massa e o colégio dos éforos a instituir reis. [10] Os éforos que partilhavam da preferência da facção, os que concluíram a aliança com os etólios conforme relatei há pouco, instituíram legal e devidamente um, Agesípolis, ainda um menino, filho de Agesípolis e neto de Cleômbroto, [11] que reinava ao tempo que Leônidas deixara o poder [242 a.C.], pois era o próximo da linhagem daquela casa. [12] Como tutor do menino apontaram Cleômenes, filho de Cleômbroto e irmão de Agesípolis. [13] Da outra casa, havendo dois filhos da filha de Hipomedonte com Arquidamo, filho de Eudâmidas, estando ainda vivo Hipomedonte, filho de Agesilau e neto de Eudâmidas, bem como vários outros da mesma casa que, embora mais distanciados, eram da mesma raça, [14] ignoraram-nos todos e instituíram rei Licurgo, de quem nenhum ancestral portara o título: por haver dado um talento a cada éforo, tornou-se descendente de Héracles e rei de Esparta, [15] tão barata é a nobreza em toda arte. Por consequência não os filhos dos filhos, mas eles próprios, os que primeiro instituíram a loucura, pagaram seu preço.

[36.1] Ao saber do ocorrido entre os lacedemônios, Macatas voltou sobre seus passos rumo a Esparta e pressionou os éforos e os reis a declararem guerra aos aqueus. [2] Afirmou que apenas assim cessaria a animosidade daqueles lacedemônios que haviam rompido completamente a aliança com os etólios e daqueles que na Etólia agiam de modo semelhante. [3] Persuadidos os éforos e os reis, Macatas foi-se embora, tendo realizado seu plano devido à ignorância de seus colaboradores. [4] Licurgo, com soldados e alguns políticos, invadiu a Argólida, pois os argivos estavam absolutamente desprotegidos devido à situação anterior. [5] Com um ataque súbito, ocupou Policna, Prásias, Lêucade e Cifanta, mas foi repelido no ataque aos glimpeus e a Zárax. [6] Tendo feito isso, os lacedemônios autorizaram publicamente a pilhagem dos aqueus. Macatas também convenceu os eleus, com discurso semelhante ao feito aos lacedemônios, a declarar guerra aos aqueus. [7] Como os fatos avançassem contra a expectativa mas conforme o propósito dos etólios, entraram na guerra confiantes, e os aqueus, inversamente, [8] pois Filipe, em quem depositavam esperanças, ainda fazia preparativos, os epirotas estavam prestes a guerrear, os messênios se mantinham quietos e os etólios, apoiados na ignorância de eleus e lacedemônios, envolviam-nos com a guerra por toda parte.

[37.1] Nessa ocasião [219 a.C.], Arato já havia deixado a magistratura e seu filho Arato, instituído pelos aqueus, assumia a estrategia. [2] Estratego dos etólios era Escopa; a duração de sua magistratura estava então na metade, pois os etólios faziam eleições imediatamente após o equinócio de outono, e os aqueus, à época da ascensão das Plêiades. [3] Corria já o verão e Arato Jovem havia assumido a estrategia quando os seguintes fatos tiveram início: [4] nessa época, Aníbal empreendeu cercar Sagunto; os romanos enviaram Lúcio Emílio com tropas para a Ilíria contra Demétrio de Faros – isso expusemos no livro anterior –; [5] Antíoco, depois de Teodoto trair Ptolemaida e Tiro, planejou atacar a Cele-Síria;

e Ptolomeu iniciava preparativos para uma guerra contra Antíoco. [6] Desejoso de governar como Cleômenes, Licurgo acampara junto ao Ateneu de Megalópolis e o cercava. Os aqueus reuniram cavaleiros mercenários e infantes para a guerra iminente. [7] Filipe partia da Macedônia com tropas: dez mil falangianos, cinco mil peltastas e oitocentos cavaleiros. [8] Tudo se compunha de tais planos e preparativos. À mesma época, os ródios declararam guerra aos bizantinos [220-219 a.C.] pelas seguintes razões.

[38.1] Quanto ao mar, os bizantinos habitam o território mais bem situado em termos de segurança e prosperidade dentre todos os de nosso mundo habitado, mas quanto à terra, o menos favorável em ambos os aspectos. [2] Quanto ao mar, dominam de tal modo a embocadura do Ponto que nenhum mercador consegue navegar entrando ou saindo sem seu consentimento. [3] Os bizantinos são senhores de todas as muitas benesses que o Ponto proporciona à vida humana. [4] Em termos de comodidades necessárias à vida, a quantidade de rebanhos e escravos que a região do Ponto nos fornece é por unanimidade a mais abundante e melhor; como supérfluos, de mel, cera e peixe salgado provê-nos copiosamente. [5] Recebem de nós o azeite e todo tipo de vinho que nos são abundantes; permutam trigo, ora dando com fartura, ora recebendo. [6] Forçosamente os gregos seriam privados completamente de tudo isso ou as permutas se lhes tornariam desfavoráveis caso os bizantinos quisessem prejudicá-los e combinar-se ora com os gálatas, ora mais ainda com os trácios, ou se de modo algum habitassem a região, [7] pois devido à estreiteza da passagem e à multidão de bárbaros nas adjacências o Ponto certamente não seria navegável para nós. [8] Eles detêm talvez as maiores vantagens para a vida devido às peculiaridades do local, [9] pois exportam tudo que lhes é supérfluo e encontram barato e à mão o restante para importar sem qualquer atribulação ou perigo. [10] Também a outros advêm benefícios com seus serviços, como dissemos. Enquanto benfeitores comuns de todos, deveriam receber não apenas gratidão, mas também proteção total por parte dos gregos contra ameaças dos bárbaros. [11] Uma vez que muitos ignoram a peculiaridade e a boa localização da região, porque situada um pouco fora das partes frequentadas do mundo habitado; [12] e porque queremos todos nos informar a respeito, tornando-nos sobretudo testemunhas oculares das regiões que têm algo peculiar e distinto ou, se não for possível, ao menos ter noções e impressões próprias como se as mais próximas da verdade, [13] deve ser relatado o que ocorre e produz tal e tamanha riqueza da cidade mencionada.

[39.1] O dito Ponto[8] tem perímetro de aproximadamente 22 mil estádios e duas embocaduras diametralmente opostas: uma, para a Propôntida, outra, para o pântano Meótis; este tem oito mil estádios de circunferência. [2] Nessa bacia deságuam muitos grandes rios da Ásia e outros ainda maiores e mais numerosos da Europa: quando o Meótis se enche, flui para o Ponto pela embocadura, e o Ponto, para a Propôntida. [3] A boca do Meótis é chamada de Bósforo Cimeriano, com largura aproximada de trinta estádios, comprimento de sessenta e pouca profundidade; [4] de modo semelhante, a do Ponto se denomina Bósforo Trácio, tem 120 estádios de comprimento, mas não a mesma largura em toda a extensão. [5] No lado da Propôntida, o início da embocadura é o canal entre Calcedônia e Bizâncio, que tem catorze estádios; [6] no do Ponto, o local dito Sagrado, onde dizem que Jasão, retornando dos colcos, primeiramente sacrificou aos doze deuses. Este fica na Ásia e dista da Europa doze estádios olhando para o Sarapião à frente na Trácia. [7] Duas são as causas por que o Meótis e o Ponto fluem continuamente

---

8. O Ponto é o atual mar Negro; a Propôntida (lit. Pré-ponto, Pré-mar), o mar de Mármara; o pântano Meótis, o mar de Azov; o Bósforo Cimeriano, o estreito de Kerch; o Bósforo Trácio, o Bósforo; a Cólquida corresponde ao território aproximado da República da Geórgia.

para fora: a primeira é óbvia e evidente a todos, pois devido às muitas correntes que desembocam na circunferência de um receptáculo delimitado, ele se torna cada vez mais cheio de água; se essa circunferência não tiver vazão, [8] necessariamente o volume subirá cada vez mais e ocupará um espaço maior do que o de sua bacia; havendo vazão, forçosamente o excedente escoará continuamente, drenado pelas embocaduras existentes. [9] A segunda se deve a que grande quantidade de todo tipo de detrito é carregado para as bacias dos rios durante as tempestades intensas: quando a água perde espaço para os depósitos, sobe cada vez mais despejando-se pela mesma razão pelos vazadouros existentes. [10] Como os amontoados e correntezas dos rios são incessantes e contínuos, forçosamente também o escoamento é incessante e contínuo pelas embocaduras. [11] Essas são as verdadeiras causas de o Ponto fluir para fora, embasadas não por narrativas de mercadores, mas pela observação da natureza; não é fácil encontrar uma mais precisa.

[40.1] Uma vez que estamos nesse tópico, nada deve ser deixado ocioso nem como mera asserção, como costumam fazer muitos historiadores; antes, é necessária uma narrativa explicativa, a fim de que não deixemos nenhuma investigação obscura para o leitor atento. [2] Isto é próprio dos tempos atuais, em que todas as regiões se tornaram acessíveis por terra e mar: não se deve empregar poetas e mitógrafos como testemunhas sobre aquilo que se ignora, [3] como fizeram nossos antepassados sobre muita coisa, "apresentando confirmações incríveis para assuntos duvidosos", como afirma Heráclito; antes, deve-se tentar suscitar suficiente credibilidade aos leitores por meio da própria investigação. [4] Afirmamos que, antes como agora, o Ponto é aluviado, e que com o tempo ele e o pântano Meótis estarão completamente cheios de aluvião, caso permaneça a mesma conformação topográfica e os causadores do aluviamento continuem agindo. [5] Enquanto o tempo não tiver limites e a bacia for por todo lado totalmente delimitada, mesmo que os aportes sejam fortuitos, é claro que ficarão cheios com o tempo. [6] Por natureza algo que transcorre em tempo sem limites, continuamente aumentando ou diminuindo, ainda que muito pouco – considere-se isso no momento – forçosamente se concluirá conforme proposto. [7] Mas quando não é ordinário e sim excessivo o aluvião, é óbvio que não no futuro distante, antes rapidamente ocorrerá o que acabamos de afirmar, [8] e que visivelmente está ocorrendo. O Meótis já está aluviado, pois em sua maior parte tem sete ou cinco braças de profundidade. Por isso não é mais possível navegar por ele com grandes naus sem piloto. [9] Originalmente um mar confluente com o Ponto, conforme concordam os antigos, hoje é um pântano doce: a água do mar foi expulsa pelos aluviões, sob a pressão do desaguamento dos rios. [10] Ocorrerá o mesmo com o Ponto, algo já em processo mas não muito evidente à maioria, devido ao tamanho da bacia. Para quem observa meticulosamente, o fato é óbvio.

[41.1] O Istro [atual Danúbio] deságua da Europa no Ponto por várias bocas, e diante dele, ao longo de quase mil estádios, se estende uma faixa de areia distante da terra um dia de corrida do ponto em que está, formada pelos detritos lançados pelas bocas. [2] Sobre eles ainda há navegantes que, correndo pelo Ponto como se em mar aberto, encalham sem perceber, à noite, nesses locais, chamados de Peitos pelos nautas. [3] De esse aluvião não estar próximo à terra, mas bastante avançado, deve se considerar o seguinte como causa: [4] a medida com que as correntezas dos rios prevalecem e se espalham mar adentro com a força do impulso é a mesma com que necessariamente a terra e tudo que for carregado pelas correntes avançam sem qualquer pausa ou cessação. [5] Quando, em razão da profundidade e da largura do mar, as correntes são dissolvidas, então é naturalmente razoável que, carregado por baixo, o aluvião encontre pausa e parada. [6] Por isso que os aluviões dos rios grandes e caudalosos se formam longe, permanecendo as proximidades da costa com grande profundidade, enquanto dos pequenos e de correnteza suave os bancos de areia se formam junto à foz. [7] Isso se torna mais evidente durante a irrupção de tempestades, pois então cursos ordinários, caso prevaleçam sobre as ondas no desaguar, empurram o aluvião mar adentro por uma distância proporcional à violência do fluxo. [8] De modo algum se deve descrer da grandeza da faixa de areia mencionada nem, em geral, da quantidade de pedras, madeira e terra carregada pelos rios – seria ingenuidade – [9] quando frequentemente temos sob os olhos pequenas enxurradas que se tornam torrentes e rasgam terrenos elevados, carregando todo tipo de materiais, terra e pedras, e formando tamanhos aluviões que às vezes alteram tais locais a ponto de se tornarem irreconhecíveis em pouco tempo.

[42.1] Por isso não é plausível o espanto se tais e tantos rios, fluindo continuamente, realizarem o que eu disse e, por fim, preencherem o Ponto. [2] Não se trata de algo plausível, mas evidentemente forçoso, seguindo-se um raciocínio correto. [3] Sinal do futuro: a proporção em que o Meótis é mais doce que o mar pôntico equivale à que se percebe claramente na diferença entre o pôntico e o nosso mar [o Mediterrâneo]. [4] Assim, é evidente que, quando a extensão da bacia do Ponto for preenchida em tempo proporcional àquele que transcorreu para encher o Meótis, então aquele se tornará raso, doce e pantanoso de modo semelhante ao pântano Meótis. [5] É de se supor que isso aconteça rapidamente, pois as correntes dos rios que nele desembocam são maiores e mais numerosas. [6] Dissemos isso visando quem não crê que o Ponto atualmente sofre aluviamento, continuará sofrendo e que tamanho mar se converterá em um pântano raso. [7] Mais ainda isso seja dito contra as falsificações e maravilhas de navegantes, a fim de que não sejamos constrangidos por imperícia a nos embasbacar quais crianças com tudo o que dizem; e que de posse de alguns indícios da verdade, possamos decidir por eles até que ponto o que dizem alguns é verdadeiro ou não. [8] Na sequência voltamos à boa localização dos bizantinos.

[43.1] A embocadura que une o Ponto e a Propôntida tem 120 estádios de comprimento, conforme dissemos há pouco. A extremidade do Sagrado olha para o Ponto; a do canal de Bizâncio, para a Propôntida; [2] no meio, entre ambas, está o Hermeu, em uma reentrância situada sobre um promontório avançado, ponto distante da Ásia aproximadamente cinco estádios e trecho o mais estreito de toda a embocadura. Dizem que aí Dario jungiu os estreitos quando marchou contra os citas [512 a.C.]. [3] Nos demais trechos o movimento da corrente vinda do ponto é o mesmo, devido à semelhança das adjacências de ambas as partes da boca; [4] mas quando a correnteza é impelida do ponto e confinada no Ermeu da Europa, local que afirmamos ser o mais estreito, incide com violência e então, ricocheteando do golpe, avança contra o lado oposto na Ásia. [5] Dali, em novo ricochete, reflui rumo aos promontórios chamados Lares, na Europa. [6] Daí se alça contra a chamada Vaca, local da Ásia, primeiro ponto que Io teria pisado após a travessia, segundo os mitos. [7] Por fim a correnteza se lança da Vaca sobre a própria Bizâncio e divide-se perto da cidade: o fluxo menor forma o golfo denominado Chifre, e a maior novamente volteia, [8] porém já sem força para alcançar a região oposta onde está Calcedônia. [9] Depois de fazer deflexões frequentes, quando atinge esse ponto largo a correnteza se espraia e não mais avança por flexões curtas em ângulo agudo contra o extremo oposto, mas sim em ângulo obtuso, [10] pelo que não atinge a cidade de Calcedônia e segue pelo estreito.

[44.1] O que faz de Bizâncio uma cidade bem situada, mas não Calcedônia, é o que acabamos de dizer, apesar de à primeira vista parecer que a localização de ambas seja bem situada. [2] Contudo, rumo a esta não é fácil navegar a quem deseja, enquanto àquela, ainda que não queira, a correnteza necessariamente o conduz, como há pouco dissemos. [3] É sinal:

quem queira cruzar de Calcedônia para Bizâncio não pode navegar em linha reta, devido à correnteza no meio, mas costeia até a Vaca e a denominada Crisópolis [4] – outrora domínio dos atenienses que, por juízo de Alcibíades, tentaram por primeiro cobrar pedágio de quem navegasse rumo ao Ponto [410 a.C.] – e dali acompanham a correnteza, que forçosamente os leva rumo a Bizâncio. [5] O mesmo ocorre quando se navega para o outro lado da cidade dos bizantinos: [6] caso alguém avance do Helesponto com o vento sul, ou para o Helesponto, vindo do Ponto, com os etésios, vindo de Bizâncio pelo lado europeu, sua navegação para os estreitos da Propôntida, entre Abidos e Sesto, e dali de volta a Bizâncio, é reta e tranquila; [7] mas se vier de Calcedônia pelo lado asiático, o inverso, pois a costeagem é sinuosa e o território dos cizicenos avança muito. [8] Vir do Helesponto para Calcedônia costeando a Europa e depois, aproximando-se de Bizâncio, voltar-se e avançar por entre a correnteza rumo a Calcedônia e aos locais mencionados, é difícil. [9] De modo semelhante, navegar de lá avançando direto rumo à Trácia é absolutamente impossível, devido à correnteza intermediária e aos ventos, todos adversos a ambas as empreitadas, [10] pois o do sul adentra o Ponto, o do norte sai, e são esses os ventos necessários em ambas aquelas rotas. [11] Essa é a boa situação de Bizâncio quanto ao mar; sua desvantagem quanto à terra será explicada.

[45.1] Como a Trácia circunda seu território de mar a mar, vivem em guerra perpétua e embaraçosa contra eles, [2] pois não conseguem se preparar e dominá-los extinguindo a guerra de uma vez, devido à quantidade de armas e chefes daqueles: [3] caso vençam um, três outros chefes mais vigorosos invadem seu território. [4] Tampouco podem desistir e entrar em acordo mediante pagamentos e tratados, pois caso concedam algo a um único encontram por isso cinco vezes mais inimigos. [5] Por isso vivem em guerra perpétua e embaraçosa: o que é mais perigoso do que uma guerra contra bárbaros limítrofes? O que é mais terrível? [6] Batendo-se sempre contra tais males em terra, além dos outros que sempre se seguem a uma guerra, ainda suportam uma certa "punição de Tântalo", como diz o poeta: [7] detentores do território mais fértil, quando o cultivam produzindo grande quantidade de frutos distintos pela beleza, chegam os bárbaros e destróem uns, pilham outros [8] e então, perdidos trabalho e investimento, lamentam pela beleza dos frutos contemplando a destruição e suportam com dificuldade o fato. [9] Acostumados, entretanto, à guerra trácia, persistem em suas relações originárias com os gregos, [10] mas quando foram surpreendidos pelos gauleses chefiados por Comontório, viram-se em generalizada crise.

[46.1] Tendo partido de suas terras com os homens de Breno [279 a.C.], estes sobreviveram ao combate em Delfos e chegaram ao Helesponto, mas não atravessaram para a Ásia, ali permanecendo por apreciarem as cercanias de Bizâncio. [2] Venceram os trácios, fizeram de Tile sua capital e levaram enorme perigo aos bizantinos. [3] No início, em seus ataques sob o comando de Comontório, seu primeiro rei, os bizantinos continuamente lhes entregavam três, cinco, às vezes dez mil peças de ouro para que não devastassem seu território. [4] Acabaram forçados a pagar tributo anual de oitenta talentos até Cavaro, quando o reino se dissolveu e toda a raça deles foi exterminada sob a volta do domínio trácio. [5] Nessa época, oprimidos pelos tributos, primeiro despacharam aos gregos suplicando auxílio e suprimentos, dada a época crítica. [6] Como a maioria fizesse pouco caso, foram forçados a cobrar pedágio de quem navegasse rumo ao Ponto.

[47.1] Quando a todos se mostraram grandes o prejuízo e a dificuldade derivados da cobrança praticada pelos bizantinos sobre o que saía do Ponto, considerando o fato abusivo todos os navegadores reclamaram aos ródios, tomados como autoridade em assuntos marítimos. [2] Daí nasceu a guerra da qual ora nossa história tratará. [3] Despertados por suas próprias perdas bem como pelas reduções de lucro dos vizinhos, os ródios primeiro reuniram seus aliados e despacharam aos bizantinos, requerendo isenção do pedágio. [4] Estes não cederam em nada, pois estavam convencidos de sua justiça a partir da confrontação entre Hecatodoro e Olimpiodoro e os embaixadores dos ródios – [5] então chefes do Estado bizantino. Então os ródios se foram sem nada conseguir, [6] e quando retornaram votaram guerra contra os bizantinos pelas causas mencionadas [220 a.C.]. [7] De imediato enviaram embaixadores a Prúsias exortando-o à guerra, pois sabiam que Prúsias tinha algumas divergências com os bizantinos.

[48.1] O mesmo fizeram os bizantinos: enviaram embaixadores a Átalo e a Aqueu pedindo auxílio. [2] Átalo estava predisposto, mas detinha então pequena influência, pois fora reduzido por Aqueu a seu poder ancestral. [3] Aqueu, que dominava o território aquém-Tauro, e se havia autoproclamado rei recentemente, prometeu auxílio. [4] Firme nessa resolução, instilou grande esperança nos bizantinos e, ao contrário, consternação nos ródios e em Prúsias. [5] Aqueu era parente do Antíoco que herdara o reino da Síria, e tornou-se senhor do mencionado poder pelas seguintes razões. [6] Morto Seleuco[9], pai do referido Antíoco, e tendo assumido o reino seu primogênito Seleuco, junto dele, devido ao parentesco, Aqueu marchara rumo ao Tauro dois anos antes da época ora mencionada, [7] pois tão logo assumiu o reino o jovem Seleuco, informado de que Átalo já havia convertido em domínio próprio a região aquém-Tauro, foi impelido a cuidar dos próprios interesses. [8] Tendo transposto o Tauro com grande exército, foi assassinado a traição pelo gaulês Apatúrio e por Nicanor. [9] Devido ao vínculo de sangue, imediatamente Aqueu vingou-lhe o assassinato, matando os homens de Nicanor e de Apatúrio e postando-se

---

9. 226 a.C. Os reis mencionados a seguir são: Seleuco II Calínico (246-226 a.C.); Seleuco III Cerauno (226-223 a.C.) e Antíoco III Grande, filho de Calínico (223-187 a.C.).

à frente das tropas e dos interesses gerais com sensatez e magnanimidade. [10] Como se lhe apresentasse a oportunidade e o ímpeto da massa colaborasse para que cingisse o diadema, optou por não fazê-lo, preservando o reino para Antíoco, o filho mais jovem. Marchando ativamente, retomou todo o território aquém-Tauro. [11] Como surpreendentemente os fatos lhe corressem favoráveis – havia encurralado Átalo na própria Pérgamo e se tornado senhor de todo o resto – embalado pelos sucessos perdeu-se logo a seguir. [12] Após cingir o diadema e autoproclamar-se rei, converteu-se então no mais vigoroso e temível dentre os reis e potentados da região aquém-Tauro. [13] Fiando-se então, sobretudo nele, os bizantinos empreenderam a guerra contra os ródios e Prúsias.

[49.1] Prúsias já havia se queixado aos bizantinos de que, tendo eles votado erigir algumas estátuas suas, não o fizeram, mas negligenciaram-nas e esqueceram; [2] também estava descontente com eles pelo ardor que empenharam em dissolver o ódio e a guerra de Aqueu contra Átalo, pois considerava que a amizade entre eles prejudicaria de todos os modos seus próprios interesses. [3] Irritava-o também pensar que os bizantinos haviam enviado a Átalo celebrantes para os jogos em honra de Atena, mas não haviam despachado ninguém a si quando das Sotérias. [4] Como, devido a tudo isso, acalentava rancor secreto, acolheu com prazer o pretexto dos ródios, acordando com os embaixadores que a eles caberia guerrear pelo mar, enquanto ele próprio pensava lesar os inimigos por terra não menos. [5] Por conta disso ocorreu e teve tal início [220 a.C.] a guerra entre ródios e bizantinos.

[50.1] Primeiro os bizantinos guerrearam com bravura, certos de que Aqueu os auxiliaria e de que eles próprios, depois de atrair da Macedônia Tibete, cercariam Prúsias de terrores e perigos, [2] ele que guerreava com o ímpeto mencionado, e que lhes arrebatara o dito Sagrado na embocadura – [3] pouco tempo antes os bizantinos haviam comprado o terreno por muito dinheiro, e perderam-no devido à boa situação do local. Os bizantinos não desejavam deixar recurso algum a ninguém contra os mercadores que navegavam rumo ao Ponto, nem em termos de escravos, nem de negócios marítimos. [4] Prúsias também lhes arrebatara um território da Ásia habitado pelos bizantinos da Mísia já havia muito. [5] Tendo tripulado seis naus, recebido quatro dos aliados e apontado como navarco Xenofanto, os ródios navegaram do Helesponto com dez naus. [6] Com nove ancoraram em Sesto e bloquearam quem navegasse rumo ao Ponto; com a outra seguiu o navarco e testou os bizantinos, para saber se já lastimavam, apavorados com a guerra. [7] Como não lhe dessem atenção, retornou, assumiu as demais naus e removeu todas para Rodes. [8] Os bizantinos despachavam a Aqueu solicitando auxílio, e enviaram a Tibete os homens que o guiariam desde a Macedônia: [9] pensavam que o império dos bitínios convinha a Tibete não menos do que a Prúsias, pois ele era irmão do pai de Prúsias. [10] Observando a firmeza dos bizantinos, os ródios raciocinaram pragmaticamente para alcançar seus propósitos.

[51.1] Vendo que a continuidade da resistência bélica dos bizantinos jazia nas expectativas depositadas em Aqueu; observando que o pai de Aqueu estava detido em Alexandria; e que Aqueu se preocupava muito com a integridade de seu pai, despacharam a Ptolomeu requisitando Andrômaco. [2] Se inicialmente não se empenharam muito, então verdadeiramente apressaram a questão a fim de, proporcionando a Aqueu esse benefício, fazê-lo subserviente a todas as suas demandas. [3] À chegada dos embaixadores, Ptolomeu decidiu reter Andrômaco esperando utilizá-lo em ocasião necessária, porque ainda lhe restavam algumas pendências com Antíoco e porque Aqueu, recentemente autoproclamado rei, seria decisivo em outras, [4] pois Andrômaco era pai de Aqueu e irmão de Laódice, mulher de Seleuco. [5] Entretanto Ptolomeu se inclinava para os ródios em todas as suas opções: ansioso por agradar, acedeu e entregou-lhes

Andrômaco para que o levassem a seu filho. [6] Por tê-lo feito e cumulado Aqueu de outras honrarias, privaram os bizantinos de sua maior esperança. [7] Outro incidente inoportuno adveio aos bizantinos, pois Tibete, quando era trazido da Macedônia, frustrou-lhes os planos ao morrer. [8] Diante disso o ímpeto bizantino se abateu e Prúsias reforçou suas expectativas para a guerra, fosse porque combatia ele próprio na Ásia e dirigia ativamente as operações, fosse porque assoldadava trácios e não permitia que os bizantinos deixassem a Europa pelo estreito. [9] Desapontados em suas expectativas e completamente encurralados pela guerra, os bizantinos espreitavam uma saída decente para a situação.

[52.1] Tendo Cavaro, rei dos gauleses, chegado a Bizâncio disposto a terminar com a guerra apartando honrosamente os beligerantes, Prúsias e os bizantinos acataram a exortação. [2] Quando os ródios souberam da disposição de Cavaro e da aquiescência de Prúsias, apressaram-se para levar a cabo seu próprio plano. [3] Apontaram Arídice como embaixador junto aos bizantinos, e junto despacharam Polêmocles com três trirremes [4] desejando, como se diz, enviar ao mesmo tempo a lança e o caduceu aos bizantinos. Quando chegaram, fizeram-se armistícios no ano de Cótão, filho de Caligitão, sacerdote de Bizâncio. [5] Com os ródios era simples: "os bizantinos não cobram portagem de ninguém que navegue rumo ao Ponto; os ródios e seus aliados, diante disso, manterão a paz com os bizantinos". [6] Com Prúsias, foram estes: "há paz entre Prúsias e os bizantinos por todo o sempre; os bizantinos não marcham contra Prúsias de modo algum nem Prúsias contra os bizantinos; [7] Prúsias devolve aos bizantinos territórios, guarnições, povos e escravos de guerra sem resgate, além disso, navios capturados no início da guerra, artilharia tomada às defesas, bem como madeiras, pedras de construção e cerâmica do território Sagrado" – [8] pois Prúsias, aflito com a vinda de Tibete, demolira tudo que lhe parecera apropriado para servir de guarnição – [9] "e

Prúsias faria com que os bitínios que ocupam o território da Mísia sujeita aos bizantinos restituíssem-no aos agricultores". [10] Tal foi o início e o fim da guerra entre ródios e Prúsias contra os bizantinos.

[53.1] À mesma época, os cnóssios despacharam aos ródios e convenceram-nos a enviar a Cnossos as naus de Polêmocles e outras três naus descobertas. [2] Isso foi feito, e quando os navios chegaram em Creta, os eleuterneus suspeitaram que os homens de Polêmocles haviam matado um cidadão seu, Timarco, para agradar aos cnóssios. Primeiro anunciaram represálias aos ródios, em seguida declararam guerra. [3] Pouco antes disso, os lítios haviam sofrido um desastre irremediável. A situação de Creta como um todo era a seguinte. [4] Em acordo com os gortínios, os cnóssios controlavam toda Creta com exceção da cidade dos lítios. Permanecendo apenas essa insubmissa, lançaram-se à guerra, ansiosos por arrasá-la completamente, como exemplo aterrorizante a todos os demais cretenses. [5] Primeiro guerrearam todos os cretenses contra os lítios, mas quando surgiram rivalidades por questões fortuitas, como é costume entre os cretenses, dissentiram uns dos outros. [6] Os polirrênios, os ceraítas e os lapeus, junto dos hórios com os árcades, apartaram-se unanimemente da amizade aos cnóssios, decidindo aliar-se aos lítios; [7] os mais velhos dos gortínios optaram pelos cnóssios, enquanto os mais jovens, pelos lítios, dissentindo entre si. [8] Ante a surpresa dessas mudanças entre aliados, os cnóssios aliciaram mil aliados etólios. [9] Quando isso ocorreu imediatamente os gortínios mais velhos tomaram a cidadela e introduziram os cnóssios e etólios, ora expulsando, ora matando os jovens, e entregaram a cidade aos cnóssios.

[54.1] Na mesma ocasião, os lítios haviam viajado em bloco para a guerra. Quando os cnóssios o souberam, tomaram Lito, desprovida de defensores. [2] Remeteram as mulheres e crianças a Cnosso e retornaram após incendiar, assolar e destruí-la completamente. [3] Ao retornarem da expedição para a cidade e contemplar o ocorrido, os lítios ficaram tão intimamente transtornados que nenhum dos presentes ousou adentrar a pátria. [4] Todos caminhavam em círculos ao redor, frequentemente gemendo e chorando o infortúnio da pátria e o próprio, até retornarem sobre seus passos rumo à cidade dos lapeus, [5] que os acolheram com humanidade e toda prontidão. Em um único dia transformados de cidadãos em estrangeiros sem cidade, guerrearam contra os cnóssios junto dos aliados. [6] Lito, colônia consanguínea dos lacedemônios, a mais antiga das cidades de Creta, que sempre gerou cretenses por unanimidade excelentes, foi assim completa e surpreendentemente arrasada.

[55.1] Os polirrênios, lapeus e todos os seus aliados, observando que os cnóssios se apoiavam na aliança com os etólios, e sabendo que os etólios eram inimigos do rei Filipe e dos aqueus, enviaram embaixadores ao rei e aos aqueus em busca de auxílio e aliança. [2] Os aqueus e Filipe aceitaram-nos na aliança comum e remeteram auxílio, quatrocentos ilírios sob o comando de Plátor, duzentos aqueus e cem foceus. [3] Assim que chegaram (retornariam não muito depois) foram de grande valia aos polirrênios e seus aliados, [4] pois em muito pouco tempo encarceraram os eleuterneus, cidoniatas e aptereus entre suas próprias muralhas, e forçaram os dissidentes da aliança com os cnóssios a partilhar consigo de suas expectativas. [5] Feito isso, os polirrênios e seus aliados enviaram a Filipe e aos aqueus quinhentos cretenses; pouco antes, os cnóssios haviam despachado mil aos etólios; ambos os efetivos combateram em cada lado na presente guerra. [6] Os exilados gortínios tomaram o porto dos féstios, e de modo semelhante, com um ataque temerário, ocuparam o dos próprios gortínios, e desses locais lançaram-se à guerra contra os da cidade.

[56.1] Essa era a situação de Creta. À mesma época, Mitrídates declarou guerra aos sinopenses, que foi como o início e o pretexto do recente infortúnio que se abateu sobre os sinopenses.

[2] Nessa guerra despacharam aos ródios pedindo auxílio; esses decidiram indicar três homens e deram-lhes 140 mil dracmas para que providenciassem as provisões necessárias aos sinopenses. [3] Os homens designados aprontaram dez mil jarros de vinho, três mil talentos de pelagem trabalhada[10], cem talentos de cordas de arco trabalhadas, mil panóplias, três mil peças de ouro cunhadas e quatro catapultas com operadores. [4] De posse disso, retornaram os embaixadores dos sinopenses, aflitos porque Mitrídates tentava cercá-los por terra e mar. Por isso fizeram todos esses preparativos. [5] Sinope se localiza na margem direita do Ponto para quem navega rumo ao Fásis, ocupa uma península que avança mar adentro, cujo pescoço, que se junta à Ásia e tem não mais que dois estádios, está completamente envolvido pela cidade; [6] do restante da península, uma parte avança pelo mar, é plana e permite fácil acesso à cidade, enquanto a outra, ao redor do mar, é escarpada, de difícil aproximação e tem pouquíssimos acessos. [7] Assim, aflitos com a possibilidade de Mitrídates bloqueá-los com engenhos pela costa asiática, fazendo igualmente um desembarque pela costa oposta nos terrenos planos acima da cidade, e de tentar cercá-los, [8] os sinopenses puseram-se a envolver com paliçadas a parte insular da península, erigindo barreiras e paliçadas nos acessos por mar, e postando soldados e projéteis nos locais melhor situados, [9] pois a área total da cidade não é grande, mas bastante fácil de defender e modesta.

[57.1] Essa era a situação de Sinope. O rei Filipe partiu da Macedônia com tropas – em meio a esses acontecimentos deixamos há pouco a guerra dos aliados – e lançou-se sobre a Tessália e o Epiro, ansioso por dali fazer a invasão da Etólia [219 a.C.]. [2] À mesma época, Alexandre e Dorímaco planejavam agir contra a cidade dos egeratas. Reuniram por volta de 1.200 etólios em Eantea, na Etólia, situada bem diante

---

10. Provavelmente para a confecção de cordas e cabos.

da cidade mencionada, aprontaram com eles embarcações e aguardavam poder navegar para atacar. [3] Um desertor etólio, que passara muito tempo entre os egeratas e sabia que os vigias do portão de Égio viviam bêbados e descuidavam da vigilância, [4] arriscou-se muitas vezes atravessando até Dorímaco e incitando-os à ação, porque bastante afeitos a tais empreitadas. [5] A cidade dos egeratas foi construída no Peloponeso, no golfo de Corinto, entre as cidades dos égios e dos siciônios, localiza-se sobre cumes sólidos e escarpados, inclina-se para o Parnaso e para o território à frente, e dista do mar por volta de sete estádios. [6] Quando a navegação se fez possível para Dorímaco, partiram e ainda à noite ancoraram no rio que margeia a cidade. [7] Alexandre e Dorímaco, e junto deles Arquidamo, filho de Pantaleão, tendo junto a si a multidão etólia, avançaram para a cidade pela rota que vem de Égio. [8] Com os vinte homens mais hábeis, o desertor atravessou algumas trilhas por entre precipícios mais rápido que os outros, dada sua perícia, esgueirou-se por um riacho e capturou os vigias do portão enquanto dormiam. [9] Degolaram-nos exatamente em seus leitos e, destruídas as travas com machados, abriram os portões para os etólios. [10] Assim que entraram agiram de modo manifestamente inconcebível, o que se tornou em parte causa da salvação dos egeratas e da perdição dos etólios. [11] Supondo que a finalidade de se ocupar uma cidade alheia fosse adentrar seus portões, agiram da seguinte maneira.

[58.1] Permaneceram muitíssimo pouco tempo aglomerados na ágora até que, ávidos por butim, espalharam-se, dirigiram-se a todas as casas e pilharam suas riquezas, já à luz do dia. [2] Como o fato fosse inesperado e totalmente surpreendente, os egeratas cujas casas haviam sido invadidas pelos inimigos fugiam para fora da cidade em pânico e aterrorizados, como se a própria já estivesse firmemente em poder dos inimigos. [3] Aqueles, porém, que ouviram os gritos e vinham ajudar de suas casas intocadas, todos correram para a cidadela. [4]

Seu número e sua confiança eram cada vez maiores, passando-se o oposto com o bando de etólios, menor e mais confuso devido às razões mencionadas. [5] Contudo, quando os homens de Dorímaco perceberam o perigo que os rodeava, agruparam-se e se lançaram contra os ocupantes da cidadela, supondo que por sua confiança e audácia poriam em fuga os que se haviam reunido para auxiliar. [6] Exortando-se mutuamente, os egeratas se defenderam e se atracaram nobremente com os etólios. [7] Como a cidadela não possuísse muralhas e o combate se travasse mano a mano e homem a homem, o primeiro combate se deu conforme presumido, uns combatendo pela pátria e por seus filhos, os outros, pela salvação. Por fim, os etólios atacantes debandaram. [8] Aproveitando o recurso do aclive, os egeratas caíram vigorosa e terrivelmente sobre os inimigos. Daí que a maioria dos etólios, devido ao espanto, fugiam uns sob os outros pisoteando-se nos portões. [9] Alexandre tombou lutando nessa batalha e Arquidamo pereceu nos portões, esmagado e sufocado. [10] Dos demais etólios, parte foi pisoteada, parte quebrou o pescoço ao fugir pelas trilhas das escarpas. [11] Os que sobreviveram ao correr para as naus, tendo abandonado vergonhosamente as armas, navegaram sem esperanças. [12] Se por negligência os egeratas perderam sua pátria, por sua coragem e nobreza salvaram-na surpreendentemente.

[59.1] À mesma época, Eurípides, que fora enviado pelos etólios aos eleus como estratego, depois de incursionar pelo território dos dimeus, dos fareus e dos triteus, e acumular butim suficiente, retornava para Élis. [2] O dimeu Mico, que àquela época era subestratego dos aqueus, contando com o auxílio de todos os dimeus, fareus e triteus, atacou os inimigos durante sua retirada. [3] Como avançasse com muita veemência contra os fugitivos, caiu vítima de uma emboscada e perdeu muitos homens, pois quarenta tombaram e duzentos soldados foram aprisionados. [4] Em vista desse sucesso e embevecido com o fato, em poucos dias Eurípides novamente avançou e capturou a guarnição dos dimeus bem situada junto ao Araxo, denominada Muralha, [5] a qual, dizem os mitos, fora construída antigamente por Héracles quando guerreava contra os eleus, desejoso de fazer dela quartel-general contra eles.

[60.1] Fracassada sua tentativa de auxílio, os dimeus, os fareus e os triteus temiam pelo futuro por conta da tomada da guarnição. Primeiro enviaram mensageiros ao estratego aqueu, esclarecendo os fatos e pedindo auxílio; depois despacharam embaixadores solicitando o mesmo. [2] Mas Arato não conseguia reunir tropas estrangeiras porque, durante a guerra cleomênica, os aqueus haviam deixado de pagar parte do soldo dos mercenários, pois de modo geral suas iniciativas e, em uma palavra, toda a guerra ele dirigiu sem ousadia nem vigor. [3] Por isso Licurgo tomou o Ateneu dos megalopolitanos e Eurípides, em seguida, Gortina de Telfúsia. [4] Os dimeus, os fareus e os triteus, sem esperanças de auxílio do estratego, acordaram entre si não pagar as contribuições comuns aos aqueus, [5] a fim de reunir mercenários particulares, trezentos soldados e cinquenta cavaleiros, e por meio deles garantir a segurança do território. [6] Assim agindo, pareciam haver deliberado conforme possível aos seus negócios, mas inversamente aos comuns, pois foram tidos por iniciadores e líderes de maligno plano e pretexto àqueles que desejassem dissolver a nação. [7] A maior parcela de responsabilidade por isso com justiça poderia ser atribuída ao comandante, que sempre negligenciava, postergava e descuidava de tais pedidos. [8] Todo aquele que se vê em perigo, enquanto depositar alguma esperança em seus familiares e aliados, a elas costuma apegar-se, mas quando, em dificuldade, desespera, já então é constrangido a socorrer-se a si mesmo como puder. [9] Por isso os triteus, os fareus e os dimeus não devem ser censurados por terem reunido mercenários particulares, pois o comandante aqueu postergava, mas deve ser reprovada sua recusa às contribuições comuns. [10] Não se deve descurar a necessidade particular quando é oportuno ou possível, e é justo preservar a constituição comum, até porque a restituição é infalível, conforme as leis comuns e, mais importante, porque foram os iniciadores da organização dos aqueus.

[61.1] Essa era a situação do Peloponeso. Tendo atravessado a Tessália, o rei Filipe chegou ao Epiro. [2] Acrescentou aos macedônios todos os epirotas, juntou-os aos trezentos fundibulários vindos da Acaia, mais os quinhentos cretenses enviados pelos polirrênios, avançou, atravessou o Epiro e chegou ao território dos ambracienses [219 a.C.]. [3] Se na sequência houvesse invadido de um só golpe o interior da Etólia, aparecendo súbita e surpreendentemente com tamanhas forças, tudo teria acabado. [4] Porém, persuadido pelos epirotas a primeiro cercar Ambraco, permitiu que os etólios retornassem, se recompusessem, tomassem providências e se preparassem para o futuro. [5] Considerando seus interesses mais necessários do que os comuns dos aliados, e avidíssimos por assenhorear-se de Ambraco, os epirotas pediram que Filipe cercasse o distrito e o tomasse antes de tudo, [6] pois julgavam mais importante privar os etólios de Ambrácia, e esperavam fazê-lo apenas se, dominado o referido local, dali sitiassem a cidade. [7] Ambraco é um distrito bem guarnecido por fortificações e muralhas, ergue-se em meio a pântanos, possui um único acesso, vindo da região, estreito e calcetado, e ocupa posição muito favorável relativamente ao território dos ambracienses e à cidade. [8] Persuadido pelos epirotas, Filipe então acampa próximo a Ambraco e começa a se preparar para o cerco.

[62.1] Ao mesmo tempo, Escopa reuniu todos os etólios, marchou pela Tessália e invadiu a Macedônia. Ao passar pela Piéria, destruiu os trigais, arrebatou considerável butim e retornou marchando rumo a Dio. [2] Como os habitantes houvessem abandonado o local, entrou e demoliu as muralhas, as casas e o ginásio, incendiou o pórtico próximo ao templo e destruiu as demais oferendas que serviam de adorno

ou para conveniência dos participantes dos festivais. Também derruiu todas as imagens dos reis. [3] Tendo declarado guerra não apenas aos homens, mas também aos deuses logo no início da guerra e em sua primeira ação, retornou. [4] Chegou à Etólia não como sacrílego, mas como campeão da causa comum; foi honrado e admirado, e inflou os etólios com esperanças vazias e arrogância estúpida, [5] pois diante disso pensavam que, como ninguém ousasse aproximar-se da Etólia, devastariam impunemente não apenas o Peloponeso, como de hábito, mas também a Tessália e a Macedônia.
[63.1] Informado sobre a Macedônia e auferindo de imediato o pagamento pela estupidez e pelas rivalidades dos epirotas, Filipe cercou Ambraco. [2] Servindo-se com competência dos aterros e demais preparativos, rapidamente aterrorizou os habitantes e tomou o vilarejo depois de quarenta dias ao todo. [3] Depois de liberar os quinhentos etólios da vigilância sob trégua, e de satisfazer o desejo dos epirotas entregando-lhes Ambraco, [4] retomou a tropa e avançou contornando Caradra ansioso por cruzar o golfo chamado de ambraciense pelo ponto onde é mais estreito, próximo ao templo dos acarnânios chamado de Áctio. [5] O referido golfo destaca-se do mar Siciliano entre o litoral do Epiro e o da Acarnânia por uma boca estreitíssima, com menos de cinco estádios, [6] avançando pelo interior por cem estádios de largura e por volta de trezentos de comprimento distante do mar; separa Epiro e Acarnânia, ficando o Epiro ao norte e a Acarnânia ao sul. [7] Depois de cruzar com o exército pela referida boca e atravessar a Acarnânia, chegou à Etólia pela cidade chamada de Fécias, reforçado por dois mil soldados acarnânios e duzentos cavaleiros. [8] Tendo acampado ao redor da referida cidade e feito ataques vigorosos e apavorantes durante dois dias, tomou-a por rendição e liberou sob trégua os habitantes etólios. [9] Na noite seguinte, quinhentos etólios vieram em auxílio como se a cidade ainda não houvesse sido tomada. Pressentindo sua presença, o rei instalou emboscadas em locais convenientes,

assim matou muitos deles e fez dos demais prisioneiros, à exceção de muito poucos. [10] Em seguida, distribuiu à tropa provisões para trinta dias com o trigo arrebatado, pois grande quantidade havia sido encontrada em Fécias, e avançou marchando rumo à Estrática. [11] Distante da cidade por volta de dez estádios, acampou próximo ao rio Aquelôo, dali partindo para devastar impunemente a região sem que nenhum adversário ousasse enfrentá-lo.

[64.1] À mesma época, os aqueus, premidos pela guerra e sabendo que o rei estava próximo, despacham embaixadores pedindo auxílio. [2] Encontraram Filipe ainda em Estrato, trataram de sua incumbência e, insinuando ao exército vantagens sobre os inimigos, persuadiram-no a invadir Élis depois de atravessar para Rio. [3] O rei os ouviu e reteve junto a si os embaixadores, alegando que deliberaria sobre a requisição, mas avançou marchando rumo a Metrópole e Conope. [4] Os etólios ocuparam a cidadela de Metrópole e abandonaram a cidade. Filipe incendiou Metrópole e rumou em seguida para Conope. [5] Como a cavalaria etólia se agrupasse e ousasse barrar-lhes o vau do rio, que se estende diante da cidade por vinte estádios, e estivesse convicta de que os bloquearia definitivamente ou machucaria muito os macedônios quando atravessassem, [6] o rei refletiu sobre seu intento e ordenou que os peltastas avançados entrassem no rio e saíssem agrupados em formação escudo a escudo. [7] Eles obedeceram, e assim que a primeira companhia atravessou a cavalaria etólia testou-a por algum tempo, enquanto aquela permanecia escudo a escudo; uma segunda e uma terceira atravessaram e juntaram armas à que resistia até que os etólios retiraram-se para a cidade inativos e em dificuldades. [8] Ademais, a arrogância etólia já havia se refugiado nas cidades e mantinha-se tranquila. [9] Filipe atravessou com o exército e depois de devastar impunemente também essa região, avançou em marcha para Itória, vilarejo que controla o passo, distinto por sua solidez tanto natural quanto artificial. [10] Ao aproximar-se dele, os vigias abandonaram o local apavorados; senhor do local, o rei arrasou-o completamente [11] e ordenou o mesmo a seus forrageiros, que demolissem os demais bastiões da região.

[65.1] Percorrido o trecho estreito, já marchava a pé e calmamente, dando tempo para que as tropas pilhassem a região. [2] Quando o exército se viu cheio de todo o necessário, chegou aos aqueus[11] eníadas. [3] Tendo acampado próximo a Peânio, decidiu tomá-lo primeiro. Com investidas contínuas tomou-a à força, cidade grande não por seu contorno, que era de menos de sete estádios, mas por todo tipo de edificações, muralhas e torres. [4] Derruiu ao solo toda a sua muralha, arrancou das casas o madeiramento e as telhas, juntou-os em jangadas e em seguida enviou-as pelo rio com todo zelo para os eníadas. [5] Inicialmente os etólios tentaram manter a cidadela dos eníadas, que haviam assegurado com muralhas e demais preparativos, mas ante a aproximação de Filipe, retiraram-se apavorados. [6] O rei tomou também essa cidade, e dali partindo acampou em Calidônia, perto de um vilarejo sólido denominado Elau, singularmente fortificado com muralhas e demais preparativos de que Átalo ali se encarregara para os etólios. [7] Tendo os macedônios também se assenhoreado dele à força e devastado Calidônia toda, retornaram aos eníadas. [8] Observando sua localização favorável, principalmente para travessias rumo ao Peloponeso, Filipe começou a amuralhar a cidade, [9] pois os eníadas habitam junto ao mar, no limite entre a Acarnânia e os etólios, na entrada do golfo coríntio. [10] A cidade ocupa uma posição bem diante da costa dos dimeus no Peloponeso, ponto mais próximo do Araxo, distante não mais de cem estádios. [11] Tendo isso em vista fortificou a cidadela em si e, ao erguer uma muralha em redor do porto e dos estaleiros, empreendeu uni-los à cidadela, utilizando na construção os materiais de Peânio.

---

11. Entre colchetes no original; provável interpolação.

[66.1] Estava o rei ainda envolvido com isso quando chegou da Macedônia um mensageiro afirmando que os dardânios, porque conjecturaram sua invasão do Peloponeso, reuniram grandes tropas e preparativos decididos a invadir a Macedônia. [2] Depois de ouvir e compreender a necessidade de socorrer a Macedônia às pressas, despachou os embaixadores aqueus, dando como resposta que, tão logo provesse ao anunciado, nada teria por mais importante do que auxiliá-los em seguida com tropas. [3] Com urgência ele retornou pela mesma rota por que viera. [4] Quando estava a ponto de atravessar o golfo ambraciense da Acarnânia para o Epiro, chegou em um bote Demétrio de Faros, cassado da Ilíria pelos romanos, o que já esclarecemos no livro anterior. [5] Filipe acolheu-o generosamente e pediu que navegasse para Corinto e dali alcançasse a Macedônia pela Tessália, enquanto ele mesmo seguiria adiante sem parar depois de cruzar para o Epiro. [6] Quando chegou em Pela da Macedônia, os dardânios souberam por alguns desertores trácios da presença de Filipe. Apavorados, imediatamente sustaram a marcha, embora já estivessem perto da Macedônia. [7] Ao saber da mudança de intenção dos dardânios, Filipe liberou todos os macedônios para a colheita do fim do verão e viajou para a Tessália, passando o restante do verão em Larissa. [8] Nessa época [meados a final de 219 a.C.], Emílio celebrou em Roma um esplêndido triunfo sobre a Ilíria, e Aníbal, depois de tomar Sagunto à força, liberou suas tropas para invernar. [9] Quando chegou aos romanos a notícia da tomada de Sagunto, enviaram embaixadores para demandar Aníbal aos cartagineses, enquanto se preparavam para a guerra depois de instituírem cônsules Públio Cornélio e Tibério Semprônio, [10] conforme esclarecemos detalhadamente no livro anterior. Ora os recordamos conforme a proposta inicial, a fim de que se conheça a concomitância desses fatos. [11] Encerrou-se então o primeiro ano da olimpíada em questão.

[67.1] Era já época de eleição para os etólios, e Dorímaco foi escolhido como estratego. Tão logo assumiu o cargo, reuniu os etólios armados, invadiu as terras altas do Epiro e devastou a região agindo com muita ferocidade, [2] pois tudo o que fazia era mais para lesar os epirotas do que para proveito próprio. [3] Ao chegar ao santuário de Dodona, incendiou o pórtico, destruiu muitas oferendas e derrubou o recinto sagrado, [4] como se para os etólios não houvesse distinção entre guerra e paz, mas em ambas as circunstâncias agissem a despeito dos costumes e das regras comuns entre os homens. [5] Depois de realizar tudo isso, retornou para casa. [6] Como o inverno avançasse e ninguém esperasse a presença de Filipe à ocasião, o rei partiu de Larissa com três mil soldados de escudo de bronze, dois mil peltastas e trezentos cretenses, além de quatrocentos cavaleiros da corte. [7] Fê-los atravessar da Tessália para a Eubeia, dali para Cino e chegou a Corinto, vindo pela Beócia e pela Megárida, por volta do solstício de inverno [21 ou 23 de dezembro de 219 a.C.], tendo se aproximado com tanta rapidez e segredo que nenhum peloponésio conjecturou o ocorrido. [8] Depois de fechar os portões de Corinto e assegurar as estradas com vigias, no dia seguinte rogou a Arato Velho que de Sicião viesse encontrá-lo, e ao estratego aqueu e às cidades enviou cartas nas quais indicava quando e onde todos deveriam encontrar-se armados. [9] Tomadas essas providências, partiu e, depois de avançar, acampou em Fliunte próximo ao Dioscureu.

[68.1] À mesma época, Eurípides, com dois destacamentos de eleus, piratas e mercenários num total de 2.200, mais cem cavaleiros, partiu de Psófis e marchou pela Fênica e pela Estinfália nada sabendo de Filipe, e com o intento de devastar o território de Sicião. [2] À mesma noite em que Filipe acampava perto do Dioscureu, transpôs o acampamento do rei e conseguiu invadir Sicião à aurora. [3] Alguns dos cretenses de Filipe haviam abandonado a formação e, perambulando à cata de forragem, foram presos por Eurípides [4] que, depois de interrogá-los e saber da presença dos macedônios, não manifestou a ninguém o que soubera, mas retornou com o exército pela mesma via por onde chegara, [5] desejando e esperando antecipar-se aos macedônios depois de atravessar a Estinfália e alcançar regiões altas e difíceis. [6] Nada sabendo dos adversários, o rei partiu à aurora por vontade própria decidido a marchar ao longo do Estínfalo rumo a Cáfias, [7] pois ali escrevera aos aqueus para que se encontrassem armados.

[69.1] Quando a vanguarda macedônia dirigiu-se para o passo denominado Apelauro, situado a aproximados dez estádios da cidade dos estinfálios, aconteceu de ao mesmo tempo também a vanguarda dos eleus topar com o passo. [2] Eurípides compreendeu o que ocorria por meio de algumas notícias, e junto de alguns cavaleiros debandou na primeira oportunidade, retirando-se pelas trilhas rumo a Psófis. [3] Abandonado por seu chefe e apavorado com o que se sucedia, o restante dos eleus permaneceu em marcha, sem saber o que fazer ou para onde correr. [4] Primeiro seus oficiais pensaram que fosse um destacamento aqueu auxiliar, engano devido principalmente aos soldados de escudo de bronze, [5] que pareciam ser megalopolitanos, os quais haviam empregado tais armas no combate contra Cleômenes em Selásia, armados por Antígono para aquele serviço. [6] Por isso, retiraram-se mantendo a formação por locais favoráveis, sem desesperar de sua salvação. Mas quando os macedônios estavam bem próximos e puderam ter uma noção de quem verdadeiramente eram, todos se puseram em fuga depois de livrar-se das armas. [7] Vivos foram capturados por volta de 1.200, mas pereceu a multidão restante, fosse às mãos dos macedônios, fosse pelos precipícios. [8] Não mais de cem escaparam. Filipe enviou o espólio e os prisioneiros a Corinto, e continuou de onde parara. [9] A todos os peloponésios pareceu surpreendente o ocorrido, pois souberam ao mesmo tempo da presença e da vitória do rei.

[70.1] Tendo marchado pela Arcádia e deparado com nevascas e agruras nos passos próximos de Oligirto, no terceiro dia alcançou Cáfias à noite. [2] Ali deu descanso à tropa por dois dias e fez junção com Arato Jovem e os aqueus que reuniu, de modo que todo o exército montava a dez mil. Avançou pela Clitória rumo a Psófis, ajuntando, das cidades por onde passava, projéteis e escadas. [3] Psófis é reconhecidamente uma antiga colônia dos árcades de Azanis localizada no centro do Peloponeso, no limite ocidental da própria Arcádia, junto aos confins dos aqueus ocidentais. [4] Ocupa posição vantajosa sobre o território dos eleus, com quem então a administravam. [5] A ela Filipe chegou no terceiro dia vindo de Cáfias e acampou próximo a alguns montes diante da cidade, dos quais podia observá-la toda em segurança, bem como seus arredores. [6] Observando a solidez de Psófis, o rei hesitou sobre o que deveria fazer. [7] Por seu flanco ocidental desce um rio turbulento e glacial impassável durante a maior parte do inverno, que torna a cidade totalmente segura e inacessível devido ao tamanho de seu leito, escavado pouco a pouco conforme fluía de locais elevados. [8] No flanco oriental está o Erimanto, rio grande e turbulento, sobre o qual muitos já tagarelaram bastante. [9] Como a torrente glacial se une ao Erimanto na parte sul da cidade, três de suas faces, protegidas por rios, estão seguras conforme mencionado. [10] A restante, ao norte, é ocupada por um monte fortificado e amuralhado, formando uma cidadela natural e eficiente. Sua muralha é distinta pelo tamanho e equipagem. [11] Além disso lá estavam auxiliares eleus, bem como Eurípides, que nela se refugiara depois da fuga.

[71.1] Observando e raciocinando sobre tudo isso, ora Filipe evitava pensar em forçar um cerco à cidade, ora se mostrava propenso, vendo a conveniência do local. [2] Assim como serviria de quartel-general seguro para que os eleus atacassem então os aqueus e os árcades, do mesmo modo, caso tomada, seria um baluarte para os árcades e serviria de base conveniente para os aliados contra os eleus. [3] Assim, depois de voltar sua atenção para isso, ordenou que todos os macedônios tomassem desjejum à alvorada e se apresentassem prontos e equipados. [4] Em seguida, após atravessar a ponte sobre o Erimanto sem que ninguém se opusesse, devido ao inesperado de tal iniciativa, chegou à cidade mesma enérgica e assustadoramente. [5] Os homens de Eurípides e todos que estavam na cidade ficaram perplexos com o que ocorria, pois criam que os inimigos não ousariam tentar um assalto ou empregar força contra uma cidade tão sólida, nem que organizariam um cerco duradouro, devido à época do ano. [6] Em meio a tais cálculos desconfiavam uns dos outros, por temor de que Filipe houvesse organizado uma ação contra a cidade com alguns infiltrados. [7] Como não identificavam nenhum entre si próprios, a maioria correu às muralhas em auxílio, enquanto os mercenários eleus saíam por uma porta bem localizada para atacar os inimigos. [8] Tendo disposto os carregadores de escadas em três locais ao longo da muralha e distribuído igualmente o restante dos macedônios, em seguida o rei deu a todos o sinal por meio dos trombeteiros para que por toda parte investissem contra as muralhas. [9] Inicialmente os citadinos defenderam-se nobremente, arremessando muitas das escadas. [10] Quando, porém, seu suprimento de projéteis e de outros equipamentos necessários escasseou – tais preparativos foram feitos à ocasião – e porque os macedônios não se apavoravam com o que ocorria, mas para cada soldado arremessado das escadas o de trás sem hesitar continuava subindo, [11] por fim os citadinos fugiram todos para a acrópole, os macedônios do rei galgaram a muralha, e os cretenses se atracaram com os mercenários da porta bem localizada e forçaram-nos a fugir depois de se livrarem das armas de qualquer jeito. [12] Caindo e lançando mãos sobre eles, avançaram porta adentro, e por isso a cidade foi tomada por todos os lados ao mesmo tempo. [13] Com seus filhos e mulheres, os psofídios refugiaram-se na acrópole, e junto deles os homens de Eurípides, bem como o restante dos sobreviventes.

[72.1] Tão logo invadiram, os macedônios pilharam toda a mobília das casas, depois nelas se aquartelaram e dominaram a cidade. [2] Os que se haviam refugiado na acrópole sem quaisquer preparativos, antevendo o futuro, decidiram entregar-se a Filipe. [3] Enviaram um arauto ao rei e, obtida a anuência a uma embaixada, enviaram seus chefes e entre eles Eurípides, os quais concertaram uma trégua garantindo a segurança dos refugiados, estrangeiros e cidadãos indistintamente. [4] Retornaram para donde vieram com ordens para permanecerem ali até que o exército partisse, para que nenhum soldado desobediente os rapinasse. [5] Devido à neve o rei foi forçado a aguardar alguns dias no local. Nesse ínterim, primeiro reuniu os aqueus presentes e indicou-lhes a solidez e a localização conveniente daquela cidade para a guerra em questão, [6] reafirmou a opção e a simpatia que tinha pela nação e, por fim, disse que ora concedia entregar a cidade aos aqueus, pois cabia-lhe agradar como podia sem omitir diligência alguma. [7] Arato e a multidão agradeceram-lhe por isso, então Filipe dissolveu a assembleia e partiu em marcha com o exército para Lásio. [8] Os psofídios desceram da acrópole e foram cuidar da cidade e de suas próprias casas, e Eurípides foi-se para Corinto e dali para a Etólia. [9] Os presentes chefes aqueus instalaram na acrópole, com guarnição suficiente, o sicônio Proslau, e na cidade, o peleneu Pítia. [10] Assim se resolveu a situação em Psófis.

[73.1] Quando os vigias eleus de Lásio souberam da presença dos macedônios e foram informados sobre o que ocorrera em Psófis, imediatamente abandonaram a cidade. [2] O rei chegou muito rápido, tomou-a de assalto e, ampliando a oferta que fizera à nação, entregou também Lásio aos aqueus. De modo semelhante, quando os eleus abandonaram Estrato, restituiu-a aos telfúsios. [3] No quinto dia depois dessas ações, chegou a Olímpia. Após sacrificar à divindade e celebrar com os oficiais, permitiu que o restante da tropa descansasse por três dias e em seguida novamente partiu. [4] Tendo avançado para a Élida, permitiu o forrageio pela região e acampou próximo ao denominado Artemísio. [5] Ali recolheu o butim e dirigiu-se novamente ao Dioscureu. Devastada a região, era grande a quantidade de cativos e maior ainda a de refugiados nas aldeias adjacentes e nos locais fortificados. [6] Acontece que o território dos eleus é singularmente populoso, cheio de escravos e equipamentos, mais do que o restante do Peloponeso. [7] Alguns deles têm tamanha afeição à vida no campo que, por duas ou três gerações, mesmo com posses suficientes, jamais frequentaram uma assembleia. [8] Isso ocorre devido ao grande zelo e atenção dos políticos pelos que moram nos campos, a fim de que a justiça lhes seja administrada ali mesmo e nada falte de necessário à vida. [9] Parece-me que tudo isso deriva de reflexão e legislação antigas devido à vastidão de seu território e, mais importante, devido à vida sagrada que então levavam [10] quando, com anuência dos gregos por conta dos jogos olímpicos, habitavam a sagrada e inviolável Élida, desconhecedores de todo perigo e circunstância bélica.

[74.1] Em seguida, devido a uma divergência com os árcades em relação a Lásio e toda a Pisátida, foram forçados a defender seu território e alterar seu modo de vida, [2] e não fizeram sequer o menor esforço no sentido de restabelecer entre os gregos sua antiga e ancestral inviolabilidade, mas permaneceram como estavam, tomando providências erradas quanto ao futuro, em minha opinião. [3] Aquilo que todos pedimos aos deuses, e tudo suportamos anelando partilhá-lo, o único indiscutível dentre os considerados bens pelos homens – refiro-me à paz –, se alguém, podendo obtê-la como indisputável de modo justo e regular da parte dos gregos para sempre, negligencia-a ou busca algo mais proveitoso, como não se mostraria um confesso ignorante? [4] Por Zeus, talvez se exponham aos que anseiam pela guerra e pela traição com esse modo de vida. [5] Isso, porém, é raro e, mesmo se porventura ocorrer, poderiam obter proteção de todos os gregos unidos. [6] Contra injustiças particulares, com os recursos vitais que provavelmente advêm a quem vive sempre em paz é claro que não careceriam de estrangeiros e mercenários em guarda conforme o local e a ocasião. [7] No momento, por temor do raro e surpreendente, submetem seu território e sua vida a guerras e destruições contínuas. [8] Escrevemos isso para recordar aos eleus que jamais outrora houve uma disposição de ocasiões mais apropriada do que a atual para adquirirem inviolabilidade reconhecida por todos. Conforme disse anteriormente, os eleus ocupam seu território de modo particular, como se ainda restasse uma centelha dos antigos hábitos.

[75.1] Por isso durante a presença de Filipe foi imensa a quantidade de cativos e maior ainda a de fugitivos. [2] Muitas bagagens e grande multidão de escravos e animais se aglomerou no vilarejo que denominam Talamas, pois a região em seus arredores é angusta e de difícil invasão, e o próprio vilarejo é impraticável e difícil de alcançar. [3] Sabendo o rei sobre a multidão de refugiados no local mencionado, e decidido a não deixar nada sem exame ou inconcluso, dispôs os mercenários em postos avançados apropriados à invasão [4] e ele próprio, tendo deixado as bagagens e a maior parte do exército na paliçada, requisitou os peltastas e a infantaria ligeira e avançou pelos estreitos. Sem que ninguém o impedisse, chegou ao vilarejo. [5] Os refugiados apavoraram-se ante tal avanço, pois eram imperitos e estavam despreparados para qualquer serviço bélico. Era uma multidão amontoada de qualquer jeito, que rapidamente se entregou. [6] Entre eles havia duzentos mercenários de várias etnias, vindos com o estratego eleu Anfidamo. [7] Tendo se assenhoreado de muitas bagagens e de mais de cinco mil escravos, além de haver rebocado um butim incalculável de quadrúpedes, Filipe retornou então à paliçada. [8] Em seguida, como seu exército já estivesse atulhado de todo tipo de espólio, retornou pesado e com dificuldades devido a isso, e acampou novamente em Olímpia.

[76.1] Apeles, um dos tutores deixados por Antígono ao filho, era então muito poderoso junto ao rei. Desejando levar os aqueus à mesma disposição dos tessálios, empreendeu fazer algo perverso. [2] Aparentemente os tessálios governavam-se por suas próprias leis de modo muito diferente dos macedônios, mas não, pois em tudo se submetiam igualmente aos macedônios e cumpriam todas as prescrições dos oficiais do rei. [3] Assim, prosseguindo com essa intenção, experimentou testar os soldados aliados. [4] Primeiro permitiu que os macedônios expulsassem de seus quartéis os aqueus desde sempre neles alojados, bem como confiscassem seu butim. [5] Em seguida, passou a surrá-los, por meio de serviçais, por causas banais, e dirigia-se pessoalmente a quem se vexava ou auxiliava os chicoteados, arrastando-os às cadeias, [6] convencido de que, desse modo, aos poucos e imperceptivelmente, forjaria o hábito de ninguém considerar nada terrível se porventura o sofresse por ordem do rei; [7] isso ocorrera havia pouco tempo, quando marchara junto de Antígono e vira que os aqueus suportavam qualquer provação terrível para não agir sob prescrição de Cleômenes. [8] Entretanto alguns jovens aqueus se concentraram, dirigiram-se a Arato e explicaram os desejos de Apeles. Arato foi até Filipe procurando alterar tais disposições no início sem demora. [9] Tratou com o rei a respeito, e Filipe soube do ocorrido. Exortou os jovens a confiar em que mais nada disso lhes sucederia, e ordenou que Apeles nada mais prescrevesse aos aqueus sem consentimento de seu estratego.

[77.1] Pela relação com seus companheiros de caserna e por suas ações e audácia bélicas, Filipe era estimado não só entre os soldados, mas também entre todos os peloponésios, [2] pois não é fácil encontrar um rei naturalmente provido de muitos recursos para dominar situações. [3] Sua sagacidade, sua memória e sua elegância eram distintas, bem como seu porte e vigor de rei e, mais importante, suas ações e audácia bélicas. [4] O que teria porventura prevalecido sobre tudo isso e transformado um rei bem aquinhoado em tirano selvagem não é fácil explicar em poucas palavras. Mas o exame e a discussão disso se ajusta mais a outra ocasião do que à presente. [5] Tendo partido de Olímpia pela rota de Faras, Filipe chegou a Telfusa e dali a Hereia. Vendeu o butim e restaurou a ponte sobre o Alfeu, desejando invadir por ali a Trifília. [6] À mesma época [218 a.C.], Dorímaco, o estratego etólio, ante o pedido de socorro dos eleus arruinados, enviou-lhes seiscentos etólios sob a estrategia de Filidas. [7] Este, ao chegar à Élida, assumiu os mercenários eleus, em número de quinhentos, mais mil cidadãos além dos tarentinos[12], e veio em auxílio da Trifília, [8] cuja denominação deriva de Trífilo, um dos filhos de Árcade. Situa-se no litoral do Peloponeso entre os territórios dos eleus e dos messênios, voltada para o mar Africano, no extremo da Arcádia em face do poente de inverno, [9] e é composta pelas seguintes cidades: Samico, Lepreu, Hipana, Tipaneas, Pirgo, Épio, Bolaca, Estilângio e Frixa. [10] Pouco tempo antes os eleus haviam conquistado e anexado todas elas, além da cidade dos alifereus, originariamente sob domínio da Arcádia e de Megalópolis, dada aos eleus pelo megalopolitano Lidíada durante sua tirania em troca de alguns serviços particulares.

[78.1] Filidas, então, enviou os eleus para Lepreu e os mercenários para Alífera, permanecendo com os etólios em Tipaneas no aguardo dos acontecimentos. [2] Livre das bagagens e cruzando a ponte sobre o rio Alfeu, que flui ao longo da cidade dos hereus, o rei chegou a Alífera, [3] situada sobre uma colina precipitosa por todos os lados em uma ladeira com mais de dez estádios; há uma cidadela no cume da colina e uma estátua de bronze de Atena distinta pela beleza e pelo tamanho. [4] Por que motivo e com que propósito ou subvenção sua construção foi iniciada, mesmo os nativos divergem, pois não há clareza sobre quando ou quem a erigiu.

---

12. Bando de cavaleiros mercenários, sem implicação étnica.

[5] Contudo todos concordam quanto ao efeito da técnica, uma das obras mais magníficas e habilidosas construídas por Hipatodoro e Sóstrato. [6] À aurora de um dia claro e límpido, o rei dispôs em vários locais os portadores de escadas, reservas mercenárias logo atrás [7] e à retaguarda de cada um divisões macedônias. Ordenou que ao nascer do sol avançassem todos para a colina. [8] Os macedônios cumpriam a ordem com ardor e veemência, enquanto os alifereus a todo momento se lançavam contra eles e corriam a todos os locais em que viam maior número de macedônios se aproximando. [9] Na ocasião, o próprio rei, com os mais capazes, subiu despercebido por entre os precipícios até o subúrbio da cidadela. [10] Dado o sinal, ao mesmo tempo todos fixaram suas escadas e atacaram a cidade. [11] Primeiro o rei dominou o subúrbio da cidadela, que estava desocupado e foi incendiado. Antevendo o futuro e muito temerosos de que, uma vez ocupada a cidadela, se vissem privados da última esperança, os defensores das muralhas abandonaram-nas e se puseram em fuga rumo à acrópole. [12] Diante disso imediatamente os macedônios se apoderaram das muralhas e da cidade. [13] Em seguida, os refugiados na cidadela despacharam a Filipe, que garantiu-lhes segurança e recebeu-a em rendição.

[79.1] Face a essa conclusão, todos os habitantes da Trifília deliberaram apavorados sobre si próprios e suas pátrias. [2] Filidas deixou Tripaneas depois de pilhar algumas casas, e retirou-se para Lepreu, [3] pois essa era então a recompensa aos aliados dos etólios, ou seja, não apenas ser abertamente abandonados nos momentos mais necessários como também, pilhados e traídos, receber dos aliados o que viriam a sofrer da parte dos inimigos caso conquistados. [4] Os tipaneatas entregaram a cidade a Filipe, e fizeram o mesmo os habitantes de Hipana. [5] Além disso, os fialeus, sabendo do ocorrido na Trifília e descontentes com a aliança dos etólios, ocuparam armados o escritório do polemarco. [6] Os

piratas etólios, que estavam na cidade para rapinar Messana, primeiro conseguiram enfrentar e conter os fialeus, [7] mas quando viram que os cidadãos se aglomeravam concordes em auxílio, desistiram da empreitada, firmaram uma trégua, pegaram suas bagagens e se foram da cidade. [8] Os fialeus despacharam a Filipe e puseram a si e à cidade em suas mãos.
[80.1] Enquanto isso ocorria, os lepreatas ocuparam um setor da cidade e solicitaram que se retirassem da cidadela e da cidade os eleus, os etólios e igualmente os enviados pelos lacedemônios, pois destes já lhes havia chegado auxílio. [2] Em princípio, Filidas não deu atenção, e ali permaneceu, a fim de aterrorizar os habitantes. [3] Mas quando Filidas soube que o rei havia enviado uma tropa comandada por Táurio para Figaleia, que se aproximava ele próprio de Lepreu, e que já estava muito perto da cidade, conteve-se, enquanto os lepreatas redobravam os ímpetos. [4] Belo foi o feito praticado pelos lepreatas: na cidade havia mil eleus, mil etólios junto dos piratas, quinhentos mercenários, duzentos lacedemônios, além de a cidadela estar ocupada; contudo, fizeram valer seus direitos à pátria e não abriram mão das próprias esperanças. [5] Vendo que os lepreatas resistiam bravamente e que os macedônios se aproximavam, Filidas retirou-se da cidade junto dos eleus e dos lacedemônios. [6] Os cretenses aliados aos espartanos retornaram para casa via Messana, enquanto Filidas se apartou rumo ao Sâmico. [7] Tendo se assenhoreado de sua pátria, a multidão dos lepreatas despachou embaixadores e pôs a cidade nas mãos de Filipe. [8] Ao saber do ocorrido, o rei enviou parte da tropa a Lepreu e avançou com peltastas e infantaria ligeira ávido por alcançar Filidas. [9] Conseguiu se apoderar de toda a bagagem, mas Filidas acelerou quando chegou ao Sâmico. [10] Tendo acampado diante do vilarejo e mandado buscar a tropa restante em Lepreu, incutiu nos de dentro a impressão de que cercaria o vilarejo. [11] Os etólios e os eleus, sem ter nada aprontado para um cerco exceto os braços, e apavorados com

a circunstância, trataram de sua segurança com Filipe. [12] Tendo obtido permissão para se apartarem armados, partiram rumo à Élida. Imediatamente o rei se tornou senhor do Sâmico. [13] Em seguida, outros se lhe apresentaram como suplicantes, então recebeu Frixa, Estilângio, Épio, Bolaca, Pirgo e Epitálio. [14] Feito isso, novamente voltou a Lepreu, tendo submetido toda a Trifília em seis dias. [15] Depois de prescrever aos lepreatas o apropriado à ocasião e introduzir uma guarnição na cidadela, partiu com a tropa para Hereia, tendo deixado o acarnânio Ládico como administrador da Trifília. [16] Ao chegar à referida cidade repartiu todo o butim e, após retomar as bagagens de Hereia, chegou a Megalópolis pelo meio do inverno.

[81.1] À mesma época, Filipe agia na Trifília e o lacedemônio Quilão, supondo que a realeza lhe cabia por ascendência e suportando com dificuldade o desprezo dos éforos durante a escolha de Licurgo para a realeza, começou a provocar agitações. [2] Julgando que, se palmilhasse a mesma via de Cleômenes e exibisse à massa a esperança de uma clerúquia e de redistribuições rapidamente a multidão o seguiria, lançou-se à ação. [3] Tendo conspirado a respeito com amigos e escolhido como companheiros de ousadia duzentas pessoas, passou à realização do plano. [4] Vendo que o maior empecilho à sua empreitada eram Licurgo e os éforos que o haviam coroado, primeiro lançou-se contra eles. [5] Caiu sobre os éforos enquanto ceavam e ali mesmo degolou todos: o acaso lhes fazia apropriada justiça, pois se diria com justiça terem sofrido o que sofreram às mãos de um e por causa de outro. [6] Tendo concluído a respeito desses, Quilão se dirigiu à casa de Licurgo e entrou, mas não conseguiu dominá-lo, [7] pois ele fora retirado por alguns vizinhos e fugira secretamente por trilhas rumo à denominada Pelene em Trípole. [8] Tendo falhado no momento mais importante da empreitada, Quilão perdeu o ânimo, porém foi forçado a continuar agindo. [9] Por isso, penetrou a ágora, bateu-se com os inimigos, exortou cidadãos e familiares e aos demais expôs as expectativas há pouco mencionadas. [10] Como ninguém lhe desse atenção mas, ao contrário, alguns homens se voltassem contra ele, compreendeu a situação, retirou-se às escondidas, atravessou o país e chegou à Acaia só e banido. [11] Receando a presença de Filipe, os lacedemônios pegaram suas bagagens, demoliram o Ateneu dos megalopolitanos e abandonaram o local. [12] Da legislatura de Licurgo até a batalha de Leuctras [aproximadamente 800 a.C. até 371 a.C.], os lacedemônios fruiram da mais excelsa constituição e alcançaram sua máxima potência, mas quando o acaso se lhes tornou adverso e sua constituição passou a caminhar sempre e cada vez mais para pior, [13] por fim experimentaram muitos sofrimentos e guerras civis, bateram-se contra várias redistribuições e exílios, e experimentaram a mais amarga servidão até a tirania de Nabis, eles que outrora sequer conseguiam escutar tranquilos essa palavra. [14] A maior parte do passado dos lacedemônios é isso e foi registrado por muitos, favoravelmente ou não, mas a mais conspícua trata desde o momento em que Cleômenes dissolveu completamente a constituição ancestral [236-222 a.C.]. No momento deixaremos para tratar disso sempre na ocasião apropriada.

[82.1] Filipe partiu de Megalópolis, atravessou Tegea, chegou a Argos e ali passou o restante do inverno, tendo se tornado alvo de admiração durante o retorno e as ações devido à sua idade quando da mencionada expedição. [2] Apeles não havia desistido de sua empreitada, e vinha pouco a pouco trazendo os aqueus sob jugo. [3] Vendo que Arato era empecilho a seus projetos, e que Filipe dava atenção sobretudo ao mais velho, devido a seu vínculo com Antígono, a seu vasto poder entre os aqueus e principalmente à habilidade e à sensatez daquele homem, começou a maquinar contra eles da seguinte maneira. [4] Informando-se sobre quem eram os opositores de Arato, mandou vir todos de suas cidades, cumprimentou-os e os seduziu exortando todos à amizade consigo. [5]

Apresentou-os a Filipe mostrando-lhe, da parte de cada um deles, que, se desse atenção a Arato, trataria os aqueus conforme o texto da aliança, mas se lhe ouvisse e aceitasse tais homens como amigos, trataria todos os peloponésios conforme sua própria vontade. [6] De imediato ele se ocupou das eleições, desejando levar à estrategia a algum dentre eles e afastar Arato dessa função. [7] Com isso convenceu Filipe a estar presente às eleições dos aqueus em Égio, como se marchasse rumo à Élida. [8] Convencido o rei, ele próprio chegou a tempo. Exortando alguns, ameaçando outros, teve alguma dificuldade, mas tornou-se estratego Epérato de Faras, que venceu Timoxeno, o candidato de Arato.

[83.1] Em seguida, o rei partiu, marchou por Patras e Dime e chegou à guarnição chamada Muralha, diante do território dos dimeus. Pouco antes o haviam ocupado, conforme disse anteriormente, os homens de Eurípides. [2] Ansioso por restituí-lo de qualquer modo aos dimeus, acampou próximo com toda a tropa. [3] Apavorados, os vigias eleus entregaram a guarnição a Filipe, local não muito amplo, mas singularmente fortificado. [4] Seu perímetro não tinha mais do que três hemistádios, mas a altura da muralha em nenhum ponto era menor do que trinta cúbitos[13]. [5] Tendo-o restituído aos dimeus, avançou pilhando o território dos eleus. Depois de devastá-lo e amealhar grande butim, retornou com a tropa a Dime.

[84.1] Pensando que parte do seu plano se realizara por ter instituído o estratego dos aqueus, Apeles novamente carregou contra Arato, desejando afastar definitivamente Filipe da amizade deste. Empreendeu forjar uma calúnia mediante o seguinte plano. [2] Anfidamo, estratego dos eleus, fora capturado em Talamas junto com refugiados, conforme já narramos; assim que chegou, com os outros cativos, trazido de Olímpia, instou com algumas pessoas para falar com o rei. [3]

---

13. Um cúbito media aproximadamente 44 centímetros.

Obtida a permissão, afirmou que poderia encaminhar os eleus rumo à amizade e à aliança com ele. [4] Filipe se convenceu e despachou Anfidamo sem resgate com ordem para anunciar aos eleus que, caso optassem pela aliança consigo, restituiria todos os cativos sem resgate, garantiria ele próprio a segurança de seu território contra quaisquer invasores e, [5] além disso, mantê-los-ia livres, sem guarnições, sem tributos e no gozo de suas próprias instituições. [6] Ao saber disso, os eleus não deram atenção, ainda que parecesse por demais atrativa a oferta. [7] Apeles aproveitou o fato para forjar a calúnia que apresentou a Filipe, afirmando que Arato não nutria amizade sincera pelos macedônios nem tinha verdadeira boa disposição para com ele, pois era o responsável pelo presente afastamento dos eleus. [8] Disse-lhe que, quando enviara Anfidamo de Olímpia para a Élida, aquele tomou-no de parte para incitá-lo, alegando que aos peloponésios não convinha de modo algum ter Filipe como soberano dos eleus; [9] por essa razão os eleus teriam desprezado a oferta, mantendo-se amigos dos etólios e em guerra contra os macedônios.

[85.1] Filipe deu ouvidos às afirmações e mandou que Apeles chamasse Arato e as repetisse na presença dele. [2] Quando ele chegou, Apeles repetiu-as com intimidadora audácia, acrescentando o seguinte, enquanto o rei ainda estava em silêncio: [3] "uma vez que o rei descobriu que és tão ingrato e insensato, Arato, decidiu reunir os aqueus, expor a situação e retornar à Macedônia". [4] Arato Velho interrompeu-o pedindo a Filipe que jamais acreditasse precipitadamente em quaisquer afirmações contundentes [5] com que se deparasse contra amigos e aliados, e que procedesse à averiguação a mais precisa antes de acatar calúnias, procedimento próprio de um rei e sempre conveniente. [6] Assim, pediu então que chamasse os que ouviram as afirmações repetidas por Apeles, que trouxesse para ali seu informante, e que não se privasse de nenhuma possibilidade de conhecer a verdade antes de descortinar o assunto aos aqueus.

[86.1] Como o rei se satisfizesse com tal arrazoado, e afirmasse que não neglicenciaria, e sim examinaria a questão, então se separaram. [2] Enquanto Apeles não apresentava, durante os dias subsequentes, qualquer prova do que dissera, a Arato sobreveio a seguinte ocorrência. [3] Os eleus, à época em que Filipe lhes devastara o território, suspeitaram de Anfidamo e pensaram em prendê-lo e enviar em cadeias para a Etólia. [4] Pressentindo tal decisão, inicialmente ele fugiu para Olímpia, mas quando foi informado de que Filipe estava em Dime organizando o espólio, apressou-se para alcançá-lo. [5] Quando Arato soube que Anfidamo chegara fugido de Élida, alegrou-se por não estar implicado, e correu até o rei pensando que deveria intimar Anfidamo, [6] pois que ele teria plena consciência das acusações a si mesmo imputadas, e exporia a verdade porque fugira da pátria por causa de Filipe, depositando neste suas esperanças de salvação na ocasião. [7] Persuadido, o rei mandou buscar Anfidamo e descobriu que a calúnia era falsa. [8] Por isso, desse dia em diante sempre e cada vez mais reconhecia e estimava Arato, mantendo-se mais precavido com relação a Apeles, embora estivesse predisposto por vasta obsequiosidade, que lhe forçava a fazer vistas grossas sobre muitas das atitudes deste.

[87.1] Apeles, porém, de modo algum desistiu de seus propósitos. Caluniou também Táurio, intendente do Peloponeso, [2] sem exprobrá-lo, antes elogiando e afirmando que era a pessoa mais apropriada para acompanhar o rei em campanhas, pois desejava forçar a atribuição dos assuntos do Peloponeso a outrem. [3] Foi descoberto um novo modo de caluniar, sem exprobrar, antes elogiando, para conspurcar as pessoas; [4] tamanha perversidade, afito e atraiçoamento foram descobertos primeiro entre os cortesãos e suas invejas e ganâncias conflitantes. [5] De modo semelhante, sempre que tinha oportunidade boquejava de Alexandre, intendente da escolta, desejoso de forçar alterações gerais na formação dos guarda-costas do rei deixada por Antígono. [6] Quando vivo,

Antígono se postara valorosamente à frente do reino e do próprio filho, e antes de morrer tomara valorosas providências para o futuro de todos os seus negócios. [7] Em seu testamento escrevera aos macedônios sobre tais diretrizes, e de modo semelhante determinara como e por quem cada atividade deveria ser gerenciada no futuro, desejando não deixar meio algum às ambições e dissensões conflitantes de cortesãos. [8] Para aquelas, dentre seus então companheiros de armas deixava Apeles entre os tutores, Leôncio como chefe dos peltastas, Megaléas, da secretaria, Táurio, intendente do Peloponeso, e Alexandre, da escolta. [9] A Apeles, pois, Leôncio e Megaléas obedeciam totalmente; e ele ansiava por remover Alexandre e Táurio de seus cargos para controlá-los, e a todos os outros, por si mesmo e por meio de seus próprios amigos, [10] o que teria realizado facilmente se não houvesse angariado o antagonismo de Arato. No momento, porém, provou rápido de sua insensatez e ambição, [11] pois o mesmo que empreendera fazer contra os próximos teve de sofrer em brevíssimo intervalo. [12] Como e de que modo isso ocorreu, no momento adiaremos para concluir este livro, e nos seguintes tentaremos explicar cada assunto com clareza. [13] Tendo tomado as disposições mencionadas, Filipe retornou a Argos, lá invernou com amigos e dispensou o exército para a Macedônia.

LIVRO V

[1.1] O ano da estrategia de Arato Jovem se completou com a ascensão das Plêiades, pois desse modo a nação aqueia contava então o tempo. [2] Tão logo deixou o cargo, Eperato assumiu o comando dos aqueus e Dorímaco, a estrategia dos etólios. [3] À mesma época, no começo do verão [maio de 218 a.C.], Aníbal já estava em guerra aberta contra os romanos. Partiu da Cidade Nova, cruzou o rio Ebro e deu início à empreitada marchando rumo à Itália. [4] Os romanos enviaram com tropas Tibério Semprônio para a África e Públio Cornélio para a Ibéria. [5] Renunciando a tratar suas divergências em relação à Cele-Síria por meio de embaixadas e do diálogo, Antíoco e Ptolomeu entraram em guerra. [6] Com insuficiência de trigo e de dinheiro para suas tropas, o rei Filipe reuniu os aqueus em assembleia por meio de magistrados. [7] Reunida a multidão em Égio conforme a lei, ele, observando que Arato estava maldisposto em razão da perfídia de Apeles contra si durante as eleições; que Eperato permanecia inativo por natureza e era desprezado por todos; [8] e refletindo, com base nisso, sobre a estupidez de

Apeles e Leôncio, decidiu novamente apoiar Arato. [9] Convenceu os magistrados a transferir a assembleia para Sicião e, tomando as mãos do velho e do jovem Arato, atribuiu a responsabilidade por tudo aquilo a Apeles, e pediu que persistissem em suas posturas originais. [10] Como acedessem prontamente, ele se dirigiu aos aqueus servindo-se da cooperação de ambos e tudo realizou de apropriado a seus planos. [11] Os aqueus aprovaram o pagamento imediato de cinquenta talentos ao rei por sua primeira campanha, para que pagasse o soldo de três meses à tropa, acrescidos de dez mil porções de trigo. [12] Ademais, enquanto permanecesse no Peloponeso combatendo junto deles, receberia mensalmente dos aqueus dezessete talentos.

[2.1] Tomadas tais decisões, os aqueus se foram para suas cidades. Deliberando com amigos quando as tropas se reorganizaram depois de invernar, o rei decidiu travar guerra pelo mar. [2] Estava convencido de que somente por esse meio poderia mostrar-se com rapidez em toda parte aos inimigos, e que os adversários pouco poderiam socorrer-se mutuamente, [3] porque dispersos e receosos cada um por si próprio, devido à incerteza e à rapidez da chegada dos inimigos pelo mar. Com efeito, a guerra se fazia contra etólios, lacedemônios e eleus. [4] Isso decidido, reuniu as naus dos aqueus e as próprias em Lequeu, e por meio de atividades repetidas treinou os soldados da falange, acostumando-os a remar, com pronta aquiescência dos macedônios à instrução, [5] pois eram os mais valorosos quando formados para batalhas em terra, os mais prontos para eventuais necessidades no mar, e trabalhadores os mais esforçados no cavar fossos, erguer paliçadas e todo tipo de fadiga, [6] quais Hesíodo recomenda aos eácidas, "alegres na guerra como em um banquete."[1] [7] O rei e a multidão dos macedônios ficaram em Corinto exercitando-se e se preparando para o mar. [8] Apeles, porém, sem conseguir sobrepor-se a

---

1. Fr. 206 Merkelbach-West.

Filipe nem suportar, desprezado, o rebaixamento, conspira com Leôncio e Megaléas no sentido de que eles, ali permanecendo, prejudicassem intencionalmente as operações do rei na ocasião precisa, enquanto ele próprio iria a Cálcis providenciar para que ele não recebesse recursos de parte alguma para seus projetos. [9] Armada tamanha combinação perversa com aqueles, retirou-se para Cálcis dando alguma desculpa razoável para o rei. [10] Lá permanecendo, manteve tão estritamente seu juramento, dado que todos lhe obedeciam devido a seu antigo crédito, que por fim o rei foi forçado, devido à penúria, a penhorar a prataria que utilizava e a viver com tais recursos. [11] Reunidos os navios quando os macedônios já estavam adaptados aos remos, o rei distribuiu rações e soldos à tropa e zarpou, aportando no segundo dia em Patras com seis mil macedônios e 1.200 mercenários.

[3.1] À mesma época, o estratego dos etólios Dorímaco enviou Agelau e Escopa aos eleus com quinhentos neocretenses[2]. Receosos de que Filipe lançasse cerco a Cilene, os eleus reuniam soldados mercenários, aprontavam os cidadãos, e fortificavam Cilene cuidadosamente. [2] Vendo isso, Filipe reuniu alguns dos mercenários aqueus e cretenses, dos cavaleiros gauleses, e com eles dois mil soldados escolhidos da Acaia, e estacionou-os na cidade dos dimeus, fosse como sentinelas, fosse formados como guarda avançada contra ameaças vindas de Élis. [3] Ele próprio, tendo já escrito aos messênios, aos epirotas, aos acarnenses e a Escerdilaida para que tripulassem seus próprios navios e o encontrassem em Cefalênia, partiu de Patras navegando em formação e aportou em Pronos em Cefalênia. [4] Vendo que a cidadezinha de Pronos era difícil de sitiar e ocupava um território exíguo, costeou-a com a frota e ancorou próximo à cidade dos paleus. [5] Percebendo que essa região tinha alimento em abundância e capacidade para abastecer um acampamento, desembarcou a tropa e acampou

---

2. Denominação incerta. Talvez se referisse a mercenários armados como cretenses, deixando o termo de ter acepção étnica, como no caso dos tarentinos de IV.77.

próximo à cidade, atou as naus protegendo-as com fosso e paliçada, e mandou que os macedônios forrageassem. [6] Contornou ele próprio a cidade buscando como seria possível trazer artefatos e máquinas até a muralha, pois desejava aguardar os aliados e, ao mesmo tempo, tomar a cidade, [7] a fim de, primeiro, privar os etólios de seus tão necessários remadores – pois usavam as naus dos cefalênios para cruzar o Peloponeso e pilhar os litorais dos epirotas e dos acarnânios – [8] e, segundo, a fim de construir para si próprio e para os aliados uma base bem situada para atacar o território inimigo. [9] Cefalênia está diante do golfo coríntio, alargando-se em direção ao mar siciliano, [10] sobre os quadrantes norte e oeste do Peloponeso e boa parte do território dos eleus; e sobre os quadrantes voltados para o sul e para o oriente dos territórios do Epiro, da Etólia e ainda da Acarnânia.

[4.1] Por se situar em local naturalmente apropriado a um agrupamento dos aliados e adequado seja contra territórios inimigos, seja a favor de amigos, apressou-se a tomar a ilha. [2] Observando que todas as partes da cidade eram protegidas pelo mar ou por escarpas, havendo um pequeno intervalo plano voltado para Zácinto, para lá decidiu dirigir as máquinas e por ali organizar todo o cerco. [3] Disso se ocupava o rei. À mesma época chegaram cinquenta barcos de Escerdilaida – fora impedido de mandar mais devido às conspirações e distúrbios entre os muitos dinastas da Ilíria – [4] e chegaram também aliados dentre epirotas, acarnânios e ainda messênios, [5] pois após a captura da cidade dos fialeus, os messênios tomaram parte na guerra sem hesitar. [6] Aprontado o cerco, o rei dispôs os projéteis e as balistas em local próprio para barrar os defensores, ordenou que os macedônios postassem as máquinas junto às muralhas, e com elas começou as escavações. [7] Rapidamente dois pletros[3] da muralha haviam sido arrancados, devido à prontidão dos

---

3. Aproximadamente 5.920 m. Como se infere pela sequência do texto, os alicerces da muralha eram escavados e sustentados por andaimes ou estacas.

macedônios com os artefatos. Aproximando-se da muralha, o rei aconselhou aos citadinos concertarem a paz consigo. [8] Como não lhe dessem ouvidos, ateou fogo aos andaimes e no mesmo instante toda a muralha escorada ruiu. [9] Diante disso primeiro enviou os peltastas comandados por Leôncio, em formação de manípulo e com ordens para forçar a brecha. [10] Mas Leôncio, em observância ao arranjo com Apeles, por três vezes seguidas correu para a brecha à frente dos jovens e os impediu de concluir a tomada da cidade. [11] Como já havia corrompido os mais ilustres dos comandantes de batalhões, todos agiam com má vontade e covardia, [12] até se retirarem da cidade sob muitos golpes, embora houvessem podido dominar facilmente os inimigos. [13] Vendo a covardia dos comandantes e o grande número de macedônios feridos, o rei se afastou do cerco e deliberou com amigos sobre a sequência das operações.

[5.1] À mesma época, Licurgo marchou rumo a Messana e Dorímaco, com metade dos etólios, lançou-se contra a Tessália, convencidos ambos de que afastariam Filipe do cerco aos paleus. [2] Em função disso, chegaram ao rei embaixadores da parte dos acarnânios e dos messênios. Os dos acarnânios pediam que invadisse o território dos etólios, impedindo Dorímaco de se lançar contra a Macedônia, e pilhasse impunemente todo o território dos etólios. [3] Os dos messênios pediam que os socorressem, explicando que naquele momento os ventos etésios tornariam possível atravessar de Cefalênia para Messana em um único dia. [4] Por isso, assegurava o messênio Gorgo, o ataque a Licurgo seria súbito e eficaz. [5] Leôncio, mantendo seu propósito original, apoiava veementemente os de Gorgo, pois percebia que, com a chegada do verão, Filipe permaneceria definitivamente inativo: [6] era fácil navegar para Messana, mas impossível retornar de lá sob os ventos etésios. [7] Daí era evidente que Filipe, confinado com o exército em Messana, seria forçado a passar o resto do verão inativo, enquanto os etólios, avançando sobre a Tessália e sobre o Epiro, devastariam e pilhariam ambos impunemente. [8] Então, agindo com malícia, aconselhavam isso. Arato, porém, defendia opinião contrária. [9] Afirmava ser necessário navegar para a Etólia e se ocupar de tal questão, pois a marcha dos etólios com Dorímaco era a ocasião mais propícia para percorrer e pilhar a Etólia. [10] Já desconfiado de Leôncio por conta de sua má vontade durante o cerco, e pressentindo a insídia em suas reflexões sobre a navegação, decidiu orientar-se pela opinião de Arato. [11] Assim, escreveu a Eperato, estratego dos aqueus, para que socorresse os messênios com recrutas aqueus. Tendo zarpado de Cefalênia, chegou no segundo dia com a frota a Lêucade à noite. [12] Depois de ampliar o Canal, por ele atravessou as naus e navegou rumo ao golfo denominado ambraciense. [13] O referido golfo, que avança bastante do mar siciliano continente adentro, alcança o território da Etólia, conforme já dissemos. [14] Depois de atravessá-lo e ancorar pouco antes da aurora perto da dita Limnea, ordenou que os soldados tomassem desjejum, se livrassem da maior parte das bagagens e se preparassem para partir como ligeiros, [15] enquanto ele próprio, tendo reunido guias, informava-se investigando a topografia e as cidades próximas.

[6.1] À mesma época chegou, com todos os acarnenses, o estratego Aristofanto. Como haviam sofrido muito e terrivelmente nas mãos dos etólios no passado, estavam prontos a defender-se e a prejudicar os etólios por todos os meios. [2] Por isso, então aceitaram com prazer o apoio macedônio e vieram armados não apenas aqueles a quem a lei obrigava a marchar, mas também alguns mais idosos. [3] Os epirotas sentiram ímpeto não menor por razões semelhantes, mas devido à extensão de seu território e à chegada súbita de Filipe, não conseguiram fazer junção a tempo. [4] Dentre os etólios, Dorímaco partiu com metade da tropa deixando a outra metade, julgando mais apropriado mantê-la como reserva para as cidades e para o território contra surpresas.

[5] Tendo deixado uma guarnição suficiente junto às bagagens, o rei então partiu de Limnéa à tarde e acampou depois de percorrer sessenta estádios. [6] Tendo jantado e dado breve descanso à tropa, novamente partiu e, depois de viajar por toda a noite, chegou ao rio Aquelôo com o dia raiando, entre Conope e Estrato, ansioso para alcançar a região de Termo de modo súbito e inesperado.

[7.1] Leôncio, vendo que Filipe alcançaria seus propósitos e que os etólios seriam reduzidos à impotência por duas razões – porque a aparição dos macedônios fora rápida e súbita, [2] e porque os etólios, que jamais haviam imaginado que Filipe ousasse sair a descoberto com tamanha coragem nas cercanias de Termos, dada a solidez do local, seriam pegos de surpresa e totalmente despreparados para a situação; [3] com isso em vista e guardando seus próprios propósitos, considerava que Filipe deveria acampar ao longo do Aquelôo e dar descanso à tropa pela marcha noturna, ansioso para proporcionar aos etólios um breve intervalo para acudirem. [4] Compreendendo que a ocasião era a exata para a empreitada, e que Leôncio claramente a estorvava, Arato asseverou a Filipe que não deixasse passar a ocasião nem contemporizasse. [5] Por ele persuadido e já impaciente com Leôncio, Filipe marchou de imediato. [6] Cruzou o Aquelôo e avançou, disciplinado, contra Termos; enquanto avançava, devastava e arrasava o território. [7] Ao marchar deixava à esquerda Estrato, Argínio e Téstia, e à direita Conope, Lisimaquia, Tricônio e Fiteu. [8] Ao chegar diante da cidade denominada Metapa, situada junto ao pântano triconídeo e seus estreitos, e distante quase sessenta estádios da mencionada Termo[4], [9] como os etólios a houvessem abandonado capturou-a com a introdução de quinhentos soldados, desejando fazer dela posto de vigilância da entrada e da saída dos estreitos, [10] pois toda a borda do pântano é montanhosa,

---

4. O texto original oscila entre o singular e o plural.

acidentada e com florestas cerradas, pelo que o acesso é absolutamente estreito e difícil. [11] Em seguida, tendo postado os mercenários à testa de toda a coluna, atrás deles os ilírios, depois os peltastas e a falange, avançou pelos estreitos, com os cretenses cobrindo a retaguarda e os trácios, mais os ligeiros, marchando pelo território em paralelo, pelo flanco direito. [12] O lado esquerdo da coluna permaneceu protegido pelo pântano por quase trinta estádios.

[8.1] Depois de passar pelas regiões mencionadas e chegar à aldeia denominada Pânfia, fortificando-a também com uma guarnição, avançou rumo a Termo por uma trilha não apenas íngreme e especialmente escarpada, como também dotada de fundos precipícios em ambos os lados, [2] de modo que em alguns locais o passo era bastante instável e estreito. O total da subida perfazia quase trinta estádios. [3] Percorreu-a em pouco tempo, pois os macedônios marchavam ativamente, e chegou a Termo em hora avançada. [4] Depois de acampar, enviou a tropa a pilhar as aldeias dos arredores e a correr a planície dos térmios, bem como a rapinar mesmo as residências na própria Termo, pois que cheias não apenas de trigo e de outros suprimentos como também mobiliadas mais ricamente do que as dos etólios. [5] A cada ano organizavam as feiras e os festivais mais ilustres, bem como instituíam eleições nesse local; cada um estocava ali o que possuía de mais refinado para tais recepções e preparativos. [6] Além da utilidade, pensavam que ali seria o local mais solidamente protegido para aquela finalidade, pois jamais inimigo algum ousara penetrar na região, cuja natural conformação era qual a de uma acrópole de toda a Etólia. [7] Porque o território estava em paz desde a Antiguidade, as residências ao redor do templo e todas as adjacências estavam abarrotadas de bens. [8] Naquela noite aquartelaram-se vergados sob toda sorte de riquezas; pela manhã escolheram as mais refinadas e portáteis, amontoaram as demais e incendiaram-nas diante das tendas. [9] O mesmo fizeram com as armas dedicadas nos pórticos: levaram as valiosas, trocaram algumas, amontoaram as demais e atearam fogo. Havia mais de quinze mil. [9.1] Até então tudo fora realizado perfeita e justamente conforme as normas da guerra, mas não sei como deva falar sobre o que se seguiu. [2] Porque tivessem em mente o que os etólios haviam praticado em Dio e em Dodona, incendiaram os pórticos e destruíram as demais oferendas, de material valioso, obras de fino lavor e dispendiosas. [3] Não apenas destruíram suas coberturas pelo fogo como também as arrasaram até às fundações. Derruíram também as estátuas, não menos de duas mil; quebraram muitas, exceto as de deuses com inscrições ou relevos, que pouparam. [4] Escreveram nas paredes o propalado verso, pois já então vicejava a habilidade de Samo, filho de Crisógono e irmão adotivo do rei. [5] O verso era: "vês o divino[5] projétil aonde voa?". [6] O rei e seus amigos mostravam nisso grande disposição, como se agissem justa e legitimamente, revidando do mesmo modo a impiedade dos etólios contra Dio. [7] A mim parece o inverso. Se tal raciocínio for correto, deve-se examinar não outros exemplos, mas aqueles no interior dessa mesma casa real. [8] Tendo Antígono vencido o rei Cleômenes em batalha regular, se tornado senhor também de Esparta [9] e soberano para tratar a cidade e seus habitantes como desejasse, tanto se absteve de fazer mal aos recém-súditos que, ao contrário, depois de restituir-lhes o Estado pátrio e a liberdade, e fazer-se responsável por grandes benefícios públicos e privados junto aos lacedemônios, só assim retirou-se para casa. [10] Consequentemente, não apenas foi considerado benfeitor à época, mas também salvador quando morreu, e não só entre os lacedemônios, mas dentre todos os gregos auferiu honra e glória imperecíveis por conta disso.

[10.1] O primeiro macedônio a ampliar o reino dando início à magnificência de sua casa foi Filipe, que venceu os atenienses

---

5. Dîos, no original, significa tanto "divino" quanto o nome de uma das cidades destruídas pelos etólios: Dio (IV.62).

na batalha de Queroneia [338 a.C.] não tanto pelas armas quanto pela equidade e pela benevolência de seus modos, [2] pois pela guerra e pelas armas tão somente se sobrepôs a eles e se assenhoreou de seus opositores, mas por sua amabilidade e moderação conservou súditos todos os atenienses e sua cidade, [3] sem agravar seus feitos com a fúria, mas guerreando e querelando até o momento em que tivesse pretexto para demonstrar a própria suavidade e nobreza. [4] Assim, por ter remitido sem resgate os cativos, por ter enterrado os atenienses mortos, por ter confiado a Antípatro seus ossos e por ter vestido a maioria dos indultados, com pequena despesa realizou enorme feito, devido à sua sagacidade, [5] pois ao surpreender o orgulho dos atenienses com sua magnanimidade, tornou-os cúmplices, em vez de inimigos, prontos para tudo. [6] E Alexandre? Tão enfurecido estava contra os tebanos que os reduziu à escravidão e arrasou a cidade [335 a.C.], [7] mas não descuidou da reverência aos deuses quando capturou a cidade, tendo antes tomado muitas providências para que nem mesmo ofensas involuntárias fossem cometidas contra locais sagrados e templos em geral. [8] Quando atravessou para a Ásia perseguindo a impiedade dos persas contra os gregos, procurou punir cada homem conforme seus crimes, mas se absteve de tudo que dissesse respeito aos deuses, embora tenha sido precisamente esse o teor das ofensas dos persas em território grego. [9] Isso era o que então Filipe [v da Macedônia] deveria ter tido sempre em mente, mostrando-se sucessor e herdeiro não apenas do poder, mas também dos princípios e da magnanimidade desses homens. [10] Para exibir seu parentesco com Alexandre [Magno] e Filipe II, fez enormes esforços durante toda a vida, mas jamais sequer pensou em emulá-los. [11] Assim, agindo de modo inverso ao daqueles homens, auferiu junto a todos inversa reputação, o que se agravou conforme envelhecia.

[11.1] O que então fez entra nesse caso. Agindo de modo tão ímpio quanto o dos etólios, por fúria, e reparando um mal com outro, pensou que não cometia nenhum absurdo. [2] Censurava a Escopa e a Dorímaco sua impudência e ilegalidade, mencionando a impiedade contra o divino em Dodona e Dio; fazendo o mesmo ele próprio, pensava que não auferiria semelhante reputação da parte de seus ouvintes. [3] Tomar e destruir guarnições, portos, cidades, homens, naus, colheitas e outras coisas tais do inimigo, assim enfraquecendo o adversário e reforçando seus próprios negócios e empreitadas, isso se faz por força das leis e do direito da guerra. [4] Aquilo, entretanto, que não proporciona qualquer auxílio para os próprios negócios em uma guerra futura, nem abatimento do inimigo no presente, ou seja, a inutilidade de ultrajar templos, estátuas e elementos tais, como não seria dito obra de um caráter e de uma fúria raivosos? [5] Os homens virtuosos não devem guerrear contra os faltosos para destruí-los ou exterminá-los, mas para corrigir e emendar seus erros; nem ajudar a abater, com os injustos, o que não é injusto, mas sobretudo ajudar a salvar e resgatar, na companhia dos inocentes, os que se mostram injustos. [6] É obra de tirano dominar pelo terror sem consentimento e agindo mal, odiado e odiando seus súditos; de rei, comandar e presidir com consentimento e agindo bem para com todos, amado por sua benemerência e humanidade. [7] O erro de Filipe naquele momento seria melhor compreendido se se pusesse ante os olhos qual opinião com razão teriam os etólios se ele tivesse feito o inverso do mencionado, ou seja, se não tivesse destruído pórticos ou estátuas nem vilipendiado qualquer oferenda. [8] Cá comigo penso que a melhor e mais benevolente, cônscios de seus próprios atos em Dodona e Dio, claramente cientes de que então Filipe era soberano para agir como quisesse, e se houvesse agido de modo terrível pareceria tê-lo feito com justiça ao menos com relação a si mesmos, [9] mas que devido à sua natural suavidade e magnanimidade optara por nada praticar semelhante àquilo.

[12.1] Daí resulta óbvio que com razão aqueles seriam recriminados, e Filipe, reconhecido e admirado por ter agido como rei magnânimo, reverente para com o divino e colérico contra aqueles. [2] Vencer inimigos com nobreza e justiça conforma serviço não menor, antes maior do que os sucessos pelas armas, [3] pois neste caso os derrotados desistem por coação, mas naquele, por opção; neste a reforma é feita com enormes desvantagens, mas naquele os erros são corrigidos sem dano. [4] Mais importante, neste a maior parte da ação é referida aos comandados, mas naquele a vitória pertence absolutamente aos comandantes. [5] Talvez haja quem não atribua apenas a Filipe toda a responsabilidade por aqueles atos devido à sua idade, mas principalmente a seus amigos, acompanhantes e colaboradores, dos quais estavam Arato e Demétrio de Faros. [6] Sobre isso não é difícil demonstrar, mesmo quando não se esteve então presente, de quem é verossímil tenha provindo tal conselho. [7] A despeito dos princípios de toda a vida, dentre os quais nenhum de Arato se encontraria que fosse precipitado ou impensado, mas o inverso com relação a Demétrio, também temos, de modo semelhante, um indício assente dos princípios de cada um nos conselhos que davam a Filipe, [8] sobre o que faremos menção apropriada na ocasião específica.

[13.1] Filipe – daqui me desviei – conduziu e transportou tudo o que era possível, avançando a partir de Termo pela mesma rota por onde viera, tendo deixado o butim à dianteira junto das armas pesadas, e os acarnenses com os mercenários na retaguarda, [2] desejoso de atravessar o mais rapidamente os terrenos difíceis, pois adivinhava que os etólios cutucariam a retaguarda, fiados na solidez de sua posição, o que ocorreu logo a seguir. [3] Com efeito, os etólios se reuniram em um grupo de quase três mil defensores que, sob o comando do tricônio Alexandre, enquanto Filipe estava em locais elevados, não se aproximava, permanecendo em esconderijos. Tão logo a retaguarda se moveu, imediatamente se lançaram a

Termo e pressionaram a extremidade. [4] Eclodido o tumulto na retaguarda, os etólios passaram a pressionar e a atacar com ainda mais ardor, fiados na topografia. [5] Antevendo o futuro, Filipe enviara para o declive de uma colina os ilírios e os mais capazes dos peltastas. [6] Eles surgiram contra os atacantes e caíram sobre os adversários, mas os demais etólios fizeram meia-volta e fugiram por trilhas. 130 tombaram, não muito menos foram capturados. [7] Depois de tal sucesso, rapidamente a retaguarda incendiou Pânfio, atravessou os estreitos em segurança e fez junção com os macedônios. [8] Acampado próximo a Metapa, ali Filipe acolheu os homens da retaguarda. No dia seguinte, arrasou Metapa, avançou e se instalou próximo à cidade denominada Acras. [9] Avançando, em seguida pilhou a região, acampou em Conope e quedou-se o resto do dia. [10] No seguinte, partiu novamente e marchou ao longo do Aquelôo rumo a Estrato. Tendo atravessado o rio, postou o exército fora do alcance de projéteis, testando os habitantes.

[14.1] Fora informado de que três mil infantes etólios, quatrocentos cavaleiros e por volta de quinhentos cretenses haviam afluído a Estrato. [2] Mas como nenhum se aventurasse a sair, novamente pôs a vanguarda em marcha rumo a Limnéa e às naus. [3] Tão logo a retaguarda transpôs a cidade, pela primeira vez um punhado de cavaleiros etólios saiu e testou a extremidade. [4] Como os cretenses da cidade e alguns dos etólios fizessem junção com seus cavaleiros, provocando uma batalha generalizada, a retaguarda foi forçada a voltar-se e combater. [5] Primeiro o combate foi equilibrado, mas quando, da parte de Filipe, os mercenários ilírios vieram em socorro, os cavaleiros e mercenários etólios debandaram e fugiram em dispersão. [6] Os soldados do rei perseguiram boa parte deles até os portões e as muralhas, matando por volta de cem. [7] Depois dessa ocorrência, os citadinos se mantiveram quietos e a retaguarda fez junção em segurança com o acampamento e as naus. [8] Filipe acampou, pela manhã sacrificou aos deuses em gratidão pela boa ventura de suas empreitadas, e convocou os oficiais desejoso de celebrar com todos, [9] pois parecia que se havia entregado a territórios perigosos e tais que ninguém antes ousara invadir com exércitos. [10] Ele não só invadira com uma tropa como também, depois de realizar tudo o que planejara, retornou em segurança. Por isso estava jubiloso na recepção aos oficiais, [11] enquanto Megaléas e Leôncio suportavam com dificuldade o sucesso do rei, pois haviam concertado com Apeles atravancar todas as empresas daquele, mas não conseguiram fazê-lo. [12] Antes, todos os seus intentos procederam de modo inverso, pelo que falharam claramente. Compareceram, entretanto, ao banquete.

[15.1] De imediato despertaram suspeitas no rei e nos outros, pois não se divertiam como os demais. [2] Conforme a bebida corria desencadeando inoportuna bebedeira, foram forçados a tomar parte e rapidamente desmascararam a si mesmos. [3] Quando a festa terminou, vagaram à procura de Arato impelidos pela embriaguez e pela irreflexão. [4] Encontrando-o quando retornava, primeiro insultaram-no e depois passaram a apedrejá-lo. [5] Como muitos acudissem a ambos os lados, houve barulho e agitação no acampamento. Ao ouvir os gritos, o rei enviou inspetores para dissolver o tumulto. [6] Quando chegaram, Arato relatou o ocorrido, invocou o testemunho dos presentes e safou-se de tal crime em sua tenda; [7] de modo inexplicável, Leôncio evadiu-se em meio à confusão. O rei mandou que buscassem Megaléas e Crinão e, ao saber do ocorrido, censurou-os asperamente. [8] Eles não só não o acataram como agravaram a situação, afirmando que não desistiriam de suas intenções enquanto não dessem a Arato o que merecia. [9] Furioso com tais palavras, no mesmo instante o rei multou-os em vinte talentos e ordenou que os levassem à prisão.

[16.1] Pela manhã chamou Arato e pediu-lhe confiança, pois se encarregaria da situação conforme cabível. [2] Ao saber do que ocorrera a Megaléas, Leôncio foi até a tenda com alguns peltastas, convencido de que impressionaria o rei, muito jovem, e rapidamente o faria mudar de ideia. [3] Quando o encontrou, perguntou quem ousara deitar mãos a Megaléas e conduzi-lo à prisão. [4] Como o rei respondesse com firmeza que ordenara pessoalmente, impressionado Leôncio esboçou um protesto e retirou-se enfurecido. [5] Tendo partido com toda a frota e atravessado o golfo, o rei ancorou o mais rapidamente em Lêucade, ordenou que os oficiais encarregados da distribuição dos espólios não se atrasassem, reuniu os amigos e providenciou o julgamento de Megaléas. [6] Arato acusou Leôncio em retrospectiva, remontando desde a matança em Argos, que aquele havia promovido após a partida de Antígono, até o acordo com Apeles e os entraves em relação aos paleus, [7] demonstrando tudo isso com provas e testemunhas. Sem nada poder contradizer, Megaléas foi sentenciado por unanimidade pelos amigos. [8] Crinão permaneceu preso, mas Leôncio pagou a fiança de Megaléas. [9] Assim findou a ação de Apeles e de Leôncio, cujo processo transcorreu inversamente às suas expectativas originais. [10] Pensavam que apavorariam Arato e, depois de isolar Filipe, agiriam conforme lhes conviesse, mas ocorreu o contrário.

[17.1] À época referida, Licurgo retornou de Messana sem nada ter feito digno de menção. Em seguida, partindo novamente da Lacedemônia, tomou a cidade dos tegeatas. [2] Como os habitantes se houvessem refugiado na cidadela, empreendeu cercá-la. Sem nada poder realizar de modo nenhum, novamente retornou a Esparta. [3] Os eleus, depois de pilhar a dimeia, venceram facilmente os cavaleiros defensores dirigindo-os para uma emboscada, [4] abateram não poucos gauleses e fizeram cativos, dentre os cidadãos, Polimedes de Égio, e os dimeus Agesípolis e Díocles. [5] Conforme disse anteriormente, Dorímaco havia feito sua primeira saída com os etólios convencido de que devastaria tranquilamente a Tessália, forçando Filipe a sustar o cerco aos paleus. [6] Ao descobrir, porém, que os homens de Crisógono e de Petreu estavam prontos para combater na Tessália, não teve coragem de descer à planície, e permaneceu aguardando nos sopés. [7] Quando lhe chegou a notícia da invasão dos macedônios à Etólia, deixou a Tessália e correu em socorro aos seus. Ciente de que os macedônios já estavam distantes da Etólia, falhara por atraso generalizado. [8] Tendo o rei partido de Lêucade e pilhado, enquanto o costeava, o território dos eanteus, aportou com toda a frota em Corinto. [9] Tendo ancorado as naus no Lequeu, desembarcou as tropas e despachou correios às cidades aliadas do Peloponeso indicando o dia em que todos os soldados deveriam se apresentar armados na cidade dos tegeatas à hora de dormir.

[18.1] Depois de fazer isso, ordenou que os macedônios partissem, sem perder tempo em Corinto. Tendo marchado por Argos, chegou no segundo dia a Tegea. [2] Assumiu os aqueus reunidos e avançou pelas montanhas, preocupado com manter-se oculto aos lacedemônios enquanto invadia a região. [3] Tendo contornado por locais ermos, alcançou no quarto dia as colinas diante da cidade e avançou, mantendo à direita o Meneleu, em direção a Amíclas. [4] Ao ver da cidade a tropa que passava, os lacedemônios foram tomados pelo pânico e pelo pavor, perplexos com a situação. [5] Ainda estavam em suspense com a notícia da destruição de Termo por Filipe e de todas as suas ações na Etólia, e corria entre eles um rumor sobre enviar Licurgo em auxílio aos etólios. [6] Nenhum deles jamais cogitou sobre tal perigo se abater com tanta pungência sobre si mesmos daquela distância, pois a idade do rei ainda dava margem ao desprezo. Assim, como os fatos se lhes mostrassem paradoxais, estavam naturalmente apavorados. [7] Agindo com mais audácia e energia do que as de sua idade, Filipe deixava todos os inimigos sem saída e em desvantagem: [8] partira do centro da Etólia, conforme já disse, e tendo atravessado o golfo ambraciense em uma única noite, aportou em Lêucade. [9]

Tendo lá permanecido dois dias, aberto velas à aurora do terceiro e devastado o litoral dos etólios, ancorou dois dias após no Lequeu. [10] Em seguida, marchando continuamente por sete dias, alcançou as colinas sobre a cidade junto ao Meneleu, de modo que muitos que observassem o ocorrido nele não creriam. [11] Muito assustados com o paradoxo, os lacedemônios não viam saída e permaneciam em desvantagem no momento.

[19.1] No primeiro dia, Filipe acampou próximo a Amíclas. [2] As denominadas Amíclas formam o distrito do território da lacônica com as mais belas árvores e frutos, distante da Lacedemônia aproximadamente vinte estádios. [3] Nele há um templo de Apolo que é talvez o mais notável santuário da lacônica, situado na parte da cidade que se inclina para o mar. [4] No dia seguinte, pilhou a região chegando até a paliçada dita de Pirro. Nos dois dias seguintes, percorreu devastando os locais adjacentes e acampou em Cárnio, [5] donde seguiu para Asina. Tentou alguns assaltos, mas sem realizar nada de útil partiu e, conforme marchava, destruía a região voltada para o mar cretense até Tênaro. [6] Operou nova mudança marchando pelo estaleiro dos lacedemônios, chamado Gítio, cujo porto é seguro, distante da cidade por volta de 230 estádios. [7] Deixando-o à direita conforme marchava, acampou na Heleia, considerada a maior e mais bela porção do território da lacônica. [8] Permitiu que nele forrageassem enquanto incendiava toda a região e destruía suas colheitas, chegando o forrageio a Ácria e Lêucade, bem como ao território dos beus.

[20.1] Quando receberam as cartas de Filipe sobre a expedição, os messênios não ficaram atrás de nenhum dos outros aliados em ímpeto, mas saíram às pressas e enviaram a elite dos homens, dois mil soldados e duzentos cavaleiros. [2] Como se houvessem atrasado para chegar a Tegea, devido à extensão da rota, em relação à chegada de Filipe, primeiro ficaram sem saber o que deveriam fazer. [3] Apreensivos, pois poderia parecer má vontade devido às suspeitas anteriores, atiraram-se pela argólida rumo à lacônica com o intuito de juntar-se a Filipe. [4] Chegaram ao vilarejo de Glimpes, situado nas montanhas da argólida e da lacônica, e ali acamparam sem perícia nem cuidado, [5] pois não circunvalaram o campo com fosso nem com paliçada, nem procuraram um local bem situado, mas, fiados na gentileza dos habitantes do vilarejo, acamparam inocentemente diante de sua muralha. [6] Quando lhe relataram a presença dos messênios, Licurgo avançou com os mercenários e alguns lacedemônios e, chegando ao local à aurora, caiu com ousadia sobre o acampamento. [7] Os messênios, cujas deliberações foram péssimas sobre tudo o mais, principalmente quanto ao avanço desde Tegea com efetivo insuficiente e sem se fiar em peritos, durante o ataque e em meio ao perigo fizeram, contudo, o possível pela própria salvação. [8] Tão logo constataram a irrupção dos inimigos, abandonaram tudo às pressas e se refugiaram no vilarejo. [9] Por isso Licurgo assenhoreou-se da maioria dos cavalos e das bagagens, mas não capturou nenhum homem vivo, matando apenas oito cavaleiros. [10] Por conta dessa reviravolta os messênios retornaram para casa por Argos. [11] Assoberbado com o ocorrido, Licurgo apresentou-se na Lacedemônia já fazendo preparativos e reuniões com amigos para barrar a saída de Filipe da região sem combate nem luta. [12] O rei avançou desde a Heleia pilhando o território, e no quarto dia alcançou Amíclas com todo o exército pelo meio-dia.

[21.1] Emitindo prescrições sobre o futuro combate a seus oficiais e amigos, Licurgo saiu da cidade e ocupou as proximidades do Meneleu com um efetivo de não menos que dois mil. [2] Aos que ficaram na cidade, ordenou que se mantivessem atentos a que, quando lhes fosse dado o sinal, saíssem às pressas de vários lugares e formassem a tropa diante da cidade de frente para o Eurotas, no menor espaço entre a cidade e o rio. [3] Essa era a situação de Licurgo e dos lacedemônios. [4] Por tratar de locais desconhecidos, a fim de que o relato não se torne confuso e obscuro, seria preciso expor sua natureza e disposição, [5] algo que tentamos fazer ao longo de toda a obra, sempre conectando e associando os locais desconhecidos aos conhecidos e tradicionais. [6] Uma vez que as peculiaridades dos terrenos frustram a maioria dos combates em guerras por terra ou por mar, e que todos queremos conhecer não tanto o que quanto como algo ocorreu, [7] não se deve desprezar as descrições topográficas de nenhuma ação, menos ainda das bélicas, nem hesitar em empregar como sinais ora portos, mares e ilhas, ora templos, montanhas e nomes de locais, [8] e por fim as diferenças de ambiente usuais entre todos os homens, [9] pois somente assim é possível fornecer alguma noção do desconhecido aos leitores, conforme afirmamos anteriormente. [10] Esta é a natureza dos terrenos dos quais trata o presente relato.

[22.1] Esparta tem desenho geral circular e topografia plana, mas em certos pontos sua topografia é irregular e montanhosa. [2] O rio que a costeia vindo do nascente, chamado Eurotas, é impassável a maior parte do tempo devido à sua profundidade. [3] As montanhas onde está o Meneleu ficam além do rio, a sudeste da cidade, e são íngremes, difíceis e singularmente altas. Controlam o passo entre o rio e a cidade, [4] por onde o mencionado rio flui junto à base da colina, todo o passo não contendo mais do que três hemistádios. [5] Por ali Filipe deveria necessariamente retornar, tendo à esquerda a cidade e os lacedemônios prontos e perfilados, e à direita o rio e os homens de Licurgo estacionados nas colinas. [6] Além disso, os lacedemônios maquinaram o seguinte: tendo represado o rio mais acima, dirigiram-no para o intervalo entre a cidade e as montanhas, que foi encharcado, de modo que nem aos cavalos, tampouco aos homens seria possível caminhar. [7] Assim, restou a quem conduzisse tropas apenas o sopé das colinas, por onde ofereceria aos inimigos uma marcha em que uns distavam dos outros em dificuldades de socorrer-se. [8] Vendo isso, Filipe deliberou com os amigos e decidiu que seria mais urgente no momento afastar dos arredores do Meneleu as forças avançadas de Licurgo. [9] Então assumiu os mercenários e os peltastas, além dos ilírios, e avançou, após cruzar o rio, rumo às colinas. [10] Percebendo a intenção de Filipe, Licurgo aprontou seus soldados exortando-os ao combate e desfraldou o sinal para os da cidade. [11] Isso feito, de imediato os encarregados conduziram as forças cidadãs, conforme combinado, para diante da muralha, alocando os cavaleiros na ala direita.

[23.1] Ao aproximar-se da tropa de Licurgo, Filipe primeiro enviou os mercenários, [2] pelo que inicialmente os lacedemônios pelejaram com mais brilhantismo, favorecidos não pouco pelo armamento e pelo terreno. [3] Quando Filipe enviou os peltastas, em formação de reserva, para junto dos combatentes, e quando atacou de flanco com os ilírios, [4] então os mercenários de Filipe, excitados pelo reforço dos ilírios e dos peltastas, recobraram muito de sua coragem para o combate, enquanto os de Licurgo, apavorados com o assalto das armas pesadas, inclinavam-se a fugir. [5] Deles morreram aproximadamente cem, e pouco mais foi capturado. Os demais fugiram para a cidade. O próprio Licurgo, depois de aventurar-se à noite por trilhas, entrou com poucos na cidade. [6] Filipe ocupou as colinas com os ilírios, e retornou ao exército com os ligeiros e peltastas. [7] Ao mesmo tempo, Arato trazia de Amíclas a falange, e já estava perto da cidade. [8] Tendo cruzado o rio, o rei aguardava junto aos ligeiros, peltastas, e cavaleiros, até que as armas pesadas houvessem atravessado em segurança as dificuldades ao pé das colinas. [9] As forças da cidade tentaram investir contra a cavalaria reserva, e armou-se uma briga generalizada, em que os peltastas combateram cheios de coragem. [10] Nesse momento, Filipe conquistou reconhecida vantagem, e depois de perseguir os cavaleiros lacedemônios até os portões, em seguida cruzou em segurança o Eurotas e cobriu a retaguarda de seus falangistas.

[24.1] Como já se fazia tarde e ele fosse forçado a acampar, montou acampamento à saída dos estreitos, [2] tendo por acaso os oficiais se apossado de tal local como nenhum outro encontraria quem desejasse invadir o território da lacônica, partindo da cidade mesma. [3] Situa-se no início dos mencionados estreitos, no ponto em que alguém, vindo de Tegea ou, genericamente, do interior, se aproxima da Lacedemônia, local distante da cidade aproximadamente dois estádios, bem sobre o rio. [4] Seu flanco que olha para a cidade e para o rio é todo protegido por um enorme precipício completamente inacessível; o topo dessas escarpas é plano, terroso e úmido, bem como naturalmente bem localizado para entrada e saída de tropas, [5] de modo que quem nele acampa e detém o topo da colina parece acampar em segurança, dada a proximidade da cidade, e acampa no melhor ponto, pois domina a entrada e a passagem dos estreitos. [6] Filipe então, tendo ali acampado em segurança, no dia seguinte despachou as bagagens e formou a tropa no planalto bem à vista dos citadinos. [7] Aguardou por pouco tempo e em seguida, voltando-se em direção à ala, marchou rumo a Tegea. [8] Quando alcançou o local em que Antígono e Cleômenes haviam travado batalha, ali acampou. [9] No dia seguinte, contemplou o local e, tendo sacrificado aos deuses em ambas as colinas, uma denominada Olimpo, outra, Eva, a seguir avançou depois de reforçar a retaguarda. [10] Tendo chegado a Tegea e vendido todo o butim, em seguida marchou por Argos e chegou com a tropa a Corinto. [11] Lá estavam embaixadores dos ródios e dos quios para tratar do fim da guerra. Depois de negociar com eles, simulando afirmou que estava e estivera pronto a resolver-se com os etólios, despachou-os pedindo que discutissem com os etólios a cessação, [12] e desceu ele próprio ao Lequeu para zarpar, pois tinha algumas ações para concluir na Fócida.

[25.1] Por essa época, Leôncio, Megaléas e Ptolomeu, crendo que ainda poderiam assustar Filipe e com tal expediente dissipar seus mencionados erros, sugeriram aos peltastas e aos membros da denominada pelos macedônios Guarda [2] que estavam arriscando tudo sem que se lhes fizesse justiça nem auferissem todas as vantagens que costumeiramente lhes cabiam. [3] Com isso insuflaram os mais jovens a reunir-se para tentar rapinar os aposentos dos amigos mais ilustres, para derrubar as portas e para destruir o telhado da câmara do rei. [4] Ante tais acontecimentos, mergulhada toda a cidade em gritaria e tumulto, Filipe veio às pressas do Lequeu correndo em direção à cidade. [5] Reuniu os macedônios no teatro ora dando ordens, ora reprovando a conduta de todos. [6] Em meio à gritaria e à grande confusão, uns achavam necessário prender e lapidar os responsáveis, outros, dispersá-los sem nenhum ressentimento contra; [7] simulando, então, estar convencido disso, e exortando a todos, retornou. Sabia, porém, claramente quem eram os incitadores da agitação, mas fingiu que não na ocasião.

[26.1] Depois desse tumulto as ações previstas na Fócida sofreram alguns contratempos, [2] mas Leôncio desistiu das próprias esperanças, pois nada do que planejava tinha sucesso. Fugiu para junto de Apeles e, despachando continuamente, requisitava-o de Cálcis relatando seu próprio impasse e dificuldade devido à divergência com o rei. [3] Aconteceu, porém, de Apeles comportar-se em Cálcis com mais autoridade do que lhe competia, [4] pois declarava que o rei ainda era jovem, muito dependente dele próprio e sem soberania, pelo que se encarregava da condução dos negócios e de toda autoridade. [5] Em vista disso, os governantes e administradores da Macedônia e da Tessália a ele se reportavam, e as cidades gregas, em seus decretos, honrarias e dádivas, faziam breve menção ao rei, embora de todos Apeles sempre constasse. [6] Sabendo disso havia muito, Filipe estava indignado e suportava o fato com dificuldade, pois Arato estava a seu lado e laborava pragmaticamente com seus planos. Mantinha-se, porém, paciente e a ninguém mostrava para onde se conduzia e que opinião tinha. [7] Ignorando as informações a seu respeito e convencido de que, quando se avistasse com Filipe, tudo sairia conforme sua própria opinião, Apeles partiu de Cálcis para auxiliar Leôncio. [8] Quando chegou a Corinto, Leôncio, Ptolomeu e Megaléas, comandantes dos peltastas e de outros batalhões ilustres, se apressaram e insuflaram os jovens a encontrá-lo. [9] Em meio a uma entrada pomposa, dada a quantidade de comandantes e soldados que o precediam, o mencionado marchou direto à corte. [10] Quando quis entrar, conforme hábito antigo, um dos porteiros barrou-o, como lhe fora ordenado, dizendo que o rei não dispunha de tempo. [11] Por muito tempo espantado e hesitante diante a surpresa, Apeles virou-se para retornar. Todos os demais de imediato se afastaram dele ostensivamente, a ponto de entrar, ao fim, sozinho com seus escravos em seus aposentos. [12] Um brevíssimo momento alça e novamente rebaixa todos os homens, sobretudo os cortesãos. [13] Esses são realmente semelhantes a peças de um tabuleiro, pois dependendo da vontade do jogador, ora valem um cobre, ora um talento; a um sinal do rei os cortesãos tornam-se felizes e, logo a seguir, miseráveis. [14] Vendo que, contrariamente ao esperado, lhes escapava o auxílio por via de Apeles, Megaléas encheu-se de pavor e se preparou para fugir. [15] Apeles era admitido em conversações e em certas honrarias, mas não participava de deliberações nem do convívio diário. [16] Nos dias seguintes, quando retomou suas ações na Fócida navegando novamente desde o Lequeu, o rei convidou Apeles. Como o projeto falhara, Apeles se retirou de Elateia.

[27.1] À mesma época, Megaléas foi-se para Atenas, deixando a Leôncio a fiança de vinte talentos. [2] Como os estrategos de Atenas não o acolheram, dirigiu-se a Tebas. [3] O rei partiu da região de Cirra, navegou com seus escudeiros rumo ao porto dos siciônios, dali subiu à cidade e, desculpando-se com os oficiais, acampou junto de Arato e com ele passou todo o tempo, ordenando a Apeles que navegasse para Corinto. [4] Quando teve notícias de Megaléas, enviou os peltastas, que Leôncio comandava, com Táurio para a Trifília, como se houvesse algum serviço urgente; depois que partiram, ordenou que prendessem Leôncio por causa da caução. [5] Quando os peltastas souberam do fato, pois Leôncio lhes havia despachado alguém, enviaram embaixadores ao rei advertindo-o de que, qualquer que fosse a razão por que prendera Leôncio, não julgasse as acusações sem a presença deles próprios, [6] caso contrário considerar-se-íam todos enormemente desconsiderados e condenados – os macedônios sempre tiveram tal liberdade de palavras perante seus reis –; [7] se a questão fosse a fiança de Megaléas, fariam uma coleta geral para pagá-la eles mesmos. [8] Insuflado pelo ardor dos peltastas, o rei trucidou Leôncio mais rápido do que planejara.

[28.1] Os embaixadores dos ródios e dos quios retornaram da Etólia com um armistício de trinta dias e dizendo que os etólios estavam prontos para a cessação das hostilidades; [2] haviam fixado o dia em que pediam a Filipe para se apresentar em Rio, com a promessa de que os etólios tudo fariam para instituir a paz. [3] Filipe aceitou o armistício, escreveu aos aliados instruindo-os a mandar a Patras delegados para deliberarem a respeito da cessação de hostilidade em relação aos etólios, e dois dias depois desembarcou em Patras vindo do Lequeu. [4] Por essa época algumas cartas lhe foram remetidas da Fócida, enviadas por Megaléas para os etólios, exortando-os a ter coragem e permanecer em guerra, pois Filipe seria definitivamente liquidado pela falta de suprimentos. Continham também algumas acusações contra o rei e injúrias odiosas. [5] Ao lê-las e ponderar que o iniciador de todos os males fora Apeles, imediatamente o pôs sob vigilância e despachou-o às pressas para Corinto, bem como seu filho e seu amante, [6] e enviou para Tebas, em busca de Megaléas, Alexandre, com ordens para conduzi-lo aos magistrados por conta da fiança. [7] Alexandre cumpriu tais ordens, mas Megaléas não aguardou o processo, lançando mãos contra si próprio. [8] Aproximadamente nos mesmos dias, Apeles perdeu a vida, bem como seu filho e seu amante. [9] Tais homens morreram pelo modo que mereceram, sobretudo devido à sua insolência contra Arato.

[29.1] Os etólios tinham pressa em concluir a paz, pressionados pela guerra e porque a situação se desenrolava contra seus planos: [2] nutriram esperança de tratar com um Filipe criançola, tolo pela idade e imperícia, mas encontraram um Filipe homem feito em seus desígnios e atitudes, mostrando-se a si mesmos desprezíveis e infantis em suas iniciativas particulares e gerais; [3] além disso, quando souberam do tumulto envolvendo os peltastas e das mortes de Apeles e de Leôncio, conjecturaram que haveria grande e árdua agitação na corte, e tentaram esquivar-se ao dia combinado para o encontro em Rio. [4] Filipe acolheu com prazer tal pretexto, porque fiado na guerra e já decidido a evitar seu fim. Então exortou os aliados presentes a agir visando não à cessação de hostilidades, mas à própria guerra, e novamente navegou para Corinto. [5] Liberou todos os macedônios para cruzarem a Tessália e invernarem em suas casas, partindo ele próprio de Cencreas e, costeando a Ática pelo Euripo, navegou rumo a Demetríade. [6] Ali pôs a julgamento, diante dos macedônios, Ptolomeu, remanescente da facção de Leôncio, e o matou. [7] Por essa época, Aníbal invadiu a Itália e acampou diante das forças romanas junto ao rio denominado Pado; [8] Antíoco submeteu a maior parte da Cele-Síria e retirou-se para invernar; e Licurgo, rei dos lacedemônios, fugiu para a Etólia por medo dos éforos. [9] Os éforos, com efeito, diante das falsas calúnias alegando que aquele estava prestes a suscitar revoluções, reuniram os jovens e foram à noite à casa dele que, já prevenido, fugiu com seus servos.

[30.1] Sobreveio o inverno, o rei Filipe se retirara para a Macedônia e o estratego aqueu, Eperato, caíra em desgraça frente aos cidadãos jovens e era totalmente desconsiderado pelos mercenários. Ninguém obedecia às suas ordens e nada havia pronto para a defesa do território. [2] Ao constatar isso, Pírria, o estratego enviado pelos etólios para os eleus, tendo 1.300 etólios, mercenários eleus, mil soldados cidadãos e duzentos cavaleiros, num total de três mil homens, [3] pilhava continuamente não só os territórios dos dimeus e dos fareus, mas também o dos patreus. [4] Por fim, tendo acampado no monte denominado Panaqueu, sobre a cidade dos patreus, devastou todo o território voltado para Rio e para Égio. [5] Por conta disso, as cidades vexadas e sem auxílio repudiavam as contribuições, e os soldados, como os pagamentos fossem postergados ou atrasassem, agiam do mesmo modo quando solicitados a auxiliar. [6] Ante tais represálias de parte a parte, a situação caminhava para o pior, e por fim os mercenários debandaram. Tudo isso resultou da incapacidade do líder. [7] Sendo tal a disposição dos negócios dos aqueus, e como já se aproximasse a época, Eperato renunciou ao cargo e os aqueus, no início do verão, fizeram de Arato Velho seu estratego. [8] Essa era a situação na Europa. Uma vez que alcançamos o ponto adequado com relação à divisão cronológica e à circunscrição das ações, e passamos às ações na Ásia concluídas durante a mesma olimpíada, dessas trataremos agora.

[31.1] Primeiro tentaremos esclarecer, seguindo o plano original, a guerra pela Cele-Síria entre Antíoco e Ptolomeu [cf. 1.3.1 e III.2.4.], [2] pois sabemos claramente que, nesse momento no qual deixamos a Grécia, estava a ponto de ser decidida e concluída, por isso preferimos essa suspensão e divisão da presente narrativa. [3] Cremos haver conferido suficiente perícia aos leitores atentos para que não se equivoquem quanto à exatidão dos detalhes cronológicos, porque referimos com frequência inícios e fins de cada um, ou seja, sob quais épocas de uma olimpíada específica recaem também as ações na Grécia. [4] A fim de tornar a narrativa fácil de acompanhar e clara, consideramos que nada é mais necessário, nesta olimpíada, do que não misturar as ações entre si, e sim separá-las e dividi-las conforme possível, [5] até que, alcançando a olimpíada seguinte, comecemos a escrever ano a ano as ações contemporâneas. [6] Uma vez que optamos por escrever sobre as ações em todo o mundo, e não apenas algumas, e elaboramos uma concepção de história maior do que a de nossos predecessores, por assim dizer, conforme já antes demonstramos, [7] seria necessário que tivéssemos a maior previdência quanto ao seu tratamento e organização, a fim de que no detalhe e no todo a obra seja clara. [8] Por isso agora, depois de remontar um pouco nos reinados de Antíoco e de Ptolomeu, tentaremos definir inícios assentes e reconhecidos daquilo que será relatado, o que é absolutamente o mais necessário.

[32.1] Afirmando que o início é metade do todo, os antigos recomendavam grande cuidado em tudo com vistas a iniciar bem. [2] Embora pareçam ter falado com exagero, penso que ficaram pouco aquém da verdade. Com confiança se pode dizer não que o início é metade do todo, mas também que avança até o final, [3] pois como é possível começar algo bem sem que se predetermine pela inteligência o acabamento da empreitada, sem que se saiba em que, para que e por que se empreende fazê-lo? [4] Como, ainda, é possível recapitular ações convenientemente sem reportá-las a um início, ou seja, a um "de que", ou "como", ou "pelo que" se chega às ações em questão? [5] Assim, se se pensa não que o início avança até o meio, mas até o final, devem ter todo o cuidado com ele tanto escritores quanto leitores, e em tudo. É isso o que ora tentaremos fazer.

[33.1] Não ignoro, contudo, que muitos outros escritores emitiram opinião idêntica à minha, afirmando que escreveram sobre tudo e se devotaram a obra maior do que a de seus

predecessores. [2] A respeito disso, pondo de lado Éforo, o primeiro e único a devotar-se a escrever a respeito de tudo, renunciarei a mencionar o nome de algum outro e a me estender exceto no seguinte, [3] que muitos dos escritores de história nossos contemporâneos, que nos explicam em três ou quatro páginas a guerra entre romanos e cartagineses, afirmam escrever sobre tudo. [4] Contudo, que muitas e grandiosas ações outrora se realizaram na Ibéria, na África, na Sicília e na Itália; que a guerra de Aníbal foi a mais notável e duradoura depois da pela Sicília, e que todos fomos forçados a prestar atenção a ela por sua grandiosidade, receosos de seus resultados e desdobramentos, quem é tão obtuso que não o sabe? [5] Mas alguns dos que trataram disso nem sequer mencionam particularidades cronológicas como os cidadãos que o fazem em pedra, mas afirmam ter abarcado as ações da Grécia e dos bárbaros. [6] Isso ocorre porque é demasiado fácil arrogar-se as maiores obras com palavras, mas bem o contrário alcançar excelência pelos atos. [7] O primeiro é corrente e, por assim dizer, comum a todos que forem capazes tão somente de bravatear; o segundo é muito raro e advém raras vezes na vida. [8] Optei por dizer isso em razão da jactância dos que se orgulham de si mesmos e de suas próprias obras, mas retorno ao início de meu plano.
[34.1] Morto seu pai, tão logo trucidou o irmão Magas e os colaboradores dele, Ptolomeu, chamado Filopátor, assumiu o reino do Egito [222 a.C.], [2] pensando ter se livrado de ameaças internas por si próprio e pelo referido ato, bem como estar livre de ameaças externas devido ao acaso, pois Antígono e Seleuco estavam mortos, e seus sucessores, Antíoco e Filipe, eram por demais jovens, pouco mais que meninos. [3] Confiante, por isso, na ocasião, exerceu o poder de modo o mais festivo, [4] mostrando-se desdenhoso e intratável com os cortesãos e demais administradores do Egito, e indiferente e frívolo aos incumbidos de assuntos externos, [5] o que para seus antecessores fora razão de maior, não de menor cuidado,

do que o próprio reino do Egito. [6] Enquanto detiveram a soberania sobre a Cele-Síria e Chipre, eram ameaçadores aos reis da Síria por terra e por mar; [7] tinham ao alcançe da mão os potentados da Ásia e as ilhas, senhores que eram das cidades, das praças-fortes e dos portos mais ilustres em todo o litoral desde a Panfília até o Helesponto e as proximidades de Lisimaquia; [8] espreitavam os negócios da Trácia e da Macedônia porque controlavam as cidades de Eno, Maronia e outras ainda mais longínquas. [9] Tendo com tal expediente prolongado bastante os próprios braços e protegido, havia muito, a si mesmos atrás desses reinos, jamais foram incomodados no comando do Egito, em função do grande cuidado que racionalmente tomavam com os negócios externos. [10] Mas o referido rei, tratando com indiferença todas essas questões devido a seus amores indecentes e às suas bebedeiras estúpidas e contínuas, naturalmente em muito pouco tempo se deparou com vários conspiradores contra sua vida e seu reino, dos quais o primeiro foi o espartano Cleômenes.

[35.1] Esse, enquanto viveu o denominado Evergeta, com quem se associara pelos negócios e pela confiança, manteve-se quieto, sempre convencido de que nele teria o apropriado apoio para recobrar o reino de seus antepassados. [2] Quando, porém, o Evergeta morreu e o tempo passou, as circunstâncias na Grécia quase que chamaram Cleômenes pelo nome – Antígono estava morto, os aqueus guerreavam, e os lacedemônios se associavam aos etólios em seu ódio contra aqueus e macedônios, conforme concepção e plano originais de Cleômenes –, [3] então foi mais ainda forçado a apressar-se, pelejando por escapar de Alexandria. [4] Assim, primeiro pediu em audiência que o despachasse com suprimentos apropriados e tropas, [5] mas como não fosse ouvido, solicitou, por petição, que liberasse apenas a ele próprio e a seus servidores particulares, pois a ocasião lhe mostrava recursos suficientes para recobrar seu poder herdado. [6] Sem examinar nada disso, nem se precaver em relação ao futuro, pelas mencionadas razões, tranquila e estupidamente o rei nunca dava ouvidos a Cleômenes. [7] Mas os homens de Sosíbio – era principalmente ele quem então estava à frente dos negócios – deliberaram e tomaram decisões a respeito daquele. [8] Não acharam por bem despachá-lo com suprimentos e frota, pois desprezavam os assuntos externos, devido à morte de Antígono, e consideravam vão incorrer em tal despesa. [9] Além disso, receavam que, diante da morte de Antígono e da inexistência de outro rival entre os demais, rapidamente e sem esforço Cleômenes submeteria a Grécia tornando-se um formidável e vigoroso antagonista deles mesmos, [10] pois já observara a fundo os negócios deles, desconsiderava o rei e sabia que muitas partes do reino estavam desarticuladas e muito apartadas, o que dava muitas oportunidades para agir, [11] pois não poucas naus estavam em Samos e muitos soldados em Éfeso. [12] Por isso, rejeitaram o plano de despachá-lo com suprimentos, pelas mencionadas razões. Consideravam que de modo algum lhes convinha despachar, tendo-o tratado com indiferença, um homem manifestamente hostil e inimigo. Restava detê-lo contra a vontade, [13] mas de imediato e sem discussão todos rejeitaram tal proposta, considerando inseguro manter leão e carneiros na mesma jaula. Sosíbio era quem mais temia isso, pela seguinte razão.

[36.1] Ao tempo do massacre de Magas e Berenice, receosos de que a empreitada falhasse principalmente devido à audácia de Berenice, foram forçados a bajular todos os cortesãos com promessas, caso a situação lhes corresse a contento. [2] Sabendo então Sosíbio que Cleômenes solicitava o apoio do rei e tinha juízo e noção real dos fatos, fez-lhe grandes promessas enquanto o punha a par do plano. [3] Percebendo que ele estava amedrontado e com receio sobretudo dos soldados estrangeiros e dos mercenários, Cleômenes exortou-o a ter coragem, e prometeu que os mercenários não o prejudicariam, mas ajudariam. [4] Ante o espanto do outro com o anúncio, "não vês", disse, "que são quase três mil estrangeiros do Peloponeso e por volta de mil cretenses a quem, caso façamos um sinal apenas, prontamente entram todos em serviço? Quando se houverem reunido, terás receio de quem? [5] Ou, claro", disse, "dos soldados da Síria e da Cária?". [6] Sosíbio na ocasião ouviu-o com prazer e se encheu duplamente de coragem para agir contra Berenice. [7] Mas depois, observando a frivolidade do rei, recordava sempre da conversa, e tinha diante dos olhos a audácia de Cleômenes e a simpatia dos estrangeiros para com ele. [8] Por isso então recomendou veementemente ao rei e aos amigos rapidez para prender e encarcerar Cleômenes. [9] A favor dessa proposta serviu-se do seguinte apoio. [37.1] Um certo Nicágoras, messênio, era hóspede avito de Arquidamo, rei dos lacedemônios. [2] Até então haviam tido pouco contato um com o outro, mas quando Arquidamo fugiu de Esparta por medo de Cleômenes e chegou a Messana, Nicágoras não só o acolheu prontamente em sua casa provendo-o do necessário, como também desse convívio contínuo surgiu entre eles uma integral simpatia e intimidade. [3] Assim, quando depois Cleômenes sinalizou com esperança de retorno e entendimento a Arquidamo, Nicágoras se encarregou de levar mensagens para concertarem as garantias. [4] Tão logo foram ratificadas, Arquidamo retornou a Esparta fiado no tratado de Nicágoras; [5] quando, porém, o encontrou, Cleômenes trucidou Arquidamo, mas poupou Nicágoras e os seus. [6] Em público, Nicágoras simulava dever um favor a Cleômenes por sua salvação, mas intimamente suportava com dificuldade o ocorrido, considerando-se responsável pela perdição do rei. [7] Pouco tempo antes, Nicágoras navegara a Alexandria levando cavalos. [8] Ao descer da nau, encontrou Cleômenes, Panteu e junto deles Hípitas, passeando no cais do porto. [9] Ao vê-lo, Cleômenes se aproximou e o saudou amigavelmente, perguntando por que viera. [10] Quando ele respondeu que chegara trazendo cavalos, "eu preferiria que tu", disse, "em vez de cavalos, houvesses trazido catamitos e sambucas, pois é por isso que o atual rei anseia". [11] Nicágoras assentiu sorrindo, mas calado. Depois de alguns dias, aumentando seu contato com Sosíbio por conta dos cavalos, recontou-lhe o recente diálogo, para prejuízo de Cleômenes. [12] Percebendo que Sosíbio ouvia com prazer, expôs toda a sua preexistente divergência com Cleômenes.

[38.1] Ao saber que estava agastado com Cleômenes, Sosíbio persuadiu-o, mediante pagamento imediato e promessas de futuros, a escrever uma carta contra Cleômenes e deixá-la selada, [2] para que, quando dali a alguns dias Nicágoras partisse, um escravo lha trouxesse como se enviada por Nicágoras. [3] Nicágoras colaborou e a carta foi trazida por um escravo, após a partida de Nicágoras, a Sosíbio, [4] que imediatamente, junto do servo e da carta, dirigiu-se ao rei. O escravo afirmou que Nicágoras lhe havia deixado a carta com ordens para entregá-la a Sosíbio. [5] A carta revelava que Cleômenes, caso não o despachassem com a equipagem e os suprimentos adequados, provocaria uma insurreição no reino. [6] Aproveitando de imediato a ocasião, Sosíbio instou com o rei e demais amigos para que não hesitassem, mas vigiassem e encarcerassem Cleômenes. [7] Isso foi feito: concederam-lhe uma residência enorme, onde passava seu tempo sob vigilância, por isso diferindo dos demais encarcerados, ou seja, por viver em uma prisão maior. [8] Constatando isso e tendo as piores expectativas quanto ao futuro, Cleômenes decidiu tentar tudo o que pudesse, [9] convencido não tanto a concretizar algum plano – pois não dispunha de nenhum razoável para a empreitada – e sim a morrer bem, preocupado com que nada de indigno de sua anterior audácia restasse, [10] tendo bem em mente isto, como me parece, e preferindo, como costuma ocorrer com os homens altivos: "que eu não pereça sem combate nem renome, mas sob feitos grandiosos, para ciência dos pósteros"[6]

---

6. *Ilíada*, 22.304-305.

[39.1] Tendo aguardado uma viagem do rei a Canopo [220 a.C.], espalhou entre os que o vigiavam o boato de que estava prestes a ser solto pelo rei, razão pela qual recepcionava seus ajudantes e enviava carnes, coroas e vinho aos vigilantes. [2] Eles aceitaram a oferta sem suspeitas e se embriagaram. Junto dos amigos presentes e de seus escravos, ele passou oculto pelos vigias portando punhais por volta do meio-dia. [3] Avançaram até topar, em uma praça, com Ptolomeu, então deixado a cuidar da cidade, cuja comitiva assustaram por sua temeridade. Derrubaram-no da quadriga, encarceraram-no e exortaram a multidão à liberdade. [4] Como ninguém lhes desse atenção nem os apoiasse, devido à surpresa da empreitada, voltaram-se para a cidadela, a fim de abater-lhe as portas e cooptar os homens ali encarcerados. [5] Tendo fracassado também nessa empreitada, pois os encarregados haviam pressentido o futuro e reforçado o portão, mataram-se mutuamente com muita bravura e à lacônica. [6] Assim pereceu Cleômenes, homem refinado em sociedade, talhado para a organização de negócios e, em uma palavra, comandante e rei por natureza.

[40.1] Não muito depois disso, Teódoto, governador etólio da Cele-Síria, fosse por desprezar o rei devido à licenciosidade de sua vida e de todas as suas inclinações, [2] fosse por desconfiar dos cortesãos porque, pouco tempo antes, tendo prestado valiosos serviços ao rei em muitas ocasiões e durante a primeira investida de Antíoco contra a Cele-Síria, não só não foi recompensado como, ao contrário, fora convocado a Alexandria e por pouco não arriscara a vida, [3] por essas razões decidiu então conversar com Antíoco e entregar-lhe as cidades da Cele-Síria. Com prazer este aceitou a oferta, e rapidamente a efetivação se organizou. [4] A fim de que façamos o mesmo com relação a essa casa real, retrocedendo à assunção do poder por Antíoco, faremos uma recapitulação desde esses tempos até o início da guerra de que trataremos. [5] Antíoco era o filho mais novo de Seleuco cognominado

Calínico. Com a morte do pai [226 a.C.], seu irmão Seleuco assumiu o reino, devido à idade. Inicialmente mudou-se para viver no interior, [6] mas quando Seleuco foi morto à traição após transpor o Tauro [223 a.C.], conforme dissemos antes, [7] o poder real passou às suas mãos. Confiou o governo d'aquém Tauro a Aqueu, e encarregou do interior do reino Molão e seu irmão Alexandre, permanecendo Molão sátrapa da Média e seu irmão, da Pérsia.

[41.1] Estes, por desprezarem o rei devido à idade; por esperarem que Aqueu tomasse parte em seu plano; e sobretudo por temerem a crueldade e a vilania de Hérmias, então à frente do governo, empreenderam sublevar e suscitar revoltas nas satrapias do norte. [2] Hérmias era da Cária e fora posto à testa dos negócios por Seleuco, que nele confiava, no tempo que empreendera a expedição contra Átalo. [3] Ao obter tal poder, passou a invejar todos os dignitários da corte; cruel por natureza, punia os erros de uns amplificando sua gravidade; a outros imputava acusações forjadas e falsas, e os julgava com inexorável dureza. [4] Sua maior ânsia, pela qual tudo fez, era destruir Epígenes, que trouxera de volta as tropas de Seleuco, pois sabia que era um homem muito capaz no falar e no agir e que gozava de grande reputação entre as tropas. [5] Mantinha-se nesse projeto, sempre desejoso de dar vazão à fúria e de um pretexto contra o dito homem. [6] Reunido o conselho a propósito da defecção de Molão, e tendo o rei pedido que cada um manifestasse a própria opinião sobre como se deveria tratar dos revoltados, [7] por primeiro Epígenes aconselhou que o caso fosse tratado imediatamente, sem hesitação, e que a primeira e principal medida a tomar era o rei se adiantar para a região e acompanhar de perto a situação. [8] Assim, ou os homens de Molão não mais ousariam causar problemas, estando o rei presente e à vista de todos com um exército considerável, [9] ou, caso se obstinassem no projeto e ousassem, seriam rapidamente detidos pela tropa e entregues ao rei.

[42.1] Enquanto ele ainda falava, Hérmias, encolerizado, afirmou que havia muito tempo ele era um conspirador e traidor oculto do reino, [2] e que ora deixava ver isso muito bem pelo conselho que dera, ansioso como seus cúmplices por entregar o rei aos revoltosos. [3] Então, como se tivesse aceso o fogo da calúnia, deixou Epígenes à própria sorte, tendo exibido inoportuna dureza mais do que aversão. [4] Porque receasse o perigo, Hérmias tentava evitar a expedição contra Molão, dada sua inexperiência em assuntos de guerra, e ansiava por marchar contra Ptolomeu, convencido de que seria uma guerra segura devido à indolência desse rei. [5] Ante o espanto de todos os membros do conselho, então despachou contra Molão os comandantes Xenão e Teódoto Hemiólio; continuamente açulava Antíoco, julgando que deveria lançar mãos à Cele-Síria, [6] pois só assim supunha que, se por todos os lados o jovenzinho visse guerras, ele próprio não seria julgado pelos erros passados nem entravado em seu poder atual, por força de preocupações e dos perigos e combates que sempre rodeariam o rei. [7] Assim, por fim forjou uma carta, como se houvesse sido mandada por Aqueu, e levou-a ao rei; nela, Ptolomeu o incitaria a encarregar-se da administração, dizendo que o socorreria com naus e dinheiro para todas as empreitadas, caso assumisse o diadema e deixasse claro a todos que havia ocupado o poder [8] que no momento já detinha de fato, mas cuja titulatura, por receio da coroa que a fortuna lhe dava, recusava. [9] O rei acreditou no escrito, e estava pronto, sem muita reflexão, a marchar contra a Cele-Síria.

[43.1] Nessa época, enquanto ele estava nos arredores de Selêucia sobre o Zeugma, chegou da Capadócia do Euxino o navarco Diogneto trazendo Laódice, a filha do rei Mitrídates, donzela prometida ao rei. [2] Mitrídates se gabava de descender de um dos sete persas que haviam abatido o Mago, e conservava o domínio, legado por seus ancestrais, que originariamente lhes fora dado por Dario junto ao Ponto Euxino. [3]

Antíoco recebeu a donzela com um cortejo e cerimônia apropriados e imediatamente celebrou o casamento, preparado com magnificência própria de um rei. [4] Concluído o casamento, desceu para Antioquia, declarou Laódice rainha, e por fim entregou-se aos preparativos de guerra. [5] À mesma época, Molão, tendo deixado pronta para tudo a população de sua própria satrapia com esperanças de ganho e, ao mesmo tempo, com terror, que instilou nos líderes quando lhes apresentou cartas falsas e ameaçadoras da parte do rei; [6] tendo como colaborador o irmão Alexandre, e tendo se assegurado nas satrapias adjacentes por meio de favores e corrupção de seus potentados, marchou com um grande exército contra os comandantes do rei. [7] Xenão e Teódoto, espantados com o ataque, se retiraram para as cidades. [8] Tendo se assenhoreado da região de Apolônia, Molão dispunha de suprimentos em demasia. Mesmo antes já era temível pela extensão dos seus domínios.

[44.1] De fato, todas as forças de cavalaria do rei são confiadas aos medos, que dispõem de imensa quantidade de grãos e animais. [2] Sobre a solidez e a extensão da região ninguém poderia fazer um relato à altura. [3] A Média está localizada no centro da Ásia, e se distingue de todas as terras da Ásia por sua extensão e altitude quando observada em detalhe. [4] Ela se impõe sobre os mais bravos e importantes povos; diante dela estão, voltados para a aurora e o levante, a planície deserta situada entre a Pérsia e a Pártia; [5] ela domina também as ditas Portas Cáspias e alcança os montes Tapiros, que não ficam muito distantes do mar Hircânio. [6] Na parte meridional, se estende até a Mesopotâmia e a região de Apolônia, e faz fronteira com a Pérsia separada pelo monte Zagro, [7] cuja subida tem por volta de cem estádios, cheio de irregularidades e desfiladeiros, vincado por gargantas e longos vales em que vivem os cosseus, corbrenes, carcos e muitas outras raças de bárbaros com reputação de valentia guerreira. [8] A porção ocidental alcança as referidas satrapias, não

muito distantes dos povos que habitam próximos ao Ponto Euxino. [9] A parte voltada para o ártico compreende os elimeus, os aniaraces, os cadúsios e os matianos, [10] e se situa sobre as partes do ponto que tocam o Meótis. [11] A própria Média é cortada de oriente a ocidente por vários montes, entre os quais há planícies cheias de cidades e vilarejos.
[45.1] Sendo senhor dessa região de estatuto real, Molão já havia muito era temível, como eu disse anteriormente, pela proeminência de seu poder. [2] Mas nessa circunstância, em que os generais do rei pareciam ter-lhe abandonado os campos de batalha e suas próprias tropas estavam cheias de ímpeto porque suas primeiras expectativas secundavam suas previsões, parecia absolutamente temível e irresistível a todos os habitantes da Ásia. [3] Assim, primeiro planejou cruzar o Tigre e assediar Selêucia. [4] Mas como a travessia lhe fora bloqueada por Zêuxis, que se apoderara das embarcações fluviais, retirou-se para um acampamento da região denominada Ctesifonte e começou a preparar a invernagem das tropas. [5] O rei, ao saber do avanço de Molão e do recuo de seus próprios generais, estava pronto a marchar ele próprio de volta contra Molão, renunciando ao ataque a Ptolomeu para não deixar passar a ocasião. [6] Mas Hérmias, conservando seu propósito original, enviou contra Molão as tropas do aqueu Xeneta, com plenos poderes; disse que cabia aos comandantes combater os rebeldes, mas ao próprio rei cabia atacar e dar combates decisivos a reis. [7] Ele próprio, mantendo submisso o jovem rei devido à pouca idade, avançou e juntou-se às tropas de Apameia. Dali levantou acampamento rumo a Laodiceia. [8] Desta partiu o rei com todo o exército, atravessou o deserto e penetrou no vale denominado Mársias, [9] situado entre o Líbano e a vertente do Antilíbano, e que conflui para um estreito aos pés dos ditos montes. [10] Na parte mais estreita desse local, vincada de pântanos e lagoas, colhe-se a cana aromática.
[46.1] Sobre os estreitos ficam, de um lado, o território denominado Brocos, de outro, Gerra, os quais deixam atrás uma

entrada estreita. [2] Tendo marchado pelo referido vale por vários dias, e feito aliança com as cidades próximas, chegou a Gerra. [3] Ao saber que o etólio Teódoto já havia conquistado Gerra e os Brocos, fortificado os estreitos ao longo da lagoa com fossos e paliçadas, e estacionado vigias em posições favoráveis, primeiro tentou pela força; [4] mas por ter sofrido mais danos do que provocado, em razão da solidez do local e porque Teódoto ainda permanecesse incólume, desistiu da empreitada. [5] Devido a tais dificuldades topográficas, e à chegada da notícia de que Xeneta havia sofrido uma derrota cabal e Molão se apoderado de todas as regiões superiores, desistiu dessas operações e partiu em auxílio dos próprios interesses. [6] Tendo Xeneta sido enviado com plenos poderes, conforme já disse, e obtido autoridade maior do que esperava, tratava seus próprios amigos de modo o mais desdenhoso, e por demais confiante as ações contra inimigos. [7] Acampado em Selêucia, mandou chamar Diógenes, comandante da Susiana, e Pitíades, do mar Vermelho, pôs-se à frente das tropas e acampou em face dos inimigos na margem oposta do Tigre. [8] Como muitos o cruzassem a nado, vindos do acampamento de Molão para juntar-se às suas tropas, e afirmassem que, caso cruzasse o rio, todas as forças de Molão se lhe inclinariam – pois Molão não era bem-visto pela multidão, que estava muito bem-disposta para com o rei – Xeneta se ensoberbou com isso e pôs-se a cruzar o Tigre. [9] Após indicar que pretendia usar como cabeça de ponte um banco de areia, não aprontou nenhum dos preparativos necessários para tanto, pois os homens de Molão costumavam desprezar operações como a indicada; [10] enquanto isso, reunia e equipava embarcações, o que fazia com grande cuidado. [11] Tendo escolhido os cavaleiros e os infantes mais vigorosos de todo o exército, e deixado Zêuxis e Pitíades à testa do acampamento, marchou de noite por volta de oitenta estádios para baixo do acampamento de Molão; [12] e tendo feito o exército atravessar em segurança nos barcos, acampou ainda à noite, ocupando uma posição favorável, pois na maior parte era circundada pelo rio, e no resto era assegurada por pântanos e charcos.

[47.1] Ao saber do ocorrido, Molão despachou a cavalaria para que mais facilmente barrasse o caminho a quem atravessava, e escaramuçasse os que já o haviam feito. [2] Quando se aproximaram da tropa de Xeneta, não puderam atacar o inimigo por ignorância do local: alguns se afundaram nos charcos até o pescoço, todos se fizeram imprestáveis e muitos, inclusive, morreram. [3] Xeneta, convencido de que, caso se aproximassem, as forças de Molão debandariam para suas próprias tropas, avançou pela margem do rio para mais perto e acampou diante dos inimigos. [4] À mesma ocasião, Molão, fosse por estratagema, fosse por desconfiar das próprias tropas, a fim de que não se desse o que Xeneta esperava abandonou as bagagens no acampamento e partiu de noite, avançando a passo forçado rumo à Média. [5] Xeneta, supondo que Molão havia fugido porque surpreendido por seu assalto, e porque desconfiasse das próprias tropas, depois de acampar, primeiro pilhou o acampamento dos inimigos, e fez vir a si, do acampamento de Zêuxis, os próprios cavalos e suas bagagens; [6] depois reuniu e exortou as tropas a ter confiança e esperança em uma vitória decisiva, pois Molão havia fugido. [7] Tendo dito isso, ordenou a todos que cada um se cuidasse e tratasse para que logo pela manhã partissem no encalço dos inimigos.

[48.1] A multidão, confiante e carregada de todo tipo de suprimentos, se entregou à diversão, à bebedeira e à licenciosidade que se segue a tais ímpetos. [2] Depois de já ter percorrido um bom trecho e ceado, Molão fez meia-volta, encontrou todos espalhados e bêbados, e atacou a paliçada inimiga à aurora. [3] Os homens de Xeneta foram surpreendidos pelo acontecimento paradoxal: muitos eram incapazes de acordar por conta da bebedeira; outros eram mortos ao lançar-se atabalhoadamente contra os inimigos; [4] a maioria dos que dormiam foi morta em seus próprios catres, e os demais se atiravam ao rio tentando alcançar o acampamento da margem oposta: não conseguiram, e a maioria pereceu. [5] Em suma, o acampamento estava em total desordem e agitação: todos haviam sido surpreendidos e estavam temerosos, [6] ao mesmo tempo que, por estar o acampamento da margem oposta à vista e a tão pequena distância, [7] muitos se esqueciam da violência e da dificuldade do rio no afã de se salvar, e em desespero por salvação atiravam-se no rio junto com os animais e as bagagens, [8] como se por alguma providência o rio lhes fosse ajudar e transportar em segurança ao acampamento da margem oposta. [9] Por conta disso, o espetáculo da correnteza se mostrou trágico e extraordinário: junto com os nadadores eram carregados cavalos, animais, armas, cadáveres e bagagens de todo tipo. [10] Após assenhorear-se do acampamento de Xeneta, Molão atravessou o rio em segurança, pois ninguém lhe impedia, uma vez que os homens de Zêuxis haviam fugido ao seu assalto; e ocupou também o acampamento desse. [11] Concluído o narrado, chegou com as tropas em Selêucia. [12] Após tomá-la de assalto devido à fuga de Zêuxis, e junto dele Diomedonte, o administrador de Selêucia, avançou e submeteu as satrapias superiores sem precisar combater. [13] Tendo se assenhoreado de Babilônia e da região do mar Vermelho, chegou a Susa. [14] Tomou também essa cidade de assalto, mas não foi bem-sucedido ao atacar a acrópole, pois o comandante Diógenes nela se lhe antecipara. [15] Por isso desistiu dessa empreitada e, tendo deixado alguns homens para assediá-la, partiu rapidamente e de novo chegou com as tropas a Selêucia sobre o Tigre. [16] Ali, após dispensar toda sorte de cuidados ao exército e exortar os homens, lançou-se às ações subsequentes: ocupou a Parapotâmia até a cidade de Europo, e a Mesopotâmia até Duras. [17] Quando Antíoco soube disso tudo, como escrevi anteriormente, renunciou às suas expectativas sobre a Cele--Síria e voltou-se para esses problemas.

[49.1] Na mesma época, o conselho se reuniu e o rei pediu que se pronunciasse sobre quais preparativos deveriam ser feitos contra Molão. Epígenes começou a falar sobre a situação, [2] que de novo não se devia contemporizar, em sua opinião, à espera de que os inimigos obtivessem uma grande superioridade, reforçando outra vez que se deveria entrar em ação. [3] De novo Hérmias, estúpida e precipitadamente irritado, começou a insultá-lo. [4] Ao mesmo tempo, elogiando vulgarmente a si próprio, lançando acusações descabidas e mentirosas contra Epígenes, e incitando o rei a não descurar nem desistir tão irrefletidamente das expectativas sobre a Cele-Síria, [5] ofendeu à maioria e agastou também Antíoco, e só parou de altercar depois de o rei fazer enorme esforço para separá-los. [6] Como parecesse à maioria que Epígenes houvesse dado o conselho mais necessário e vantajoso, foi tomada a decisão de marchar contra Molão e concentrar atenções nessa empreitada. [7] Rapidamente Hérmias fingiu mudar de opinião e disse que todos deveriam colaborar sem hesitar com o que fora decidido, estando ele próprio pronto para quaisquer preparativos.

[50.1] Quando as tropas estavam reunidas em Apameia, a multidão se insurgiu por conta dos salários devidos. [2] Sabendo que o rei estava preocupado e temia a agitação por conta da ocasião, ele prometeu fazer os pagamentos caso lhe fosse concedido que Epígenes não participasse da empreitada, [3] pois não seria capaz de fazer nada razoável ao longo da expedição, tamanha cólera e divergência havia nascido entre eles. [4] O rei ouviu de má vontade e fez de tudo para que com ele Epígenes comandasse, dada sua perícia bélica; [5] por outro lado, estava rodeado e cercado pelas manobras, pela vigilância e pelos préstimos da malvadez de Hérmias, e não era senhor de si. Por isso cedeu à ocasião e aquiesceu às suas exigências. [6] Tendo Epígenes ido embora em trajes civis, conforme ordenado (***), os membros do conselho temeram pela inveja que porventura suscitassem, [7] enquanto as tropas, satisfeitas suas exigências, voltaram-se de boa mente para o responsável pelo pagamento, exceto os cirrestos: [8] em número de quase seis mil, eles se rebelaram, debandaram, e ainda provocaram muitos dissabores; mas por fim, vencidos em batalha por um dos comandantes do rei, a maioria foi morta e os cativos se entregaram às garantias do rei. [9] Depois de postar-se à testa dos amigos pelo medo, e das tropas pelos bons serviços, Hérmias marchou junto do rei. [10] Contra Epígenes armou o seguinte complô, após assegurar-se da colaboração de Alexis, chefe da cidadela de Apameia: [11] escreveu uma carta como se enviada de Molão a Epígenes, e persuadiu um de seus escravos, seduzindo-o com grandes esperanças de recompensa, a misturar a carta com os escritos de Epígenes. [12] Feito isso, imediatamente chegou Alexis e perguntou a Epígenes se havia recebido alguma carta de Molão. [13] Como ele negasse, Alexis pediu com rispidez para investigar. Tão logo entrou, encontrou a carta, que usou como pretexto para matar Epígenes na hora. [14] Feito isso, o rei se convenceu de que Epígenes fora morto com justiça, enquanto os membros da corte, embora suspeitassem do fato, guardaram silêncio por medo.

[51.1] Ao chegar ao Eufrates, Antíoco deu descanso às tropas para de novo partir. Depois de atravessar para Antioquia da Migdônia, onde chegou pelo solstício de inverno, ali permaneceu, por querer passar sem problemas o início e o auge do inverno. [2] Depois de aguardar por volta de quarenta dias, avançou até Liba. [3] Lá reuniu o conselho para decidir sobre a melhor maneira de avançar contra Molão, e como e de onde buscar suprimentos para a marcha (Molão estava na Babilônia); [4] Hérmias pensava que deveria bordejar o Tigre, deixando esse rio, o Lico e o Capro como baluartes; [5] Zêuxis, tendo ante os olhos a ruína de Epígenes, hesitava em dar opinião, mas diante da manifesta ignorância de Hérmias, recobrou um pouco de coragem e aconselhou que atravessassem o Tigre, [6] calculando entre outras dificuldades a da marcha ao longo do rio, pois teriam de atravessar distâncias consideráveis, além de seis dias pelo deserto até chegarem ao canal dito Real. [7] Se este já houvesse sido capturado pelos inimigos, seria impossível a travessia e manifestamente insegura a retirada pelo deserto, [8] dada a falta de suprimentos. Depois que atravessassem o rio, mostrou claramente ao rei que as populações da região de Apolônia se arrependeriam e para ele se inclinariam, pois no momento obedeciam Molão não por escolha, mas por necessidade e terror; [9] e claramente também a abundância de recursos para o exército, devido à excelência da região. [10] Mais importante, demonstrou que barrariam a Molão o acesso à Média e os auxílios vindos daquela região, [11] pelo que ele seria forçado a oferecer combate ou, caso não quisesse fazê-lo, as tropas rapidamente passariam para o lado do rei.

[52.1] Tendo prevalecido a opinião de Zêuxis, imediatamente dividiram o exército em três partes e fizeram atravessar a multidão e as bagagens por três pontos distintos do rio. [2] Em seguida, marcharam para Duras e, com um rápido ataque, livraram a cidade do sítio (pois estava sitiada por um dos comandantes de Molão); [3] ato contínuo, dali retomaram a marcha, ultrapassaram o monte chamado Órico oito dias depois, e desceram para Apolônia. [4] À mesma ocasião, Molão soube da presença do rei. Por desconfiar das populações da Susiana e da Babilônia, dada sua conquista recente e de surpresa; e por temer que se lhe pudesse ser barrado o retorno para a Média, decidiu construir uma ponte sobre o Tigre e atravessar as tropas, [5] apressando-se como podia para alcançar os terrenos escarpados de Apolônia, fiado na multidão de fundibulários dos chamados círtios. [6] Tendo agido conforme decidira, marchou a passo rápido e forçado. [7] Ao mesmo tempo que Molão alcançava os referidos terrenos e o rei partia de Apolônia com todo o exército, as infantarias ligeiras de cada um, enviadas à frente, encontraram-se em um passo de montanha. [8] Primeiro se atracaram experimentando-se, mas se separaram quando fizeram junção com as próprias forças. Então se retiraram cada uma para seu respectivo acampamento, e acamparam à distância de quarenta estádios. [9] Quando caiu a noite Molão refletiu que, para rebeldes, um combate contra o rei de dia e cara a cara seria inseguro e difícil, por isso decidiu atacar os homens de Antíoco à noite. [10] Então escolheu os mais competentes e vigorosos de todo o exército e os fez contornar por outro local, pois desejava desfechar o ataque de uma posição favorável. [11] Durante a marcha veio a saber que dez jovens em bloco haviam desertado para Antíoco, e desistiu do plano. [12] Fazendo meia-volta, retornou e, chegando ao próprio acampamento à aurora, encheu o exército de pânico e agitação. [13] Os soldados, apavorados com o assalto dos que chegavam enquanto dormiam, por pouco não abandonaram o acampamento. [14] Molão acalmou-lhes a agitação como pôde.

[53.1] Como o rei estivesse pronto a oferecer combate, logo pela manhã mandou sair todo o exército do acampamento. [2] Na ala direita instalou primeiro a cavalaria lanceira, à testa da qual ia Árdis, homem experimentado na guerra. [3] Junto deles instalou os aliados cretenses, e destes, os gauleses rigosages. Ao lado desses instalou os estrangeiros e mercenários gregos, e depois deles o sistema da falange. [4] Entregou a ala esquerda aos ditos Companheiros, que eram cavaleiros. Os elefantes, em número de dez, instalou a certa distância à frente do exército. [5] Distribuiu entre as alas as reservas de infantes e cavalaria, com ordens para envolver o inimigo tão logo entrassem em combate. [6] Em seguida, caminhou por entre as tropas exortando-as brevemente com palavras adequadas à ocasião. Entregou a ala esquerda a Hérmias e Zêuxis, ficando com a direita. [7] Molão teve problemas para retirar as tropas, inquietas à hora do perfilamento devido à absurda situação da noite. [8] Dividiu a cavalaria entre ambas as alas, observando a disposição dos inimigos, e entre as cavalarias instalou os portadores de escudo, os gauleses e todas as armas pesadas. [9] Os arqueiros, fundibulários e outras tropas do mesmo tipo, instalou em paralelo às cavalarias, [10] e pôs os carros com foice à distância, à frente do exército. [11] Entregou a ala esquerda a seu irmão Neolau, ficando com a direita.

[54.1] Em seguida, ambos os exércitos avançaram. A ala direita de Molão manteve a própria credibilidade atracando-se vigorosamente com os homens de Zêuxis, mas a esquerda, tão logo pôde ver o rei, passou-se para os inimigos. [2] Com isso, os homens de Molão esmoreceram, enquanto os do rei se fortaleceram duplamente. [3] Molão, tendo compreendido o que ocorrera e já cercado por todos os lados, viu passar diante de seus olhos as torturas que viria a sofrer caso fosse capturado vivo, pelo que se matou. [4] Algo semelhante ocorreu com todos os conjurados: fugindo cada um para sua terra natal, puseram fim à vida do mesmo modo. [5] Neolau, fugindo à batalha e indo dar à Pérsia junto a Alexandre, irmão de Molão, matou a mãe e os filhos de Molão, e depois dessas mortes matou-se, tendo convencido Alexandre a fazer o mesmo. [6] O rei saqueou o acampamento inimigo e ordenou que se crucificasse o corpo de Molão no ponto mais conspícuo da Média. [7] A ordem foi imediatamente executada pelos encarregados: transportaram-no para Calonitis e crucificaram-no em uma encosta do monte Zagro. [8] Em seguida, censurou longamente as tropas mas estendeu-lhes a destra, indicando quem as levaria de volta à Média e se encarregaria da região. [9] Ele próprio desceu para Selêucia e pôs em ordem as satrapias adjacentes, a todos tratando com suavidade e inteligência. [10] Mas Hérmias, dada sua natural inclinação, lançou acusações contra os habitantes de Selêucia, multou a cidade em mil talentos, exilou os chamados adeiganes, e massacrou muitos dos seleucídios com mutilações, assassinatos e torturas. [11] Com dificuldade, o rei, ora persuadindo Hérmias, ora encarregando-se pessoalmente da situação, finalmente acalmou e restaurou a cidade, multando-os em apenas 150 talentos por seu erro. [12] Tomadas essas providências, deixou Diógenes como comandante da Média e Apolodoro, da Susiana; Ticão, secretário-chefe do exército, despachou como comandante para a região do Mar Vermelho. [13] A rebelião de Molão, que deu origem à agitação das satrapias superiores, assim foi punida e apaziguada.

[55.1] Inflado pelo sucesso obtido e desejando ameaçar e intimidar os potentados bárbaros d'além e confinantes com suas próprias satrapias, a fim de que não ousassem nem auxiliar nem se aliar aos que contra si se rebelassem, o rei decidiu marchar contra eles, [2] primeiro contra Artabazane, que parecia o mais severo e hábil dentre os potentados, bem como senhor das ditas satrapias e povos confinantes. [3] À época, porém, Hérmias receava o perigo de uma expedição às regiões superiores, pois desejava, conforme seu plano inicial, uma expedição contra Ptolomeu. [4] Mas quando chegou a notícia de que havia nascido um filho do rei, pensou que nas regiões superiores talvez Antíoco pudesse sofrer algo da parte dos bárbaros, dando-lhe oportunidade para suprimi-lo; [5] assentiu, então, à expedição, certo de que, ante a supressão de Antíoco, seria o tutor da criança e senhor do império ele próprio. [6] Decidido isso, ultrapassaram o Zagro e invadiram o território de Artabazane, [7] que confina com a Média, separados por uma cadeia de montanhas no meio, por cima da qual está a parte do Ponto que dá para a região do Fásis; [8] une-se ao mar hircânio, possui grande quantidade de homens bravios e mais ainda de cavalos, e é autossuficiente quanto aos demais preparativos de guerra. [9] Esse reino ainda é administrado pelos persas, e fora deixado de lado nos tempos de Alexandre. [10] Artabazane, surpreendido pelo assalto do rei, sobretudo por conta de sua idade, pois já era bem idoso, cedeu às circunstâncias e concluiu tratados gratos a Antíoco.

[56.1] Após as ratificações, Apolófanes, médico do rei e por ele distintamente estimado, notando que Hérmias não mais se mantinha dentro dos limites de sua autoridade, começou a temer também pelo rei, suspeitando ainda mais e temendo por si mesmo. [2] Aproveitando uma oportunidade, conversou com o rei, exortando-o a não negligenciar nem fazer vista grossa à audácia de Hérmias, nem que ficasse aguardando para ter de lutar contra um infortúnio semelhante ao de seu irmão. [3] Disse-lhe que não estava longe do perigo, pelo que considerava deveria atentar e auxiliar às pressas a si próprio e aos amigos. [4] Como Antíoco admitisse que estava descontente e temia Hérmias, e lhe dissesse que muito o agradecia por ter ousado falar-lhe com tanto cuidado a esse respeito, [5] Apolófanes se encheu de coragem por parecer não ter se equivocado quanto à vontade e ao juízo do rei, [6] e Antíoco pediu-lhe que o secundasse não só com palavras, mas também com atos, para sua própria salvação e a dos amigos. [7] Como aquele dissesse estar pronto para tudo, concertaram em seguida um plano: alegando como pretexto que o rei fora acometido por vertigens, dispensaram por alguns dias o cerimonial e os serviçais de costume, [8] mas retiveram a prerrogativa de tratar com os amigos que desejassem tratar com ele em particular a pretexto de visita. [9] Na ocasião aprontaram todo o necessário para a ação; como todos estivessem prontamente acumpliciados por conta do ódio a Hérmias, dedicaram-se a rematar o plano. [10] Como os médicos prescrevessem a Antíoco caminhadas sob o friozinho da alvorada, Hérmias compareceu na ocasião determinada, e junto dele os amigos cientes da ação, [11] enquanto os demais ficaram, uma vez que a hora de saída do rei fora alterada em muito em relação à de costume. [12] Assim, depois de afastá-lo da comitiva para um local ermo, o rei sinalizou que precisava satisfazer alguma necessidade, e então apunhalaram-no. [13] Desse modo, Hérmias perdeu a vida, sofrendo uma punição de modo algum à altura de seus atos. [14] Liberto do terror e de um grande embaraço, o rei marchou retornando para casa, e todos os habitantes das regiões reconheceram suas ações e empreitadas, aplaudindo sobretudo, quando de sua passagem, a eliminação de Hérmias. [15] Na mesma ocasião, em Apameia, as mulheres mataram a mulher de Hérmias, e seus filhos, os filhos.

[57.1] Após chegar em casa e liberar as tropas para invernagem, Antíoco despachou a Aqueu [2] incriminando-o e protestando, primeiro, por ter ousado cingir o diadema e passar-se por rei e, em segundo lugar, advertindo que se havia mancomunado com Ptolomeu e agitado bem mais do que o necessário. [3] Aqueu, à época em que o rei havia marchado contra Artabarzane, convencido de que algo ocorreria a Antíoco e esperando que, mesmo se não ocorresse, dada a enorme distância [4] conseguiria invadir a Síria e empregar os cirrestas, que haviam se rebelado contra o rei, como colaboradores para se assenhorear rapidamente dos domínios do rei, partiu da Lídia com todo o exército. [5] Chegando a Laodiceia na Frígia, cingiu o diadema e pela primeira vez ousou passar-se por rei e escrever às cidades, instigado a isso sobretudo devido ao exilado Garsiéris. [6] Como continuasse a avançar e já estivesse próxima a Licaônia, as tropas se amotinaram, descontentes por pensarem que marchavam contra aquele que desde o início era seu legítimo rei. [7] Por isso Aqueu, ao se dar conta dessa agitação, renunciou ao plano proposto, desejando convencer as tropas de que desde o início não planejara marchar contra a Síria; então fez meia-volta, pilhou a Pisídica, [8] proporcionou muitos ganhos aos soldados, tornou-os bem-dispostos e confiantes em si, e retornou para casa.

[58.1] O rei, que estava bem consciente de cada detalhe, despachou continuamente a Aqueu ameaçando-o, conforme afirmei anteriormente, enquanto se entregava por completo aos preparativos contra Ptolomeu. [2] Assim, aquartelou as tropas em Apameia na primavera e reuniu-se em conselho com os amigos para deliberar sobre como deveriam organizar a invasão da Cele-Síria. [3] Como então muitos se pronunciassem sobre topografia, preparativos e colaboração da frota, Apolófanes, de quem falamos antes, que era de Selêucia, retalhou todas as opiniões referidas: [4] disse que era uma leviandade cobiçar a Cele-Síria e marchar contra ela enquanto negligenciavam Selêucia em poder de Ptolomeu, cidade que era o fundamento e quase, por assim dizer, o lar daquela dinastia; [5] além da vergonha que então acossava a realeza pelo fato de a cidade estar em posse dos reis do Egito, ela ainda dispunha dos maiores e mais excelentes recursos militares; [6] dominada pelos inimigos, era o maior obstáculo a qualquer empreitada; [7] para onde quer que planejemos avançar, os nossos territórios não precisarão de menos cuidado e vigilância, por conta do pavor de lá advindo, do que os preparativos contra o inimigo. [8] Disse ainda que, se dominada, não só protegeria vigorosamente a terra pátria, como também, com relação a outros empreendimentos por terra e mar, seria de grande valia, dada sua ótima localização. [9] Como todos aquiescessem a essas palavras, decidiram primeiro tomar a cidade. [10] Selêucia estava em mãos de guarnições dos reis do Egito desde a época de Ptolomeu dito Evérgeta [246 a.C.], quando esse rei, [11] devido ao infortúnio de Berenice e à sua cólera subsequente, marchou contra a Síria e se assenhoreou da cidade.

[59.1] Decidido isso, Antíoco ordenou ao navarco Diogneto que navegasse rumo a Selêucia e partiu ele próprio de Apameia com o exército; à distância aproximada de cinco estádios da cidade, acampou próximo ao hipódromo. [2] Enviou Teódoto, o Hemiólio, à Cele-Síria com tropas suficientes, a fim de que ocupasse os estreitos e os gerenciasse. [3] A localização de Selêucia e a singularidade das regiões circunvizinhas é desta natureza: [4] situada no litoral entre a Cilícia e a Fenícia, está aos pés de uma imensa montanha que chamam de Corifeia, [5] cujos extremos da encosta ocidental são banhados pelo mar situado entre Chipre e Fenícia, e cuja parte oriental se projeta sobre os territórios de Antioquia e

Selêucia. [6] Selêucia se situa ao pé de sua face sul, separada por uma funda e difícil ravina, que desce e se inclina para o mar, na maior parte cercada por abismos e rochas abruptas. [7] Na planície ao pé de sua face voltada para o mar ficam os mercados e o subúrbio, singularmente amuralhados. [8] De modo semelhante, todo o centro da cidade é assegurado com portentosas muralhas, notavelmente adornado com templos e outras construções. [9] Possui um acesso na face voltada para o mar, como uma escadaria artificial, entrecortado por rampas e ziguezagues estreitos e contínuos. [10] O rio chamado Orontes deságua não longe dela; tendo o início de seu curso no Líbano e no Antilíbano, atravessa a planície dita Amice e chega até Antioquia; [11] ao passar por ela, recebe todo o esgoto em sua caudalosa correnteza, e por fim deságua não longe de Selêucia no referido mar.

[60.1] Antíoco primeiro despachou aos comandantes da cidade oferecendo dinheiro e grandes expectativas, caso Selêucia fosse tomada sem combate. [2] Sem, porém, conseguir persuadir os chefes maiores, corrompeu alguns oficiais menores e, neles fiado, aprontou o exército de modo a atacar por mar com os homens da frota e, por terra, com os do acampamento. [3] Após dividir o exército em três frentes, fazer as exortações adequadas à ocasião, e anunciar grandes recompensas e coroas de bravura tanto à soldadesca quanto aos comandantes, [4] a Zêuxis e seus comandados entregou a área da porta que dava para Antioquia; a Hermógenes, a área do Dioscório; a Árdis e a Diogneto confiou o ataque ao subúrbio, [5] porque havia concertado pactos com homens dentro da cidade no sentido de que, caso o subúrbio fosse tomado por violência, a cidade se lhe seria entregue. [6] Dado o sinal, todos atacaram vigorosa e violentamente por todos os lados. Com mais audácia, porém, atacaram os homens de Árdis e Diogneto, [7] porque nas outras áreas, a menos que forçassem o acesso atracando-se com pés e mãos, não seria de modo algum possível aproximar escadas para o ataque, enquanto o porto e o subúrbio se prestavam à aproximação, instalação e emprego das escadas em segurança. [8] Como os marinheiros apoiassem as escadas no porto e lutassem com denodo, assim como os homens de Árdis o faziam no subúrbio; e como os habitantes da cidade não pudessem socorrer os dois locais, pois o perigo vinha de toda parte, rapidamente o subúrbio caiu em mãos de Árdis. [9] Tão logo fora dominado, os oficiais menores corrompidos correram imediatamente a Leôncio, o comandante geral, pois julgavam que deveriam entrar em acordo com Antíoco antes de a cidade ser tomada por violência. [10] Ignorando a corrupção dos oficiais e espantado com sua agitação, Leôncio despachou a Antíoco homens incumbidos de tratar das garantias de segurança para toda a população da cidade.

[61.1] O rei concedeu audiência e deu salvo-conduto aos homens livres, que eram por volta de seis mil. [2] Ao tomar a cidade, não só poupou os homens livres como também restabeleceu os selêucidas fugitivos, restituindo-lhes a cidadania e os bens. E assegurou com guarnições o porto e a cidadela. [3] Enquanto ainda se ocupava disso, chegou uma carta de Teódoto exortando-o a apressar-se para deitar mãos à Cele-Síria, o que o encheu de hesitação e dúvidas sobre o que deveria fazer e como encarar o anúncio. [4] Teódoto, que era de raça etólia, havia prestado serviços notáveis ao rei Ptolomeu, conforme escrevi antes, e não só era digno de grande favor por isso, como também havia arriscado a vida à época em que Antíoco conduziu a expedição contra Molão. [5] Neste momento, porém, desgostoso com o rei e desconfiado dos cortesãos, ocupou ele próprio Ptolemaida e, por meio de Panétolo, Tiro, e convocou Antíoco às pressas. [6] O rei deixou de lado a expedição contra Aqueu, considerou supérfluo tudo o mais e partiu com o exército, marchando por onde viera. [7] Após atravessar o vale denominado Mársia, acampou nos estreitos próximos a Gerra à margem do lago que fica no meio. [8] Ao saber que Nicolau, comandante em nome de Ptolomeu, assediava Teódoto em Ptolemaida, deixou para trás as armas pesadas, ordenou que seus oficiais sitiassem os brocos, vilarejo entre o lago e o passo, e partiu ele próprio com a tropa ligeira, desejoso de romper o cerco. [9] Nicolau, que já havia sido informado da presença do rei, retirou-se, enviando o cretense Lágoras e o etólio Dorímenes para ocupar os estreitos perto de Berito. [10] O rei caiu-lhes de assalto, fê-los fugir e acampou ele próprio nos estreitos.

[62.1] Acolhendo ali o restante das tropas e exortando-as de modo conveniente às empreitadas, em seguida partiu com toda a tropa, confiante e animado pelas esperanças descortinadas. [2] Ao encontrar-se com Teódoto, Panétolo e seus amigos, acolheu-os com benevolência e ocupou Tiro, Ptolemaida e os preparativos que nelas havia, dentre os quais quarenta embarcações, [3] vinte das quais eram cobertas e distintamente equipadas, nenhuma menor do que quadrirreme, e ainda trirremes, birremes e botes rápidos. Tudo isso entregou ao navarco Diogneto. [4] Vindo a saber que Ptolomeu partira para Mênfis, e que todas as suas forças estavam agrupadas em Pelúsio abrindo canais e tapando os poços de água potável, [5] desistiu de atacar Pelúsio, e pôs-se a perambular pelas cidades, tentando atraí-las a si umas pela força, outras pela persuasão. [6] As cidades mais fracas se espantavam com sua chegada e aquiesciam, mas as que confiavam em seus preparativos e na solidez de suas posições resistiam, obrigando-o a perder tempo ao assediá-las. [7] Ptolomeu deveria defender imediatamente seus domínios, conforme era apropriado, tão flagrantemente havia sido atraiçoado; era, porém, incapaz de empreender qualquer reação, [8] a tal ponto os preparativos militares haviam sido negligenciados.

[63.1] Daí que Agátocles e Sosíbio, então à testa do reino, reuniram-se em conselho e tomaram as decisões possíveis na situação. [2] Deliberaram fazer preparativos para a guerra enquanto, a intervalos, despachavam continuamente a Antíoco visando enfraquecê-lo, contribuindo em aparência com a opinião que ele já tinha sobre Ptolomeu. [3] Essa era a de que não ousaria guerrear, mas parlamentar e tratar por meio de amigos de convencê-lo a afastar-se da Cele-Síria. [4] Assim decididos, Agátocles e Sosíbio despachavam zelosamente a Antíoco; [5] ao mesmo tempo, enviavam embaixadores aos ródios, aos bizantinos, aos cizicenos e aos etólios incitando-os a despachar pelo fim das hostilidades. [6] Conforme tais embaixadas chegavam, davam-lhes muitos pretextos para, enquanto se dirigiam a ambos os reis, obterem dilações e tempo para os preparativos de guerra. [7] Estabelecidos em Mênfis, com elas negociavam continuamente, assim como recebiam as da parte de Antíoco, a que respondiam com benevolência. [8] Então convocaram e reuniram em Alexandria os mercenários que assalariavam nas cidades mais afastadas. [9] Enviaram também recrutadores e prepararam provisões para as forças já existentes e para as vindouras. [10] Cuidaram dos demais preparativos do mesmo modo, indo alternada e continuamente a Alexandria para verificar se não faltava nenhum suprimento para a expedição planejada. [11] O aprontamento das armas, a escolha e a divisão dos soldados confiaram ao tessálio Equécrates e ao meliteu Foxida, [12] e também ao magnésio Euríloco e ao beócio Sócrates, além do alariote Cnópia. [13] Muito oportunamente haviam contratado os serviços desses homens, que haviam militado com Demétrio e Antíoco, tinham boa noção da realidade e, em geral, do necessário para batalhas. [14] Tão logo assumiram a tropa, tornaram-nos os melhores soldados possíveis.

[64.1] Dividindo-os primeiro por raça e idade, deram a cada um o armamento apropriado, desconsiderando o que antes portavam. [2] Em seguida, alinharam-nos em conformidade com a presente ação, rompendo com o sistema e com as listas de pagamento antigos. [3] Depois exercitaram-nos, acostumando cada um não só às instruções como também aos movimentos próprios de cada armamento. [4] Organizavam também reuniões de armas e alocuções, para o que foi de grande valia o aspêndio Andrômaco e o argivo Polícrates, [5] que haviam recentemente chegado da Grécia e no momento estavam habituados ao ímpeto grego e aos planos de cada um, além de serem os mais ilustres por suas pátrias e vidas. [6] De ambos, Polícrates o era mais, devido à antiguidade de sua casa e à reputação de atleta de seu pai Mnasíades. [7] Eles, com exortações públicas e privadas, instilaram nos homens ímpeto e prontidão para o futuro combate.

[65.1] Cada um dos homens mencionados exerceu um comando afim com sua respectiva experiência. [2] O magnésio Euríloco comandava quase três mil homens da dita guarda real, enquanto o beócio Sócrates tinha dois mil peltastas sob seu comando. [3] O aqueu Foxida, Ptolomeu filho de Trásea, e com eles o aspêndio Andrômaco, exercitavam para um mesmo fim a falange e os mercenários gregos; [4] Andrômaco e Ptolomeu lideravam a falange, Foxida, os mercenários; a falange tinha 25 mil homens, e os mercenários eram oito mil. [5] Polícrates preparou a cavalaria da corte, em número de setecentos, bem como a líbia e a nativa; a todas ele comandava, em número aproximado de três mil. [6] O tessálio Equécrates exercitou distintamente toda a cavalaria mercenária, ao todo dois mil, tornando-a de grande valia para o combate. [7] O alariote Cnópia não se preocupou menos que ninguém com seus comandados, num total de três mil cretenses, dos quais mil neocretenses que pôs sob o comando do cnóssio Filão. [8] Armaram também três mil líbios à moda macedônia, a quem apuseram o barceu Amônio. [9] A multidão de egípcios montava a dez mil falangitas subordinados a Sosíbio. [10] Haviam reunido também um contingente de trácios e gauleses, por volta de quatro mil, entre colonos e seus descendentes, além de dois mil havia pouco chegados, sob o comando do trácio Dioniso. [11] Essas eram a quantidade e as características do exército preparado para Ptolomeu.

[66.1] Antíoco, que empreendia o cerco da cidade chamada Dora, mas que nada conseguia devido à solidez do local e do auxílio trazido por Nicolau, [2] com a chegada do inverno concedeu às embaixadas vindas da parte de Ptolomeu a conclusão de uma trégua de quatro meses e a concordância com uma decisão final em termos totalmente generosos. [3] Assim o fez sem suspeitar da realidade, ansioso por não se manter muito tempo longe dos próprios territórios e para passar o inverno com as tropas em Selêucia, pois Aqueu conspirava abertamente contra seus domínios, agindo de comum acordo com Ptolomeu. [4] Concluído o acordo, Antíoco despachou os embaixadores pedindo-lhes que lhe trouxessem a Selêucia o mais rápido a decisão de Ptolomeu. [5] Partiu deixando guarnições apropriadas na região e entregando a Teódoto a superintendência geral; chegando a Selêucia, liberou as tropas para a invernagem. [6] De resto, descuidou de exercitar a multidão, persuadido de que não precisaria lutar, pois já dominava partes da Cele-Síria e da Fenícia e esperava apoderar-se das demais de comum acordo e por tratativas, [7] já que Ptolomeu de modo algum ousaria travar um combate decisivo. [8] Essa era também a opinião de seus embaixadores, pois durante as audiências em Mênfis Sosíbio os tratava com cortesia, [9] mas jamais permitia que os enviados a Antíoco se fizessem observadores dos preparativos que ocorriam em Alexandria.

[67.1] Quando, então, chegaram os embaixadores, Sosíbio estava pronto para tudo, [2] e Antíoco, por sua vez, se esforçava para prevalecer de uma vez por todas, pelas armas e pelo direito, nas entrevistas com os enviados de Alexandria. [3] Assim que os embaixadores chegaram a Selêucia, concordaram em discutir os detalhes da cessação de hostilidades, seguindo as instruções de Sosíbio. [4] O rei, ao longo das tratativas, não reconhecia como abusivos o recente infortúnio e a evidente injustiça da atual ocupação de territórios da Cele-Síria; [5] mais, não computava a ação como injustiça, dado que havia contendido por algo que lhe cabia, [6] pois a primeira ocupação fora a de Antígono Monoftalmo. Afirmou que a região representava as mais importantes e legítimas aquisições da dinastia selêucida, pelo que a si, não a Ptolomeu, cabia a Cele-Síria; [7] e que Ptolomeu havia combatido contra Antígono para colocar Seleuco à testa da região, não a ele. [8] Mais do que tudo, insistia no acordo comum entre todos os reis que, à época em que haviam vencido Antígono, por deliberação conjunta de todos – Cassandro, Lisímaco e Seleuco – haviam decidido que a Síria toda caberia a Seleuco. [9] Os homens de Ptolomeu tentavam fazer valer o oposto: amplificaram a presente injustiça e descreveram como abusivo o acontecimento, alçando a traição de Teódoto e o ataque de Antíoco ao plano de uma traição à trégua, [10] além de mencionarem as aquisições de Ptolomeu filho de Lago, dizendo que fora nessa situação que Ptolomeu combatera junto a Seleuco, a fim de que o comando de toda a Ásia coubesse a Seleuco, mas que adquirisse para si o da Cele-Síria e da Fenícia. [11] Esses e outros argumentos semelhantes foram muitas vezes repetidos por ambas as partes em embaixadas e entrevistas que nada concluíram, pois as tratativas eram guiadas por amigos comuns e não havia ninguém com poderes para se interpor entre eles e impedir o ímpeto de quem tencionasse cometer uma injustiça. [12] Sobretudo o problema de Aqueu causava dificuldades a ambos: Ptolomeu ansiava inclui-lo no acordo, [13] enquanto Antíoco sequer suportava falar a respeito, considerando abusivo que Ptolomeu ousasse dar proteção a rebeldes e fazer qualquer menção a algo do tipo.

[68.1] Assim, quando já estavam fartos de trocar embaixadas sem chegar a um acordo, chegou a primavera e Antíoco reuniu suas tropas para invadir por terra e mar a Cele-Síria e se apoderar das partes restantes. [2] Ptolomeu se confiou integralmente a Nicolau, a quem supria de abundantes recursos no território de Gaza e enviava exércitos e frotas. [3] Com tais reforços, Nicolau entrou em guerra confiante, contando também com a colaboração do navarco Perígenes, que atendia prontamente a todas as suas ordens: [4] Ptolomeu o havia enviado à testa da frota com trinta naus cobertas e mais de quatrocentas cargueiras. [5] Nicolau tinha origem etólia, mas em empenho e audácia na guerra não era inferior a nenhum dos que marchavam por Ptolomeu. [6] Tendo ocupado antecipadamente, com parte das forças, os estreitos de Plátano; e com a restante, junto da qual ia, os arredores da cidade de Porfireão, dali espreitava a invasão do rei, com a frota ancorada em posição de apoio. [7] Antíoco chegou a Marato e os arádios o procuraram para travar aliança. Ele não só aceitou a aliança como também dirimiu uma dissensão que preexistia entre eles, reconciliando os arádios da ilha com os que habitavam o continente. [8] Em seguida, empreendeu a invasão pelo chamado Teoprósopo e chegou a Berito, tendo ocupado Bótris no caminho e incendiado Triere e Cálamo. [9] Dali despachou a Nicarco e Teódoto ordens para que ocupassem antecipadamente os difíceis terrenos ao longo do rio Lico. Avançou, então, com a tropa e acampou próximo ao rio Damura, enquanto o navarco Diogneto os seguia navegando. [10] Ali assumiu as tropas ligeiras de Nicarco e Teódoto e partiu para observar os difíceis terrenos já ocupados por Nicolau. [11] Após observar as peculiaridades do local, retornou ao acampamento e durante o dia seguinte, tendo lá deixado as armas pesadas sob o comando de Nicarco, avançou com o restante do exército para uma ação iminente.

[69.1] Nessa região, as encostas do Líbano confinam o litoral a um terreno estreito e curto vincado por uma dorsal íngreme de difícil acesso, que deixa uma via estreita e difícil bordejando o mar. [2] Nela, pois, Nicolau se havia aquartelado; tendo ocupado antecipadamente o terreno com uma multidão de homens e se assegurado com a construção de engenhos, facilmente se convenceu de que impediria a entrada de Antíoco. [3] O rei, tendo dividido o exército em três partes, entregou uma a Teódoto com ordens para travar combate e forçar a passagem pelas encostas do Líbano, e deu a outra a Menedemo, [4] instruindo-o demoradamente para que tentasse passar pelo meio da dorsal. [5] A terceira parte deixou-a próxima ao mar, sob o comando de Díocles, comandante da Parapotâmia. [6] Com sua guarda particular, ocupou ele próprio um terreno intermediário, pois desejava supervisionar tudo e acorrer em socorro de quem quer que precisasse. [7] Ao mesmo tempo, Diogneto e Perígenes já se aprontavam para a naumaquia, posicionando-se como podiam próximos à terra e tentando produzir como que uma eclosão conjunta de batalha terrestre e naval. [8] Depois que todos carregaram a um único sinal e a um único comando, a naumaquia permanecia indecisa, pois ambas as frotas se equivaliam em quantidade de soldados e equipamentos. [9] Na batalha terrestre, porém, primeiro prevaleceu Nicolau, fazendo uso da solidez de sua posição; mas pouco depois, quando as tropas de Teódoto pressionaram os ocupantes da encosta e depois começaram a atacar de cima, os homens de Nicolau recuaram e fugiram todos. [10] Ao longo da fuga, dois mil dentre eles tombaram, e não menos foram capturados vivos. Todos os demais se refugiaram em Sidon. [11] Perígenes, que detinha as melhores expectativas na naumaquia, tão logo notou a derrota das tropas de terra organizou a retirada em segurança para o mesmo local.

[70.1] Após partir com o exército, Antíoco chegou e acampou próximo a Sidon, [2] mas desistiu de tentar tomar a cidade devido à abundância de seus recursos e ao grande número de habitantes e refugiados. [3] Partindo com o exército, marchou rumo a Filoteria e ordenou ao navarco Diogneto que retornasse com as naus a Tiro. [4] Filoteria está situada às margens do lago em que o rio denominado Jordão deságua para novamente se lançar à planície da denominada Citópolis. [5] Tendo se assenhoreado de ambas as cidades mencionadas por meio de acordos, recobrou a confiança para operações futuras, uma vez que o território dependente de ambas as cidades poderia facilmente suprir todo o exército e provê-lo do necessário para a ação. [6] Após assegurá-las com guarnições, cruzou as montanhas e chegou a Atabírio, situada em uma colina em forma de seio, cuja rota de acesso tem mais de quinze estádios. [7] Tomou a cidade na ocasião por meio de armadilhas e estratagemas: [8] provocou os homens da cidade para uma escaramuça e fez com que os primeiros combatentes acompanhassem seus movimentos por um bom trecho; em seguida, os que simulavam fugir fizeram meia-volta e se juntaram à irrupção de homens tocaiados; com isso, matou muitos daqueles e, [9] por fim, depois de perseguir os demais deixando-os em pânico, tomou de assalto também essa cidade. [10] À mesma época, Cerea, um dos oficiais de Ptolomeu, passou-se para seu lado; a deferência com que o tratou excitou muitos dos comandantes adversários: [11] não muito depois, o tessálio Hipóloco chegou trazendo quatrocentos cavaleiros que antes serviam a Ptolomeu. [12] Após assegurar também Atabírio, partiu e tomou Pela, Camo e Gefro ao longo do avanço.

[71.1] Ante tamanhos sucessos, os habitantes da Arábia adjacente exortaram-se uns aos outros e se lhe puseram à disposição de comum acordo. [2] Tendo aceitado partilhar de suas expectativas e suprimentos, avançou e ocupou *** na Galácia *** torna-se *** dos abilos e dos que lhes auxiliaram sob o comando de Nícias, amigo e parente de Menea. [3] Ainda restavam os gadaros, cujo território se mostrava singularmente sólido: acampou nas proximidades e organizou os trabalhos de assédio, com o que rapidamente os apavorou e tomou a cidade. [4] Em seguida, ao saber que muitos inimigos se haviam agrupado em Rabatamana, na Arábia, para devastar e pilhar o território dos árabes que haviam passado para seu campo, pôs tudo de parte, avançou e acampou nas montanhas onde se situa a cidade. [5] Depois de contornar a colina e observar que só possuía acessos em dois pontos, para lá avançou e naqueles locais instalou as máquinas de assédio. [6] Após entregar o cuidado das máquinas parte a Nicarco, parte a Teódoto, passou o tempo restante a cuidar e observar a dedicação de cada um deles às operações. [7] Como Teódoto e Nicarco se empenhassem bravamente e rivalizassem continuamente cada um desejando ser o primeiro a derrubar o trecho de muralha à frente de suas máquinas, rapidamente aconteceu de, contra toda expectativa, a muralha ruir em ambos os pontos. [8] Quando isso ocorreu, passaram a atacar de dia e de noite a toda carga, sem deixar passar qualquer oportunidade. [9] Embora tentassem continuamente tomar a cidade, não conseguiram, dada a multidão de homens que nela se aglomerava, até que um prisioneiro revelou a passagem subterrânea pela qual os sitiados desciam para captar água; então escavaram-na e atulharam com madeira, pedras e todo tipo de materiais. [10] Só assim os habitantes da cidade se entregaram, porque cederam à falta de água. [11] Depois disso, assenhoreou-se dos rabatamanos e deixou-lhes uma guarnição apropriada sob o comando de Nicarco; enviou, então, os desertores Hipóloco e Cerea com cinco mil soldados para a região da Samaria com ordens de proteger e garantir a segurança de todos os seus comandados. [12] Partiu, então, com o exército para Ptolemaida, decidido a lá invernar.

[72.1] Durante o mesmo verão, os pednelisseus, sitiados e ameaçados pelos selges, despacharam a Aqueu pedindo ajuda. [2] Como este aquiescesse prontamente, sustentaram confiantes o cerco, depositando suas expectativas no auxílio. [3] Aqueu escolheu e despachou às pressas Garsiéris com seis mil soldados e quinhentos cavaleiros para auxiliar os pednelisseus. [4] Ao saber da presença das tropas auxiliares, os selges ocuparam os estreitos próximos à chamada Clímaca com a maior parte de seu exército, dominaram a entrada para Saporda e arruinaram todas as passagens e acessos. [5] Garsiéris invadiu a Miliada e acampou próximo à chamada Cretópolis. Ao tomar conhecimento de que os territórios haviam sido ocupados e era impossível marchar avante, concebeu o seguinte dolo. [6] Partiu marchando em retorno, como se houvesse desistido de prestar auxílio porque o território estava ocupado. [7] Os selges prontamente acreditaram que Garsiéris havia desistido do auxílio e se retiraram uns para o acampamento, os demais para a cidade, pois urgia recolher o grão. [8] Garsiéris, então, fez meia-volta e, marchando a passo rápido, chegou às passagens. Encontrando-as vazias, assegurou-as com guarnições, todas sob o comando de Failo, [9] desceu com o exército para Perge e dali despachou a todos os habitantes da Pisídica e à Panfília, [10] acusando a força dos selges e exortando todos a se aliarem a Aqueu e socorrerem os pednelisseus.

[73.1] À mesma época, os selges enviaram um comandante à testa de um exército à espera de que pudessem amedrontar, dado sua perícia do território, e expulsar Failo das sólidas posições que ocupava. [2] Sem, porém, alcançar tal objetivo, após perderem muitos soldados ao longo dos ataques, abriram mão dessa expectativa embora não menos, e sim bem mais que antes, se aferrassem ao cerco e às obras de assédio. [3] Os eteneus, habitantes das montanhas da Pisídica acima de Side, enviaram oito mil hoplitas a Garsiéris, e os aspêndios, metade disso. [4] Os sidetas, fosse porque aspirassem às boas graças de Antíoco, ou mais ainda porque odiassem os aspêndios, não participaram do auxílio. [5] Garsiéris assumiu as próprias tropas e as dos auxiliares, e chegou a Pednelisso convencido de que romperia o cerco com um assalto; como os selges não se intimidassem, acampou a uma distância conveniente. [6] Como os pednelisseus estivessem sob pressão de carestia, Garsiéris se apressava a agir como possível: separou dois mil homens, deu para cada um medimno de trigo e os enviou à noite para Pednelisso. [7] Os selges vieram a saber do que ocorria e vieram em auxílio: a maioria dos transportadores foi massacrada e todo o trigo caiu em poder dos selges.

[8] Embalados pelo feito, empreenderam sitiar não apenas a cidade, mas também Garsiéris. Os selges têm sempre algo de temerário e petulante quando em guerra. [9] Assim então, após deixarem a necessária guarda do acampamento, contornaram com os demais a maior parte do território e se atiraram confiantes contra o quartel dos inimigos. [10] Como o perigo se mostrasse inesperadamente por todos os lados e a paliçada já tivesse sido rompida em alguns pontos, Garsiéris, vendo o que ocorria e abatido pelas piores expectativas, enviou a cavalaria para um ponto qualquer desguarnecido. [11] Pensando que estivessem apavorados e que fugiam por medo do futuro, os selges não prestaram atenção a eles, mas simplesmente os desprezaram. [12] Então os cavaleiros se voltaram e caíram sobre os inimigos às suas costas, atacando-os vigorosamente. [13] Quando isso ocorreu, os soldados de Garsiéris recobraram a confiança e, embora já prontos para fugir, fizeram meia-volta e se defenderam dos atacantes. [14] A partir de então, cercados por todos os lados, os selges por fim se puseram em fuga; [15] ao mesmo tempo, os pednelisseus atacaram os homens deixados em seu acampamento e os expulsaram. [16] Como fosse longa a rota de fuga, tombaram não menos de dez mil; dentre os restantes, os aliados se refugiaram em suas terras, e os selges, nas montanhas rumo à sua pátria.

[74.1] Garsiéris lançou-se de imediato à perseguição dos fugitivos, ansioso para atravessar o passo e se aproximar da cidade antes que os fugitivos se detivessem e deliberassem sobre sua presença. [2] Chegou, então, com o exército à cidade; [3] os selges, descrentes dos aliados devido ao fracasso conjunto e profundamente aflitos com o infortúnio ocorrido, estavam absolutamente temerosos por si próprios e sua pátria. [4] Por isso, reuniram-se em assembleia e deliberaram enviar Logbase como embaixador, cidadão que fora íntimo e hóspede de Antíoco Hiérax, falecido na Trácia [226 a.C.], [5] e que, quando lhe fora confiada Laódice, depois esposa de Aqueu, dela cuidou como de uma filha e a tratou com singular consideração. [6] Considerando-o, por tais razões, o embaixador mais adequado à circunstância, os selges o enviaram; [7] quando, porém, se entrevistou em particular com Garsiéris, tanto renunciou voluntariamente a auxiliar sua pátria, conforme fora incumbido, como, ao contrário, exortou Garsiéris a despachar com urgência a Aqueu, assegurando que lhes entregaria a cidade. [8] Acatando prontamente a sugestão, Garsiéris despachou a Aqueu convidando-o e informando-o da situação; [9] ao concluir uma trégua com os selges, protelava a duração dos acordos, sempre apontando controvérsias e pretextos a fim de esperar Aqueu e dar tempo a Logbase de fazer as tratativas e preparativos para a empreitada.

[75.1] À mesma época, como as duas partes se reunissem com frequência para parlamentar, os soldados se habituaram a entrar na cidade para obter provisões, [2] algo que muitas vezes já foi causa de perdição para muitos. Dentre todos os animais, penso que o homem é o mais fácil de enganar, embora pareça o mais esperto. [3] Quantos acampamentos e quartéis, quantas e quão grandes cidades não foram traídas desse modo? [4] Ainda que isso já tenha ocorrido contínua e abertamente a muitos, não consigo entender como nos portamos de modo tão ingênuo e juvenil diante de tais engodos. [5] A causa disso é que não procuramos ter à mão os fracassos que se abateram sobre os antigos em cada situação, mas sim aprontamos contra o inesperado dos acontecimentos; alimentos e dinheiro em abundância, como também muralhas e projéteis, com enorme esforço e despesa; [6] aquilo, porém, que é o mais fácil e de maior utilidade em momentos inseguros, isso todos negligenciamos, embora pudéssemos, durante um honroso e entretido repouso, adquirir esse conhecimento por meio da história e do estudo. [7] Aqueu, pois, chegou na ocasião determinada e os selges, quando se juntaram a ele, começaram a nutrir grandes esperanças de que seriam tratados com generosidade absoluta. [8] Na ocasião, porém, Logbase, depois de reunir aos poucos em sua casa alguns dos soldados oriundos do acampamento, aconselhava os cidadãos a não perder a oportunidade, [9] mas sim a agir fiados na comprovada generosidade de Aqueu e, enfim, concluir o tratado reunindo todos para deliberar sobre a situação. [10] A assembleia se reuniu com rapidez e eles começaram a deliberar após convocar também todas as sentinelas, para que finalmente chegassem a uma decisão.

[76.1] Mas Logbase, após sinalizar aos inimigos a ocasião, aprontava os soldados reunidos em sua casa, e se equipava e armava, junto dos filhos, para combater. [2] Aqueu avançava para a cidade com metade dos inimigos, enquanto Garsiéris, com os demais, partiu rumo ao chamado Cesbédio. Este é um santuário de Zeus bem situado acima da cidade, como uma cidadela. [3] Como por acaso um pastor de cabras houvesse notado o que ocorria e avisado a assembleia, uns correram para o Cesbédio, outros, para as vigias, e a massa, sob o ímpeto da cólera, para a casa de Logbase. [4] Quando a ação se tornou evidente, uns subiram no telhado, outros forçaram a porta e trucidaram Logbase, seus filhos e todos que lá estavam. [5] Em seguida, proclamaram liberdade para os escravos, se dividiram e foram prestar auxílio aos locais convenientes. [6] Notando que o Cesbédio já havia sido ocupado, Garsiéris desistiu do intento; [7] como Aqueu carregasse contra os portões, os selges irromperam, mataram setecentos mísios, e os demais perderam o ânimo. [8] Após essa ação, Aqueu e Garsiéris retornaram para seus acampamentos; [9] os selges, com receio de suas próprias dissensões e do acampamento dos inimigos bem em sua frente, mandaram anciãos como suplicantes e, após concluírem uma trégua, encerraram a guerra nessas condições: [10] entregariam imediatamente quatrocentos talentos e os cativos pednelisseus; depois de algum tempo, acrescentariam outros trezentos. [11] Por conta da impiedade de Logbase, os selges quase perderam a própria pátria, mas por sua coragem conservaram-na e não desonraram sua liberdade nem seu parentesco com os lacedemônios.

[77.1] Aqueu partiu depois de submeter a Milíada e a maior parte da Panfília; ao chegar a Sardes, combateu continuamente contra Átalo, ameaçou Prúsias e se mostrou temível e duro a todos os habitantes d'aquém-Tauro. [2] À época em que Aqueu marchou contra os selges, Átalo marchou, junto dos gauleses egosages, contra as cidades eólidas e àquelas a elas adjacentes que se haviam passado para Aqueu por medo. [3] A maioria se entregou por vontade e reconhecimento, mas contra algumas foi preciso recorrer à força. [4] As que primeiro então se lhe entregaram foram Cime, Esmirna e Foceia; depois delas foi a vez dos egeus e temenitas, por medo de um ataque. [5] Chegaram também embaixadas dos teios e colofônios entregando a si mesmos e às cidades. [6] Acolhendo-os no tratado junto das primeiras, e recebendo os reféns, negociou generosamente com os embaixadores dos esmirneus, pois eram os que mais haviam conservado a boa-fé para consigo. [7] Após avançar e cruzar o rio Lico, chegou a vilarejos mísios, e dali a Cárseas, [8] que aterrorizou, bem como às sentinelas das Muralhas Gêmeas. Tomou tais povoados, traídos por Temístocles, que era o oficial de Aqueu instalado na região. [9] Dali partiu, devastou a planície de Ápia, transpôs o monte dito Pelecanto e acampou próximo ao rio Megisto.

[78.1] Ali ocorreu um eclipse da lua. Os gauleses, que, havia muito, mal suportavam as dificuldades da marcha, porque a faziam com mulheres e filhos que os seguiam em carros, [2] interpretaram o fato como um sinal e disseram que não mais prosseguiriam. [3] O rei Átalo, como não tivesse nenhuma real necessidade deles, vendo que marchavam em separado; que acampavam só entre si; e que eram totalmente insubordinados e arrogantes, viu-se não pouco embaraçado: [4] por um lado, receava que se compusessem com Aqueu contra si; por outro, temia a fama que lhe adviria se matasse a todos, cercando-os com os soldados, eles que, pensava-se, haviam atravessado para a Ásia fiados em suas garantias. [5] Assim, servindo-se desse pretexto, anunciou-lhes que no momento os reinstalaria próximos à região por onde haviam feito a travessia e lhes daria um bom local para habitar; e que depois os ajudaria em tudo quanto lhe pedissem de possível e aceitável. [6] Então Átalo, após instalar os egosages no Helesponto e tratar generosamente os lampsacenos, alexandrinos e ílios, por haverem observado a boa-fé para consigo, retornou com o exército a Pérgamo.

[79.1] No início da primavera, Antíoco e Ptolomeu, feitos todos os preparativos, decidiram-se por uma batalha. [2] Ptolomeu partiu de Alexandria com setenta mil infantes, cinco mil cavaleiros e setenta e três elefantes. [3] Ao saber de sua partida, Antíoco reuniu as tropas. Essas montavam a cinco mil soldados daas, carmânios e cilícios armados à ligeira sob os cuidados e chefia do macedônio Bítaco. [4] Sob o etólio Teódoto, o traidor, estavam dez mil homens seletos de todo o reino e armados ao modo macedônio, a maioria com escudos de prata. [5] A multidão da falange montava a vinte mil, comandados por Nicarco e Teódoto dito Hemiólio. [6] Além desses, dois mil arqueiros e fundibulários agriãs e persas. [7] Depois desses, mil trácios, sob o comando do alabandeu Menedemo. Havia também um destacamento de cinco mil medos, císsios, cadúsios e carmanos comandados pelo medo Aspasiano. [8] Árabes e outros povos limítrofes, sob o comando de Zabdibelo, montavam a dez mil homens. [9] O tessálio Hipóloco comandava os mercenários gregos, em número de cinco mil. [10] Havia também mil e quinhentos cretenses comandados por Euríloco, e mil neocretenses sob o comando do gortínio Zélis. [11] Junto deles estavam quinhentos acontistas lídios e mil cárdaces com o gaulês Lisímaco. [12] O total dos cavaleiros montava a seis mil: quatro mil eram liderados por Antípatro, sobrinho do rei, e os demais por Temiso. [13] As tropas de Antíoco montavam, pois, a 62 mil infantes, seis mil cavaleiros, e 102 elefantes.

[80.1] Marchando na direção de Pelúsio, Ptolomeu acampou primeiro nessa cidade. [2] Após reunir os retardatários e distribuir provisões, moveu a tropa e avançou costeando o Cásio e as chamadas Báratras, em território sem água. [3] Tendo chegado ao local visado no quinto dia, acampou a cinquenta estádios de Ráfia, que é a primeira cidade da Cele-Síria após Rinocólura, na direção do Egito. [4] À mesma época, Antíoco chegou com as tropas e, depois de atingir Gaza e lá reassumir o exército, dali avançou gradualmente. Após passar pela referida cidade, acampou à noite a dez estádios dos adversários. [5] Primeiro permaneceram acampados a tal distância entre si; [6] mas depois de alguns dias, Antíoco, desejando ocupar um local mais bem situado e infundir confiança às tropas, acampou tão perto de Ptolomeu que entre as duas paliçadas não havia mais de cinco estádios. [7] Houve na ocasião várias brigas por aguada e forrageio, bem como escaramuças no intervalo entre os acampamentos, ora de cavalaria, ora também de infantaria.

[81.1] Na ocasião, Teódoto agiu com audácia etólia, embora não vil: [2] por saber quais eram os hábitos e preferências do rei, devido à anterior camaradagem, entrou na paliçada inimiga bem cedo pela manhã, seguido por mais dois. [3] Seu rosto era irreconhecível devido à escuridão, e suas roupas e demais atavios eram indistintos, pois seus exércitos eram variegados. [4] Nos dias anteriores, em que as escaramuças haviam ocorrido muito perto dali, descobrira qual a tenda do rei, dirigiu-se confiante para ela, e passou por toda a primeira guarda sem ser notado. [5] Ao chegar à tenda em que o rei costumava negociar e jantar, vasculhou todo o local sem encontrar o rei, pois Ptolomeu repousava fora dessa tenda, notória e própria para negociações. [6] Feriu, então, dois homens que nela dormiam, matou Andrea, o médico do rei, e retirou-se em segurança para seu próprio acampamento, ligeiramente incomodado já à saída da paliçada: [7] se por audácia havia concretizado o plano, falhara em seus cálculos por não ter se informado corretamente sobre onde Ptolomeu costumava repousar.

[82.1] Os reis permaneceram cinco dias acampados um diante do outro até se decidirem a resolver a situação por meio de uma batalha. [2] Assim que Ptolomeu começou a retirar o exército da paliçada, Antíoco marchou ao seu encontro. Ambos alinharam frente a frente, respectivamente, a falange e os soldados de elite armados à maneira macedônia. [3] Cada uma das alas de Ptolomeu tinha a seguinte configuração: Polícrates comandava a ala esquerda, onde estava sua cavalaria; [4] entre esta e a falange estavam os cretenses, junto dos cavalos, depois o batalhão real, e depois deles os peltastas de Sócrates, ao lado dos líbios armados ao modo macedônio. [5] À testa da ala esquerda, estava o tessálio Equécrates com seus próprios cavaleiros. Ao seu lado, à esquerda, estavam os gauleses e trácios; [6] depois, Foxida comandava os mercenários gregos, ao lado dos falangistas egípcios. [7] Dos elefantes, quarenta estavam na esquerda, onde o próprio Ptolomeu lutaria, e 33 foram alinhados diante da cavalaria mercenária da ala direita. [8] Antíoco instalou sessenta elefantes à frente da ala direita sob o comando de Filipe, seu irmão de criação, onde lutaria ele próprio contra Ptolomeu. [9] Atrás deles instalou dois mil cavaleiros sob o comando de Antípatro, e dois mil em ângulo. [10] À frente, ao lado dos cavaleiros, instalou os cretenses, e ao seu lado os mercenários gregos. Depois desses, cinco mil soldados armados ao modo macedônio sob o comando do macedônio Bítaco. [11] Na extrema esquerda, instalou dois mil cavaleiros sob o comando de Temiso, ao lado deles os acontistas cardaces e lídios, em seguida três mil soldados ligeiros sob o comando de Menedemo, [12] depois os císsios, medos e carmânios, depois os árabes e seus vizinhos, ao lado da falange. [13] Instalou os demais elefantes à frente da ala esquerda sob o comando de Miisco, um dos jovens da corte.

[83.1] Estando as tropas dispostas desse modo, ambos os reis marcharam ao longo da linha de frente de suas formações exortando ao mesmo tempo oficiais e amigos. [2] Como ambos depositassem grandes esperanças nos falangistas, exortaram tais formações mais demorada e longamente. [3] Ptolomeu e Antíoco eram assessorados por seus respectivos comandantes de falange: Andrômaco, Sosíbio e a irmã Arsinoé, do primeiro; Teódoto e Nicarco, do segundo. [4] O conteúdo de cada exortação era semelhante: nenhum dos reis tinha façanhas brilhantes e veneráveis para mencionar, pois seu poder era recente. [5] Assim, recordando a reputação e os feitos de seus ancestrais, tentavam infundir coragem e determinação aos falangistas. [6] Mas era sobretudo com o acenar de futuras recompensas que poderiam receber de si que exortavam e incitavam os oficiais, em particular, e a todos que combateriam, em público, a enfrentar com coragem e bravura o perigo presente. [7] Cavalgavam, em suma, dizendo isso e algo semelhante ora por boca própria, ora por meio de intérpretes.

[84.1] Depois do percurso, Ptolomeu alcançou, junto da irmã, a extrema esquerda de sua formação, e Antíoco, junto da cavalaria real, a extrema direita. Deram o sinal de combate e primeiro carregaram com os elefantes. [2] Poucos dos de Ptolomeu enfrentaram seus adversários; neles montados, os combatentes das torres travavam um belo combate, entrechocando as sarissas e golpeando-se uns aos outros, e mais belo ainda era o das feras, que se atracavam com violência, chocando-se cabeça contra cabeça. [3] Esses animais lutam da seguinte maneira: depois de engalfinharem as presas, empurram com violência, em luta por território, até que um deles, prevalecendo por sua força, consegue empurrar para o lado a tromba do outro; [4] quando consegue pô-lo totalmente de flanco, ele o trespassa com as presas como os touros com os chifres. [5] A maioria das feras de Ptolomeu se acovardou, conforme é hábito dos elefantes líbios. [6] Parece-me que não suportam nem o odor nem o barrido; mais, apavorados com o tamanho e a força dos elefantes indianos, fogem imediatamente, qualquer que seja a distância entre eles. Foi isso o que então aconteceu. [7] Os animais ficaram desnorteados e se voltaram contra suas próprias fileiras; por eles pressionada, a guarda de

Ptolomeu cedeu. [8] Antíoco contornou as feras e caiu sobre Polícrates e a cavalaria a seu comando. [9] Além disso, com os elefantes de permeio, os mercenários gregos em torno da falange caíram sobre os peltastas de Ptolomeu, deslocando-os, pois os elefantes já atrapalhavam sua formação. [10] Pressionado desse modo, todo o flanco esquerdo de Ptolomeu cedeu, [85.1] e Equécrates, que comandava a ala direita, primeiro aguardou o choque entre as referidas alas, mas quando viu que a poeira vinha na direção dos seus, sem que seus próprios elefantes ousassem avançar contra os adversários, [2] ordenou a Foxida, que comandava os mercenários da Grécia, [3] a atacar os que se lhe formavam à frente, enquanto ele próprio, saindo pelo flanco com a cavalaria e os homens postados atrás dos elefantes, ficava fora do ataque dos elefantes, enquanto punha rapidamente em fuga a cavalaria inimiga, atacando-a ora por trás, ora de lado. [4] Foxida e todos que com ele estavam fizeram algo semelhante: caindo sobre os árabes e os medos, forçaram-nos a bater em retirada. [5] A ala direita de Antíoco vencia, enquanto a esquerda era derrotada conforme mencionado. [6] As falanges, decepadas ambas as suas alas, permaneciam intactas no meio da planície, com expectativas dúbias sobre o futuro. [7] Na ocasião, enquanto Antíoco disputava a primazia na ala direita, [8] Ptolomeu se retirava por trás da falange, até que, avançando para o centro de combate e aparecendo com tropas, apavorou os inimigos e infundiu grande ímpeto e prontidão nos seus. [9] Assim, baixando imediatamente as sarissas, Andrômaco e Sosíbio avançaram. [10] Por pouco tempo a tropa de elite síria resistiu, mas os homens de Nicarco rapidamente recuaram. [11] Por ser inexperiente e jovem, Antíoco supôs, pelo que ocorria onde estava, que em todas as demais partes ocorria algo semelhante, e perseguiu os fugitivos. [12] Depois de um bom tempo, um dos anciãos o alcançou e mostrou que a poeira vinha da falange para o seu acampamento; compreendendo, então, o que ocorria, tentou retornar com a cavalaria real para o local da formação. [13] Tão logo soube que todos os seus haviam fugido, bateu em retirada rumo a Ráfia, convencido de que vencera com seus comandados, mas que o desastre se devia à vileza e covardia dos demais.

[86.1] Ptolomeu obteve a vitória decisiva graças à falange, e matou muitos adversários durante a perseguição por meio da cavalaria e dos mercenários da ala direita; então aquartelou-se, depois de retornar para o acampamento preexistente. [2] No dia seguinte, recolheu e sepultou seus próprios mortos, despojou os dos adversários, partiu e avançou para Ráfia. [3] Após a fuga, Antíoco desejava acampar imediatamente do lado de fora, após reagrupar os fugitivos, mas como a maioria houvesse se refugiado na cidade, foi compelido também a entrar. [4] Pela manhã saiu com a parcela remanescente do exército e avançou rumo a Gaza, lá acampou e despachou para tratar do recolhimento dos corpos, que sepultou sob trégua. [5] Da parte de Antíoco morreram não muito menos de dez mil infantes e mais de trezentos cavaleiros; mais de quatro mil foram capturados vivos. [6] Três elefantes morreram imediatamente, dois depois, por conta dos ferimentos. De Ptolomeu morreram por volta de 1500 infantes, e aproximadamente setecentos cavaleiros; dezesseis elefantes morreram e a maioria foi capturada. [7] Assim terminou a batalha travada entre os reis pela Cele-Síria. [8] Após o recolhimento dos mortos, Antíoco retirou-se para casa com o exército e Ptolomeu tomou de assalto Ráfia e outras cidades: todos os povoados rivalizavam para debandar e se entregar a ele antes dos vizinhos. [9] Talvez todos estejam acostumados a, em tempos que tais, se adaptar como puderem ao momento; sobretudo o gênero de homens daqueles locais estava pronta e disposta aos favores da ocasião. [10] Como, então, já fosse antiga sua simpatia pelos reis de Alexandria, foi o que naturalmente ocorreu, pois as multidões da Cele-Síria sempre se inclinaram, de um modo ou de outro, mais por essa casa. [11] Por isso não deixaram de exceder-se em adulações, honrando Ptolomeu com coroas, sacrifícios, altares e tudo o que há de semelhante.

[87.1] Tão logo chegou à sua cidade epônima, Antíoco enviou seu sobrinho Antípatro e Teódoto, o Hemiólio, para tratarem da paz e do fim das hostilidades com Ptolomeu, pois receava um ataque dos inimigos. [2] Receava a multidão por conta da derrota sofrida, e temia que Aqueu se aproveitasse da ocasião. [3] Sem se preocupar com nada disso, mas gozando o sucesso inesperado que alcançara, pois adquirira inesperadamente a Cele-Síria, Ptolomeu não era insensível à paz, mas inclinado mais do que devia, arrastado por hábitos de vida via de regra negligentes e malsãos. [4] Quando chegaram Antípatro e os demais, ele fez algumas ameaças e censurou os atos de Antíoco, mas concedeu-lhe uma trégua de um ano. [5] Junto deles enviou Sosíbio para ratificar a cessação, [6] e permaneceu ele próprio na Síria e na Fenícia reconstruindo cidades. Depois, tendo deixado o comandante aspêndio Andrômaco à testa dos referidos territórios, partiu com a irmã e os amigos para Alexandria, [7] após haver posto fim à guerra de modo surpreendente para o reino, dada sua opção de vida. [8] Tendo assegurado a trégua com Sosíbio, Antíoco se voltou para o plano original, os preparativos contra Aqueu.

[88.1] Essa era a situação na Ásia. Na referida época, os ródios, usando como pretexto o terremoto que lhes sucedera havia pouco tempo, durante o qual ruiu o grande colosso e também a maior parte das muralhas e das docas, [2] lidaram tão sensata e realisticamente com o fato, que o infortúnio lhes foi causa antes de aperfeiçoamento que de censura. [3] Entre os homens, a ignorância e a negligência tanto se distinguem da diligência e da sensatez na vida privada e nos negócios públicos que, nestes, mesmo o sucesso acarreta censura, e naqueles, mesmo os fracassos são motivos de aprimoramento. [4] Os ródios, pois, então tratando a ocorrência de modo a torná-la grandiosa e terrível, e se mostrando graves e solenes durante as embaixadas, fossem audiências ou conversas privadas, passavam tal impressão às cidades, sobretudo aos reis, que não só obtiveram doações exorbitantes, como também que os doadores se lhes estivessem obrigados por um favor. [5] Hierão e Gelão não apenas deram 75 talentos de prata como subvenção para o azeite do ginásio, parte à vista, parte pouquíssimo tempo depois, como também dedicaram caldeirões de prata, com suas bases, e algumas hídrias, [6] além de dez talentos para os sacrifícios e outros dez para benefício dos cidadãos, graças ao que o total da doação foi de cem talentos. [7] Também deram isenção de tributos aos que navegassem para suas cidades e cinquenta catapultas de três cúbitos. [8] E por fim, tendo já dado tudo isso, erigiram no mercado de Rodes, como se devessem um favor, as esculturas do povo ródio sendo coroado pelo povo dos siracusanos.

[89.1] Também Ptolomeu lhes ofereceu cem talentos de prata, um milhão de artabas[7] de trigo, madeira para a construção de dez quinquerremes e dez trirremes, quarenta mil cúbitos bem medidos de pranchas de pinho, [2] mil talentos em moedas de bronze, três mil de estopa, três mil peças de velame, [3] três mil talentos para a reconstrução do colosso, cem arquitetos, trezentos e cinquenta auxiliares, catorze talentos anuais para o pagamento de seus salários; [4] além disso, doze mil artabas de trigo para jogos e sacrifícios, e vinte mil artabas para a ração dos tripulantes de dez trirremes. [5] A maior parte disso e a terça parte da prata deu à vista. [6] Do mesmo modo, Antíoco lhes deu dez mil peças de madeira, de oito a dezesseis cúbitos, para serem usadas como traves, cinco mil caibros de sete cúbitos, três mil talentos de ferro, mil talentos de piche, mil metretos de piche cru; além disso, prometeu cem talentos de prata, [7] e sua mulher Criseida, cem mil medidas de trigo e três mil talentos de chumbo; [8] Seleuco, o pai de Antíoco, além de isentar de tributo os que

---

7. Medida egípcia de capacidade equivalente a 39,4 l.

navegassem para seu reino e dar dez quinquerremes equipadas e duzentas mil medidas de trigo, [9] prometeu ainda dez mil cúbitos e mil talentos de madeira, resina e crina.

[90.1] De modo semelhante agiram Prúsias e Mitridates, e ainda os potentados da Ásia de então; refiro-me a Lisânia, Olímpico e Limneu. [2] Quanto às cidades que contribuíram conforme suas capacidades, ninguém conseguiria enumerá-las com facilidade. [3] De modo que, quando alguém considera o tempo e o início a partir do qual a cidade deles se constituiu, fica muito espantado com o fato de em tão pouco tempo ter recebido tamanho incremento tanto suas existências privadas como os negócios públicos da cidade; [4] mas quando considera sua localização geográfica favorável e o aporte e o complemento externos à sua prosperidade, não mais se espanta, antes parecendo que fica aquém do que deveria. [5] Falei disso para destacar primeiro a preeminência dos ródios em assuntos comuns, pois que merecem elogios e admiração; segundo, a mesquinharia dos reis atuais e a mesquinhez das doações que povos e cidades aceitam, [6] a fim de que os reis que despendam quatro ou cinco talentos não pareçam fazer algo grandioso nem esperem da parte dos gregos a mesma honra e boa vontade de que privaram os reis anteriores. [7] Tomando diante dos olhos a grandeza das doações pretéritas, que as cidades ora não se abandonem a despender as maiores e as mais belas honras pelo que é diminuto e fortuito, [8] mas tentem estimar cada uma conforme seu valor, razão pela qual os gregos mais se distinguem dos demais homens.

[91.1] No início do verão, quando Agetas era estratego dos etólios e Arato já havia assumido a estrategia dos aqueus [217 a.C.] – foi nesse ponto que iniciamos a digressão sobre a Guerra dos Aliados – o espartano Licurgo retornou da Etólia. [2] Tendo os éforos descoberto que era falsa a calúnia que lhe causara o exílio, despacharam a Licurgo solicitando que voltasse. [3] Aquele planejava com o etólio Pírria, então estratego dos eleus, uma invasão da Messênia. [4] Arato havia encontrado arruinados os batalhões estrangeiros dos aqueus e as cidades maldispostas a recolher tributos para sua manutenção, pois o estratego que lhe antecedera, Epérato, conforme disse antes, fora vil e negligente com os negócios públicos. [5] Arato, porém, exortou os aqueus e, munido de um decreto a respeito, dedicou-se ativamente aos preparativos de guerra. [6] Os aqueus decretaram o seguinte: manteriam oito mil infantes mercenários, quinhentos cavaleiros, e uma tropa de elite de aqueus formada por três mil infantes e trezentos cavaleiros; [7] junto desses formariam quinhentos infantes e cinquenta cavaleiros megalopolitanos, todos com escudos de bronze, e o mesmo número de argivos. [8] Decretaram também que navegariam com três naus por Acte e o golfo da Argólida, e com outras três por Patra, Dime e o mar da região.

[92.1] Assim agia Arato e aprontava tais preparativos. [2] Licurgo e Pírria, após despacharem entre si, a fim de que partissem no mesmo dia, avançaram contra a Messênia. [3] Conhecendo o plano deles, o estratego dos aqueus chegou a Megalópolis com os mercenários e alguns membros da tropa de elite para defender os messênios. [4] Licurgo partiu, tomou à traição Calama, um vilarejo dos messênios, depois avançou às pressas para fazer junção com os etólios. [5] Pírria partira de Élis com uma tropa quase desarmada; tão logo invadiu a Messênia foi barrado pelos ciparisseus e retornou. [6] Por isso Licurgo, sem conseguir fazer junção com as forças de Pírria, e sem forças próprias suficientes, promoveu alguns poucos ataques contra Andânia mas, por fim, voltou a Esparta sem ter feito nada meritório. [7] Arato, ante o fracasso dos planos dos inimigos, agiu com razão e previdência: combinou com Táurio o aprestamento e o envio de cinquenta cavaleiros e quinhentos infantes, e com os messênios o mesmo número, [8] pois desejava empregar tais homens na vigilância dos territórios dos messênios, dos megalopolitanos, dos tegeatas e dos argivos. [9] Essas são as regiões que confinam com a Lacônia, pelo que estão mais expostas do que o resto do

Peloponeso a uma guerra com os lacedemônios. [10] Com a tropa de elite aqueia e com os mercenários protegeria as partes voltadas para Élis e a Etólia.

[93.1] Após fazer tais arranjos, resolveu as disputas internas dos megalopolitanos conforme o decreto dos aqueus. [2] Aqueles haviam sido recentemente expulsos de sua pátria por Cleômenes e, como se costuma dizer, estavam arrasados desde os fundamentos, pelo que careciam de muita coisa e viviam em escassez de tudo. [3] Embora conservassem o moral, estavam impotentes ante a falta de recursos públicos e privados. [4] Por isso disputas, rixas e animosidades se multiplicavam entre eles: é o que costuma ocorrer tanto em particular quanto em privado quando faltam recursos para os planos de cada um. [5] Primeiro discutiram sobre as muralhas da cidade, uns alegando que precisavam diminuí-las e construir uma de tamanho tal que conseguissem de fato construí-la e, ao mesmo tempo, vigiá-la por ocasião de um cerco, pois devido à sua extensão, desguarnecida ainda por cima, havia caído. [6] Achavam também, além disso, que os proprietários deviam contribuir com um terço de suas terras em favor dos colonos que vinham se agregar e aumentar a população. [7] Aqueles, por outro lado, não toleravam que se reduzisse a cidade nem aceitavam contribuir com um terço das propriedades. [8] Mas o maior motivo de rixas dizia respeito às leis para eles redigidas por Prítanis, ilustre membro do Perípato e dessa seita que Antígono lhes havia indicado como legislador. [9] Sendo esses os motivos de disputa, Arato dedicou-lhe o cuidado cabível e extinguiu as rixas deles. [10] Os termos pelos quais fizeram cessar suas divergências gravaram em uma estela que erigiram junto ao altar de Héstia no Homário.

[94.1] Depois dessas resoluções, ele partiu e chegou à assembleia dos aqueus, tendo deixado os mercenários com o fareu Lico, então subcomandante da liga pátria. [2] Descontentes com Pírria, os eleus novamente requisitaram aos etólios Eurípides como comandante. [3] Este aguardou a assembleia dos aqueus, reuniu sessenta cavaleiros e dois mil soldados, e se pôs em viagem. Tendo atravessado o território de Faras, pilhou a região até o de Égio. [4] Tendo amealhado grande butim, retornou até Leôncio. [5] Ao saber do fato, Lico acudiu às pressas; ao topar com os inimigos e dar-lhes combate, matou por volta de quatrocentos e capturou vivos por volta de duzentos, [6] dentre os quais homens ilustres como Físias, Antânor, Clearco, Andróloco, Evanorida, Aristogitão, Nicásipo e Aspásio, de cujas armas e bagagens se assenhoreou. [7] À mesma época, o navarco dos aqueus viajara para Molícria e chegou com não muito menos de cem homens. [8] Após partir novamente, navegou para Cálcia e se apoderou de duas embarcações longas, com toda a tripulação, que haviam vindo em socorro. Capturou também um barco rápido perto de Rio etólico com todos os tripulantes. [9] Como afluíssem tais butins de terra e mar à época, do que derivavam receitas e suprimentos suficientes, os soldados recobraram a confiança no recebimento dos salários, e as cidades, a esperança de que não seriam gravadas por contribuições.

[95.1] Além dos fatos mencionados, Escerdilaidas, pensando que fora lesado pelo rei, porque não havia recebido parte do pagamento acordado pelo tratado que firmara com Filipe, enviou quinze botes para garantir fraudulentamente o pagamento. [2] Eles navegaram para Lêucade e foram recebidos como amigos, devido à mútua colaboração anterior. [3] Não chegaram a tempo de cometer nenhum malfeito nem conseguiram, mas atacaram, violando a trégua, os coríntios Agatino e Cassandro, que navegavam com as naus de Táurio e haviam atracado quatro barcos junto deles, como amigos. Tendo-os capturado, bem como as embarcações, remeteram-nos a Escerdilaida. [4] Em seguida, após partirem de Lêucade e navegarem para Malea, passaram a roubar e capturar comerciantes. [5] Como já se aproximasse a época da colheita e Táurio negligenciasse a vigilância das cidades há pouco mencionadas, Arato, com a tropa de elite, protegia o transporte de grãos na Argólida,

[6] enquanto Eurípides partiu com os etólios com intuito de devastar o território dos triteus. [7] Lico e Demódoco, hiparca dos aqueus, ao saberem da partida dos etólios de Élis, reuniram os dimeus, os patreus e os fereus, e junto deles os mercenários, e invadiram a Élida. [8] Ao chegarem ao chamado Fíxio, enviaram os soldados e a cavalaria para pilhar, e ocultaram as armas pesadas no referido local. [9] Como os eleus acudissem de toda parte, atacando os saqueadores e perseguindo-os quando batiam em retirada, os homens de Lico deixaram a tocaia e atacaram os perseguidores. [10] Como os eleus não esperassem a irrupção e fugissem tão logo os viram, aqueles mataram duzentos deles, capturaram vivos oitenta e transportaram em segurança todo o butim amealhado. [11] Ao mesmo tempo, o navarco dos aqueus, desembarcando repetidas vezes nos territórios de Calidônia e Naupacto, devastou a região e por duas vezes bateu as tropas vindas em socorro. [12] Também capturou o naupáctio Cleônico, que por ser próxeno dos aqueus não foi imediatamente vendido, mas liberado após algum tempo sem resgate.
[96.1] Ao mesmo tempo, Agetas, o estratego dos etólios, reuniu todos os etólios, saqueou o território dos acarnânios e marchou devastando impunemente todo o Epiro. [2] Depois desses atos, retornou e liberou os etólios para suas cidades. [3] Os acarnenses revidaram, atacando o território de Estrato mas, tomados de pânico, se retiraram vergonhosamente, embora sem danos, pois os homens de Estrato não ousaram persegui-los, pensando que a fuga fosse uma armadilha. [4] Quanto aos fanoteus, houve a seguinte traição mútua. Alexandre, que havia sido posto por Filipe à testa da Fócida, planejou uma intriga contra os etólios por meio de um certo Jasão, que então comandava a cidade dos fanoteus. [5] Tendo ele despachado a Agetas, o estratego dos etólios, concordou em entregar-lhes a cidadela dos fanoteus, e sobre isso proferiu juramentos e tratados. [6] No dia aprazado, Agetas chegou de noite a Fanotea com os etólios e, após ocultar a maior

parte dos soldados a uma certa distância, selecionou cem dos mais capazes e enviou-os à cidadela. [7] Jasão já tinha Alexandre pronto na cidade com alguns soldados e, conforme o que jurara, introduziu todos os recém-chegados na acrópole. [8] Alexandre, então, atacou imediatamente, e a tropa de elite dos etólios foi capturada. Sobrevindo o dia, Agetas soube do ocorrido e retirou-se com a tropa restante, vítima que fora de uma armadilha não diferente das que muitas vezes ele próprio armava.

[97.1] À mesma época, o rei Filipe ocupou Bilazora, a maior cidade da Peônia e excepcionalmente bem localizada para uma invasão da Macedônia a partir da Dardânia, de modo a, por meio desse ato, quase ter se livrado do pavor dos dardânios: [2] não mais era fácil para eles invadir a Macedônia depois que Filipe controlou os acessos por meio da referida cidade. [3] Após assegurá-la, enviou Crisógono às pressas para reunir os soldados da Macedônia superior, [4] enquanto ele próprio, com os da Bótia e de Anfaxites, chegou a Edessa. Tendo ali recebido os macedônios que vinham com Crisógono, partiu com toda a tropa e seis dias depois chegou a Lárissa. [5] Tendo marchado contínua e velozmente durante a noite, ao romper do dia chegou a Meliteia, encostou as escadas às muralhas e tentou tomar a cidade. [6] Pelo surpreendente e inesperado, aterrorizou os meliteus, de modo que quase pode tomar a cidade com facilidade; mas como as escadas eram muito menores do que o necessário, sua ação frustrou-se.

[98.1] É nesse tipo de situação que os comandantes mais são merecedores de censura. [2] Quando não se preocupam nem fazem medições de muralhas, precipícios e outras coisas que tais, por meio dos quais tentarão irromper, e se apresentam imediatamente, sem refletir, à cidade que tencionam tomar, quem não os censuraria por isso? [3] Ou se, depois de fazerem as medições pessoalmente, encarregam quaisquer pessoas, ao acaso, da construção das escadas e, de modo geral, de qualquer instrumento que, embora requeiram pouco empenho, são postos à prova nas grandes ocasiões, como não merecem acusações? [4] Não é possível, em ações desse tipo, fazer algo do que era devido ou não sofrer nada de terrível; [5] ao fracasso segue, ao mesmo tempo, a censura por muitos modos, e o perigo na hora mesma da ação que envolve os melhores homens, ainda mais durante as retiradas, quando se tornam alvo de desprezo. [6] Há muitíssimos exemplos disso: qualquer um pode descobrir que, dentre os muitos que fracassaram nesse tipo de empreitada, uns pereceram, outros se viram em extremo perigo, dentre os que escaparam sem dano. [7] Esses, na sequência, despertam ódio e desconfiança absolutos contra si próprios, fazendo com que todos se pusessem em guarda, [8] de modo que não só aos que sofreram, mas também aos que vierem a saber do fato, como que dão um aviso para prestar-lhes atenção e vigiá--los. [9] Por isso, aqueles encarregados de operações jamais devem fazer pouco caso dessas informações. [10] O modo de fazer medições e preparativos desse tipo é fácil e infalível, caso observado metodicamente. [11] Agora é preciso desenvolver a sequência da narrativa; mas quando chegar a ocasião e o trecho apropriado da obra para falar disso, nós retomaremos o assunto e tentaremos demonstrar como se pode falhar o menos possível nessas empreitadas.

[99.1] Frustrado em sua ação, Filipe acampou próximo ao rio Enipeu e reuniu, vindos de Lárissa e de outras cidades, os utensílios que prepararia durante o inverno para o cerco, [2] pois o maior objetivo de sua expedição era a tomada da dita Tebas da Ftiótida. [3] Essa cidade não fica muito longe do mar, a uma distância aproximada de trinta estádios de Lárissa, bem situada diante da Magnésia e da Tessália, sobretudo do território dos demetrieus, na Magnésia, e dos farsálios e fereus, na Tessália. [4] A cidade estava, então, nas mãos dos etólios, que dali faziam contínuas incursões e prejudicavam muito os demetrieus, os farsálios e os larisseus, [5] pois muitas vezes chegavam a descer até a planície chamada Amírico. [6] Por isso Filipe, sem tê-la em pequena conta, se apressava para assenhorear-se dela. [7] Reunidas 150 catapultas e 25 atiradeiras de pedras, aproximou-se de Tebas; após dividir o exército em três batalhões, ocupou os arredores da cidade. [8] Com um batalhão acampou perto de Escópio; com o outro, perto do chamado Heliotrópio; e manteve o terceiro em uma colina acima da cidade. [9] Fortificou o intervalo entre os acampamentos com um fosso e uma paliçada dupla, bem como com torres de madeira, instaladas à distância de um pletro uma da outra, todas com as guarnições apropriadas. [10] Junto disso, agrupou todos os preparativos em um único local e começou a levar as máquinas em direção à cidadela.

[100.1] Nos primeiros três dias, não conseguiu aproximar os engenhos, pois os citadinos se defendiam valente e vigorosamente. [2] Mas quando, dada a constância das escaramuças e a quantidade de projéteis, alguns dos citadinos que combatiam nas primeiras filas tombaram e outros ficaram feridos, então cederam um pouco e os macedônios começaram a escavar. [3] Por sua persistência, apesar das dificuldades do terreno, alcançaram a muralha nove dias depois. [4] Em seguida, trabalhando por turnos para não perder nem dia nem noite, escavaram e escoraram dois pletros da muralha. [5] Mas como as escoras não suportavam o peso e cediam, a muralha ruiu antes que os macedônios usassem fogo. [6] Com vigor abriam caminho no local do colapso, já prontos para invadir e forçar a passagem, quando os tebanos, aterrorizados, entregaram a cidade. [7] Com essa ação, Filipe assegurou a Magnésia e a Tessália, privou os etólios de suas maiores vantagens, e demonstrou às suas próprias tropas que supliciara Leôncio com justiça, pois ele antes havia agido com malícia durante o cerco de Palas. [8] Tendo se assenhoreado dos tebanos, vendeu os habitantes como escravos, instalou colonos macedônios e mudou o nome da cidade de Tebas para Filipópolis. [9] Assim que concluiu as operações em Tebas, vieram novamente para tratar de armistícios embaixadores dos quianos, ródios, bizantinos e do rei Ptolomeu. [10] A eles deu respostas semelhantes às já dadas, dizendo que não se opunha ao armistício, e os despachou pedindo que experimentassem também os etólios. [11] Ele próprio, porém, não fazia caso do armistício, e se mantinha concentrado na sequência das operações.

[101.1] Por isso, ao ouvir que botes de Escerdilaida cometiam pilhagens perto do Malea e tratavam como inimigos todos os mercadores; e que haviam tomado, rompendo a trégua, alguns de seus próprios barcos ancorados próximos, em Lêucade, [2] equipou doze naus cobertas, oito descobertas e trinta barcos leves, e navegou pelo Euripo, ansioso por capturar os ilírios, bastante excitado com a ideia de combater contra os etólios, porque ainda nada lhe havia chegado do que ocorria na Itália. [3] Ocorreu que, ao tempo que Filipe sitiava Tebas, os romanos eram derrotados por Aníbal na batalha da Tirrênia, mas a notícia sobre o fato ainda não havia chegado aos gregos. [4] Deixado para trás pelos botes, Filipe ancorou em Cencreas e despachou as naus cobertas com ordens de contornar o Malea em direção a Égio e Patras; fez todos os demais barcos atravessarem o istmo e ordenou que atracassem no Lequeu. [5] Ele próprio, com os amigos, chegou às pressas à celebração dos jogos nemeus em Argos. [6] Pouco depois, enquanto assistia aos jogos gímnicos, chegou um correio da Macedônia com a informação de que os romanos haviam sido derrotados em uma grande batalha e Aníbal era senhor do território. [7] Imediatamente mostrou a carta a Demétrio de Faro somente, pedindo que se mantivesse em silêncio. [8] Aproveitando o pretexto oferecido, este disse que o rei deveria se livrar o mais rápido possível da guerra contra os etólios e se concentrar na Ilíria e na travessia para a Itália. [9] Disse ainda que toda a Grécia já lhe estava submetida e que continuaria a estar – os aqueus inclinados de boa vontade, os etólios, apavorados com o que ocorria durante a presente guerra. [10] Disse também que a travessia para a Itália era o início do império universal, que a ninguém cabia melhor do que a ele, e que aquele era momento exato, batidos que estavam os romanos.

[102.1] Com esse tipo de raciocínio, ele rapidamente instigou Filipe, como era de se esperar, penso, de um rei jovem, bem-sucedido em seus atos, que gozava de indiscutível reputação de valentia, e descendia da casa real que sempre e mais do que todas se lançou a expectativas universais. [2] Filipe, pois, como disse, revelou a Demétrio o que lhe chegara por carta; em seguida, reuniu os amigos e instaurou um conselho para discutir o armistício com os etólios. [3] Como Arato não era contrário à transigência, pois pareceriam encerrar a guerra quando ela lhes era favorável, [4] então o rei, sem esperar pelos embaixadores encarregados das negociações de paz, imediatamente despachou o naupáctio Cleônico para os etólios [5] – ele o havia encontrado quando ainda aguardava a assembleia dos aqueus, dada sua condição de cativo – e, assumindo ele próprio as naus de Corinto e as tropas de infantaria, chegou a Égio. [6] Avançou contra Lásio, capturou o torreão de Perípios e fingiu que invadiria Élis para não parecer que estivesse muito ansioso para encerrar a guerra; [7] em seguida, após Cleônico ter ido e voltado duas ou três vezes e os etólios requisitado uma audiência, acatou [8] e, após suspender todas as operações militares, despachou correios para as cidades aliadas requisitando que enviassem delegados para tomar parte no conselho que discutiria o armistício. [9] Ele próprio, atravessando com as tropas e acampando perto de Panormo, que é o porto do Peloponeso situado à frente da cidade dos naupáctios, aguardou os delegados dos aliados. [10] Durante esse período em que os mencionados deviam se reunir, navegou por conta própria para Zácinto, reorganizou a ilha, depois navegou de volta.

[103.1] Quando os conselheiros já estavam reunidos, ele enviou aos etólios Arato, Táurio e alguns dos que com eles haviam vindo. [2] Estes, depois de se encontrar com os etólios todos reunidos em Naupacto, de entabular rápida conversação, e de perceber que estavam inclinados para o armistício, navegaram de volta até Filipe para transmitir-lhe a informação. [3] Os etólios, ansiosos por encerrar a guerra, junto deles enviaram emissários a Filipe, pedindo que viesse até eles com suas tropas a fim de que imediatamente conferenciassem e resolvessem a situação. [4] Instigado pelo convite, o rei navegou com o exército rumo ao chamado Côncavo de Naupacto, distante mais de vinte estádios da cidade. [5] Após acampar e proteger as naus e o acampamento com uma paliçada, permaneceu aguardando a ocasião da entrevista. [6] Os etólios vieram em bloco desarmados; à distância de dois estádios do acampamento de Filipe, despacharam e trataram da situação. [7] O rei primeiro remeteu os enviados para os aliados, pedindo que fizessem a paz com os etólios de modo a que ambas as partes conservassem o que ora tinham. [8] Como os etólios aceitassem prontamente, logo a seguir iniciou-se a troca contínua de mensagem para discutir detalhes; poremos de lado a maioria, que nada contém de digno de memória, [9] mas faremos menção à exortação do naupáctio Agelau, feita diante do rei e dos aliados presentes durante a primeira entrevista.

[104.1] Ele disse que o maior dever dos gregos era nunca mais guerrear entre si, e dirigir aos deuses os maiores agradecimentos se, exprimindo todos uma mesma opinião, de mãos dadas como quem atravessa rios, conseguissem repelir as investidas dos bárbaros salvando a si mesmos e às suas cidades. [2] Se, porém, isso não fosse de modo algum possível, pensava que, ao menos no momento, deviam entrar em acordo e vigiar, caso antevissem a força dos exércitos e a magnitude da guerra travada no Ocidente: [3] pois já era óbvio, para qualquer um ora minimamente atento à situação geral, que, se os cartagineses vencessem os romanos ou os romanos aos cartagineses, era plausível que de modo algum os vencedores restringiriam seus domínios aos italiotas e siceliotas, mas chegariam ao ponto de estender suas empreitadas e exércitos para além do devido. [4] Por isso pensava que todos deviam vigiar o momento, sobretudo Filipe. [5] Ele poderia vigiar se, desistindo de arruinar os gregos e de torná-los presas de invasores, refletisse, ao contrário, como se a respeito de seu próprio corpo e, de modo geral, se se preocupasse com todas as partes da Grécia como se lhe fossem próprias e coligadas. [6] Se orientasse sua política por esses princípios, os gregos lhe seriam colaboradores firmes e bem-dispostos, e os estrangeiros conspirariam menos contra seus domínios, impressionados com a lealdade dos gregos para consigo. [7] Caso ansiasse por entrar em ação, pensava que deveria olhar para o Ocidente e prestar atenção às guerras que se travavam na Itália e, preservando-se com sensatez, tentasse disputar o domínio global no momento oportuno. [8] O momento presente não se mostrava adverso a tal expectativa. [9] Exortava-o a suspender e aplacar as próprias divergências contra os gregos e os inimigos, preocupando-se apenas com aquela questão, a fim de que tivesse poder para, quando desejasse, firmar paz ou guerra contra aqueles. [10] Uma vez que, porém, aguardasse as nuvens que ora despontavam no Ocidente pairarem sobre a Grécia, disse temer sobremaneira que as tréguas, as guerras e, em uma palavra, as brincadeiras que ora brincamos uns contra os outros viessem a nos destroçar todos [11] a ponto de orarmos aos deuses para que nos seja possível fazer guerra e paz entre nós quando quisermos e, de modo geral, para sermos senhores de nossas próprias divergências[8].

[105.1] Ao dizer isso, Agelau predispôs todos os aliados à trégua, sobretudo Filipe, porque falou conforme à disposição dele já preparada pelos conselhos de Demétrio. [2] Assim, após concluírem acordos mútuos em pontos de detalhe e ratificarem a trégua, separaram-se levando cada um para sua pátria a paz em vez da guerra. [3] Tudo isso ocorreu no terceiro ano da 140ª olimpíada, digo, durante a batalha dos romanos pela

---

8. A passagem furtiva e enfática do discurso reportado ao direto está no original, e começa na alínea 10.

Tirrênia, a de Antíoco pela Cele-Síria, e ainda a trégua entre os aqueus e Filipe com os etólios [verão de 217 a.C.]. [4] As ações helênicas e itálicas, e ainda as líbicas, essa época e essa resolução as combinou por primeiro, [5] pois nem Filipe nem os comandantes gregos se referiam mais às ações na Grécia, nem faziam guerras nem tréguas entre si, mas já todos mantinham o foco na Itália. [6] Rapidamente aconteceu algo semelhante com os ilhéus e os habitantes da Ásia, [7] pois os descontentes com Filipe e os que discordavam de Átalo não mais se voltavam para Antíoco, Ptolomeu, nem para o Sul, nem para o Oriente, mas a partir desse momento passaram a olhar para o Ocidente; alguns mandavam embaixadas aos cartagineses, outros, aos romanos, [8] assim como os romanos aos gregos, receosos da audácia de Filipe e se antecipando, para que ele não tirasse proveito da situação em que estavam. [9] Uma vez que nós, conforme a promessa original, demonstramos claramente, penso, quando, como e por que causas as ações na Grécia se combinaram com as na Itália e na África, [10] e na sequência tratamos dos gregos até o momento em que os romanos foram derrotados na batalha de Canas, quando concluímos a narração dos fatos na Itália, assim também delimitaremos este livro, à mesma altura dos tempos mencionados.

[106.1] Tão logo se livraram da guerra, os aqueus elegeram Timoxeno para seu estratego e retornaram a seus costumes e modos de vida. [2] Junto dos aqueus, as demais cidades do Peloponeso recuperaram os bens próprios, trataram da terra, renovaram os sacrifícios e celebrações pátrias e todos os usos de cada uma em relação aos deuses. [3] Na maioria, essas práticas quase haviam caído no esquecimento devido à intermitência das guerras precedentes. [4] Não sei como os peloponésios, que sempre foram, dentre o resto dos homens, os que viveram mais propriamente tranquila e humanamente, dela menos gozaram do que todos os demais nos tempos precedentes, e permaneciam, como diz Eurípides, "sempre afadigados e jamais quietos com a lança"[9]. [5] Parece-me que passaram por isso por uma certa razão: sendo todos, por natureza, ávidos de liderança e liberdade, combatem continuamente entre si, dispostos a não ceder a primazia. [6] Os atenienses se livraram do medo dos macedônios e pensavam viver em estável liberdade; [7] tendo por líderes Euriclida e Micião, não tomaram parte em nenhuma das demais ações gregas; seguindo as diretrizes e inclinações de seus líderes, se prostravam ante todos os reis, sobretudo Ptolomeu, [8] e se submetiam a todo tipo de decretos e proclamações, pouco caso fazendo do dever, devido à falta de juízo de seus líderes.

[107.1] Para Ptolomeu, a guerra contra os egípcios ocorreu na imediata sequência desses tempos. [2] Após armar os egípcios para a guerra contra Antíoco, o referido rei deliberou conforme era melhor ao momento então presente, porém falho quanto ao futuro: [3] presunçosos por conta do sucesso em Ráfia, não mais eram capazes de obedecer ordens, mas buscavam a figura de um líder, como se fossem autossuficientes. O que acabaram por fazer depois de não muito tempo. [4] Tendo Antíoco feito grandes preparativos durante o inverno, em seguida, com a chegada do verão, transpôs o Tauro e, tendo combinado uma ação conjunta com Átalo, dedicou-se à guerra contra Aqueu. [5] Os etólios em princípio receberam bem a trégua com os aqueus, pois a guerra não avançava segundo seus planos – por isso haviam escolhido como estratego o naupáctio Agelau, quem mais parecia ter contribuído para a trégua – [6] mas bem pouco tempo depois ficaram descontentes e censuraram Agelau, como se ele lhes houvesse tolhido todas as vantagens do exterior e as esperanças futuras, por ter feito a paz não com alguns, mas com todos os gregos. [7] O referido homem suportou tamanha estupidez e censura, e refreou-lhes os impulsos. Assim, foram forçados a ser pacientes contra a própria natureza.

---

9. Eurípedes, *Tragicorum Graecorum fragmenta*. A. Nauck (Hrsg.), Leipzig: Teubner, 1889, Reimp. 1964. (Fr. 998)

[108.1] Após a conclusão da trégua, o rei Filipe retornou por mar para a Macedônia e soube que Escerdilaida, sob o pretexto de dinheiro devido, o mesmo sob o qual havia traído a frota de Lêucade, então havia pilhado o povoado pelagônio chamado de Pisseu, [2] havia atraído cidades da Dassarétida ora pelo terror, ora com promessas – Antipátria, Crisondio, Gertus –, e havia percorrido boa parte da Macedônia limítrofe a elas. [3] O rei, então, imediatamente partiu com as tropas para recuperar as cidades que haviam debandado, [4] e decidiu enfrentar Escerdilaida de uma vez, julgando ser muito necessário deixar a Ilíria em ordem para demais empreitadas e, sobretudo, para a travessia rumo à Itália. [5] Demétrio tão continuamente inflamava a esperança e os impulsos do rei que Filipe, quando dormia, sonhava com isso e mantinha-se pronto para agir. [6] Demétrio não o fazia por consideração a Filipe – a quem assinalava talvez o terceiro posto na questão – mas sim por má disposição contra os romanos e sobretudo em consideração a si mesmo e às suas próprias expectativas, [7] pois estava convencido de que somente assim poderia retomar seu poder em Faros. [8] Filipe então marchou, recuperou as cidades mencionadas, retomou Creônio e Gero na Dassarétida, Enquelana, Cérax, Sátio e Béus na região do lago Licnídio, Bântia na região de Calecino, e ainda Orgesso, dos chamados pisantinos. [9] Tendo feito isso, dispensou as tropas para a invernagem. Este foi o inverno em que Aníbal, após pilhar as regiões mais ricas da Itália, começava a invernar próximo a Gerúnio na Dáunia. [10] À época os romanos elegeram cônsules Caio Terêncio e Lúcio Emílio.

[109.1] Durante a invernagem, Filipe calculou que precisaria, para suas empreitadas, de barcos e tripulações de marinheiros, e isso não para naumaquias [2] – pois não esperava ser capaz de enfrentar os romanos em uma naumaquia – mas sim para transportar soldados, atravessar rapidamente para onde planejasse e aparecer de surpresa ante os inimigos. [3] Por isso, pensando que a carpintaria naval dos ilírios fosse a melhor nesse sentido, decidiu armar cem embarcações, talvez o primeiro dentre os reis da Macedônia. [4] Após equipá-las, reuniu as tropas no começo do verão, treinou rapidamente os macedônios como remadores e zarpou. [5] À mesma época, Antíoco transpôs o Tauro; Filipe, depois de navegar pelo Euripo e pelo Malea, chegou a Cefalênia e Lêucade, onde ancorou e aguardou, a procurar notícias sobre a frota romana. [6] Ao saber que partiam de Lilibeu, zarpou com confiança e navegou rumo a Apolônia.

[110.1] Quando já se aproximava do rio Aôo, que bordeja a cidade dos apoloniatas, entrou em pânico semelhante aos que se abatem sobre exércitos em marcha. [2] Alguns barcos que navegavam à retaguarda e que haviam ancorado na ilha chamada Sasão, situada à entrada do mar Jônico, vieram à noite até Filipe e informaram que alguns navegantes vindos do estreito haviam ancorado junto de si, [3] e que eles disseram ter deixado quinquerremes romanas em Régio, as quais navegavam na direção de Apolônia e Escerdilaida. [4] Imaginando que a frota o alcançaria rapidamente, Filipe foi tomado pelo terror e, depois de levantar âncoras, ordenou que navegassem de volta. [5] Navegando em retirada sem qualquer ordem, ancorou dois dias depois em Cefalênia, após navegar dia e noite sem parar. [6] Ali permaneceu depois de recuperar um pouco de coragem, transmitindo a impressão de que houvesse retornado por conta de alguns assuntos no Peloponeso. [7] Aconteceu, porém, que todo o seu terror fosse equivocado: [8] ao ouvir que Filipe havia armado vários barcos durante o inverno e esperando que chegaria por mar, Escerdilaida despachou aos romanos relatando tudo isso e pedindo socorro. [9] Os romanos enviaram dez naus da frota de Lilibeu, as mesmas que tinham sido avistadas em Régio. [10] Se Filipe não se tivesse apavorado com elas e fugido sem razão, teria obtido, então mais do que nunca, o domínio da Ilíria, pois todas as atenções e preparativos dos romanos estavam voltados para Aníbal e para a batalha de Canas; e poderia ter provavelmente se assenhoreado das naus. [11] No momento, porém, confundido pelas mensagens, retirou-se para a Macedônia incólume, mas não com honra.

[111.1] À mesma época, também Prúsias fez algo digno de menção. [2] Como os gauleses que o rei Átalo havia feito vir da Europa, por sua reputação de bravura, para a guerra contra Aqueu, houvessem rompido com o referido rei por causa da suspeita há pouco mencionada, devastassem com total insolência e brutalidade as cidades do Helesponto, e por fim se lançassem a assediar os ílios, [3] os habitantes de Alexandria da Tróade empreenderam uma ação não ignóbil. [4] Após enviar Temiste com quatro mil homens, romperam o cerco aos ílios e expulsaram os gauleses de toda a Tróade, bloqueando-lhes os suprimentos e arruinando todos os empreendimentos. [5] Os gauleses ocuparam a chamada Arisba no território dos abidenos e começaram a conspirar e guerrear contra as cidades fundadas na região. [6] Prúsias marchou com exércitos contra eles, ofereceu batalha e matou os homens no próprio combate; quase todas as crianças, bem como as mulheres, trucidou no acampamento, e deixou que seus combatentes lhes pilhassem as bagagens. [7] Com esse ato, livrou as cidades do Helesponto de grandes terrores e perigos, e legou aos pósteros o belo paradigma de que não devem facilitar a travessia dos bárbaros da Europa para a Ásia. [8] Essa era a situação da Grécia e da Ásia. Na Itália, ao fim da batalha de Canas, a situação se tornava favorável aos cartagineses, conforme demonstramos nos livros anteriores. [9] Faremos agora uma pausa nestes tempos da narrativa, após termos percorrido as ações na Ásia e na Grécia durante a 140ª olimpíada. [10] No livro seguinte, após rememorar brevemente a introdução [deste livro][10], chegaremos à constituição dos romanos, conforme a promessa original.

---

10. Acréscimo duvidoso ao original.

BIBLIOGRAFIA

BARONOWSKI, Donald Walter. *Polybius and Roman Imperialism*. London: Bristol Classical Press, 2011.

CHAMPION, Craige Brian. *Cultural Politics in Polybius's Histories*. Berkeley/Los Angeles/London: University of California Press, 2004.

CROCE, Benedetto. *La storia come pensiero e come azione*. Bari: Laterza, 1954.

ECKSTEIN, Arthur M. *Moral Vision in the Histories of Polybius*. Berkeley/Los Angeles/London: University of California Press, 1995.

GIBSON, Bruce John; HARRISON, Thomas (eds.). *Polybius and His World: Essays in Memory of F. W. Walbank*. Oxford: Oxford University Press, 2013.

GREEN, Peter. *Alexander to Actium: The Hellenistic Age*. London: Thames & Hudson, 1993.

HARDT, Michael; NEGRI, Antonio. *Empire*. Cambridge-London: Harward University Press, 2000.

MAUERSBERGER, Arno. *Polybios-Lexikon*. Berlin: Akademie, 2000-2004. 8 v.

MCGING, Brian C. *Polybius' Histories*. Oxford: Oxford University Press, 2010. (Col. Approaches to Classical Literature)

MILTSIOS, Nikos. *The Shaping of Narrative in Polybius*. Berlin: De Gruyter, 2013.

MOMIGLIANO, Arnaldo. The Historian's Skin. *Sesto contributo alla storia degli studi classici*. T. I. Roma: Storia e Letteratura, 1980.

____. Il linguaggio e la tecnica dello storico. *Secondo contributo alla storia degli studi classici*. Roma: Storia e Letteratura, 1984.

MOORE, John Michael. *The Manuscript Tradition of Polybius*. Cambridge: Cambridge University Press, 1965.

MUSTI, Domenico. *Polibio e l'imperialismo romano*. Napoli: Liguori, 1978.

NORDEN, Eduard. *Die antike Kunstprosa: von XI Jahrhundert v. Chr. bis in die Zeit der Renaissance*. Leipzig: B.G. Teubner, 1898.

PÉDECH, Paul. *La Méthode historique de Polybe*. Paris: Les Belles Lettres, 1964.

PETZOLD, Karl-Ernst. *Studien zur Methode des Polybios und zu ihrer historischen Auswertung*. München: C. H. Beck, 1969.

PIRES, Francisco Murari. Thucydide et l'assemblée sur Pylos (IV.26-28): Rhétorique de la méthode, figure de l'autorité et détours de la mémoire. *The Ancient History Bulletin*, Northfield, v. 17, 2003.

POLIBIO. *Storie*. Nota biografica di Domenico Musti, traduzione di Manuela Mari, F. C. de Rossi, A. L. Santarelli, note di John Thornton. Milano: BUR, 2001-2006. 8 v.

POLYBE. *Histoires. Livre XII*. Texte établi, traduit et commenté par Paul Pédech. Paris: Belles Lettres, 1961.

POLYBIUS. *Historiae*. Leipzig: Teubner-Theodor Büttner-Wobst. 1967-1995. 5 v. (reimp).

SACKS, Kenneth. *Polybius on the Writing of History*. Berkeley/Los Angeles/London: University of California Press, 1981.

SCHEPENS, Guido; BOLLANSÉE, Jan. (eds.). *The Shadow of Polybius: Intertextuality as a Research Tool in Greek Historiography*. Leuven/Paris: Peeters, 2005.

SEBASTIANI, Breno Battistin. O Conceito Ciceroniano de História a Partir das Definições Historiográficas Gregas. *Phaos*. Campinas, v. 6, 2006.

_____. Políbio Contra Filarco, ou Crítica à Historiografia Trágica. *Hypnos*, São Paulo, v. 19, 2007. Disponível em: <http://uspbr.academia.edu/BrenoBattistinSebastiani>.

_____. Políbio Contra Timeu, ou o Direito de Criticar. *Antiguidade Clássica*, Apucarana, v. 2, 2008. Disponível em: <http://uspbr.academia.edu/BrenoBattistinSebastiani>.

_____. Políbio. In: Maurício Parada (org.). *Os Historiadores: Clássicos da História*. Rio de Janeiro: PUC/Vozes, 2012.

_____. O Aniquilamento de Cartago e Numância. *Topoi*, Rio de Janeiro, v. 14, 2013. Disponível em: <http://www.revistatopoi.org>.

_____. Historiografia Como Opção de Vida: Interpretações da Exortação de Aníbal em Políbio 3.62-3. *Espaço Plural Marechal Cândido Rondon*, v. 30, 2014. Disponível em: <http://erevista.unioeste.br>.

_____. O Olhar Sobre Si Mesmo, ou Fracasso e Lucidez nos Textos de Tucídides e Políbio. *Aletria: Revista de Estudos de Literatura*, Belo Horizonte, v. 24, 2014. Disponível em: <http://www.periodicos.letras.ufmg.br/>.

_____. Scipio Aemilianus and Odysseus as Paradigms of Prónoia. In: PENA, Abel Nascimento; RELVAS, Maria de Jesus C.; FONSECA, Rui Carlos; CASAL, Tereza. (orgs.). *Revisitar o Mito / Myths Revisited*. Vila Nova Famalicão: Húmus, v. 1, 2015, Disponível em: <http://usp-br.academia.edu/BrenoBattistinSebastiani>.

SMITH, Christopher J.; YARROW, Liv Mariah; DEROW, Peter (eds.). *Imperialism, Cultural Politics, and Polybius*. Oxford: Oxford University Press, 2012.

THORNTON, John. Tra politica e storia: Polibio e la guerra acaica. *Mediterraneo Antico*, Pisa-Roma, v. 1, n. 2, 1998.

_____. Terrore, terrorismo e imperialismo: Violenza e intimidazione nell'età della conquista romana. In: URSO, Gianpaolo (ed.). *Terror et pauor. Violenza, intimidazione, clandestinità nel mondo antico*. Pisa: Edizioni ETS, 2006.

_____. Polibio l'artista, *Mediterraneo Antico*, Pisa-Roma, v. 2, n. 16, 2013.

VATTUONE, Riccardo. Timeo, Polibio e la storiografia greca d'occidente. In: SCHEPENS, Guido; BOLLANSÉE, Jan; SCHEPENS, Guido (eds.). *The Shadow of Polybius: Intertextuality as a Research Tool in Greek Historiography*. Proceedings of the International Colloquium. Leuven, 21-22 Sept. 2001. Leuven/Paris/Dudley: Peeters, 2005.

WALBANK, Frank William. *Polybius*. Berkeley/Los Angeles/London: University of California Press, 1972.

_____. *A Historical Commentary on Polybius*. Oxford: Clarendon Press, 1967-1979. 3 v.

_____. *Selected Papers: Studies in Greek and Roman History and Historiography*. Cambridge: Cambridge University Press, 1985.

_____. *Polybius, Rome and the Hellenistic World. Essays and Reflections*. Cambridge: Cambridge University Press, 2002.

ÍNDICE DE NOMES[1]

Abílige, aristocrata ibero: III 98, 99
Acmeto, pai de Alexandre e oficial do exército macedônio em Selásia: II 66
Aderbal, comandante cartaginês ao tempo da Primeira Guerra Púnica: I 44, 46, 49-53
Adimanto, éforo espartano: IV 22-23
Afrodite: I 55; II 7; III 97*
Agatino, coríntio capturado pelos ilírios: V 95
Agátocles, rei de Siracusa: I 7, 82*
Agátocles, amigo de Ptolomeu IV: V 62-65*
Agelau de Naupacto: IV 16; V 3, 103-105, 107
Agesilau, rei de Esparta: III 6*
Agesilau, filho de Eudâmidas e pai de Hipomedonte: IV 35
Agesípolis, filho de Cleômbroto II e pai de Agesípolis III: IV 35
Agesípolis III, filho do anterior e rei de Esparta: IV 35*
Agesípolis, de Dime: IV 17
Agetas, estratego dos etólios: V 91, 96
Agro, rei dos ilírios: II 2-4
Alcamenes, espartano: IV 22
Alcibíades, ateniense: IV 44
Alexandre, rei do Epiro: II 45*

Alexandre, filho de Acmeto e oficial do exército macedônio em Selásia: II 66
Alexandre, oficial da cavalaria macedônia em Selásia: II 66; IV 87; V 28*
Alexandre, etólio: IV 57-58
Alexandre, tricônio: V 13
Alexandre, preposto de Filipe V na Fócida: V 96
Alexandre, irmão de Molão: V 40-41, 43
Alexandre Magno: II 41, 71; III 6, 59; IV 23; V 10, 55*
Alexis, oficial selêucida: V 50
Alexão, mercenário aqueu: I 43; II 7
Amílcar, oficial cartaginês: I 24-25, 27-28, 30, 44
Amílcar Barca, pai de Aníbal: I 13, 56-58, 60, 62, 64, 66, 68, 75-88; II 1; III 9-14*
Amílcar, oficial da marinha cartaginesa: III 95*
Aminandro, rei dos atamânios: IV 16*
Amintas, pai de Filipe II: II 48*
Amônio, oficial ptolomaico: V 65
Andobales, rei ibero: III 76*
Andrea, médico de Ptolomeu IV: V 81

1. Compilado a partir dos "Indice degli autori" e "Indice dei nomi di persona e divinità" organizados por J. Thornton no último volume de Políbio, 2001-6, p. 371-426. Os asteriscos (*) indicam que a personagem é mencionada em outros livros além dos cinco primeiros.

Andróloco, eleu: v 94
Andrômaco, pai de Aqueu: IV 51*
Andrômaco, aspêndio a serviço de Ptolomeu IV: v 64-65, 83, 85, 87
Aneroesto, rei dos gauleses gesatos: II 22, 26, 31
Anfidamo, oficial dos eleus: IV 75, 84, 86
Aníbal, comandante cartaginês ao tempo da Primeira Guerra Púnica: I 18-19, 21, 23-24, 43
Aníbal, filho do anterior: I 43
Aníbal, filho de Amílcar (oficial cartaginês): I 44, 46, 82, 86
Aníbal, dito "ródio": I 46-47
Aníbal Barca: I 64-65; II 1, 14-24, 36; III 9-13, 17, 20, 27, 33-36, 39-40, 42-56, 60-62, 64-75, 77-94, 96-98, 100-102, 104-118; IV 1-2, 28, 37, 66; V 1, 29, 33, 101, 108, 110*
Antálcidas, embaixador espartano: I 6, IV 27*
Antânor, eleu: v 94
Antígono Monoftalmo: I 63; v 67*
Antígono, gônata: II 41, 43-45*
Antígono Dosão (tutor de Filipe v): II 45, 47-70; III 16; IV 1, 3, 6, 9, 16, 22, 34, 69, 76, 82, 87; V 9, 16, 24, 34-35, 63, 89, 93*
Antíoco Híerax: v 74
Antíoco III, o Grande (rei da Síria): I 3; II 71; III 2-3, 6-7, 11, 32; IV 2, 48; V 1, 29, 31, 34, 37, 40-43, 45-63, 66-71, 73, 79-87, 89, 105, 107, 109*
Antíoco Epifanes, rei da Síria: III 3*
Antípatro, oficial de Filipe II: V 10*
Antípatro, neto de Antíoco III: V 79, 82, 87*
Apatúrio, gaulês: IV 48
Apeles, oficial de Antígono Dosão, tutor de Filipe V: IV 76, 82, 84-87; V 1-2, 4, 14, 16, 26-29
Apolo: v 19*
Apolodoro, governador de Antíoco III: V 54
Apolófanes, médico e conselheiro de Antíoco III: V 56, 58
Aqueu, filho de Andrômaco e usurpador do reino selêucida: IV 2, 48, 49, 51; V 40-42, 57, 61, 66-67, 72, 74-78, 87, 107, 111*
Arato Antigo, de Sicião, político aqueu: I 3; II 40, 43-52, 56-57, 59; IV 2, 6-12, 14, 19, 24, 37, 67, 76, 82, 84-86; V 1, 5, 7, 12, 15-16, 23, 26-28, 30, 91-93, 95, 102-105*
Arato, o Jovem, filho do anterior: II 51; IV 37, 60, 67, 70, 72, 82; V 1*
Árcade, epônimo mítico dos árcades: IV 77
Arquidamo V, rei de Esparta: IV 35; V 37*
Arquidamo, etólio: IV 57-58
Ardes, oficial de Antíoco III: V 53, 60
Ares, Marte: III 25
Ariarates IV, rei da Capadócia: III 3; IV 2*
Ariarates V, filho do anterior: III 5*
Arídice, embaixador ródio: IV 52
Aristócrates, rei dos árcades: IV 33

Aristofanto, estratego acarnânio: V 6
Aristogitão, eleu: v 94
Aristômaco, tirano de Argos: II 44, 59-60
Aristômenes, rei dos messênios: IV 33
Aristo, estratego etólio: IV 5, 9, 17
Aristóteles, argivo: II 53
Arsinoé, irmã e esposa de Ptolomeu IV: V 83-84, 87*
Artabazane, senhor dos sátrapas vencido por Antíoco III: V 55, 57
Ártemis: IV 18-19, 25*
Artemidoro, siracusano: I 8
Asclépio: I 18*
Asdrúbal, filho de Hanão e comandante cartaginês na Primeira Guerra Púnica: I 30, 38, 40
Asdrúbal, genro de Amílcar Barca: I 13; II 1, 13, 22, 36; III 8, 12-13, 15, 25, 27, 29-30*
Asdrúbal, filho de Amílcar Barca e irmão de Aníbal: III 36, 56, 76, 95-96, 98*
Asdrúbal, oficial de Aníbal na Itália: III 66, 102, 114, 116
Asdrúbal, oficial de Aníbal: III 93
Aspasiano, medo, oficial de Antíoco III: V 79
Aspásio, eleu: v 94
Átalo I, rei de Pérgamo: III 3; IV 48-49, 65; V 41, 77-78, 105, 107, 111*
Átalo II, rei de Pérgamo: III 5*
Atena: II 32; IV 49, 78;
Calcíoco, "da casa brônzea": IV 22, 35;
Itônia: IV 25*
Átis, rei dos boios: II 21
Atílios:
Aulo Atílio, cônsul em 258 e 254 a.C.: I 24, 38
Marco Atílio, cônsul sufecto em 256 a.C.: I 26-35
Caio Atílio, cônsul em 257 e 250 a.C.: I 25, 39, 41-48
Caio Atílio, cônsul em 225 a.C.: II 23, 27-28
Caio Atílio Serrano, pretor em 218 a.C.: III 40
Marco Atílio Régulo, cônsul sufecto em 217 a.C.: III 106, 114, 116
Autárito, gaulês: I 77-80, 85

Babirta, messênio: IV 4
Bionidas, espartano: IV 22
Bítaco, macedônio, oficial de Antíoco III: V 79, 82
Bomílcar, rei de Cartago: III 33
Bomílcar, pai de Hanão: III 42
Boode, cartaginês: I 21
Bóstar, oficial cartaginês durante a Segunda Guerra Púnica: III 98-99
Bóstaro, comandante cartaginês ao tempo da Primeira Guerra Púnica: I 30, 79
Breno, comandante gaulês: IV 46*

ÍNDICE DE NOMES

Caio Centênio: III 86
Caio Duílio, cônsul em 260 a.C.: I 22-23
Caio Flamínio, cônsul em 223 e 217 a.C.: II 21, 32-33; III 75, 77-78, 80, 82-84, 86, 106*
Caio Sulpício Patérculo, cônsul em 258 a.C.: I 24
Caio Terêncio Varrão, cônsul em 216 a.C.: III 106-116; V 108
Caligitão, bizantino: IV 52
Calístenes, historiador: IV 33*
Carixeno, etólio: IV 34
Cartalão, almirante cartaginês ao tempo da Primeira Guerra Púnica: I 53-54
Cassandro, filho de Antípatro, rei da Macedônia: I 41; V 67*
Cassandro, coríntio: V 95
Cavaro, rei dos gauleses da Trácia: IV 46, 52*
Cercidas, megalopolitano: II, 48-50, 65
Cerea, oficial de Ptolomeu IV, depois de Antíoco III: V, 70-71
Cláudios:
    Ápio Cláudio Caudex, cônsul em 264 a.C.: I 11-12, 16
    Públio Cláudio Pulcro, cônsul em 249 a.C.: I 49-52
    Marco Cláudio Marcelo, cônsul em 222 a.C.: II 34*
Clearco, eleu: V 94
Cleômbroto II, rei de Esparta: IV 35
Cleômenes, filho de Cleômbroto II: IV 35
Cleômenes III, rei de Esparta: II 45-70; III 16, 32; IV 1, 6-7, 9, 35, 37, 69, 76, 81; V 9, 24, 34-39, 93*
Cleônico, naupáctio: V 95*
Cleônimo, tirano de Fliunte: II 44
Cnópia, mercenário alariote: V 63, 65
Comontório, rei gaulês: IV 45-46
Concolitano, rei dos gauleses gesatos: II 22, 31
Cornélios:
    Cneu Cornélio Cipião Asina, cônsul em 260 e 254 a.C.: I, 21, 38*
    Cneu Cornélio Cipião Calvo, cônsul em 222 a.C.: II 34; III 49, 56, 76, 95-97, 99*
    Públio Cornélio Cipião (irmão do anterior, pai de Cipião Africano e cônsul em 218 a.C.): III 40-41, 45, 49, 56, 61-2, 64-66, 70, 76, 97, 99; IV 66; V 1*
    Coruncânios, Caio e Lúcio, legados junto a Teuta: II 8
Cótão, filho de Caligitão: IV 52
Crinão, macedônio: V 15-16
Criseida, esposa de Antígono Dosão: V 89
Crisógono, amigo de Filipe V: V 9, 17, 97*

Dario I, rei persa: IV 43; V 43*
Décio Campano, comandante da guarnição de Régio: I 7

Demétrio Poliorceta: I 63; II 41*
Demétrio II Etólio, rei dos macedônios: I 3; II 5, 44, 46, 49, 60, 70; IV 2, 25; V 63*
Demétrio I Sóter, rei da Síria, filho de Seleuco IV: III 5*
Demétrio de Faro: II 10-11, 65-66; III 16, 18-19; IV 16, 19, 37, 66; V 12, 101-102, 105, 108*
Demódoco, hiparca aqueu: V 95
Díocles, dimeu: V 17
Díocles, governador da Parapotâmia: V 69
Diógenes, governador da Susiana: V 46, 48, 54*
Diogneto, navarco de Antíoco III: V 43, 59-60, 62, 68-70
Diomedonte, governador de Selêucia sobre o Tigre: V 48
Dionísio I de Siracusa: I 6; II 39*
Dionísio, trácio a serviço de Ptolomeu IV: V 65
Dioniso: IV 20*
Dióscuros: IV 67-68, 73; V 60
Dorímaco, político etólio: IV 3-5, 6, 10-12, 14, 16-19, 57-58, 67, 77; V 1, 3, 5-6*
Dorímenes, etólio: V 61

Éforo, historiador: IV 20; V 33*
Emílios:
    Marco Emílio Paulo, cônsul em 255 a.C.: I 36-37
    Marco Emílio Lépido, cônsul em 232 a.C.: II 21
    Lúcio Emílio Papo, cônsul em 225 a.C.: II 23, 26-31
    Lúcio Emílio Paulo, cônsul em 219 e 216 a.C.: III 16, 18-19, 106-107, 116-117; IV 37, 66; V 108*
Eniálio, quirino: III 25
Ênis, éforo messênio: IV 31
Epaminondas, tebano: IV 32, 33*
Eperato, político aqueu: IV 82; V 1, 5, 30, 91
Epígenes, amigo de Antíoco III: V 41-42, 49-51
Epístrato, acarnânio: IV 11
Equécrates, tessálio: V 63, 65, 82, 85
Escerdilaida, dinasta ilírio: II 5-6; IV 16, 29; V 3, 4, 95, 101, 108, 110*
Esciro, éforo messênio: IV 4
Escopa, político etólio: IV 5-6, 9, 10-12, 14, 16, 19, 27, 37, 62; V 3, 11*
Espêndio, líder dos rebelados contra Cartago após a Primeira Guerra Púnica: I 69-70, 72, 76-80, 82, 84-86
Estenelau, político espartano: IV 22
Euclida, éforo e irmão de Cleômenes III: II 65, 67-68
Eudâmidas, espartano: IV 35
Eumenes I de Pérgamo, filho de Átalo I: III 3*
Euriclida, político ateniense: V 106
Euríloco, magnésio: V 63, 65

Euríloco, comandante de cretenses: V 79
Eurípides, tragediógrafo ateniense: I 35; V 9, 106*
Eurípides, estratego etólio: IV 19, 59-60, 68-72, 83; V 94-95
Evanorida, eleu: V 94

Failo, oficial a serviço de Aqueu: V 72-73
Farnaces, rei do Ponto: III 3*
Faetonte: II 16
Febida, oficial espartano: IV 27
Filão, cnóssio: V 65
Filarco, historiador: II 56-63
Fileno: III 39
Filidas, oficial etólio: IV, 77-80
Filino, historiador: I 14-15; III 26
Filipe II da Macedônia: II 41, 48; III 6, 12; V 10*
Filipe V da Macedônia: I 3; II 2, 37, 45, 70; III 2-3, 19, 32; IV 2-3, 5, 15-16, 19, 22-27, 29-30, 34, 36-37, 55, 57, 61, 63-73, 75-87; V 1-20, 22-30, 95-97, 99-105, 108-110*
Filipe, oficial de Antíoco III: V 82
Filopêmen: II 40, 67-69*
Filoxeno, musicólogo: IV 20
Físias, eleu: V 94
Foxida, mercenário meliteu: V 63-65, 82, 85
Fúlvios:
 Sérvio Fúlvio Petino Nobilior, cônsul em 255 a.C.: I 36-37
 Cneu Fúlvio Centumalo, cônsul em 229 a.C.: II 11-12
 Quinto Fúlvio Flaco, cônsul pela segunda vez em 224 a.C.: II 31
Fúrios:
 Caio Fúrio Pacilo, cônsul em 251 a.C.: I 39-40
 Públio Fúrio Filo, cônsul em 223 a.C.: II 32-33

Gálato, rei dos boios: II 21
Garsiéris, amigo de Aqueu: V 57, 72-76
Gelão, siracusano, filho de Hierão II: V 88*
Gescão, oficial cartaginês ao tempo da Primeira Guerra Púnica: I 66, 68-70, 79-81*
Girida, político espartano: IV 35
Gorgo, messênio: V 5*

Hanão, ou Hanão Mais Velho, pais de Asdrúbal e comandante cartaginês na Sicília entre 264-262 a.C., no início da Primeira Guerra Púnica: I 18-19, 27-28, 30, 60-61, 79
Hanão, ou Hanão Maior, líder da facção anti-Amílcar em Cartago; após entrarem em acordo, venceram os mercenários rebeldes em 238 a.C., no final da Primeira Guerra Púnica: I 67, 72-74, 81-82, 87-88
Hanão, governador cartaginês da Ibéria ao tempo da Segunda Guerra Púnica: III 35, 76
Hanão, filho do rei Bomílcar: III 42, 114
Hecatodoro, político bizantino: IV 47
Héracles: IV 35, 59*
Heráclito de Éfeso: IV 40*
Hérmias, ministro de Antíoco III: V 41-42, 45, 49-51, 53-56
Hermógenes, oficial de Antíoco III: V 60
Hesíodo: V 2, 32*
Héstia: V 93
Hierão II de Siracusa: I 8-9, 11, 15-18, 62, 83; II 1; III 2, 75; V 88*
Hipatodoro, escultor: IV 78
Hípitas, amigo de Cleômenes III: V 37
Hipóloco, tessálio: V 70-71, 79, 82
Hipomedonte, espartano: IV 35
Homero, ou "o poeta": III 94; IV 45; V 38*

Imilcão, comandante cartaginês à época da Primeira Guerra Púnica: I 42-43, 45, 53
Io: IV 43.
Iséas, tirano de Carínea: II 41

Jasão: IV 39
Jasão, governador de Fanotea: V 96
Júnios:
 Lúcio Júnio Bruto, cônsul no primeiro ano da República romana: III 22
 Lúcio Júnio Pulo, cônsul em 249 a.C.: I 52, 54-55
Júpiter: v. Zeus

Ládico, acarnânio: IV 80
Lágoras, cretense: V 61*
Laódice, esposa de Seleuco Calínico e mãe de Antíoco III: IV 51*
Laódice, filha de Mitrídates IV e esposa de Antíoco III: V 43, 55
Laódice, filha de Mitrídates IV e esposa de Aqueu: V 74*
Leônidas, rei espartano: IV 35
Leôncio, amigo de Antígono Dosão e de Filipe V: IV 87; V 1-2, 4-5, 7, 9-10, 14-16, 25-27, 29, 100
Leôncio, oficial ptolomaico: V 60
Leptines, siracusano: I 9
Lico, fareu: V 94-95
Licortas, político aqueu e pai de Políbio: II 40*
Licurgo, legislador espartano: IV 81*
Licurgo II, rei de Esparta após Cleômenes III: IV 2, 35-37, 60, 81; V 5, 17-18, 20-23, 29, 91-92
Lidíada, tirano de Megalópolis: II 44, 51; IV 77
Limneu, dinasta da Ásia: V 90
Lisânia, dinasta da Ásia: V 90
Lisímaco, um dos diádocos e rei da Trácia: II 41, 71; V 67*
Lisímaco, gaulês: V 79

ÍNDICE DE NOMES

Logbase, amigo de Antíoco Híerax: v 74-76
Lúcio Cecílio Metelo Denter, cônsul em 251 a.C.: I 39-40
Lutácios:
　Caio Lutácio Cátulo, cônsul em 242 a.C.: I 59-62; III 21, 29-30
　Caio Lutácio Cátulo, cônsul em 220 a.C.: III 40

Maarbal, oficial de Aníbal: III 84-86
Macata, político etólio: IV 34, 36
Magão, irmão de Aníbal: III 71, 79, 114*
Magas, filho de Ptolomeu III: V 34, 36
Magilo, régulo gaulês: III 44
Mago, persa: V 43
Mânio Cúrio Dentato, senador: II 19
Mânlios:
　Lúcio Mânlio Vulsão, cônsul em 256 e 250 a.C.: I 26, 28-29, 39, 41-48
　Tito Mânlio Torquato, cônsul em 224 a.C.: II 31
　Lúcio Mânlio, pretor: III 40
　Marco Minúcio Rufo, suboficial de cavalaria de Fábio Máximo: III 87, 90, 92, 94, 101-106
Marco Horácio, cônsul no primeiro ano da República romana: I 22
Margo, carineu: II 10, 41, 43
Marte, Ares: III 25
Massinissa, rei dos númidas: III 5*
Mato, líder dos rebelados contra Cartago após a Primeira Guerra Púnica: I 69-70, 72-73, 75, 77, 79, 82, 84, 86-88
Megaléas, amigo de Antígono Dosão e de Filipe V: IV 87; V 2, 14-16, 25-28
Menedemo, alabandeu: V 69, 79, 82
Menea, provavelmente dinasta: V 71
Mico, dimeu: IV 59
Micião, político ateniense: V 106
Miisco, oficial de Antíoco III: V 82
Mitrídates II, rei do Ponto: V 56; V 43, 74, 90*
Mnasíades, atleta argivo: V 64
Molão, sátrapa da Média: V 40-43, 45-54, 61

Nábis, tirano de Esparta: IV 81*
Narava, númida aliado de Amílcar Barca: I 78, 82, 84, 86
Neolau, irmão de Molão: V 53-54
Nicágoras, messênio: V 37-38
Nicanor, assassino de Seleuco III: IV 48
Nicarco, oficial de Antíoco III: V 68, 71, 79, 83, 85
Nicasipo, eleu: V 94
Nícias, parente de Menea: V 71
Nicipo, éforo messênio: IV 31
Nicófanes, megalopolitano: II 48-50

Nicolau, etólio: V 61, 66, 68-69*
Nicóstrato, etólio, pai de Dorímaco: IV 3*

Ógigo, último rei aqueu: II 41; IV 1
Olímpico, dinasta da Ásia: V 90
Olimpiodoro, político bizantino: IV 47
Omias, embaixador espartano junto a Filipe V: IV 23-24
Orestes, pai de Tisameno: II 41; IV 1
Orofernes, rei da Capadócia: III 5*
Otacílios:
　Mânio Otacílio Crasso, cônsul em 263 a.C.: I 16-17
　Tito Otacílio Crasso, cônsul em 261 a.C.: I 20

Panétolo, oficial de Ptolomeu IV e de Antíoco III: V 61-62*
Pantaleão, etólio: IV 57
Panteu, amigo de Cleômenes III: V 37
Perígenes, navarco de Ptolomeu IV: V 68-69
Perseu, filho de Filipe V e último rei macedônio: I 3; III 3, 5, 32*
Petreu, amigo de Filipe V: VI 24; V 17
Píndaro: IV 31
Pírria, oficial etólio: V 30, 91-92, 94
Pirro do Epiro: I 6-7, 23; II 20, 41; III 25, 32*
Pítia, peleneu: IV 72
Pitíades, governador da região do mar Vermelho: V 46
Plátor, comandante de ilírios: IV 55
Pleurato, pai de Agro: II 2
Polêmocles, almirante ródio: IV 52-53
Políbio, filho de Licortas, de Megalópolis: I 3-4; III 32, 48, 59; IV 2*
Polícrates, argivo: V 64-65, 82, 84*
Polifonte, político espartano: IV 22
Polimedes, egeu: V 17
Postúmios:
　Lúcio Postúmio Megelo, cônsul em 262 a.C.: I 17-19
　Lúcio (ou Aulo, em II 11) Postúmio Albino, cônsul em 229 a.C.: II 11-12; III 106, 118*
Prítanis, peripatético e legislador de Megalópolis: V 93
Proslau, sicíonio: IV 72
Prúsias da Bitínia: III 2-3; IV 47-52; V 77, 90, 111*
Prúsias II da Bitínia: III 5*
Ptolomeu, amigo de Filipe V: V 25-26, 29
Ptolomeu, preposto em Alexandria: V 39
Ptolomeu, filho de Trásea: V 65
Ptolomeu Cerauno, rei da Trácia e da Macedônia: II 41*
Ptolomeu I Lágida: I 63; II 41; V 67
Ptolomeu III Evergeta: II 47, 51, 63, 71; IV 1; V 34-35, 58*

Ptolomeu IV Filopátor: I 3; II 71; III 2; IV 1-2, 30, 37, 51; V 1, 31, 34-35, 40, 42, 45, 55, 57-68, 70, 79-87, 89, 100, 105-107*
Ptolomeu V Epífanes: III 2*

Quéreas, historiador: III 20
Quilão, espartano: IV 81
Quinto Fábio Máximo: III 87-90, 92-94, 101, 103, 105-106*
Quinto Fábio Píctor, historiador: I 14-15, 58; III 8-9
Quinto Vitulo Mamílio, cônsul em 262 a.C.: I 17-19
Quirino, Eniálio: III 25

Samo, poeta: V 9*
Seleuco I Nicanor: II 41, 71; V 67*
Seleuco II Calínico (também chamado Pógon): II 71; IV 48, 51; V 40, 89*
Seleuco III Cerauno, primogênito do anterior: II 71; IV 1-2, 48; V 34, 40-41
Seleuco IV Filopátor, filho de Antíoco III: III 5*
Semprônios:
    Caio Semprônio Bleso, cônsul em 253 a.C.: I 39
    Tibério Semprônio Longo, cônsul em 218 a.C.: III 40-41, 61, 68-70; IV 66; VI
Serápis: IV 39
Servílios:
    Cneu Servílio Cepião, cônsul em 253 a.C.: I 39
    Cneu Servílio Gêmino, cônsul em 217 a.C.: III 75, 77, 86, 88, 96, 106, 114, 116
Sócrates, oficial beócio: V 63, 65, 82
Sosíbio, alto funcionário ptolomaico: V 35-38, 63, 65-67, 83, 85, 87*
Sósilo, historiador: III 20
Sóstrato, escultor: IV 78

Tântalo: IV 45
Táurio, preposto para o Peloponeso sob Antígono Dosão: IV 6, 10, 19, 80, 87; V 27, 92, 95, 103*
Tearces, traidor dos clitórios: II 55
Temiso, oficial a serviço de Antíoco III: V 79, 82
Temiste, líder de soldados em Alexandria da Tróade: V 111

Temístocles, oficial de Aqueu: V 77
Teódoto, etólio: IV 37; V 40, 46, 61-62, 66-67, 79, 81*
Teódoto Hemiólio: V 42-43, 59, 68-69, 71, 79, 83, 87
Teuta, esposa de Agro, rainha ilíria: II 4-6, 8-12
Tibete, irmão de Prúsias I: IV 50-52
Ticão, alto funcionário de Antíoco III: V 54
Tieste, político espartano: IV 22
Timarco, eleuterneu: IV 53
Timeu, oficial etólio: IV 34*
Timeu de Tauromênio, historiador: I 5; II 16*
Timóteo, musicólogo: IV 20
Timoxeno, político aqueu: II 53; IV 6-7, 82; V 106
Tisameno, filho de Orestes e primeiro rei dos aqueus: II 41; IV 1
Trásea, pai de Ptolomeu: V 65
Trífilo, filho de Árcade e epônimo de Trifília: IV 77

Valérios:
    Mânio Valério Máximo, cônsul em 263 a.C.: I 16-17
    Lúcio Valério Flaco, cônsul em 261 a.C.: I 20

Xantipo, mercenário espartano: I 32-36
Xeneta, aqueu: V 45-48
Xenofanto, navarco ródio: IV 50
Xenofonte, historiador ateniense: III 6
Xenão, tirano de Hermíone: II 44
Xenão, oficial de Antíoco III: V 42-43
Xerxes, rei persa: III 22*

Zabdibelo, comandante árabe: V 79
Zarzas, comandante de africanos em guerra contra Cartago: I 84-85
Zélis, gortínio: V 79
Zeus: I 4, 5; III 20; IV 16, 74*;
    em Cartago: III 11*;
    Homário: II 39; V 93;
    Júpiter Capitolino: III 22, 26;
    Júpiter Pétreo: III 25; Liceu: IV 33;
    Rei: IV 33;
    em Selges: V 76
Zêuxis, amigo de Antíoco III: V 45-48, 51-54, 60*

MAPAS:
O MUNDO MEDITERRÂNICO À ÉPOCA DE POLÍBIO

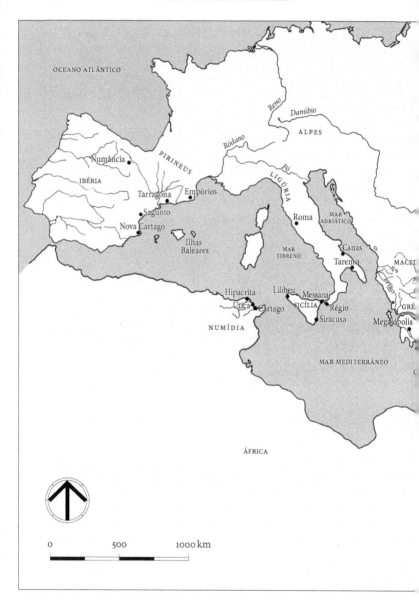

MAPA 1: *O mundo à época de Políbio.*

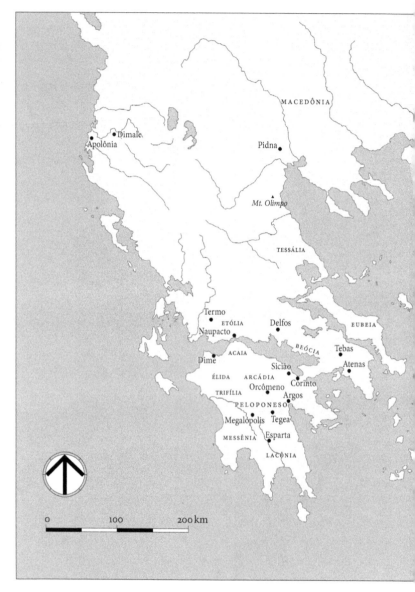

MAPA 2: *A Grécia.*

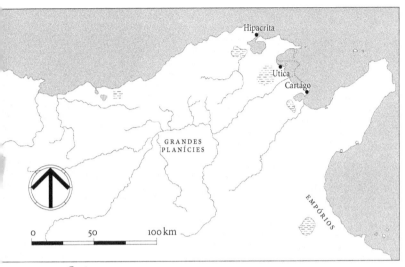

MAPA 3: *Cartago.*

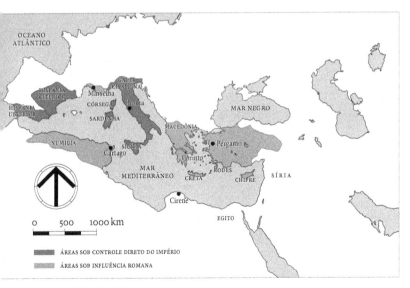

MAPA 4: *O Império Romano.*

Este livro foi impresso em Cotia,
nas oficinas da Meta Brasil,
para a Editora Perspectiva.